KB056381

차별과 싸우는 재일코리안

이 저서는 2016년 대한민국 교육부와 한국학중앙연구원(한국학진흥사업단)의
한국학총서사업의 지원을 받아 수행된 연구임(AKS-2016-KSS-1230011)

재일코리안100년사 – 한민족으로서의 생활과 문화 06

차별과 싸우는 재일코리안

초판 1쇄 발행   2021년 12월 31일

지은이 ㅣ 도노무라 마사루
옮긴이 ㅣ 전영빈
펴낸이 ㅣ 윤관백
펴낸곳 ㅣ 도서출판 선인

등   록 ㅣ 제5-77호(1998.11.4)
주   소 ㅣ 서울시 마포구 마포대로 4다길 4 곳마루 B/D 1층
전   화 ㅣ 02) 718-6252 / 6257
팩   스 ㅣ 02) 718-6253
E-mail ㅣ sunin72@chol.com

정가   32,000원
ISBN   979-11-6068-668-5 94900
ISBN   979-11-6068-662-3 (세트)

· 잘못된 책은 바꿔 드립니다.
· www.suninbook.com

한국학
총서 재일코리안100년사 – 한민족으로서의 생활과 문화 06

차별과
싸우는
재일코리안

도노무라 마사루 저

▎ 발간사 ▎

 청암대학교 재일코리안연구소가 2016년 12월부터 수행한 한국학중앙
연구원 한국학총서사업 '재일코리안100년사—한민족으로서의 생활과 문
화'가 드디어 총 8권의 연구총서 시리즈로 결실을 맺게 되었습니다. 먼저
이 학술 프로젝트에 참여해 주신 국내외 연구원들께 심심한 감사의 말씀
을 드립니다.

 이 학술 프로젝트는 재일코리안의 생활과 문화를 입체적으로 고찰함
으로써 재외한인 연구의 새로운 패러다임을 제시하는 것에 목적을 두고
시작되었습니다. 구체적으로는 기존의 정치, 경제, 외교사 중심의 연구
를 넘어 문화와 일상 속의 100년이 넘는 재일코리안의 모습을 총체적으
로 규명하고자 하였습니다. 특히 전문가들의 비교연구를 통해 새로운 재
외동포 연구의 모델을 모색하여, 이민사와 일상사 연구를 보다 심화시킬
수 있도록 노력하였습니다. 동시에 대중학술서라는 총서의 취지에 맞게
전문성에 기초한 대중성을 적극 결합하여 연구의 보편화와 사회적 확산
도 염두에 두고 진행되었습니다.

 이러한 연구 목적을 달성하기 위해 재일코리안 100년의 생활과 문화
의 일상을 시기, 영역, 주제별로 8개 영역으로 나누어 완결성을 목표로
하여 연관성과 독자성을 갖는 연구 성과를 도출하고자 하였습니다. 간단
히 각 권의 연구내용을 소개하자면 다음과 같습니다.

총서 1권『재일코리안의 문화예술과 위상-기억을 위한 소묘』에서는 재일코리안의 문화예술 활동을 미술, 음악, 연극, 영화, 무용, 체육 등의 분야로 나누어 조망하고 재일코리안의 문화예술 활동의 의의와 가치, 역할과 위상에 대한 시사점을 제공하고 있습니다.

총서 2권『재일코리안의 이주와 정주-코리아타운의 기억과 지평』에서는 100년이 넘는 재일코리안의 이주사에 기초한 이주와 정주, 코리아타운의 형성과 변천, 과거와 현재의 변화 등을 종합적으로 조명하고 있습니다.

총서 3권『재일문학이 그린 재일코리안』에서는 재일코리안 문학 연구의 추세와 동향에 대한 총괄과 함께 재일코리안의 생활과 문화의 궤적을 문학 담론을 통해 통시적으로 분석하고 있습니다.

총서 4권『갈등과 화합의 재일코리안 단체의 역사-조직의 변화를 중심으로』에서는 재일코리안의 단체를 중심으로 갈등과 화합의 역사를 구성하고, 조직을 중심으로 한 재일코리안의 정치적 본질에 접근하고자 시도하고 있습니다.

총서 5권『항일과 친일의 재일코리안운동』에서는 1945년 광복 이전 재일코리안의 일상을 통해 재일코리안운동의 역사를 조명하고 항일이나 친일만으로는 규정할 수 없는 재일코리안의 생동감 있는 역사와 문화의 중요성을 제시하고 있습니다.

총서 6권『차별과 싸우는 재일코리안』에서는 일본 사회의 차별적 구조 속에 지금도 존재하는 재일코리안의 대항적 양태를 시기별 사회 변동과 연결하여 살펴보고, 재일코리안이 전개한 반차별 운동의 흐름과 의의를 재조명하고 있습니다.

총서 7권『재일코리안 기업의 성장과 모국 기여활동』에서는 재일코리안 사회의 근간을 형성하고 있는 경제와 모국 기여라는 두 가지 측면의 현실적인 문제를 짚어보고 재일코리안 사회의 과거와 미래를 전망하고 있습니다.

총서 8권 『재일한인 민족교육의 역사와 현재-민족교육을 지키기 위한 노력과 한계 그리고 과제』에서는 재일코리안의 민족교육의 흐름을 조망하고 현재 직면한 재일코리안의 교육문제에 대한 진단과 현실적 대안을 제시하고 있습니다.

이렇게 발간된 우리의 연구 성과가 재일코리안의 생활과 문화, 역사와 운동, 경제와 교육 등 재일코리안 전반에 대한 재평가와 재조명은 물론 연구 지평의 확장에도 크게 기여할 것임을 믿어 의심치 않습니다. 아무쪼록 이 연구총서 시리즈가 재일코리안의 과거와 현재를 조망하고 나아가 발전적인 미래를 모색하는 계기가 되기를 기대합니다. 다시 한 번 이번 학술 프로젝트에 참여해 주신 연구원들의 노고에 깊이 감사드립니다. 아울러 이 학술 프로젝트에 많은 관심과 격려, 그리고 조언을 주신 교내외 여러 선생님들께도 감사를 드립니다. 앞으로도 청암대학교 재일코리안연구소가 소기의 목표를 달성할 수 있도록 많은 관심과 아낌없는 격려를 부탁드립니다. 마지막으로 어려운 여건 속에서도 항상 재일코리안연구소의 많은 간행물을 출판해 주시는 도서출판 선인 윤관백 사장님과 편집진 여러분에게도 감사드립니다.

청암대학교 재일코리안연구소장 김인덕

    이 책은 청암대학교 재일코리안연구소의 의뢰를 받아 집필했습니다. 처음에는 부족한 한국어 실력 때문에 계획을 제대로 이해하지 못한 채 조금 긴 보고서를 쓰면 될 것으로 생각했지만, 그런 프로젝트가 아니라는 걸 뒤늦게 깨닫고 고생하면서 원고를 썼습니다.

    어떤 일이든 과거에 일어난 사건은 이해하기 어려운 법입니다. 게다가 일본인인 제가 차별을 겪은 당사자인 재일코리안의 의식 등을 헤아리는 데도 한계가 있기 마련입니다. 어쩌면 한국 시민사회의 다양한 논의와 관심을 잘 알지 못하는 사람이 한국 독자를 위한 책을 쓰는 행위 자체가 무모할 수도 있습니다.

    한 세기 넘게 이어진 재일코리안의 역사에서 이 책의 주제인 '차별과의 싸움'은 매우 중요한 요소입니다. 일본 사회에서 코리안의 정체성을 유지하며 살아가기 위해서는 나름의 싸움을 거쳐야 했습니다. 차별행위자에게 반성을 요구하고 차별적인 제도의 시정을 촉구하는 대중적인 운동은 물론 가족을 부양하기 위해 필사적으로 일하고 단속망을 교묘하게 피하면서 밀조주를 만들거나 학교 친구에게 자신이 코리안이라는 사실을 털어놓는 용기도 그들에게는 차별에 맞서는 싸움을 의미했을 것입니다.

    따라서 이 책에서 소개한 내용은 차별과 싸워 온 재일코리안 활동의 일부에 지나지 않습니다. 재일코리안이 벌여 온 반차별 운동의 흐름을 이해하는 데 필요한 역사적 사실이 담긴 개설서로 자리매김할 수 있기를 바랍니다.

　차별은 현대 사회가 풀어야 할 중요한 문제입니다. 일본에서는 재일코리안에 대한 차별이 날로 심각해지고 있고, 최근 국제적으로도 인종 차별과 이민 배척 움직임이 두드러지면서 해법을 마련해야 한다는 목소리도 커지고 있습니다. 그런 만큼 재일코리안의 역사와 활동은 적지 않은 교훈을 줍니다. 미력하나마 이 책이 더 나은 사회를 바라는 이들에게 보탬이 됐으면 합니다.

　이 책이 완성되기까지 도움을 아끼지 않으신 청암대학교 재일코리안연구소의 모든 선생님께 이 자리를 빌려 감사의 말씀을 드립니다. 그리고 일본어로 쓴 제 원고를 번역하고 꼼꼼하게 점검해 준 전영빈 씨에게도 고마움을 전합니다. 끝으로 이 책의 모든 내용과 표현의 책임은 필자에게 있음을 밝혀 둡니다.

목차

제 1 장

전후 일본 사회의 배제와
조국과의 관계

제1장
전후 일본 사회의 배제와 조국과의 관계

1. 식민지기 조선인 도일과 민족 차별

재일코리안은 일본 최대의 민족 집단이다(국적 기준 통계에 따르면 재일 외국인 가운데 중국 국적 보유자가 가장 많지만 재일코리안의 정체성을 가진 일본 국적 취득자가 상당수 있다는 점을 고려하면 재일코리안이 일본 최대의 민족 집단이라는 관점은 여전히 유효하다). 게다가 사회 집단으로서 그들이 걸어온 역사는 100년가량에 이른다.

사회 집단으로서의 재일코리안에게 주목한 역사 연구는 그동안 활발히 진행돼 상당한 성과를 축적하기에 이르렀다. 연구 대상은 생활 실상, 민족 해방 운동 참여, 조국 민주화·통일 운동에 대한 기여, 사회·경제, 문학·예술 활동을 포함해 매우 다양하다.

하지만 재일코리안 역사의 여러 측면을 살펴볼 때 차별 문제를 빼놓을 수 없는 만큼 그들이 차별에 저항해 온 역사 또한 가장 중요한 요소라고 할 수 있다. 아래에서는 재일코리안에 대한 차별이 무엇인지 알아

보면서 그들이 차별에 어떻게 저항해 왔는지를 중심으로 역사를 서술하고자 한다.

1) 재일코리안 사회의 형성 과정과 차별

이 글에서는 근대 이후 일본에서 어느 정도 오래 생활했던 코리안을 재일코리안이라고 칭한다. 재일코리안의 존재는 꽤 오래전부터 확인된다. 조선의 근대화가 시작됐을 무렵 한발 앞서 서양과 접촉한 일본으로 건너온 유학생들도 일본에서 오래 살았기 때문에 재일코리안의 범주에 포함된다. 그리고 조선 왕조 말기에 일어난 정변으로 인해 어쩔 수 없이 일본으로 망명한 인물, 이를테면 김옥균도 일본에 머물렀을 때는 재일코리안이었다고 볼 수 있다. 또한, 19세기 말에는 이미 노동을 목적으로 일본에 건너간 한국인도 살았던 것으로 알려져 있다.

그러나 19세기 말까지 유학생과 망명 정치가, 탄광 등에서 일하는 사람들을 합쳐도 재일코리안의 인구는 그다지 눈에 띄는 규모가 아니었고, 그들이 계속 일본에서 살아갈 것으로 여겨지지도 않았다. 재일코리안은 한국 병합 이후 얼마 지나지 않은 1920년대부터 일정 규모의 인구를 보유한 사회 집단으로 대두하기 시작했다.

재일코리안은 사회 집단을 형성하기 시작했을 때부터 차별에 노출됐다. 그들을 향한 차별은 일본 생활의 첫 단추를 끼울 때부터 함께했다.

우선 일본에 도항하기 위해서는 특별한 절차를 밟아야 했다. 코리안, 당시 표현을 빌리자면 조선인은 한국 병합 이후 일본 제국의 신민이 됐고, 조선과 일본 내지(식민지를 제외한 일본 제국의 영역=현 47개 도도부현의 영역)는 일본 제국의 일부였다. 그런데 조선에서 일본 내지로 가는 조선인은 경찰의 확인을 받아야 했고, 때로는 이동이 저지됐다. 시기적인 차이는 있지만, 1919년 삼일독립운동이나 1923년의 관동대지진 이후에는 조선 내 경찰이 발행하는 여행 증명서를 취득하고 제시해야 했다. 1925년 이후에는 법적 근거가 없음에도 불구하고 부산에서 경관의 확인을 거쳐야 했고, 때에 따라서는 연락선 승선이 저지됐다. 아울러 1928년 이후에는 거주지 관할 경찰서가 발급하는 '도항 증명서'(호적에 배서된 부산 수상경찰서에 대한 소개장)를 지참하고 제시해야 했다. 또 제주도에서 일본 내지로 건너갈 때는 제주 공제회에 가입하고 회비를 납부할 필요가 있었다.

이 같은 과정을 거쳐 일본 내지에 도착한 다음 직장과 주거를 확보할 때도 차별을 받았다. 대부분은 일본 내지에 있는 동향인이나 친척에게 미리 부탁해 나름대로 계획을 세웠지만, 보통 일본인이라면 나서서 하지 않을 일과 인간다운 생활을 하기 힘든 주거 환경이 기다리고 있었다. 상황이 이렇다 보니 지인이나 친척을 통해 직장이나 주택을 확보하지 않은 채 일본 내지로 건너온 사람은 엄청난 고생을 감내해야 했다. 많은 일본인 집주인은 임차인이 조선인이라는 사실을 알게 되면 임대를 꺼렸고, 공장주들도 일자리를 제공하지 않았다.

이런 차별에 대해 많은 재일코리안이 품었을 불만은 충분히 짐작할 수 있지만, 그렇다고 그들이 처음부터 조직적인 사회 운동을 통해 대항한 것은 아니었다. 힘겨운 조선 생활을 그만두고 일본 내지행을 결정한 이들은 비록 경관의 검사가 합당하지 않더라도 일본 내지로 건너가기 위해서는 반드시 해당 검사를 통과해야 했기 때문에 그대로 받아들여야 하는 처지였다. 그리고 주거 환경이 아무리 열악하더라도 일단은 확보하는 게 급선무였고, 어쩌다 조선인이 집을 빌리는 데 성공하면 여러 명이 더 부살이를 하거나(물론 전대차 임대료를 받기로 하고), 공터나 하천 부지에 멋대로 집을 지어 비와 이슬을 피했다. 게다가 일본인이 꺼리는 일이

라도 받아들일 수밖에 없었고, 일본어를 할 수 있는 사람은 일본인을 가
장해 집을 빌리고 일자리를 얻었다. 덧붙이자면 장기 재류를 예정하지
않은 자, 다시 말해 돈을 벌려고 왔지만 언젠가는 귀향할 예정이었던 사
람은 차별 반대를 외치며 일본인과의 대립을 초래하기보다는 열악한 주
거 환경과 가혹한 노동을 한시적으로 감수하는 편이 낫다고 판단한 것으
로 보인다.

2) 정주층의 형성과 반차별 활동

이후 재일코리안이 증가하면서 가족을 동반한 정주층이 형성됐다. 이
같은 현상은 1920년대 후반에 두드러지기 시작했고, 1930년대 이후 더욱
더 뚜렷한 움직임을 보였다. 이런 가운데 차별을 둘러싼 상황에도 변화
가 나타났다.

우선, 앞서 소개한 사례 이외에 여러 방면에서 차별을 의식하게 됐다.
취업, 주택뿐만 아니라 사업 경영에 필요한 자금을 차입하고 일시적으로
조선에 돌아가는 일본 거주자에게 필요한 '임시귀선(帰鮮)증명'을 발급받
을 때와 기업 내 승진 시 겪는 차별, 업무 수행 시 접하는 일본인의 태도
등이 문제로 떠올랐다. 1936년 4월 29일~5월 7일 자『조선일보』에 실린
'게이한신(京阪神－교토, 오사카, 고베) 조선인 문제 좌담회'에서는 다음
과 같은 내용이 확인된다.

> … 우리 난제인 주택 문제, 집을 빌리는 것은 여간 어려운 일이 아닙니다.
> … 최근 이야기로는 임대료 지불이 내지인[원문에서는 본토인]보다 나아도 집
> 을 빌릴 때 겪는 어려움은 여전합니다. 이밖에 실업자가 없어져야 하는데 배
> 운 기술이 없고 [그래서 취업도 못 하고] 또한 상공업을 경영하려고 해도 동포
> 중에는 큰 공장을 운영하는 상업가도 있지만 대부분 내지인의 신용을 얻지

못하고 있습니다. 우리가 100엔을 갖고 있으면 100엔 장사, 1,000엔을 가지고 있으면 1,000엔 장사, 자기가 가진 것 이상의 일은 할 수 없기 때문에 [금융 기관에서 융자를 받을 수 없어], 대자본 아래 상공업이 발달한 이 땅[일본을 가리킨다], 특히 일본 내지의 상공업 중심지인 이 지방에서는 기술도 자본도 치열한 경쟁 때문에 이곳의 소규모 자본이 이중의 압박을 받고 있습니다. 그리고 우리가 직면하고 있는 가장 어려운 문제는 도항 증명과 일시 귀향 증명입니다.

우리[조선인]에게만 도항 증명을 필요로 하는 것은 근본적인 잘못이지만, 그중에서도 이 땅에 이미 와 있는 사람들에게만 적용하는, 즉 조선에 다녀올 때 사용하는 '일시 귀선 증명'이라는 것이 있습니다. 글자 그대로 일시 귀선 증명으로 조선에 다녀오려고 하면 필요한 것인데, 그것을 발급받는 게 보통 일이 아닙니다. 일시 귀선 증명 없이 조선에 갔다가는 다시 돌아올 수 없기 때문에 귀선 증명을 받기 위해 보통 열흘 전부터 알아보지만 발급받을 수 있을지 확실치 않습니다. 그래서 부모 사망이나 결혼 등에 따른 일시 귀향이든 일 관계든 가지 못하는 사람이 많습니다. 불가피하게 증명 없이 나갔다가 처자를 여기에 남겨 둔 사람이 너덧 달 증명이 없어 돌아오지 못해 지난 10년간 노력해서 간신히 쌓아 올린 신용이 하루아침에 물거품이 되는가 하면 피눈물을 흘리며 재산을 잃고 떠돌아다니는 사람이 많습니다. 모든 기관이 발달하고 상공업의 경쟁이 치열하며 아침에 비행기로 오사카를 떠났다가 경성에서 일을 마치고 이튿날 아침이 되면 오사카로 돌아올 수 있는데 이런 편의를 우리는 전혀 이용할 수 없습니다. 이런 도리가 어디에 있겠습니까?

우리 노동자의 경험담이야말로 이중, 삼중의 고통을 받은 이야기이지요. 저는 가와사키(川崎) 조선소에서 일했었지만, 지금은 조선인은 새로 고용하지 않습니다. 그뿐만 아니라 모든 중공업 공장 등에서는 우리 조선인을 고용하지 않습니다. 최근 가와사키 조선소를 보면 5,000여 명의 직공 가운데 조선인은 겨우 100명 정도밖에 되지 않습니다. 이전에 조선인이 많았을 때는 300명 가까이 있었습니다. 아무리 일을 잘해도 우리는 절대로 반장 같은 건 될 수 없고, 차별 대우는 이만저만한 게 아닙니다. 이 공장은 임금이 그리 낮지 않기 때문에 이 공장의 직공이 되면 대개 생계는 힘들지 않습니다.

[택시 운전사 일을 한 경험에서] 개중에는 조선인의 이름표를 보고 승차하지 않는 사람도 있고, 탑승한 뒤에 태도를 바꾸는 사람도 있습니다.

… 큰 회사에서는 조선인 운전사를 점점 사용하지 않게 되는 분위기라서 앞으로 취직하기 더 어려워질 것 같습니다. 여기서도 많은 조선인 운전사가 교통 법규 위반에 걸리고 있지만, 단속 도중 가끔 '조센진와 시오가나이'[원문은 일본어의 한글 음역], 이런 문제로 순사와 충돌이 잦아지니까 더욱 불리한 점이 적지 않은 것 같습니다.

또한, 1939년 8월 27일 자『조선일보』의 '오사카 특집호'도 역시 비슷한 문제를 지적하고 있다. '상공업자 사이에서는 자금난이 가장 큰 고민입니다. 상공업이 발전하려면 은행에서 자금 융통을 받아 창고 업자와 운송 업자 간에 긴밀한 연락을 취할 필요가 있습니다. 수만 명 있는 [오사카 거주 조선인] 상공업자 가운데 은행에서 저리로 자금을 융통할 수 있는 사람이 얼마나 있을까'라는 목소리와 '일시 귀선 증명은 정말 언제 폐지될까요? 하루라도 빨리 없어져야 합니다'라는 발언이 확인된다.

그리고 이 시기에는 차별을 이야기할 때 자신들이 거주지 사회에 정착해 다른 사람들과 비슷한 생활을 하고 있고 특별히 불리한 조건이나 불편을 강요당하는 것이 문제라는 견해가 등장한다. 이것은 정주자로서의 의식, 혹은 사회의 구성원이라는 의식을 토대로 권리를 요구하는 주장에 가까운 것이었다.

1939년 8월 27일 자『조선일보』의 '오사카 특집호'는 다음과 같은 이야기도 소개하고 있다.

… 우리가 모두 불편을 느끼는 것은 도항 증명이지만, 일단 내지로 건너와서 생활 기반을 쌓고 아이들에게 의무 교육을 받게 하면서, 세금도 내고, 국회의원, 부현시의원 선거, 피선거권이나 당당히 시정촌민권을 가지고 있다고 해도, 일시 귀향하거나 일 때문에 조선에 갈 때는 정해진 "일시 귀선 증명"이

필요하고, 그것 없이는 두 번 다시 내지 거류 거주자 자격으로 건너올 수 없
게 됐습니다. 내지에 있는 조선인의 중대 문제이며, '귀선 증명'이야말로 우리
의 문제인 것입니다.

　… 어딘가에서 '일시 귀선 증명'이 신속하게 발급된다는 이야기를 듣습니다
만, 경찰서에 따라 소요 일수가 다른 것 같고, 여기에 거주하는 사람이 한 차
례 조선을 왕래하고자 하면 2, 3일 내지 일주일 전에 경찰서에 가서 협상하게
되고 보통 두, 세 번은 경찰서에 가야 합니다. 그렇다고 모두 통과하는 것은
아닙니다. 이건 정말 곤란합니다. 여기에 사는 사람이니까 일시 귀향 시에는
관할 경찰서에 가서 신청하면 바로 나왔으면 합니다.

　… 동감입니다. … 경찰서가 증명 발급 업무만 하는 건 아니라서 바쁘겠지
만 파출소나 교풍회(矯風会)[조선인 통제 단체, 이후 협화회]를 통해서 거주·
비거주자 여부는 확실하게 조사했을 테니까 더욱더 신속하게 증명을 내주도
록 해야 할 것입니다.

1920년대 이후에는 이런 차별을 불가피하다고 방치하지 않고 시정하
려는 활동이 전개됐다. 그 배경에는 재일코리안 인구가 늘어나 사회적으
로 일정한 세력을 가질 수 있는 여건이 조성된 점과 앞으로도 일본 내지
에서 살아가야 하는 만큼 차별을 방치할 수 없다는 의식이 자리하고 있
었다. 이와 더불어 일부 재일코리안이 민족 해방과 인권을 민감하게 의
식했던 점과 일본 제국에서 불평등을 강요당한 기타 사회 집단, 이를테
면 노동자나 빈농, 피차별 부락민, 여성의 권리 확립을 위한 운동이 전개
된 점도 영향을 미쳤다.

불합리한 차별을 시정하려는 재일코리안의 활동은 다양한 형태로 나
타났다. 재일코리안은 당면한 차별을 시정하기 위해 서로 단결해 관계자
와 교섭하거나 언론에 문제를 호소하는 방법을 취했다. 그런 활동을 펼
친 재일코리안 지도자와 그들이 조직한 단체는 조선 독립을 지향하거나
그렇지 않은 경우도 있었고, 1930년대 초까지 활발히 전개된 사회주의

운동의 영향을 받거나 그리스도교회와 깊은 관계를 맺는 경우 등 다양했다. 민족을 이유로 한 부당한 차별을 시정하는 데 특정 정치 세력이나 이념을 전제해야 하는 것은 아닌 만큼 이는 당연한 양상이다. 부언하자면 재일코리안도 자신들을 향한 부당한 차별에 대항할 때 다양한 입장 차를 넘어 일치단결해야 한다는 점을 의식하고 있었다. 앞서 소개한 '게이한신 조선인 문제 좌담회'에서 한 참석자는 '일시 귀선 증명'에 대해 아래와 같이 발언하고 있다.

> 이 문제에 관해서는 종교가도 비종교가도 상업가도 공업가도 노동자도 조선인이라면 모두 똑같은 요구이고, 한두 사람의 힘으로는 이룰 수 없기 때문에 재일본조선인동맹을 조직해서 정당(政党)[내지는 '정당(正当)'] 합법적으로 투쟁하지 않으면 도저히 해결하기 힘들 것입니다.

그러나 '차별받지 않는 상태를 만들기 위한 방법'과 관련해 조선인이 취해야 할 방책과 목표로 해야 할 태도에 관해서는 다양한 선택지가 있었다. 이는 식민지 지배하에서 일본 제국의 국책이나 천황제를 대하는 태도, 그리고 동화 정책을 바라보는 입장과 분리할 수 없는 문제였다.

재일코리안은 일본인이 대다수인 사회에서 생활했기 때문에 차별을 철폐하려면 일본인이 조선인의 존재를 인정하고 받아들일 수 있도록 해야 한다고 여기는 것이 자연스러웠다. 물론 "자신의 존재를 인정받겠다"라는 생각 없이 문제를 해결하는 방책도 이론적으로는 있을 수 있었다. 일본인과 관계하지 않는 공동체를 만들어 일본의 지배로부터 조선을 해방시켜 조선인이 조선에 머물러 사는 구상은 가능하지만, 당시 상황을 고려할 때 사실상 실현할 수 없거나 적어도 곧바로 실현될 수는 없는 것이었다.

그래서 재일코리안은 일본인이 자신들을 받아들이게 하려고 다음과 부분에 신경을 썼다. 우선 근대적인 시민에게 요구되는 생활 태도와 습관을 기르는 것이었다. 구체적으로는 부지런히 일하고 임대료를 체납하지 않으며 과도한 음주와 전근대적 미신으로 여겨지는 행위나 인근 주민에게 폐가 되는 행위를 자제하는 방법이었다. 이는 정치적 성향과는 무관하게 재일코리안 지도자 대부분이 주장한 것이었다.

하지만 일본인 대다수는 그에 그치지 않고 조선인이 아닌 일본인처럼 풍속과 습관을 고치고 일본에서 생활할 것을 재일코리안에게 요구했다. 재일코리안의 정주층이 증가하기 시작할 무렵에 그들의 생활 실태 등을 조사한 오사카시 사회부 보고서에는 아래와 같은 내용이 적혀 있다.

조선에서 조선인에게 급격한 동화 정책을 실시하는 데 대해 이견이 없는 것은 아니지만, 일단 내지에 와서 내지 사회의 일원이 되는 조선인에게는 충분한 동화 정책을 실시하지 않으면 안 된다. …… 조선인 노동자도 (1) 내지에서 영주할 각오를 하고, (2) 스스로 떨어져 나가 사회를 만들지 말고, 부지런하고 자유롭게 내지인 사이에 섞여, (3) 내지인의 풍속과 습관을 받아들여 (4) 충실한 내지인에 걸맞은 마음가짐을 가져야 한다.[1]

이 글이 쓰인 1920년대 중반만 해도 행정 당국이 직접 동화 시책을 전개한 것은 아니었지만, 이후 준전시체제로 불리는 1930년대 중반이 되면 경찰 주도하에 재일코리안이 많은 지역에서 일본어와 일본의 풍속과 습관을 가르치는 시책이 시작됐다. 또 1939년에는 후생성의 외곽 단체로 설립된 중앙협화회의 주도로 재일코리안의 일본 동화가 시작된다.

한편 많은 일본인은 재일코리안이 일본 제국에 충성을 맹세하는지 의심했다. 이 때문에 총력전을 추진하는 일본 제국은 눈에 보이는 풍속과 관습, 언어와 복장은 물론 내면적으로도 재일코리안에게 제국 신민이 될

---

[1] 오사카시 사회부, 『조선인 노동자문제』, 1924.

것을 요구했다. 조선 민족을 위한 것이 아니라, 천황에게 충성을 맹세하고 일본 제국의 국책에 협력해야 한다는 황민화 정책을 전개한 것이다.

이런 상황에서는 자신의 문화와 정체성을 부정하지 않고 일본 제국의 국책(이는 근린 각국에 대한 일본의 침략을 확대해 일본을 중심으로 아시아 질서를 구축하는 것과 다름없었다)에 대한 협력을 거부하며 차별 철폐를 실현하는 방책은 취하기 어려웠다. 물론, 자신을 부정하고 모국을 침략한 일본 제국에 적극적으로 협력하려는 재일코리안은 없었을 것이다. 그래서 괴롭고 힘들어도 동화·황민화 정책에 저항하며 차별 철폐를 추구한 재일코리안의 활동은 당연히 존재했다. 이를테면, 1930년대 중반에 오사카에서 간행된 조선어 신문 『민중시보』는 아동에게 민족의 문화와 말을 가르치는 노력의 중요성을 역설하는 동시에 민족적인 야학을 폐쇄하거나 일본 옷을 강요하는 당국의 움직임을 비판하면서 주택 차별과 취업 차별의 부당함을 호소하는 논설을 게재했다. 또는 앞서 언급한 '게이한신 조선인 문제 좌담회'에서는 차별에 대한 다양한 비판이 오가는 동시에 아동에게 조선어를 적절히 가르치기 위한 방안이 논의됐다.

하지만 일부 재일코리안은 동화 정책·황민화 정책을 어느 정도 받아들이거나 철저한 동화와 황민화를 통해 일본인과 평등한 처우를 요구하자는 생각을 하고 있었다. 그리고 총력전 체제가 구축된 1930년대 말 이후에는 동화 정책·황민화 정책에 대한 비판이 원천적으로 금지됐다. 일본 제국하에서 일본인으로 동화돼 제국 신민이 되는 것을 긍정해야 하는 상황이 된 것이다.

다만 이런 가운데 차별을 철폐하고자 하는 재일코리안이 취할 수 있는 태도도 한결같지는 않았다. 동화와 황민화는 어디까지나 표면적으로 수용하는 이른바 면종복배(面從腹背)를 지속하며 차별을 문제시할 수도 있었고, 과도하게 극단적인 동화 정책에 대한 비판도 불가능한 것은 아니었다. 물론 조선인의 정체성을 완전히 버리고 일본인이 되어 제국 신민으로서 국책에 협력하는 방식을 통해 조선인에 대한 차별을 없애려는 사람도 있었다.

2. 전시 평등 선전과 일본인 중심주의

일본 제국에 협력해 일본 제국의 신민으로서 평등을 추구한 일부 조선인의 노력은 이후의 역사를 아는 사람이 볼 때 굉장히 어리석었던 것으로 보인다. 주지하는 바와 같이 1945년 8월 15일 일본 제국이 포츠담 선언 수락을 발표하고, 조선이 식민지 지배에서 해방되면서 그들의 노력은 보상받지 못했기 때문이다. 게다가 일본 제국에 협력한 사실 때문에 8·15 해방 이후 일본 제국의 신민이 되기 위해 앞장서서 두드러진 행동을 한 사람은 조선 민족 사이에서 '친일파', '민족 반역자'로 비판받았다. 물론 당사자가 받았을 정신적인 고통도 충분히 짐작할 수 있다. 그러나 일본 제국이 총력전이 수행하던 시기는 조선인이 일본 제국의 신민이 되어 평등을 실현할 수 있는 것처럼 보였거나 그렇게 기대할 수밖에 없었던 상황이었던 것도 사실이다.

일본 제국은 조선인의 전쟁 협력을 끌어내 일본인과 조선인이 일치단결해 총력전을 수행할 수 있도록 '내선일체'를 주창했다. 이 표어는 조선인이 자신의 민족성을 부정하고 일본인에 철저히 동화돼 황국 신민으로 거듭나야 한다는 호소인 동시에 일본인이 조선인을 차별해서는 안 된다는 의미이기도 했다. 또한 전시에는 황국 신민이 된 병사이자 군수 생산과 식량 증산을 담당하는 중요한 노동력으로서 조선인을 거론하며 일본인의 인식을 바로잡아야 한다는 사회적 교화도 종종 이루어졌다. 게다가 일본 제국의 판도 속에서 다양한 정보를 접하는 한 가까운 곳에서는 민족 해방을 위해 활동하는 세력이 거의 눈에 띄지 않았고, '황군'은 무적이며, 일본 제국을 중심으로 한 아시아 질서가 형성되고 있는 것처럼 보였다. 그런 가운데 일본 제국에 협력함으로써 차별을 없애는 것이 현실적이라고 본 일부 재일코리안의 판단은 당시 현실을 고려할 때 이상한 일이 아니었다.

그러나 전시 일본 사회에서 조선인에 대한 차별이 실제로 해소됐음을 보여주는 사실은 전혀 확인되지 않으며, 오히려 일본인 중심주의가 심화하고 있었다.

전시 일본 사회는 조선인의 존재를 이전보다 더 크게 의식했다. 재일코리안 인구는 전시 동원 정책 등으로 인해 급증하고 있었다. 1939년 현재 90만 명이었던 인구는 1945년 현재 200만 명가량으로 불어나 있었다. 당시 일본 내지의 총인구는 7,000만가량으로 그중 조선인 인구는 3% 수준이었다. 그리고 재일코리안은 일본 사회에서 빼놓을 수 없는 존재로 떠오르기 시작했다. 일본인 청장년 남자의 대부분이 군인으로 참전하면서 일본 내지의 생산 현장, 특히 중노동이 필요한 부문은 재일코리안 없이는 돌아가지 못하는 상황이었다. 덧붙이자면 당시 육체노동에 대한 임금은 상승하고 있었기 때문에 일부 재일코리안의 경제생활은 이전 시기보다 개선됐다(물론 전시 동원 정책에 따라 배치된 사람을 비롯해 같은 시기에 임금을 제대로 받지 못한 사람이 적지 않았다는 사실을 잊어서는 안 된다). 이와 더불어 일본 거주가 장기화하는 동안 기술을 습득하거나 자금을 확보한 일부 재일코리안은 경제적인 상승을 실현하기도 했다.

이처럼 재일코리안이 이전보다 두드러지는 존재로 부상하자 일본인은 자신들이 중심인 사회 질서가 위협받을 수 있다는 반응을 보였다. 내선일체를 외치던 시기였던 만큼 일본인 사이에서는 재일코리안에 대한 반감이 거세지고 있었다. 이 같은 분위기는 제국의회에서 나온 발언을 통해서도 확인된다. 1944년 2월 1일, 이마이 요시유키(今井嘉幸)는 다음과 같이 발언했다. 이마이 의원은 다이쇼 데모크라 시기의 보통선거권 실현 운동으로 유명한 정당 정치인으로, 조선인 인구 비율이 특히 높은 오사카가 기반이었다.

> 이들[조선인]이 어떤 상태에 있는가 하면, 생활 상태는 저렇게 지극히 '원시적'인 생활을 하고 있지만, 노동력은 상당히 강하기 때문에 노동자로서 각 방면이 선호하는 때도 있습니다. 또 일본 노동자가 이들과 경쟁해도 도저히 미치지 못하는, 이를테면 고베(神戶)의 배에서 일하는 인부입니다. 일본인은 쌀한 가마를 도저히 짊어질 수 없는데, 한창 일할 나이의 사람들이 전쟁에 나가 있어서 그렇기는 하지만, 어쩔 수 없이 조선 노동자를 고용하는데, 그걸 거뜬히 짊어집니다. 그런데 임금 20엔인가 25엔을 주지 않으면 꿈쩍도 안 하는 상황이 눈앞에서 펼쳐지고 있습니다. 아무튼, 그런 점 때문에 일본 노동자와의 사이에서 문제도 생기고 있고, 그들은 현재 상당한 돈을 만지고 있습니다. … 따라서 그들의 사회적 지위가 점점 나아지자 이제는 심한 경우에 우리 일본 내지인을 바보 취급하는 태도를 가진 사람도 있습니다.[2]

이후 일본 제국의 패색이 짙어지고 미군의 공습이 본격화하는 단계에 이르렀을 때는 일본인과 조선인의 감정이 더욱더 소원해지고 있었다. 많은 조선인이 암시장을 드나들고 적국과 내통하고 있다는 소문이 나돌았기 때문이다.[3]

결국, 일본 제국이 내선일체를 선전하던 시기에도 일본인 사이에서는

---

[2] 중의원 전시특수손해보험 법안위원회, 1944년 2월 1일, http://kokkai.ndl.go.jp/ (검색일: 2013.4.14)
[3] 전쟁 말기 상황에 관해서는 外村大, 『朝鮮人强制連行』, 岩波新書, 2012(도노무라 마사루, 『조선인 강제연행』, 뿌리와이파리, 2018)을 참조하기 바란다.

조선인을 같은 사회의 일원으로 동등하게 바라보는 의식이 생성되지 않았고, 오히려 일본인 중심주의가 강화되고 있었다. 일본 제국에서 평등을 지향한 일부 재일코리안의 노력은 그야말로 물거품이 돼 버린 것이다.

3. 일본 제국 붕괴 이후 격화한 차별 의식

1) 8·15 해방과 재일코리안의 동향

1945년 8월 15일, 쇼와 천황의 이른바 '옥음방송'을 통해 일본 정부가 포츠담 선언을 수락한 사실이 발표됐다. 포츠담 선언에는 '카이로 선언의 조항은 이행되어야 하며, 일본국의 주권은 혼슈, 홋카이도, 규슈 및 시코쿠와 우리가 결정하는 여러 작은 섬에 국한될 것'이라는 조문이 있으며, 1943년 12월 1일에 발표된 '카이로 선언'에는 '조선 인민의 노예 상태에 유의하여 모든 조선을 자유 독립시킬 것을 결의한다'라는 문구가 포함됐다. 물론 이 같은 주요국의 결정 등을 자세히 알지 못하더라도 일본 제국의 패배가 조선의 독립을 가져올 것이라는 전망은 분명했다.

이 때문에 적지 않은 재일코리안은 8·15 해방 직후 귀국을 서둘렀다. 자신의 의사와는 상관없이 전시 동원에 따라 일본 내지의 노동 현장에 배치돼 노예적 노동에 종사한 사람은 아마 대부분 즉시 귀국을 희망하였을 것이다(8월 15일 이전부터 귀국을 희망했겠지만). 고향에 가족을 남겨 두고 오거나 신국가 건설에 기여하려는 강한 의욕을 가진 사람도 최대한 빨리 귀국하려고 했을 것이다.

1945년 9월부터 미군 등의 연합군이 일본 점령을 시작하면서 재일코리안의 계획적인 귀국을 위한 수송이 개시됐다. 사실 계획 수송과는 상관없이(계획 수송이 시작되기 전부터) 어선 등을 이용해 일본에서 한반도로 돌아가는 사람도 많았다. 이 같은 귀국 물결은 1946년 전반까지 이어졌으며, 150만 명 가까운 재일코리안이 조선으로 돌아갔다.

그러나 약 50만 명은 일본에 남았으며, 일부는 일단 한국에 귀국했다가 다시 일본으로 돌아왔다.

이들이 조선 생활을 선택하지 않은 이유는 사람마다 다양했다. 조선에 돌아가면 안정적인 생활을 장담할 수 없지만, 일본에서는 어느 정도 수준의 생활은 가능하다고 판단한 사람, 일본어가 더 편하거나 일본어밖에 못하는 사람, 또 그런 사람이 가족인 사정이 관련된 경우가 많았던 것으로 보인다. 그런 사람들에게 비록 적극적인 선택은 아닐지라도 계속 살아야 할 일본 땅에서 차별 없는 사회생활을 실현하는 것은 중요한 문제였다.

2) 전쟁 종결 직후의 일본 민중의 의식

포츠담 선언 수락이 발표된 뒤 조선의 독립을 인식하게 된 것은 일본인도 마찬가지였다. 이를 두고 일본 민중이 특이한 반응을 보인 사례는 확인되지 않는다. 적어도 조선이 일본의 일부여야 한다는 주장이나 조선이라는 영역을 잃게 된 것을 깊이 한탄하는 식의 반응은 보이지 않는다.

하지만 패전 직후 일본에서는 식민지 지배가 죄악이며, 식민지 지배를 당한 여러 민족에게 사과해야 한다는 주장 또한 찾아볼 수 없다. 이를테면 일본의 대표적인 진보 지식인이 기고하는 잡지로 유명한 『세계』의 1946년 5월 호에 실린, 스즈키 다케오(鈴木武雄) 전 경성 제국 대학 교수의 '조선 통치의 성격과 실적-반성과 반(反)비판'이라는 제하의 논문에도 '반성'이라는 표현은 나오지만, 일본이 조선의 공업화에 기여했다는 내용이 담겨 있다.⁴⁾ 식민지 지배의 가해 역사에 관한 본격적인 연구와 논의가 이뤄지는 것은 1960년대 중반 이후이며, 전후 일본 사회에서는 오랫동안 일본이 식민지 지배를 통해 조선에 은혜를 베풀었다는 의식이 지배적이었다.

이런 가운데 일본 민중은 일본이라는 영역 안에서는 일본인만 살아야 한다는 의식을 갖게 됐다. 사실 애초에 대다수 일본인은 재일코리안이 일본에서 오랫동안 살았음에도 불구하고 동일한 사회 구성원으로 여기지 않았던 것으로 보인다. 그리고 자신이 가해자이며, 식민지 지배의 결과로서 조선인이 일본에 살고 있음을 의식하는 일본인은 거의 없었을 것이다.

8월 15일 직후 지바현의 어느 마을을 조사한 특고 경찰은 현지에 거주하는 재일코리안 가운데 '돌아간다고 하더라도 아는 사람도 적'고 '돌아가면 일자리를 잃기' 때문에⁵⁾ '이곳을 버리고 조선에 돌아가는 것은 자진해서 수렁으로 기어들어 가는 것과 같다'라고 말한 사람이 있었다고 적었다.⁶⁾ 같은 문서에서는 '내지인 이상으로 전쟁 목적을 수행하기 위해 노력했다'라며 계속해서 일본에 거주할 자유가 있다고 주장해 온 사람도 확인된다.⁷⁾ 그런데 이 같은 재일코리안을 대하는 주변 일본인들의 태도는 매우 냉담했다. 이 마을에 있었던 어느 재일코리안은 다음과 같이 말

---

4) 그러나 『世界』는 창간(1946년 1월)한 지 얼마 되지 않아 다이쇼 데모크라시 시대의 이른바 올드 리버럴리스트가 주축이었으며, 오히려 당시의 보수적인 논객이 기고한 것으로 평가된다. 그렇다고 해도 스즈키 다케오의 논문이 게재된 같은 호에는 마루야마 마사오가 쓴 '초국가주의의 심리와 논리'가 실려 있으며, 전후 민주주의를 선도하는 잡지로서의 면모를 갖춰가고 있었다고 볼 수도 있다.

5) 1945년 8월 27일 지바현 이치노미야(一宮) 경찰서장 발 지바현지사 앞, 「성단 발표 후의 조선인 동정(動靜)에 관한 건」(지바현 경찰부 특고과, 『쇼와 이십 년·내선보고서류 편책』, 박경식 편, 『조선문제자료총서』 제13권, 삼일서방, 1990에 수록).

6) 1945년 9월 7일 자 지바현 오타키(大喜多) 경찰서장 발 지바현지사 앞, 「조선인 의향 내사의 건」, 지바현 경찰부 특고과, 『쇼와 이십 년·내선보고서류 편책』에 수록.

7) 1945년 9월 13일 지바현 도가네(東金) 경찰서장 발 지바현지사 앞, 「조선인의 동향에 관한 건」, 지바현 경찰부 특고과, 『쇼와 이십 년·내선보고서류 편책』에 수록.

한 것으로 전해진다.

　　종전과 동시에 조선의 독립이 연합군에 의해 발표된 이래, 우리 조선인에
게 부락회, 도나리구미원의 태도가 일변한 것 같은 느낌이 있다, 이것은 필경
조선인을 의붓자식 취급하고 있었던 것을 여실히 말해주는 것이다.[8]

　한편 어느 마을의 촌장인 한 일본인은 재일코리안과 관련해 다음과
같이 말하고 있다.

　　… 대동아전쟁 중 그들이 가장 경제의 곽란자(霍乱者)였다. … 지금도 식량
에 핍박받고 있다고 한다. 쌀 1가마가 2,000엔에 이른다는 암시장 가격도 악
질 브로커인 그들이 근원을 이루고 있다. 장래에 일본이 생존하기 위해서는
어떻게든 그들을 제거해야 한다. 현재 조선에 재류 중인 내지인은 식량에 어
려움을 겪고 있고 위험한 상태라고 한다. 하루라도 빨리 돌아오는 대신 그들
도 돌려보내야 한다.[9]

　이처럼 전쟁 종결 직후 일본 민중은 내선일체의 명분을 버리고 재일
코리안에게 호의적인 태도를 보이지 않았다. 게다가 그 뒤로도 일본의
부흥기에는 일본인 사이에서 재일코리안에 대한 노골적이고 차별적 언
동이 두드러졌다. 그 배경으로는 '외지'로 불렸던 조선과 대만 등에서 일
본인이 귀환하고 경제적 혼란이 가중되는 가운데 일부 재일코리안의 활
동이 눈에 띈 점을 꼽을 수 있다. 일본인의 귀환은 "외지에서 고생하며
재산을 사람을 포함해 그곳에 머물 수 없어 모든 것을 잃어버린 일본인

---

[8] 1945년 9월 13일 지바현 도가네 경찰서장 발 지바현지사 앞, 「조선인의 동향에 관한 건」,
　지바현 경찰부 특고과, 『쇼와 이십 년·내선보고서류 편책』에 수록.
[9] 지바현 가미사카이(上堺) 촌장의 언동, 지바현 경찰부, 1945년 9월 13일 「조선인에 대한 언
　동 내사에 관한 건」.

도 있는데 왜 조선인은 자기 나라로 돌아가지 않느냐"라는 목소리와 "식량난 속에서 식민지를 잃고 '내지' 인구가 과밀화하고 있는데 조선인이 계속 일본에 있는 것은 민폐"라는 의식을 불러일으켰다. 또한, 경제적 혼란 속에서 재일코리안이 특권적인 지위를 확보해 암시장에서 큰돈을 벌고 있다고 생각하는 일본인도 있었다.

그런데 영향력 있는 정치가도 재일코리안에 대한 차별적 언동에 가담했다. 전후 일본의 국회(정확히는 일본국 헌법 시행 이전에는 제국의회로 불렸다)에서도 비슷한 발언이 일부 확인된다. 가장 노골적인 사례로는 개진당(改進党) 소속 국회의원인 시이쿠마 사부로(椎熊三郎)[10]가 1946년 8월 17일 중의원 본회의에서 발언한 사례를 들 수 있다. 시이쿠마는 정부의 치안 유지 대책과 관련해 조선인과 대만인의 단속을 강화해야 한다며 다음과 같이 밝혔다.

> … 종전 당시까지 일본에 거주하며 일본인으로서 생활해 온 대만인, 조선인, 이들이 종전과 동시에 마치 전승 국민과 같은 태도를 취하고, 그 특수한 지위와 입장을 악용해 우리 일본의 질서와 법을 무시하고 안하무인의 행태를 자행해 온 것은 실로 묵시할 수 없는 바입니다(박수) … 최근에는 한 번 귀국한 그들, 특히 조선인의 경우 집단으로 어떤 종류의 조직력을 갖고, 다시 일본에 밀항, 잠입을 시도하는 사람이 날마다 그 수를 더해서, 규슈(九州), 산인(山陰) 방면에는 실로 몇만에 이른다고 들었습니다 … 그들 중에는 '콜레라', '발진티푸스', 이질 등의 보균자가 다수 있고, 이것이 내지에 전파되어 지금 내지 곳곳에서는 엄청난 수의 전염병 환자가 발생한 사실이 있습니다 … 종전 순간까지 동포로서 함께 이 나라의 질서 아래 생활해 온 자들이 갑자기 돌변하여 마치 전승 국민인 양 멋대로 철도 등에 전용차라는 종이를 붙여 둔다거나 혹은 다른 일본인 승객을 경멸하고 압박하며 차마 눈 뜨고 볼 수 없는 흉

---

10) 시이쿠마 사부로(椎熊三郎)는 전간기에는 입헌국민정당, 전후는 진보당·개진당, 일본민주당, 자유민주당에 소속됐던 정당 정치인이다.

포한 행동, 이른바 악거 행동에 나서고 있다는 사실은 참으로 놀랍습니다(박수). 여러분, 이 조선인, 대만인의 차마 눈 뜨고 볼 수 없는 최근 행태는 패전의 고통으로 신음해 온 우리에게 참으로 온몸의 피가 거꾸로 흐르는 감정을 느끼게 합니다(박수). 그리고 그들은 이런 특수한 입장에 따라 경찰력이 미치지 않는다는 점을 이용해 암거래하고 있고, 일본 내 암거래의 근원은 바로 지금의 이 불령한 조선인들이 중심이라는 점은, 오늘날 일본의 상업 거래와 사회생활에 미치는 영향은 놀라울 따름입니다 … 바야흐로 오백억을 넘는 일본의 신엔(新圓)의 삼 분의 일은 아마도 그들이 쥐고 있다는 소문조차 나돕니다. 만약 이런저런 소문들이 진실이라면 일본의 미약한 상업자는, 세금도 내지 않고 외국인 행세를 하는 이 조선인, 대만인의 행동에는 상거래에서 적이 없고, 실제로 고베, 오사카 같은 경우에는 이미 노점상인, 음식점은 죄다 대만인, 조선인이 장악하고 있다는 사실을 내무당국은 어떻게 보고 있습니까, 여러분, 지금 와서 정부가 엄연한 태도를 보여주지 않는다면 참으로 중대한 문제가 야기될 것이 나는 염려됩니다(박수).[11]

시이쿠마가 지적한 대로 암시장에 관여한 조선인은 분명히 존재하지만, 암시장이 횡행한 책임을 조선인과 대만인에게만 물을 수는 없다. 하물며 신엔의 삼 분의 일이 조선인과 대만인의 손아귀에 있다는 주장은 아무런 근거가 없는 것이었다. 만일 그것이 사실이었다면 재일조선인 대다수가 빈곤에 허덕이는 상황은 발생하지 않았을 것이다. 한편 이와 관련해 재일코리안 단체는 시위를 벌였고, 그리고 시이쿠마가 소속된 개진당은 11월 5일 발언에 대해 공식적으로 사과했다.[12]

11) 제국의회의사록 검색시스템, http://teikokugikai-i.ndl.go.jp/cgi-bin/TEIKOKU/swt_logout.cgi? SESSION=19271 (검색일: 2013.4.15)
12) 박경식, 『해방 후 재일조선인 운동사』, 삼일서방, 1989, 119쪽, 123쪽.

4. 일본 점령하의 법적지위 변화

1) 애매한 법적지위

앞서 설명한 것처럼 8·15 이후 재일코리안에 대한 일본 민중의 차별 의식은 개선되기는커녕 오히려 악화했다. 이와 더불어 법제도 또한 8·15 이후의 변화 속에서 재일코리안이 이전보다 불리한 조건하에서 생활해야 하는 방향으로 나아가고 있었다.

일본 제국은 한국 병합 이후 조선인을 일본 제국 신민으로 규정했다. 그러므로 법적으로 조선인(조선 호적 편입자는 법적으로 조선인)이라고 해도 일본인과 같은 권리가 인정되던 때가 있었다. 이를테면 일본 내지에 거주하며 기류 신고서를 제출한 재일코리안에게는 선거권·피선거권이 부여됐다. 실제로 시정촌 의회의 의원 또는 제국의회 의원이 된 조선인도 있었다. 국가와 지방 행정 당국의 관리가 되는 데도 별다른 지장이 없었고, 구호법에 따라 공적 부조를 받을 때도 조선인이라는 이유로 거부되는 일은 없었다(일본인 방면위원이 생활 곤궁자인 조선인과 접촉하지 않아 본디 공적 부조 대상이 되어야 할 사람이 대상자가 되지 못하는 경우는 많았을 것이다). 심지어 군인이 된 자에 대한 군사 원호, 징용된 자에 대한 근로 원호도 조선인이라는 이유로 배제한다는 제도적 설계는 없었다.

하지만 일본 제국의 붕괴로 인해 조선에 독립 국가가 탄생할 것으로 전망되자 재일코리안은 단순히 다른 일본인과 같은 제국 신민으로서의 법적지위를 가진다고 여겨지지 않게 됐다. 민족적 정체성을 유지했던 재일코리안은 애초에 '일본인'이 아닌 게 자명했던 데다, 일본 제국의 신민으로서의 평등을 믿었거나 황민화 정책의 교화에 노출된 사람도 그 기만성을 깨닫게 되어 일본이 아닌 새 조국으로 귀속되는 상황을 의식했을 것이다.

그러나 1948년까지 한반도에는 새 국가가 건설되지 않았다. 또한 한국 병합은 당시 열강 제국도 이의를 제기하지 않았기 때문에 조선인이 일본 제국의 신민이었다고 바라보는 것이 국제 사회의 일반적인 시각이었다.

그렇다면 일본 점령의 책임 주체인 연합군 총사령부(GHQ)는 재일코리안의 법적지위에 대해 어떤 견해를 밝혔을까? 1946년 11월 1일에 발표된 기본 지령에는 다음과 같은 표현이 삽입되어 있었다.

> [재일코리안]은 군사상 안전이 허락하는 한 '해방 인민' Liberated people로서 처우해야 한다. 그들은 이 문서에서 사용되는 '일본인' Japanese라는 용어에 포함되지 않는다. 그러나 '일본 국민' Japanese subject이었기 때문에 필요한 경우에는 '적국인' Enemy nationals로 처우되어도 무방하다.[13]

또한, 재일코리안의 한반도 귀국 움직임이 잠잠해진 후인 1946년 11월 5일, GHQ는 '총사령부의 귀환 계획에 따라 본국 귀환을 거절하는 것은 정당하게 설립된 조선 정부가 그들을 조선 국민으로 승인할 때까지 일본 국적 Japanese nationality를 유지한다'라는 성명을 냈다.[14] 이와 관련해 11월 20일에는 GHQ 섭외국 발표를 통해 보충 설명도 이루어졌다. 그 내용은 일본에 남아 있는 조선인이 일본의 시민권=Japanese citizenship을 획득해야 하는 것이 아니라, 점령 당국은 친권 유지, 포기 또는 선택에 관한 국적의 모든 기본적 권리에 간섭할 의도는 없지만, '지방적 법률 규칙의 준수 의무를 조선인에게 면제하는 것과 같이 재일조선인에게 유리한 차별 대우는 일종의 치외법권을 상상하게 되는 만큼 허용되지 않는

---

13) 모리타 요시오, 『재일조선인 처우의 추이와 현황』, 법무연수소, 1955, 74쪽.
14) 모리타 요시오, 『재일조선인 처우의 추이와 현황』, 법무연수소, 1955, 74쪽.

다'라는 것이었다.[15]

그 후 1948년 8월에 대한민국이 건국됐다. 국제연합의 감시하에 선거를 치르고 헌법을 제정해 건국한 대한민국은 GHQ가 밝힌 '정당한 조선 정부의 설립'에 해당했지만 GHQ는 별다른 견해를 표명하지 않았다. 한국이 건국된 뒤에도 GHQ가 재일코리안의 국적을 일본이 아닌 한국으로 여기지 않았음은 1950년 6월 27일의 다음과 같은 GHQ 외자위원회 각서에서 확인된다.

> 쇼와 20년 9월 2일[1945년 9월 2일 일본 정부가 항복 문서에 조인한 날] 이후 계속해서 일본에 거주하는 조선인은 일본 국적을 유지한다. 그들은 일본의 법률에 따라 … 법률적으로 보면 20[쇼와 20=1945]년 9월 2일 이후 일본에 계속해서 거주하는 조선인은 실질적으로는 일본 국민이지만, 아울러 조선 국적을 취득할 권리를 갖고 있다. 연합군의 정책 수행과 일본 정부의 조치는 재일조선인에게 그 국적을 빼앗거나 새로운 국적을 부여하는 것은 아니다. 쇼와 20[=1945]년 9월 2일 이후 계속해서 일본에 거주하는 조선인의 국적의 최종 결정은 평화 회의 및 그에 따른 일본과 조선 간의 조약에 달려 있다.[16]

점령 초기 GHQ의 지령과 발표를 통해 재일코리안의 법적지위를 판별하는 명확한 기준이나 결정적인 방침을 읽어내기는 쉽지 않다. 모리타 요시오(森田芳夫)도 1945년 11월의 GHQ 규정에 대해 '"해방 인민으로 처우되어야 한다", "일본인에 포함되지 않는다", "일본인이었다", "필요한 경우에는 적국인으로 처우한다"라는 네 가지 개념이 뒤섞여 있다'라고 말했다.[17] 결국 일본 점령 종료와 일본과 조선(구체적으로는 한국) 간의 결정에 따라 재일코리안의 국적 취급을 결정하게 된 것이다.

---

15) 모리타 요시오, 『재일조선인 처우의 추이와 현황』, 법무연수소, 1955, 75쪽.
16) 모리타 요시오, 『재일조선인 처우의 추이와 현황』, 법무연수소, 1955, 76~77쪽.
17) 모리타 요시오, 『재일조선인 처우의 추이와 현황』, 법무연수소, 1955, 74쪽.

이처럼 불확실하고 최종적인 결정을 보류하는 태도가 계산된 의도에 근거한 결과인지는 알 수 없다. 다만 그런 상황에서 재일코리안은 어떨 때는 일본인과 동등하게 취급해야 하는 존재로, 또 어떨 때는 일본인이 아니라는 이유로 특정한 권리를 부정당하거나 특별 관리와 감시의 대상이 되기도 했다. 또한, 이 같은 재일코리안에 대한 권리 제한 조치는 단순히 GHQ의 의향—일본 점령은 미군이 주체였기 때문에 미국의 의향과 거의 동일하다—뿐만 아니라 일본 정부의 의도를 반영해 시행됐다.

2) 일본인과 동등한 처우와 외국인 등록

재일코리안은 여전히 일본 국적을 보유하고 해방 인민이 아니라는 견해에 따라 일단 경찰의 각종 단속과 과세에 관해서는 일본인과 동등한 취급을 받게 됐다. 그리고 학교 교육도 일본인과 동등하게 취급함으로써 민족 교육에 제한을 가했다. 8·15 해방 직후부터 재일코리안은 민족의 언어와 문화를 되찾기 위해 자주적인 교육 기관을 만들어 본격적인 학교로 규정한 뒤 아동과 학생들을 가르치고 있었다. 그러나 이 조선인 학교도 일본 법령에 따라야 한다는 지시가 내려진 것이다. 1949년 10월에는 자주적으로 운영했던 조선인 학교 대부분이 폐쇄됐다. 이밖에 배급에 관해서도 일본인과 다른 취급을 받지 않았다. 일부 재일코리안은 해방 민족이기 때문에 연합국의 국적을 가진 외국인과 동등하게 취급돼야 한다고 요구했지만 인정되지 않았다.

한편, 재일코리안에 대한 특수 취급으로 '외국인 등록'이 실시됐다. 이는 1947년 5월 2일 일본국 헌법이 시행되기 전날, 마지막 칙령(천황을 주권자로 하는 일본 제국 헌법의 규정에 따라 제국의회를 거치지 않고 나온 법률)으로서 외국인 등록령에 의거해 있었다. 이 법령은 조선인·대만인 밀입국자가 많다는 이유로 무허가 입국자와 등록 절차 위반자에 대한 강제 퇴거를 규정한 것으로, 외국인을 상대로 일본 정부에 등록하고 교부 증명서를 소지할 것을 요구했다. 조문에는 조선인, 즉 '조선호적령의 적용을 받아야 하는 자'에 대해 '당분간 외국인으로 간주된다'라고 기재돼 있었다. 일본 국적을 보유한다고 규정된 자가 외국인 취급을 받는 것은 기묘한 일이었으며, 재일코리안은 일본 정부에 등록하고 등록 증명서를 소지하는 데 심리적인 저항을 느꼈다. 왜냐하면 전시에도 재일코리안은 협화회 수첩(협화 회원증. 재일코리안을 지도하고 통제한 협화회 소속 회원임을 증명)을 소지하도록 하고 소지 여부에 따라 경찰이 직장에서 도망치거나 밀항한 자 등을 확인했기 때문이다. 그래서 재일코리안 사이에서도 외국인 등록에 반대하는 움직임이 일었지만, 외국인 등록은 실행에 옮겨졌다. 식민지기=전전(戰前)에 재일코리안을 관리했던 일본 정부가 전후에는 재일코리안을 '외국인'으로 규정하고 계속 관리하게 된 것이다.

3) 참정권 정지

전전 일본 제국하에서 재일코리안에게 인정됐던 권리였지만 전후에는 인정받지 못하게 된 것도 있었다. 구체적인 사례로 참정권을 들 수 있다.
재일코리안의 참정권 정지는 중의원 선거법을 개정한 데 따른 조치였다. 시데하라 기주로(幣原喜重郎) 내각이 주도한 중의원 선거법 개정의 핵심은 여성 참정권의 실현이었다. 이는 일본의 민주화를 추진하려고 한 포츠담 선언과 GHQ의 점령 정책에 따른 것으로, 재일코리안의 권리 박탈을 주된 목적으로 한 법 개정이 아니었다. 원래 1945년 10월 23일에 각료회의를 통과한 '중의원 의원 선거 제도 개정 요강'에는 '내지에 거주하

는 조선인 및 대만인도 선거권 및 피선거권을 갖게 될 것'이라는 문구가
포함돼 있었다. '이들은 이곳에 국적을 갖고 있고, 귀국하더라도 그리 급
하게 완료되지 않는 데다 내지 영주에 대한 희망을 품은 사람도 많기 때
문에 선거권을 종래대로 인정해도 지장이 없다'라는 이유였다.

그런데 10월 26일 중의원 의회 제도 조사 특별위원회에서 일부 의원들
이 조선인·대만인의 참정권을 인정하는 데 반대했다. 그중 한 사람인
기요세 이치로(淸瀨一郞)가 관계자에게 제출한 의견서에는 대만과 조선
이 더는 일본 제국의 영토가 아니고 그들은 제국 신민이 아니라는 점과
함께 정치적인 경계심이 언급돼 있었다. 재일코리안의 참정권을 인정하
면 인구 규모로 볼 때 10명 또는 그 이상의 당선자가 나올 수 있는 만큼
'민족 단위의 선거'가 치러져 사상 문제와 결부될 수도 있는 데다 천황제
폐지를 외치는 재일코리안 후보가 나올지도 모른다는 취지였다.

더욱이 제국의회에 법안을 제출하기 전에 진행된 내각 법제국 심사에
서도 조선인·대만인의 참정권이 문제시됐다. 내각 법제국은 조선인·대
만인이 법률적으로는 아직 '제국 신민'임이 확실하지만, 향후 평화 조약
이 체결되면 일본 국적을 상실할 운명이기 때문에 그때까지는 참정권을
'정지'해야 한다고 정리했다. 이에 따라 호적법이 적용되지 않는 자(조선
인, 대만인은 제각기 다른 법령에 의거해 호적이 편성되어 있어 식민지
피압박 민족이 아닌 일본인에게만 호적법이 적용된다)에 대해서는 참정
권을 정지한다는 부칙을 추가한 뒤 제국의회에 상정하는 선거법 개정안
이 최종 결정됐다. 조선인·대만인의 참정권을 정지하는 부칙이 포함된
법안은 11월 27일에 상정됐고, 12월 15일 제국의회에서 가결된 뒤 17일에
공포됐다.[18]

---

18) 재일코리안의 참정권 정지에 관련된 경위에 관해서는 미즈노 나오키(水野直樹), 「재일조선
   인·대만인의 참정권을 『정지』한 2개의 문서」, 『청학(靑鶴)』 제8호, 1996년 3월 호에 따른다.

4) 신헌법 제정과 '국민' 규정

한편, 이 무렵부터 검토를 시작한 헌법 개정에서도 재일코리안의 권리와 관련된 중요한 결정이 내려졌다. 이는 새로운 헌법하에서 기본적 인권이 보장되는 주체가 어떤 존재인지, 다시 말해 일본에 사는 외국인의 포함 여부를 해석하는 데 영향을 주는 것이었다.

애초 일본 정부의 주도로 작성된 헌법 개정 초안에는 외국인의 인권에 관한 규정이 없었다. 이에 대해 GHQ는 일본의 민주화를 추진하는 데 미비한 개정안으로 여러 가지 문제가 있다고 지적하면서 외국인의 권리를 보장해야 한다는 점도 언급했다. 1946년 2월 13일에 작성된 GHQ의 헌법 초안(GHQ 초안)에는 권리를 누리는 주체로서 '누구'=person이라는 단어가 사용됐고(여기서 '누구(何人)'는 'なにびと' 즉 '누구라도'라는 뜻이다), 외국인에 대해 법에 따라 평등한 보호를 규정한 조항이 포함되어 있었다.

그러나 신헌법안은 이후 GHQ 초안을 토대로 논의를 거치는 동안 외국인을 포함한 권리 보장 여부가 명확하지 않은 조문으로 변해 갔다. 외국인에 대한 법적 보호의 평등에 관한 개별 조문이 사라지는 한편, 기본적인 인권과 관련된 몇 가지 조문에서 권리를 누리는 주체가 '누구'=person 대신 '국민'으로 바뀐 것이다. 제국의회에 상정한 뒤 심의를 거쳐 1946년 11월 3일 공포되고 1947년 5월 3일에 시행된 일본국 헌법(이후 개정된 적이 없는 현행 일본의 헌법이다)의 기본적 인권에 관한 조문에서 '국민'이라는 말이 사용되는 부분은 다음과 같다.

> 제11조 국민은 모든 기본적 인권의 향유를 방해받지 아니한다. 이 헌법이 국민에게 보장하는 기본적 인권은 침범할 수 없는 영구의 권리로서 현재 및 장래의 국민에게 주어진다.

제12조 이 헌법이 국민에게 보장하는 자유 및 권리는 국민의 부단한 노력으로 이를 유지해야 한다. 또한 국민은 이를 남용하여서는 아니 되며, 항상 공공의 복지를 위하여 이를 이용할 책임을 진다.

제13조 모든 국민은 개인으로서 존중받는다. 생명, 자유 및 행복 추구에 대한 국민의 권리에 대해서는 공공의 복지에 반하지 아니하는 한 입법 그 외의 국정상에서 최대의 존중을 필요로 한다.

제14조 모든 국민은 법 아래에 평등하며, 인종, 신념, 성별, 사회적 신분 또는 문벌에 의해 정치적, 경제적 또는 사회적 관계에 있어 차별받지 아니한다.

  2 화족, 그 외 귀족 제도는 이를 인정하지 아니한다.

  3 영예, 훈장 그 외 영전의 수여는 어떠한 특권도 수반하지 아니한다. 영전의 수여는 실제로 이를 가지고 있거나 장래에 이를 받는 자의 일대(一代)에 한하여 그 효력을 갖는다.

제15조 공무원을 선정하고 이를 파면하는 것은 국민 고유의 권리이다.

  2 모든 공무원은 전체의 봉사자이며 일부의 봉사자가 아니다.

  3 공무원의 선거에 대해서는 성년자에 의한 보통 선거를 보장한다.

  4 모든 선거에서 투표의 비밀은 이를 침해하여서는 아니 된다. 선거인은 그 선택에 관하여 공적으로도 사적으로도 책임을 지지 아니한다.

제25조 모든 국민은 건강하고 문화적인 최저한도의 생활을 영위할 권리를 갖는다.

  2 국가는 모든 생활 부면에 대해 사회 복지, 사회 보장 및 공중위생의 향상 및 증진을 위하여 노력하여야 한다.

제26조 모든 국민은 법률이 정하는 바에 의하여 그 능력에 따라 평등하게 교육을 받을 권리를 갖는다.

  2 모든 국민은 법률이 정하는 바에 의해 그 보호하는 자녀에게 보통 교육을 받게 할 의무를 진다. 의무 교육은 이를 무상으로 한다.

제27조 모든 국민은 근로의 권리를 갖고 의무를 진다.

  2 임금, 근무 시간, 휴식 기타 근로 조건에 관한 기준은 법률로 이를 정한다.

  3 아동을 혹사해서는 아니 된다.

또한, 일본국 헌법 제10조에는 '일본 국민이 되는 요건은 이를 법률로 정한다'라고 명시돼 있으며, 이를 정한 법률로서 1950년 5월 4일에 국적법이 공포되고 같은 해 7월 1일에 동법이 시행됐다. 이 법에는 일본 제국 시대에 제국 신민의 국적을 부여받은 자의 취급에 관한 규정은 없었다.

다만 일본국 헌법이 외국인에게 인권을 인정하지 않는다고 밝힌 것은 아니다. 외국인을 포함하여 인권이 보장되는 것은 당연하다고 명시하고 있다. 게다가 국민이 주어가 아니라 '누구'가 주어인 조문도 있다(이를테면 제31조 '누구든지 법률이 정하는 절차에 의하지 아니하면 그 생명 또는 자유가 박탈되거나 기타 형벌이 부과되지 아니한다' 등). 아울러 제93조 2항은 '지방 공공 단체의 장, 그 의회의 의원 및 법률이 정하는 그 외의 관리는 그 지방 공공 단체의 주민이 직접 이를 선거한다'라고 명시해 '국민'이 선거한다고는 규정하지 않고 있다. 하지만 국민을 주어로 규정한 헌법 조문은 특정 권리가 인정되는 대상이 국민에 한정된다는 판단을 내리는 근거가 될 수 있다는 점 또한 사실이었다. 아울러 외국인에게 권리를 부여하지 않아도 된다는 사회 통념을 형성하는 데 지대한 영향을 주었을 것이다.

5) 여러 권리의 배제

1945년 12월 중의원 선거법 개정에 따른 조선인·대만인의 참정권 정지 조치는 이후 동종 제도에서도 답습됐다. 1947년 2월 24일에 공포된 참의원 선거법, 같은 해 4월 17일의 지방자치법, 1950년 4월 15일의 공직선거법은 모두 호적법이 적용되지 않지만, 선거권 및 피선거권은 당분간 정지한다는 취지의 부칙을 신설했다.

이에 따라 재일코리안은 지방 자치 단체, 국가 공무원과 교육위원, 민생 위원에 새로 취임할 수 없게 됐다. 다만 이미 재직 중인 조선인에 관해서는 강화조약 이후 국적의 귀속이 명확해질 때까지 신분을 보유한다는 견해를 밝히고 있다.[19] 또한 농지 위원 선거에서는 조선인도 참정권을 인정한다는 견해가 제시됐다.[20]

그런데 사회 보장에 관해서는 전후 초기까지 그렇게 복잡한 제도가 있었던 것은 아니다. 하지만 생산 수단이 파괴되고 군수 생산이 정지되는 한편 전쟁으로 인한 피해와 그 영향 등에 따라 많은 사람이 생활에 어려움을 겪고 있었다. 그런 가운데 1946년 9월 9일에 생활 보호법이 공포됐다. 같은 법 제1조는 '생활 보호가 필요한 상태에 놓인 자의 생활을 국가가 차별적 또는 우선적으로 취급하지 아니하고 평등하게 보호하여 사회의 복지를 증진하는 것을 목적으로 한다'라고 명시하고 있어 재일코리안에 대한 적용을 배제하지 않았다.

하지만 생활 보호법은 이후 전면 개정된다. 1950년 5월 4일에 공포된 생활 보호법은 제1조와 제2조를 통해 '국민'에게 적용한다고 밝히고 있다('제1조 이 법률은 일본국 헌법 제25조가 규정하는 이념에 따라 국가가 생활이 곤궁한 모든 국민에 대해 그 곤궁 정도에 따라 필요한 보호를 하여 그 최저한도의 생활을 보장하는 동시에 그 자립을 조장하는 것을 목적으로 한다', '제2조 모든 국민은 법률이 정하는 요건을 충족하는 한, 이 법에 의한 보호(이하 '보호')를 차별 없이 평등하게 받을 수 있다'). 그런데 이 새로운 생활 보호법에 따라 즉시 외국인이 일률적으로 생활 보호를 받지 못하게 된 것은 아니다. 일본 정부는 "곤궁한 외국인에 대해서는 그 곤궁 상태가 실제로 급박하고 심각하여, 이를 방치하는 것이 사회적, 인도적으로 보아도 타당하지 않고, 다른 공사의 구제 방법이 전혀 없는

---

19) 모리타 요시오, 『재일조선인 처우의 추이와 현황』, 법무연수소, 1955, 77쪽.
20) 모리타 요시오, 『재일조선인 처우의 추이와 현황』, 법무연수소, 1955, 77쪽.

때에만 당분간 이 법의 규정을 준용하여 보호하여도 지장이 없다"라는 견해를 밝혔다.[21] 그리고 당시 재일코리안은 일본 국적을 유지하고 있다는 것이 일본 정부의 견해였기 때문에 생활 보호 제도에서 특별 취급을 받지 않았다.

5. 해방 직후 재일코리안의 인식과 활동

1) 민족 단체의 설립

이상에서 살펴본 것처럼 재일코리안은 8 · 15 해방 이후에도 여러 엄격한 조건하에서 일본 생활을 계속해야 했다. 그런 가운데 민족 국가 건설에 동참하면서 권리를 확립하고 생활권을 옹호하기 위해 재일코리안은 민족 단체를 결성하고 활동을 전개했다.

총력전하에서 재일코리안은 일본 제국의 경찰 당국에 의한 엄중한 감시를 받았기 때문에 자주적이고 조직적인 활동이 거의 불가능했지만 8 · 15 해방과 동시에 활동의 길이 열리게 됐다(치안유지법 및 특고 경찰은 1945년 10월의 GHQ 지령이 나온 뒤 사라졌고 치안 담당 당국은 그 뒤로도 재일코리안 활동을 계속 경계했다). 재일코리안 지도자들은 귀국 지원과 당면 생활 유지, 독립 국가 건설 등에 대응하기 위해 다방면의 인물들이 결집하는 조직을 구성하기 시작했고, 1945년 10월에 재일본조선인연맹(조련)이 결성됐다. 그런데 조련 결성 대회에서는 일본 제국의

---

21) 모리타 요시오, 『재일조선인 처우의 추이와 현황』, 법무연수소, 1955, 215쪽, 219쪽. 이것은 후생성 사회국장 발 도도부현 지사장 앞, 「생활에 곤궁한 외국인에 대한 외국인 취급에 관한 건」의 문언이다.

국책에 협력한 인물이 지탄을 받으며 지도부에서 배제되면서 좌파계의 영향력이 강한 체제가 확립됐다.

조련에서 배제된 인물과 우파 민족주의자들은 1945년 11월에 건국촉진 청년동맹(건청(建青))을, 그리고 이듬해 2월에는 신조선 건국동맹(건동(建同))을 각각 발족시켰다. 아울러 1946년 10월에는 건청과 건동의 활동가를 주축으로 재일본조선거류민단이 결성됐다.

이데올로기의 대립에 의한 민족 단체의 분열을 극복하려는 움직임이 전혀 없었던 것은 아니다. 다만 한반도에서 남북에 서로 다른 국가가 건설되면 재일코리안 민족 단체도 영향을 받을 수밖에 없는 상황이었다. 재일본조선거류민단은 1948년 8월에 탄생한 대한민국을 지지하며 조직의 명칭을 재일본대한민국거류민단(이하 한국민단, 내지 민단)으로 변경했다. 좌파계인 조련은 당연히 1948년 9월에 탄생한 조선민주주의인민공화국을 지지했다. 두 민족 단체 가운데 유력했던 쪽은 좌파계인 조련이었다. 당시 사회주의는 새로운 사회를 구축하는 이론으로 여겨지고 있었다. 식민지 지배의 폭정을 경험하고 일본에서 빈곤과 차별에 허덕이며 살아온 재일코리안 중에는 사회주의자를 신뢰하는 사람이 적지 않았다. 식민지 시대에 민족 해방 투쟁과 노동 운동을 이끈 사람이 사회주의자였기 때문이다. 조련은 지부·분회를 설치하고 지역 차원에서 재일코리안의 생활과 민족적 정체성을 회복하고 유지하는 데 주력하는 동시에 조선인 학교를 운영하며 학생, 청년, 여성 등의 산하 단체도 조직했다.

조련은 1945년 10월 합법화를 거쳐 재건된 일본공산당과 밀접한 관계를 유지하며 일본 사회 변혁 운동의 일익을 담당했다. 조련 간부들은 대부분 일본공산당에 입당했고 일본공산당은 민족 대책부를 설치하고 재일코리안의 운동을 지도했다.

미군으로 구성된 점령 당국의 중추에는 공산주의와 상반되는 사상을 가진 사람이 많았지만, 점령 초기에는 노골적인 탄압에 나서지 않았기 때문에 일본공산당계의 운동은 활발히 전개됐다.

하지만 동아시아에서 냉전이 격화하자 점령 당국은 일본을 반공의 보루로 만들기 위해 한국의 보수 정권과 함께 공산주의에 탄압을 가했다. 조련은 반공을 우선시하는 점령 정책으로 전환한 가장 이른 시기에 탄압을 받고 1949년 9월에 해산됐다.

그러나 조련 해산 이후 좌파계 재일코리안은 조련 산하의 각종 조직을 유지하며 활동했으며, 1951년 1월에는 재일조선통일민주전선(민전)을 결성했다. 민전은 1950년 6월에 발발한 한국 전쟁을 미군의 '조국' 침략으로 받아들이고 반미 투쟁을 전개했다.

2) 권리 요구와 그 논리

전쟁 종결 직후 귀국자 지원에 주력했던 이들 민족 단체는 당분간 일본에 재류할 사람이 상당수 있을 것으로 예상되자 재일코리안의 생활을 보호하고 권리를 확립하는 활동의 중요성을 인식하게 됐다. 여기서는 일본 제국이 붕괴한 뒤 조선에 독립 국가가 출현할 것으로 전망되는 가운데 그들이 재일코리안이라는 존재를 어떻게 인식했고, 자신들이 인정받아야 할 권리가 무엇이며, 권리를 인정받기 위한 근거를 어디에서 찾았는지 살펴본다.

우선, 좌우 진영을 불문하고 재일코리안 민족 단체의 지도자들은 일본인이 아니라는 점을 자각하고 있었다. 하지만 권리가 크게 제한돼야 한다고 생각한 것도 아니었다. 그리고 가장 절실한 문제는 아마도 일본에 계속 재류할 권리, 즉 강제 추방 대상에서 제외되어야 하는 것이었다. 바꿔 말하면 해당 권리의 인정 여부가 불확실한 상황이었다. "국경 다시 긋

기"를 통해 한 나라 한 민족을 추구하는 시책은 제1차 세계대전 이후에
도 발표된 바 있었고, 일본 제국의 패전 이후 '외지'에서 일본인이 귀환
하는 가운데 앞서 언급한 것처럼 재일코리안의 귀국을 당연시하는 일본
인도 있었으며, 재일코리안이 일본의 치안을 어지럽힌다며 추방해야 한
다는 주장도 제기됐다. 무엇보다 반공 풍조가 고조되어 좌파계 재일코리
안의 활동이 문제로 지적되면서 그런 의견의 영향력은 커지고 있었다.

　이에 대해 재일코리안은 자신들이 일본에 재류할 권리를 갖는다고 생
각했다. 관련 논거를 자세히 기술한 문서는 확인되지 않지만, 당사자는
극히 당연한 권리로 인식했을 것이다. 식민지기에 살기 힘들어진 고향을
떠나 일본에서 생활하게 됐는데, 조선이 일본 제국의 영역에서 사라졌으
니 돌아가라는 것은 있을 수 없다는 인식이 배경에 있었다고 볼 수 있다.

　그리고 재일코리안 민족 단체·지도자들은 일본에서 생활하는 데 필요
한 제반 권리에 대해서도 일본인과 동등한 수준을 바랐다. 조련 중앙 총
서기국은 1948년 1월 13일에 다음과 같은 견해를 발표했다.

　… 일본 제국의 패배와 식민지 민족의 해방에 따라 일본 국가는 단일 민족
이고, 과거 일본의 국적과 시민권을 가졌던 우리는 외국인이며, 조선 국적을
갖게 된 것입니다.
　하나, 조선에 민주 정부가 아직 수립되지 않은 과도기에 일본에 잔류한 동
포는 당연히 일본 국민이 아님과 동시에 시민권이 즉 국적이라고 전제하는
시민권 획득 운동은 절대로 용납될 수 없습니다.
　그러나 시민권과 국적을 분리해 문제삼는 것은 현재의 국적 해석이나 법
이론으로는 성립되지 않기 때문에 우리는, 즉 주민으로서의 기본적 권리인 생
활권을 반드시 주장해야 합니다.
　하나, 시민권은 생존권(거주, 사업, 교육, 통제 경제에 의한 피배급(수급)권,
사회 보장, 기타 전반)과 참정권으로 나눌 수 있지만, 참정권이 포함된 것이
시민권이며 우리는 현 단계에서는 일본 국적을 가질 수 없기 때문에 참정권

을 주장할 수 없습니다.

그럼에도 불구하고 생활권 획득 운동이 우리의 권리 획득 운동이며, 해당 권리를 주장하면서 의무 이행에도 힘을 다해야 합니다. 재류 조선인은 외국인이지만 일본에 거주할 권리가 있기 때문에 생활을 위한 제반 활동이 보장되어 있습니다.[22]

여기서는 조련이 재일코리안은 일본 국민이 아니지만 일본의 주민이기 때문에 '생활권'='생존권'을 갖는다고 생각한 사실이 확인된다. '생활권'='생존권'은 '주거, 사업, 교육, 통제 경제에 의한 피배급(수급)권, 사회 보장, 기타 전반'으로 명시되어 있지만, 구체적으로 무엇을 지칭하는지 확실하지는 않으며, 생활과 생존을 하는 데 필요한 다양한 권리가 재일코리안에게도 보장된다는 인식이었던 것으로 보인다. 한편, 이 시점에서 참정권은 부정하고 있다. 다만 이보다 이른 시기에 조련은 참정권 획득 요구를 방침으로 내놓은 적이 있다. 이를테면 1946년 3월 1일 삼일운동 기념 대회에서 채택해 일본 정부에 제출한 결의에는 '재일조선인이 정당하게 그 생활권을 주장하거나 그 이익을 옹호하기 위한 권리, 즉 선거권 및 피선거권을 부여하는 것'을 규정한 조항이 삽입됐다.[23] 아울러 그 뒤에도 지방 조직에서 참정권 획득 활동이 벌어졌다. 그리고 1948년 10월에 열린 제5회 조련 전국 대회에서는 행동 강령에 '선거권 피선거권 획득'이 포함되어 있었다. 우여곡절은 있었지만, 조련은 생활권=생존권과 관련된 제반 권리와 참정권을 재일코리안에게도 허용해야 한다는 견해를 갖고 있었던 것으로 보인다.

그렇다면 그런 권리를 요구한 근거는 무엇이었을까? 식민지 지배의 결과로서 재일코리안이 존재하고, 8·15 해방 이전까지 사회 보장에 관

22) 「재류동포 시민권 문제」, 『해방신문』 1948년 1월 15일 자, 원문은 조선어.
23) 「성명서 선거권 획득 음모를 분쇄하자」, 『민단신문』 第3号(3月27日付).

한 시책과 참정권에 대해 일본인과 동등한 취급을 받았기 때문에 당연한 권리로 인식했을 가능성이 크다. 다만 그런 역사적 경위는 조련의 문서와 기관 회의의 논의에서 강조되지 않는다.

도리어 재일코리안도 주민이고, 주민의 의무=납세를 하고 있다는 점을 논거로 꼽는 경향이 있었다. 전후 초기 재일코리안의 세금에 대한 인식과 권리 투쟁의 관계를 연구한 강정훈(姜晶薰)에 따르면 조선인 학교가 일본 정부의 보조금을 받아야 한다는 주장이 조련 내부에서 제기됐고, 그를 뒷받침하는 근거로 세금을 내고 있다는 사실을 들었다.[24] 그러나 앞서 언급한, 일본 정부가 1946년 3월 1일에 제출한 결의의 앞쪽 단락을 보면, '일본 정부는 조선을 지배한 전 기간을 통해 정책적으로, 또 군사적으로 조선 민족의 경제적 발전을 완봉(完封)하고 문화 발전을 저해함으로써 민족으로서의 생존을 파괴한 책임을 져야 할 것'이라는 표현이 나오는 만큼 권리 요구와 일본의 식민지 지배에 대한 책임을 연관시키는 의식이 없었던 것은 아니었다.

한편, 민단이 재일코리안의 권리에 관해 어떤 방침을 세웠는지는 명확하지 않은 부분이 많지만, 그와 관련된 정보는 민단중앙총본부 명의로 작성한 『재류 동포의 당면 문제(제1책) 법적지위에 관해』(본문 내용으로 미루어 작성 시기는 1949년)라는 사료를 통해 일부 확인할 수 있다. 이 사료에는 자신들이 외국인이고, 한국적을 갖는다는 견해가 제시되어 있는데, 1910년의 한국 병합 조약 자체가 무효인 데다 일본은 조선인=한국인에게 국적법을 적용하지 않았기 때문에 애초에 일본 국적을 갖지 않은 점과 대한민국이 건국된 사실(한국을 유일하게 정당한 국가로 보는 입장에서)을 논거로 꼽고 있다. 아울러 외국인인 자신들에게 귀국을 강요하

---

24) 姜晶薰, 「戰後初期の課税をめぐる在日朝鮮人社会の認識と対応」, 東京大学大学院総合文化研究科修士論文, 2016.

는 것은 부당하며 '사법·교육·세금 등 제반 문제에 대해 우리에게 약간
의 예외 조치를 취해야 한다'라는 주장이 기록돼 있다.[25] 예외 조치가 무
엇을 가리키는지는 특정할 수 없지만, 일종의 과세 면제 조치가 포함됐
을 것으로 보인다.

　이 같은 민단의 주장은 일본인과 동등한 수준의 생활권 등을 바라기
보다는 외국인으로서 특별한 대우를 받아야 한다고 요구한 것으로 풀이
된다. 이와 관련해 '재일본 한국인의 생활 기반이 정치적으로도 경제적
으로도 혹은 사회적으로도 실로 박약하다'는 점을 하나의 논거로 서술하
면서 역사적 경위도 함께 언급하고 있다. 앞서 소개한 민단 문서에서는
'우리는 전쟁 이전부터 총독 정치의 학대를 견디며 유랑 전입한 자유 노
동자, 또는 전시 강제 노동에 종사시키기 위해 끌려온 징용 노동자가 대
다수입니다. 즉 일본에 거주하는 것은 우리 자신의 의사라기보다는 오히
려 그들[일본]의 책임입니다. 우리의 피와 땀으로 일구어낸 이 지반을 그
렇게 간단히 내던지고 원한 가득한 일본에서 아무렇지도 않게 귀환하는
것은 결코 할 수 없는 일'이라는 기술이 확인된다. 재일조선인의 존재 자
체가 식민지 지배의 소산인 동시에 일본에서 구축한 생활 기반을 당연히
지켜야 한다는 생각이 민단 내부에서 공유되고 있었음을 알 수 있는 대
목이다. 그런데 참정권에 대한 민단의 견해는 부정적이었다. 민단은 1947년
3월 5일 자로 발표한 '선거권 획득 음모를 분쇄하라'라는 성명[26]을 통해
조련이 내건 참정권 요구를 통렬히 비판하고 있다.

　정리하자면 이 시기의 민단은 일본 내 생활 기반을 중시하며 재류권
이 부정되지 않아야 한다고 주장하면서도 일본 사회의 일원, 일본 주민
으로서의 권리에 관해서는 별다른 언급을 하지 않고 있다. 따라서 당시

---

[25] 민단중앙총본부, 『재류 동포의 당면 문제(제1권) 법적지위에 대하여』, 1949.
[26] 『한국신문』, 1947년 3월 5일 자.

민단 관계자는 일본 사회와 적극적인 관계를 유지하면서도 제도적인 평등을 실현하려는 의식은 상대적으로 희박했던 것으로 추측된다.

그렇다고 민단이 일본 사회 참여와 관련된 권리를 요구하지 않는다고 확인한 것도 아니다. 참정권 요구가 원리적으로 항상 틀렸다는 견해를 견지한 것이 아니기 때문이다. 재일코리안의 참정권 요구가 잘못됐다고 밝힌 1947년 3월 5일 자 민단 성명서에는 '우리는 외국인이 타국의 선거권을 행사한 국제적, 정치적, 역사도 정치 이론도 이해하지 못하는 자들이 아니다'라는 문장이 있다. 즉, 때에 따라서는 외국인도 선거권을 포함한 권리를 누릴 수 있다는 인식을 가지고 있었다.

그렇다면 당시 민단이 조련의 선거권 획득 투쟁을 배격한 이유는 무엇일까? 민단은 조련이 '우의(友誼) 정당', 즉 일본공산당의 '통제 확장과 원호를 위해 재일 동포를 일본인화하면서까지 득표를 선물'하려고 한다고 비판했다. 반공 이데올로기에 입각한 조련에 대항하는 의식이 민단의 참정권 요구 반대에 큰 영향을 미쳤다고 풀이할 수 있는 대목이다. 바꿔 말하자면 이데올로기 대립이 재일코리안의 권리 투쟁을 분열로 이끌고 있었다.

3) 권리를 위한 운동 전개

생활을 영위하는 데 뒤따르는 불편과 노력이 인정받지 못하는 여건에 놓이거나 인간의 존엄성과 관련된 심한 차별에 직면했을 때 피차별자는 어떻게 대응할까? 차별을 받지 않기 위해 차별의 근거가 되는 요소를 숨기며 사는 사람도 있을 것이고, 차별을 받으면서도 일단 자신의 실력을 인정받을 수 있는 분야에서 자아실현을 도모하는 사람도 있을 것이다. 아니면 피차별자끼리 독자적인 공동체를 조직해 자조적인 노력을 통해

생활을 유지할 수 있는 사업을 전개해 차별하의 가혹한 생활을 회피하는
경우도 있다.

그러나 피차별자는 다양한 어려움에도 불구하고 차별에서 해방되기를
요구하는 활동을 펼치게 되며, 그 방법은 다양하다. 기존의 정치 체제나
사회 질서를 전제로 그 범주 안에서 유력자에게 손을 쓰기도 하지만, 더
욱 근본적인 사회 변혁을 목표로 운동을 전개하기도 한다. 외국인 차별
과 관련해서는 본국 정부와 연락을 취해 외교 경로를 통한 교섭이나 국
제 사회의 동향에 따라 문제 해결을 모색하는 방법도 있지만, 본국과는
무관하게 활동하는 경우도 있다.

해방 직후 재일코리안에 관해 살펴보면, '본국 정부'는 정식으로 출범
하지 않았고 일본 정치도 혼란한 상태였다. 그러나 1948년 8월에 한국이,
그리고 9월에 북한이 각각 '본국 정부'를 정식으로 발족시킨다. 이 가운
데 일본의 점령 주체인 미국은 한국을 승인하고 한국은 사실상의 대사관
으로서 주일 대표부를 설치하게 된다. 또한, 1951년 10월부터 미국의 중
재에 의해 일본 정부와 한국 정부 간의 외교 교섭이 시작되면서 재일한
국인 문제도 의제로 설정됐다. 당시 한국민단은 주일 대표부와 본국 정
권 사이에서 충분한 협조 체제를 구축하지 못한 상태였기 때문에 한국민
단의 의향을 반영해 일본 정부와의 교섭이 전개됐다고는 보기는 힘들다.
그러나 기존 질서하에서 외교 경로를 통해 문제 해결을 도모할 수 있게
된 것은 분명하며, 한국민단 관계자는 그 점을 활용하기 시작한다.

이에 반해 조련이 지시하는 북한 당국과 일본, 미국 당국 간 외교 경
로는 존재하지 않았다. 오히려 점령 당국인 미군은 1950년 6월 25일 이
후 북한과 전쟁을 벌이게 된다. 그리고 조련 지도부를 구성한 공산주의
자는 처음부터 일본 제국이 붕괴한 국제 질서의 변동과 연동해 일본 사
회의 근본적인 변혁을 추진하고 있었다. 그들이 추구한 근본적인 변혁은

일본을 포함한 동아시아의 공산화(공산주의자가 공산주의 혁명을 추구하는 것은 전혀 이상하지 않으며, 공산주의 혁명을 추구하지 않는 자는 공산주의자가 아니다)였지만, 그렇다고 조련 산하의 재일코리안이 모두 같은 목표를 공유했던 것은 아니다. 대다수 조련 대중은 공산주의가 무엇인지 몰랐고 개인의 자유가 크게 제한되는 사회를 바라지 않았다.

하지만 당시 공산주의자가 내걸었던, 착취가 없고 노동자와 빈농을 중심으로 한 정치를 추구하는 사회적 이상에 공감하는 사람이 많았을 것이라는 점은 쉽게 짐작할 수 있다. 그리고 공산주의자는 식민지주의를 비판하며 그것을 극복해 민족 평등 사회를 구축하자고 호소했다(부언하자면, 당시 국제 사회의 주요 대국은 여전히 식민지를 계속 보유하려고 했고, 소련과 공산주의자는 반식민주의, 약소민족의 해방을 부르짖었다―비록 소련 공산당은 약소민족을 억압했지만). 그리고 점령기 일본에서 식민지주의를 비판하며 외국인 및 민족적 소수자의 권리를 보장하라고 명확하게 밝힌 단체는 일본공산당이 유일했다. 패전 이후 모든 정치 세력이 하나같이 민주화를 외쳤지만, 그들이 내건 구상은 천황제를 전제로 일본 제국 헌법하의 민주주의로 복귀하거나 다소 개선하는 것이 목표였을 뿐 식민지주의를 반성하고 다양한 민족으로 구성된 새로운 일본 사회를 만들어내자는 내용은 아니었다. 그런 가운데 조련의 재일코리안은 일본의 침략과 식민지 지배가 다시 반복되지 않도록 하고 차별받는 일 없이 문화적 권리도 보장되는 사회를 실현하기 위해 일본공산당과 함께 일본의 민주 혁명을 수행하려고 한 것이다.

애초에 이는 미국과 점령군 당국의 시책에 대한 긍정을 토대로 진행될 예정이었다. 포츠담 선언은 '일본국 국민을 기만하여 이로 하여금 세계 정복의 행동으로 나서는 과오를 범하게 한 자의 권력 및 세력은 영구히 제거'돼야 하며, '일본국 국민이 자유롭게 표명하는 의사에 따라 평화

적 경향을 갖고 책임있는 정부'가 수립돼야 한다고 규정했다. 즉, 점령하
에서도 일본공산당의 주도로 일본 인민의 의사에 따라 천황제를 타도하
고 식민지 지배를 자행한 세력을 일소하는 정치 상황을 만들어 낼 수 있
다고 생각한 것이다.

그러나 포츠담 선언에 근거한 일본의 점령 개혁은 상징천황제하에서
미국의 세계 전략에 위협이 되지 않는 일본의 비군사화에 그쳤으며, 미
국은 당연히 공산주의를 경계하고 있었다. 또 냉전 격화로 1950년에 한
국 전쟁의 발발하자 공산주의자에 대한 탄압도 강화했다. 이에 대해 일
본공산당 · 좌파계 조선인은 반미 제국주의를 내걸고 비합법적인 활동도
전개했다.

당시의 국제 정세를 보면, 중국 대륙에서는 중국 인민 해방군이 내전
에서 승리한 결과 중국 공산당이 정권의 중추에 위치하는 중화 인민 공
화국이 탄생했고, 대만의 '해방'도 임박한 것으로 여겨지고 있었다. 한반
도에서도 남북의 대치가 실제 전쟁으로 번져 전선은 일진일퇴를 반복한
뒤 38도선 부근에서 교착 상태에 빠지면서 앞날을 점칠 수 없었다. 이런
가운데 공산주의자는 일본에서도 혁명이 가능하고 그럴 필요가 있다고
판단했다.

하지만 이미 경제적으로 부흥 궤도에 오르고 민주적인 선거를 통한
의회 정치가 실현되고 있었던 일본에서는 혁명 운동이 세력을 모을 수
있는 조건이 갖춰질 수 없었다. 일본공산당과 좌파계 조선인의 활동은
아무런 성과도 얻지 못했으며, 대다수 일본 민중은 반공주의와 조선인에
대한 배타주의를 강화해 나갔다.

4) 점령하 일본인의 문제 인식

일본인은 위에서 살펴본 재일코리안의 요구와 활동을 어떻게 바라보았고, 그 권리와 처우에 관해서는 어떤 논의가 있었을까?

대다수 일본인은 조선인이 일본에 오랫동안 체류할 것으로 생각하지 않았다. 일본인은 조선인이 아무리 오랫동안 그 땅에 살았다고 해도 같은 지역 사회의 일원으로 인식하기보다는 어디까지나 외부인으로 보는 경향이 있었고, 독립 국가가 탄생하면 당연히 돌아가야 한다고 생각했다. 게다가 이미 언급한 것처럼 식민지를 잃고 인구 과잉에 빠진 일본에 계속 남아 있는 재일코리안은 일본인에게 성가신 존재로 인식됐고, 식민지 지배의 죄악이 거론되는 일은 거의 없었다. 이런 상황에서 재일코리안에게 권리를 부여해야 한다는 의식이 일반적인 일본인의 인식으로 자리 잡을 길은 없었다.

그러나 재일코리안에 대한 권리 부여를 언급한 일본인이 아예 없었던 것은 아니었다. 일본에 남아 있는 조선인과 대만인의 참정권을 선거법 개정으로 정지하려고 한 데 대해 당시 제국의회에서는 다음과 같은 발언이 확인된다.

> … 다음으로 저는 마지막으로 딱 한 가지만 물어보겠습니다, 바로 '호적법의 적용을 받지 아니하는 자의 선거권 및 피선거권은 당분간 이를 정지한다'는 부칙입니다, 이것은 소위 조선과 대만의 내지 거주자에 대한 규정이라고 나는 생각합니다. 조선과 대만이라는 것이 이번 패전 결과 조선은 독립하고 대만은 중국에 붙는다는 것은 곧 화해 협상과 같은 회의를 통해 그때 결정될 것이므로, 그동안 일시적으로 이 선거법의 적용을 정지한다는 점은 알겠습니다. 나는 논의하고자 하는 것이 아니라, 이것에 연계하여 물어보고 싶습니다. 대체 대만 사람이든 조선 사람이든 8월 15일 이전에는 물론 일본의 국민이고,

오늘날에도 일본의 국민이고 … 물론 '포츠담' 선언으로 말씀드리자면, 조선은
독립하고 대만은 중화민국에 반환되겠지만, 그전까지는 역시 일본의 국민이
며, 그 일본 국민이 어떻게 될지는 어차피 다양한 조약에 의하여 결정되겠지
만, 어떤 사람들은 벌써 일본에 건너온 지 몇십 년이 됩니다, 아이들도 많습
니다, 교육도 일본에서 받았습니다, 아내도 일본에서 만났습니다. 그래서 설
령 독립하더라도 돌아갈 수 없습니다. 일본에 오랫동안 신세를 질 생각이라
면서 희망을 품은 사람도 많습니다, 이렇게 말하는 자들에게 왜 이들을 일본
국민으로서 훌륭하게 활동할 수 있는 조치를 취하지 않는지 물어보고 싶습니
다, 이들은 호적법의 운용에 따라 조선에서 내지로 호적을 옮길 수 없었고,
또는 조선에 있으면서 내지인을 아내로 맞이할 때는 곧바로 내지 호적법을
적용할 수 없는 상황이 지금까지 있었습니다. 그렇지만 이렇게 종전이 되어
서, 이래저래 그들의 국적을 분명히 하지 않으면 안 될 때는 무언가 수단을
마련하여, 그들이 분간할 수 있도록 도울 필요가 있습니다, 조선인 중에는, 이
제 나는 조선인이니까 아무래도 돌아가지 않으면 안 되지만 돌아간다면 재산
을 처분하고 돌아간다는 사람도 있고, 돌아가는 게 좋은지, 돌아가지 않는 게
좋은지 잘 모르겠다는 사람도 있고, 또는 일본 내지에 있는 조선인 가운데 친
일파라고 불리는 자에게 심한 폭력을 가하거나 재산을 빼앗고, 또는 당신과
같은 사람 때문에 조선의 독립이 방해를 받는다며 폭행과 협박을 가하며 돌
아다니는 사람도 있습니다, 또 조선인과 대만인 가운데 장래 어떻게 되느냐며
크게 걱정하는 사람도 많아서 이런 점에 대해 무언가 빨리 조치를 취해서 내
지에 영구히 있겠다는 자들에게는, 특별 법률에 따라 그런 절차를 밟도록 하
면 어떨지.[27]

이 발언은 재일코리안과 일본 사회의 관계가 갖는 밀접함과 정착성을
의식하고 그것을 논거로 정부에 권한 부여를 촉구한 것으로 풀이된다.
이처럼 주장한 히토쓰마쓰 사다요시(一松定吉)는 보수계 정치가로 재일

---

[27] 1945년 12월 5일, 제국의회 중의원 중의원의회선거법 중 개정 법안 외 1건 위원회에서의
히토쓰마쓰 사다요시(一松定吉)의 발언.

코리안 인구가 많고 인구 비율이 높은 오사카가 선거구인 인물이었다
(1928년 첫 당선 이후 내리 당선됐기 때문에 재일코리안 지지자가 있었
을 가능성도 있다). 그런 만큼 재일코리안의 존재를 의식했을 것이다.

그러나 이 발언이 나왔다고 해서 조선인과 대만인의 선거권 정지 문
제에 대한 사회적인 관심이 높아진 것은 아니다. 해당 문제에 관한 제국
의회 질의는 이것뿐이며, 히토쓰마쓰 자신도 이 문제를 내세워 정부를
집중적으로 추궁하지는 않았다.

다만 히토쓰마쓰의 질문에 대한 호리키리 젠지로(堀切善次郎) 내무대
신의 아래 답변은 주목할 만하다.

… [조선인, 대만인의 국적은] 강화조약과 같은 형태에 의해 그때 이 문제가
결정되리라 생각합니다, 그것이 결정될 때까지는 역시 일본 국적을 가지고 있
는 것이지만, 전쟁 이후의 역대 평화 조약의 예를 들자면, 이러한 경우에는
국적은 일단 조선인은 조선의 국적을 취득하고, 대만인은 중국의 국적을 취득
하게 되는 것입니다, 다만 과거 사례를 보면, 그때 내지에 재류 중인 조선인,
대만인에 대해서는, 일본의 국적을 선택할 수 있는 것이 지금까지의 사례인
데, 이번에도 아마 그렇게 되지 않을까 생각합니다, 어차피 국적을 상실하겠
지만, 일본의 국적을 그때 선택할 수 있게 된다고 생각합니다, 대만인 혹은
조선인 중에는 오랜 기간 일본에 익숙해져서, 전혀 내지인과 하등의 차별 없
이, 또 앞으로 어떤 변화가 일어나도, 역시 일본의 국적을 선택해 그대로 살
아가려는 다수의 조선인, 대만인이 있을 것이라는 점은 우리도 이를 인정하는
바이지만, 다만 원칙을 말하자면, 지금과 같이 어차피 일본의 국적을 상실해,
외국인이 되고, 그때 일본의 국적을 선택하면 일본 국민으로 남게 된다는 관
계가 되기 때문에, 이는 이 원안에도 있는 것처럼 권리를 갖고 있고, 일본 국
민인 이상, 선거권과 피선거권은 갖고 있지만, 지금의 불안정한 상태 동안은
이 행사를 중지해 두는 것이 가장 타당하다고 생각되어, 그러한 조치를 취하
는 바입니다. 그때 일본 국적을 선택하는 조선인 및 대만인에게 뭔가 조치를
강구할 방법이 없느냐고 말씀하셨는데, 좀처럼 명안이 떠오르지 않아 이렇게

하게 됐습니다.[28]

호리키리 내무대신은 강화조약과 관련해 조선인, 대만인에게는 일본 국적 선택의 자유가 있을 수 있음을 전제하고 참정권을 정지한다고 밝히고 있다. 이에 대해 '나는 내무대신의 지금 답변으로 만족한다'라고 언급한 히토쓰마쓰도 강화 시 구 식민지 출신자의 일본 국적 선택권이 있다는 점을 전제로 참정권 정지를 인정했다고 볼 수 있다. 그러나 후술하듯이 실제 강화 시에는 그런 조치가 취해지지 않았다.

민간 영역의 논의 중에는 후세 다쓰지(布施辰治) 변호사의 의견이 주목된다. 후세는 1920년대 이후 갖가지 탄압을 받았던 조선인의 변호를 맡은 인물이다.[29] 후세와 일본공산당계 학자, 외교 평론가들이 모여 1948년에 개최한 재일코리안 문제 관련 좌담회의 기록이 후세 다쓰지 소장 문서로 남아 있다. 이 좌담회에서 다른 참석자가 재일코리안의 법적 지위는 일본인이 아니라며 참정권에 대해 부정적인 견해를 나타내자, 후세는 재일코리안이 외국인임을 인정하지만, 참정권도 부여해야 한다며 다음과 같이 말하고 있다.

> 선거법에 대해 살펴봐도 일본에서 조선인은 도나리구미(隣組)와 조카이(町숲)의 경우 실제 생활의 결합상에서 볼 때, 도나리구미 조장으로, 또는 조카이 회장 기타 임원으로 굉장히 중요한 역할을 수행한 실례를 저는 목격했고, 또 있다고 믿고 있습니다. 그런 관점에서 말하자면 조선인이 공동생활과 결부된 생활의 실태라는 것은, 아무튼 일본인과 함께 가져야 할 권리는, 이것을 논거로 주장한다는 것이 괜찮다는 의미입니다. 선거권은 국민임을 조건으로 하는

---

[28] 1945년 12월 5일, 제국의회 중의원 중의원의원선거법 중 개정 법안 외 1건 위원회에서의 내무대신 호리키치 젠지로의 발언.
[29] 2004년에는 그의 공적을 기려 대한민국 건국훈장을 수여했다.

점이 잘못된 것으로, 조선인이 외국인이라는 점을 주장하니까 그런 의미에서 선거권을 획득하는 것은 모순이 있다는 생각을 갖지 않아도 되는 것입니다. 오히려 외국인에게 선거권을 주지 않는 듯한 국가주의의 법률을 고칠 수 있는 실마리를 찾아내는 의미에서도 이만큼 하부 쪽에서 떨어질 수 없는 생활을 하는 조선인이라는 점에서 선거권 획득을 강조해도 지장이 없습니다. 특히 납세의 의무는 누구나 지는 것이고 그중 도민세나 시민세를 들자면 현실적으로 조선인이 그 정치 그룹 안에서 생활 상태가 다른 사람들과 비교해서, 결합의 연합에서 부과되고 있는 세금인데, 그런 식으로 이 문제에 하등의 말 참견을 할 수 없는 입장에 놓여 있다는 것 자체가, 조선인으로서 생활을 압박당하고만 있는 현실로 생각할 수 있는 부분이 상당히 많이 있는 것입니다.[30]

후세는 재일코리안이 이미 일본 사회에 정착해 지역 사회의 일원으로서 역할을 다하고 있고 세금을 납부하고 있다는 점을 이유로 외국인 신분으로 선거권을 부여받아야 한다고 주장하고 있다.

이날 후세는 '소위 약소민족, 피압박민족으로서 취급된 조선인이 일본에 재류하는 것에 일본은 배상적으로 상당히 우대해야 한다. 또는 보호해야 한다는 요구는 당연히 해도 되지 않겠느냐고 생각한다'라고도 언급하고 있다.[31] 일본의 식민지 지배 역사와 재일코리안의 권리를 연관 지어 바라보는 시점도 갖고 있었다.

그러나 후세의 이 같은 견해는 일본인 사이에서 영향력을 미치지 못했다. 그리고 위 좌담회가 열린 뒤에는 앞서 언급한 것처럼 일본 내 반공주의와 좌파계 반미 투쟁과 관련해 일본인 사이에서 재일코리안에 대한 반발이 고조됐다. 이에 따라 재일코리안의 권리 부여에 대해 논의할

30) 미야기현 이시노마키(宮城県石巻) 시립 문화 센터 소장, '후세 다쓰지 자료' 중 '좌담회『재일조선인 문제에 관하여』', 다만, 미즈노 나오키(水野直樹)가 게재한 번각 사료(『세계인권문제연구센터연구기요』 제10호, 2005.3)에서 인용했다.
31) 미야기현 이시노마키(宮城県石巻) 시립 문화 센터 소장, '후세 다쓰지 자료' 중 '좌담회『재일조선인 문제에 관하여』'.

여지는 없었고, 오히려 재일코리안을 추방하는 안을 논의하게 됐다.

6. 강화조약 발효와 국적 차별

1) 한일회담과 재일한국인의 처우 문제

동아시아에서 공산주의의 위협이 고조되고 있다고 인식한 미국은 1940년대 말 이후 일본을 반공의 보루로 삼기 위해, 배상 부담을 줄이고 조기에 강화를 실현한다는 방침을 세웠다. 그리고 1951년에 샌프란시스코에서 강화 회의가 열렸다. 주지하듯이 소련은 이 회의에서 반대 연설을 하며 서명하지 않았고, 중국과 인도 등도 참여하지 않았으며, 강화조약 참여를 희망했던 한국도 초대되지 않았다(한국이 불참한 배경에는 주요국이 식민지 지배 문제가 거론되는 것을 꺼린 점이 관련돼 있다는 주장이 있다). 그러나 사회주의 진영 이외의 많은 관계국은 강화조약을 체결했고, 이듬해 4월 28일 강화조약이 발효되면서 일본 점령은 막을 내렸다.

강화 회의에 불참한 국가의 전후 처리 등은 일본과의 양자 간 교섭에 맡겨두게 됐다. 한국과 일본의 교섭은 미국의 알선에 의해 1951년 10월부터 시작됐는데, 양국의 교섭은 예비회담을 거쳐 1952년 2월부터 본 회담으로 이행했다. 애초 강화조약이 발효되기 전에 최소 몇 가지 현안을 해결하기 위해 시작된 한·일 간 교섭은 그리 간단히 타결되지 않았다. 주지하듯이 한일회담은 중단과 재개를 반복하며 1965년 6월이 되어서야 체결에 이른다.

한일회담의 의제는 일본이 반출한 재산과 전시 동원과 관련된 청구권,

어업 문제, 문화재 문제와 재일한국인의 법적지위 및 처우 문제였다. 오늘날 초점이 된 것은 청구권 문제라는 인상이 강하고 그것은 틀림없지만, 회담 초기 일본 측은 재일한국인 문제를 중시하고 있었다. 다만 재일한국인을 다른 외국인보다 우대한다는 취지는 아니었다.

좌파계 재일코리안의 반미 투쟁과 빈곤층에 대한 부조, 실업자 등으로 인해 일본 사회의 재일코리안 비판이 거세지는 가운데 일본 정부는 재일코리안의 국적을 확정하는 동시에 문제가 있는 사람을 한국으로 추방할 수 있게 하려고 했다. 일본 정부는 GHQ 관리하에 출입국 관리에 관한 조치와 관련 행정기구의 정비, 불법 입국자 강제 퇴거 절차 제도 등의 확립을 꾀하고 있었는데, 강화조약 체결 이후 출입국 관리령을 공포하고 1951년 11월에 시행했다. 출입국 관리령은 공적 부조를 받는 빈곤자와 치안 교란자, 한센병 환자 등을 강제 퇴거 조치할 수 있는 규정을 담고 있었다. 법령이 시행된 시점은 강화조약 발효 이전이었기 때문에, 일본 국적을 보유한 것으로 간주됐던 재일코리안은 출입국 관리령의 적용 대상이 아니었지만, 강화에 따른 국적 처리 이후 상황은 변할 가능성이 있었다.

재류권 확립을 통해 안정적인 일본 생활이 보장돼야 한다고 주장했던 재일코리안은 당연히 출입국 관리령 적용에 의한 강제 퇴거에 반대하며 한일회담에서 논의하는 재류권 확립과 법적지위 문제에 높은 관심을 보였다. 그러나 북한을 지지하는 좌파계 재일코리안은 한일회담 자체를 반대했다.

이에 반해 민단은 한국 정부를 통해 자신들의 문제와 관련된 요구를 실현하기 위해 노력하고 있었다. 1951년 10월 20일에 개최된 재일 동포 기득권 확보 민중 대회에서는 '재일 동포의 국적은 "대한민국"으로 할 것', '1945년 8월 15일 이전부터 거주한 한국 교포에 대해서는 무조건 영주권을 부여하고 현재의 기득권을 그대로 부여할 것', '출입국 관리령에 따라 강제 송환할 때는 일본 정부가 독단하지 말고 한일 공동위원회를 설치한 뒤 재일 대한민국 거류민단과 완전한 합의에 따라 실시할 것'이 결의됐다.[32] 영주권 부여를 요구하면서 강제 송환을 완전히 부정하지 않은 이유는 일본인에게 치안을 어지럽힌다는 비판을 받고 있었던 좌파계 재일코리안의 송환을 상정한 것으로 추측된다.

또한 민단 간부였던 김희명(金熙明)은 한일회담이 열리기 전에 '재일한국인은 국적 및 처우에 관한 제반 문제를 60만 교포의 사활이 걸린 중대 사항으로 다루고 그 요구와 획득과 관련된 각종 운동을 전개했다'라고 밝혔다. 김희명에 따르면 요구 내용은 다음과 같다.

재일한국인이 요구하고 있는 처우 문제는 일반적 원칙으로서 일본이 유엔의 기본 원칙을 수용하고 강화조약을 수락한 이상, 1948년 제3차 유엔 총회에서 채택한 '인권에 관한 세계 선언'의 대원칙에 입각하여, 내외인의 평등 원칙을 관철하고 국민 고유의 권리와 국가 자체의 생존에 관한 중대점을 제외하고, 일반 국민과 같은 대우를 받아온 현재의 지위를 그대로 요망한다. 그러나 국정 및 지방 정치 기관의 선거, 피선거, 관리 임용 등의 권한은 제외하지만, 교육, 노동, 사회 등 일반 사회생활에 연계되는 공직의 선거권, 피선거권, 피임용권은 이를 인정하여야 한다. 또한 특별히 요구하는 점은 1, 자주 교육 실시를 인정하고 교육 경비 부담은 현재 정도일 것. 1, 일반세를 제외하고 임시세(배상세 등)는 면제한다. 1, 거류민 단체를 법적으로 인정하고 그 발전 강화에 협력하며 한국인에 관한 제반 행정에서 의사를 존중하고 그 시행에 관하여는 이를 통해 실시할 것. 1, 금융, 취업, 취직, 민생 보호, 실업 구제, 사회 보장 제도 등을 현재와 같이 전적으로 계속하고 적극화할 것. 1, 본국과의 여행 자유를 도모할 것. 1, 일본 점령 중에 결혼한 일본인을 국제 사법의 원칙에 따라 국적을 결정할 것. 1, 일본 국적 귀화 요망자에 대한 선처 등이다.[33]

---

[32] 고성호, 「일한 회담과 조선인 강제 추방」, 『조선평론』, 1952년 2월.

실제 회담에서는 한일 양국은 국적 문제와 관련해 강화조약 발효 이후 일본 국적을 상실한다는 데 합의했다. 한국 병합 자체가 무효이고 한국 국적이 회복됐다는 한국 측의 주장이 관철된 것은 아니었지만, 일본 정부도 재일조선인을 외국인으로 규정하는 편이 유리했기 때문이다. 이에 따라 논의는 처우 문제로 옮겨졌다. 일본 측이 재일조선인을 일반 외국인과 동등하게 취급하려고 한 데 반해 한국 측은 특별 조치, 구체적으로는 재일조선인의 후손을 포함한 자에게 영주권을 부여하고 강제 송환 처분 대상에서 제외할 것, 그리고 당분간 생활 보호 수급 권리를 보장할 것과 귀국 시 동산 휴대와 송금 우대 등을 요구했다. 당시 한국 측은 역사적 경위 등 재일조선인의 '특수 상황'을 논의했지만, 일본 측은 별다른 반응을 내놓지 않았다. 회담 대표였던 유진오(兪鎭午)는 일본 측이 '3주간이나 끈기 있게 논의한 결과, 겨우 이때가 되어서야 그런 것도 있구나 할 정도로 이해했다'라고 전하고 있다.[34] 그러나 1952년 4월 1일에는 대한민국 정부의 등록 증명서를 첨부해 신청한 자에게 영주권을 부여하고 향후 강제 퇴거에 대해 협의한다는 내용 등을 담은 '재일 한인의 국적 및 처우에 관한 협정안'이 작성됐다.

하지만 이후 청구권 문제를 둘러싼 대립으로 인해 1952년 4월 24일 이후 회담은 무기한 연기=결렬 상태에 돌입했다. 그리고 이 협정안이 결국 본회의 논의를 거치지 못한 가운데 샌프란시스코 강화조약이 발효됐다.

2) 강화조약 발효와 재일코리안의 국적 처리

이처럼 한일 양국은 재일조선인의 처우에 대한 합의를 도출하지 못했

[33] 김희명, 「재일한국인에 관한 제문제」, 『화랑』, 1953년 4월.
[34] 고성호, 「일한 회담과 조선인 강제 추방」, 『조선평론』, 1952년 2월.

다. 그리고 당시에는 한국 지지자가 아닌 재일코리안이 많았다는 점을
고려해 일본 정부는 국적 처리에 대한 의견을 다각적으로 수렴해야 했
다. 그러나 일본 정부는 그와 관련된 어떤 대응도 취하지 않은 채 강화
조약 발효 이후 재일코리안은 일본 국적을 상실한다는 견해를 취했다.

1951년 10월 20일 중의원 특별위원회에 참석한 외무성 조약국장은 답
변을 통해 이 같은 견해를 분명히 밝히고 있다.[35] 그리고 강화조약 발효
를 앞둔 1952년 4월 19일 법무성 민사국장 명의의 통달을 통해 대만인,
조선인이 일본 국적을 상실한다는 사실이 전해졌다. 이로써 당사자의 의
사와 상관없이 재일코리안의 국적이 처리됐다. 참고로 당시 일본 정부는
국적에 대해 '실정(實情)에서는 한국이 조선의 반을 지배하고 있는 데 지
나지 않기 때문에 한국 국적 취득을 강요하지 않는다'는 태도를 취했
다.[36] 이때부터 외국인 등록 국적란에 '한국', '조선' 중 어느 한쪽을 표기
할 수 있게 됐다(엄밀하게 따지자면 이때는 일본 정부가 인정한 국가의
국적이 아니었다).

이처럼 일본 정부는 재일코리안을 외국인으로 규정했지만, 그렇다고
여권을 소지한 채 일본에 거주하는 일반 외국인과 완전히 동등한 법적지
위를 부여한 것은 아니었다. 4월 28일 자로 강화 발효 이후에도 출입국
관리령이 법령으로서 효력을 갖게 하는 한편, 별도의 법률을 정해 재류
자격이 결정되기 전까지는 당분간 재일조선인이 일본국에서 계속 재류할
수 있도록 하는 법률('법률 126호'로 통칭)과 외국인 등록령을 개편한 외
국인등록법을 시행했기 때문이다. 그리고 일본 정부는 출입국 관리령의
강제 퇴거 조항을 재일코리안에게 적용하는 것과 관련해 '인도적 배려'
차원에서 신중히 취급한다는 점도 분명히 했다.

35) 모리타 요시오, 『재일조선인 처우의 추이와 현황』, 법무연수소, 1955, 110쪽, 112쪽.
36) 모리타 요시오, 『재일조선인 처우의 추이와 현황』, 법무연수소, 1955, 110쪽, 112쪽.

3) 일본 국적 상실에 의한 권리 박탈

하지만 당시 일본의 법제는 일본 국적의 보유 여부가 기준인 것이 많았다. 사회 보장에서는 당시 은급(恩給)의 지급이 정지되는 한편 강화조약 발효 이후에 부활한 군인 은급 등에 관해서도 재일코리안은 일본 국적을 보유하지 않는다는 이유로 대상에서 제외됐다. 생활 보호 또한 앞서 언급한 것처럼 '국민'을 대상으로 하고 있었다. 그러나 일본 정부는 강화조약 이전 국회에서 '일본에 장기간 있었다는 사실을 존중하여', '잠시 그 부조를 받도록 할 것'이라며[37] 재일코리안도 생활 보호를 수급할 수 있게 했다. 또한 후생성은 1954년 5월 8일 자 통지를 통해 '생활 보호법 제1조에 따라 외국인은 법 적용 대상이 되지 않지만, 당분간 일반 국민에 대한 생활 보호의 결정 실시 취급에 준하여 … 필요하다고 인정하는 보호를 할 것'이라고 발표했다.[38] 하지만 이는 재일코리안이 생활 보호를 받을 권리를 인정한 것이 아니었다. 생활 보호법을 '준용'하는 것이며, '권리로서 보호 조치를 청구할 수 없다. 보호받을 권리가 침해된 경우 불복 신청을 할 수 없다'라고 규정했기 때문이다.[39]

또한 공무원은 일부 직종에 대해 일본 국적을 보유해야 한다고 명시했다. 외무 공무원, 국가 공안원 위원회, 선거 관리 위원회 위원 등이 대상이었다. 다만 법조문에 '국민'이어야 함이 요건으로 명시되지 않았음에도 불구하고 일본 국적 미보유자는 대부분 임용 대상에서 제외됐다. 그 근거는 내각 법제국이 1953년 3월 25일에 발표한, '법의 명문 규정이 존재하지는 않지만, 공무원에 관한 당연한 법리로서 공권력 행사 또는 국

37) 모리타 요시오, 『재일조선인 처우의 추이와 현황』, 법무연수소, 1955, 215쪽.
38) 모리타 요시오, 『재일조선인 처우의 추이와 현황』, 법무연수소, 1955, 215~216쪽.
39) 모리타 요시오, 『재일조선인 처우의 추이와 현황』, 법무연수소, 1955, 216~217쪽.

가 의사 형성을 위한 참여에 관여하는 공무원이 되기 위해서는 일본 국적이 필요하다고 해석해야 한다'라는 견해이다.

4) 강화조약 이후의 '조선인 추방론'

그런데 같은 시기 재일코리안 민족 단체는 외국인이 된 데 따른 다양한 불이익을 저지하는 효과적인 운동을 전개하지 못한 것으로 보인다. 해당 문제 자체를 일본 사회에 널릴 수 없었기 때문이다. 게다가 문제를 제기했다고 하더라도 일본 사회에서 재일코리안의 권리 확립에 대한 지지가 얼마나 확산했을지는 의문이다. 강화조약 발효를 전후한 시기에는 특히 재일코리안에 대한 일본인의 배외주의가 고조되고 있었다.

앞서 언급한 것처럼 한국민단은 한일 외교 교섭을 통한 재일코리안의 권리 확립을 목표로 했다. 그러나 1950년대에 한일회담은 진전되지 않았고 비슷한 시기의 일본 사회에서는 한국에 대한 감정이 크게 악화하고 있었다.

이는 이른바 평화선(일본에서는 '이승만 라인')과 독도(일본에서는 '다케시마') 문제와 관련되어 있다. 평화선을 넘어 진입한 일본 어선 나포, 한국 수비대의 독도 상륙은 한국에 대한 일본 사회의 반발을 낳고 있었다. 이와 더불어 한일회담이 중단과 재개를 반복하는 가운데 1953년 10월 회담 석상에서 일본 정부의 수석 대표인 구보타 간이치로(久保田寬一郎)는 식민지 지배가 은혜를 베푼 것이라는 식의 발언을 했다. 한국 정부 대표는 이에 반박하면서 발언을 철회하지 않는 한 회담을 계속할 수 없다고 나섰다. 하지만 구보타가 발언을 철회하지 않으면서 한일회담은 재개의 전망이 서지 않는 상태에 빠진다.

한편, 앞서 살펴본 것처럼 좌파계 재일코리안은 일본공산당과 함께 반미 투쟁을 전개했다. 미국이 조국을 침략했다고 인식했던 좌파계 재일코리안은 누구보다 과감하게 여러 운동의 선두에 섰다. 경관대와 시위대가 격렬히 충돌해 1명이 사망하는 사태를 빚은 1952년 5월 1일, '피의 메이데이 사건'에서도 상당수 재일코리안이 검거됐다. 같은 해 6월 24일 군수물자 수송 반대를 외치며 국철 스이타(吹田)역까지 시위를 전개하며 경관대와 심한 몸싸움을 벌인 스이타 사건, 국철 오스(大須)역 일대에서 화염병을 이용해 미군 시설과 경찰서를 습격한 오스 사건에서도 피검거자 참가자 가운데 재일코리안의 존재감이 두드러졌다.

이런 가운데 재일코리안이 정치 활동을 전개하는 데 대한 일본인의 비판이 고조됐다. 강화조약 발효 이후 재일코리안이 더는 일본 국적을 보유하지 않게 되자, 치안을 어지럽히는 그들을 추방하라는 목소리도 무시할 수 없는 수준으로 높아져 있었다. 이를테면 1952년 7월에 마이니치 신문사가 실시한 여론 조사 결과, 정부가 실시해야 하는 치안 대책 가운데 '불온한 조선인을 추방한다'라고 응답한 사람이 15.9%에 달했다.[40)]

국회에서 의석을 차지한 주요 정당의 정치가도 조선인 추방을 치안 대책 방안으로 언급했다. 1952년 7월 25일에 발행된 『일본주보』는 치안 문제와 관련해 쟁점화하고 있는 재일코리안에 대한 특집을 구성하고 다양한 정치가의 견해를 소개하고 있다. 첫째, 보수계 여당 자유당의 스기하라 아라타(杉原荒太) 의원은 아래와 같이 북한계 재일코리안의 활동을 '간접 침략'으로 단정하고 강경 조치를 취해야 한다고 주장했다.

북한계 파괴 분자의 문제는 독립 일본이 직면한 중대 정치 문제이다. 이 문제의 성질은 종래의 소위 '국내 소수 민족 문제'가 아니다. 국내 소수 민족의 정치적, 사회적 처우 개선 문제와는 성격을 달리한다. 또한, 단순한 국내에 한

---

40) 『每日新聞』 1952년 8월 1일 자, 「연이은 소란 사건을 어떻게 생각하는가 본사 여론조사」.

정된 확신범적 사안과도 본질을 달리한다. 그것은 강대한 국제 혁명 세력의 전초로서 이미 일본 본토에 '상륙'한 침략군에 관한 것이다. 문제의 본질은 분명히 이른바 간접 침략의 성질을 갖는 것이라고 말해야 한다. 단순한 보통의 국내 치안 문제가 아니라 국제적인 성격을 갖는 것이다.

　앞으로 우리 일본이 무엇보다도 주의하지 않으면 안 되는 것은 국제 대립 항쟁을 국내에 가져와서 중대사에 이르는 것과 같은 일이 없도록 하는 것이다. … 따라서 북조선계 파괴 분자의 활동에 대해서는 본 문제의 본질적인 성격을 고려하여, 방지, 진압, 처분 등의 국내 대책에 대해 특히 주도면밀하고 과감한 방도를 강구하고, 당분간 국적 및 강제 송환 등의 문제에 대한 조선 측 정권과의 사이에서 신속하게 협정을 성립시키며 나아가 더욱더 광범위한 대외 시책의 일환으로서 발본적인 해결을 도모하는 행동에 나서지 않으면 안 된다.[41]

　보수계 야당인 개진당의 나카무라 도라타 의원도 아래와 같이 북한계 재일코리안의 활동을 문제시하면서 정부가 적극적인 조치를 취해야 한다고 주장하고 있다.

　메이데이 당일의 소란 사건 이후 오늘까지의 상황을 보면, 공산당이 별안간 폭력주의적인 운동 방침을 취해 온 것이 분명하고며, 그 폭력 행위로 인한 소요 사건 대부분의 경우 좌경 조선인이 주연을 맡고 있다는 것은 우리가 묵시할 수 없는 바입니다. …

　조선인이라고 해도 현재는 외국인입니다. 무릇 외국인이 타국에 재류하는 이상, 그 나라의 정치, 법률, 사회 제도 등을 존중하고 이에 복종해야 하는 것이 마땅하며, 만약 조선인으로서 우리나라의 제도에 불복한다면 미련 없이 일본을 떠나야 한다고 생각합니다. 집단으로 폭력을 행사하며 치안을 어지럽히는 것은 우리가 용서할 수 없는 바이고 무엇 때문에 정부는 적극적으로 이를 방지하는 태도를 취하지 않는지 그 진의가 의심스러운 것입니다.

41) 스기하라 아라타, 「국제 혁명 세력의 전초인가」, 『일본주보』 1952년 7월 25일.

모든 독립 국가는 재류 외국인으로서 그 국가의 치안을 어지럽히는 자, 범죄를 저지르고 또는 부랑이나 방랑적인 생활을 하는 자를 영역 밖으로 추방할 권리를 갖고 있으며, 일본 정부에서도 단호하게 이 권리를 행사하여, 폭동에 참가하고 우리 국내 치안을 해치는 자는 모조리 강제 송환해야 한다고 생각합니다. …

정부는 한일회담을 조속히 재개해, 파괴 분자와 범죄자 등 강제 송환의 방도를 신속히 강구해야 한다고 생각합니다.[42]

물론 나카무라와 스기하라가 모든 조선인을 강제 송환하라고 주장하는 것은 아니며, '선량한' 재일코리안의 일본 생활에 대한 '배려'도 엿보인다. 스기하라는 '선량한 조선인은 북선계를 포함해 일본 측이 그 복지 보호 및 생업 대책 등 제반에 걸쳐 모든 호의적 노력을 해야 한다. 특히 그것은 다년간 같은 나라 사람으로서 함께 해 온 이른바 동포의 친분으로 보아도 일본 측의 도의적 책무이며, 또한 미래의 일선 양 민족 친화의 대의에서 보아도 당연하다고 말하지 않으면 안 된다'라고 언급했고,[43] 나카무라도 '조선인에 대한 국민감정이 악화하여 결국 온건한 생활을 영위하고 성실한 조선인 제군이 관계없는 일로 봉변을 당하게 될 것 같은 상황을 염려한다'라고 밝히고 있다.[44]

사민계 정당에서는 재일코리안의 권리에 관해 역사적 경위를 토대로 일정한 이해를 나타내는 견해도 확인된다. 우파 사회당의 소네 에키(曾根益) 의원은 '그들이 원래 일본인이었던 점과 전쟁 중에 탄광과 이외의 장소에서 노무를 위해 이주한 뒤 고생한 점 등을 고려해 그들의 생활 보호 등에 관해서는 일반 외국인과 달리, 보통 내국인들처럼 대우해 줘야

42) 나카무라 도라타, 「일본에 불만이 있으면 깨끗하게 떠나라」, 『일본주보』 1952년 7월 25일.
43) 스기하라 아라타, 「국제 혁명 세력의 전초인가」, 『일본주보』 1952년 7월 25일.
44) 나카무라 도라타, 「일본에 불만이 있으면 깨끗하게 떠나라」, 『일본주보』 1952년 7월 25일.

한다'라고 언급했다.[45] 하지만 다음과 같은 발언이 이어진다.

그러나 외국인이 된 이상 일본에서 정치 활동을 하는 것은 허용되지 않는다. 하물며 법령을 어기고 질서를 문란하게 하는 것은 언어도단이다. 특히 그것이 개개인의 위반이 아니라 집단으로 이뤄질 경우, 일본이라는 사회에 심각한 문제를 제기한다. 어떤 나라에서도 외국인이 집단을 이루어 그 나라의 사회의 안녕과 질서를 어지럽히는 것을 묵인하지 않는다. 따라서 만약 조선인 가운데 이런 무분별한 사람이 있다면, 그것이 개인이든 집단이든 일본에 거주할 권리를 갖지 못하는 것이 당연하다.[46]

그러나 우파 사회당은 '문제는 강제 송환의 결과가 비인간적이어서는 안 된다'라며 북한계 재일코리안이 한국에 송환될 경우 학대를 받게 될 것이라는 전망을 토대로 '송환처는 본인 희망에 비추어 결정해야 한다고 주장'했다.[47]

좌파 사회당과 일본공산당은 한일 간 협정이 성립될 때까지는 재일코리안에 대해 강제 송환을 해서는 안 된다고 주장했다. 그러나 좌파 사회당은 좌파계 재일코리안의 활동에 비판적이었다. 좌파 사회당 소속 참의원 의원인 가네코 요분(金子洋文)은 '화염병'을 사용해 '경관대와 싸운다고 해서 모국의 불행이 개선되는 것은 전혀 아니다. 오히려 외국 군대의 일본 주둔과 일본의 재군비에 빌미를 제공하고 파쇼의 대두를 촉진하며 일본에 거주하는 조선인 전반에게 재앙을 가져오는 결과를 낳을 것'이라고 말했다.[48]

결국 좌파계 재일코리안의 활동을 지지했던 것은 일본공산당이 유일

---

45) 소네 에키, 「정치 활동을 하는 것은 언어도단」, 『일본주보』 1952년 7월 25일.
46) 소네 에키, 「정치 활동을 하는 것은 언어도단」, 『일본주보』 1952년 7월 25일.
47) 소네 에키, 「정치 활동을 하는 것은 언어도단」, 『일본주보』 1952년 7월 25일.
48) 가네코 요분, 「화염병으로 조선의 불행은 개선되지 않는다」, 『일본주보』 1952년 7월 25일.

했다. 일본공산당의 하야시 햐쿠로(林百郎) 의원은 다음과 같이 밝히고
있다.

    아메리카 군대의 점령하에 자유와 독립을 잃고, 제2의 조선이 된 일본(아메
  리카가 조선을 침략해 남반부는 아메리카의 식민지가 됐다는 인식하에 마찬
  가지로 일본도 아메리카의 식민지가 됐다, 라는 의미)에서는 점점 광범위한
  사람들이 조국의 통일과 독립을 지향하는 조선 인민의 투쟁에 공감을 표명하
  고 있다. 그래서 요시다 정부와 그 배후에 있는 미 제국주의는 일본 국민의
  자유와 독립을 위한 투쟁을 억압하기 위해 민족적인 자각이 높은 조선인이
  일본에 사는 것을 꺼려 어떻게든 쫓아내려고 하는 것이다. …
    … 일본 국민은 결코 조선인을 미워하지 않으며, 아무도 전화(戰火) 속 고
  국으로 강제 송환하려고 생각하지 않는다.
    조선인을 미워하며 두려워하는 것은 미 제국주의와 결탁하여, 일본 국민을
  한국 전쟁에 끌어들이려는 미일 반동 세력뿐이다. 일본의 국민은 조국의 통
  일과 독립을 위한 조선 인민의 투쟁에 대하여 오히려 깊은 존경심을 품고 있
  다.[49]

  하지만 이 같은 인식은 아마도 일본공산당 지지자만 공유했을 것이다.
일본공산당 지지자는 원래 소수에 지나지 않았고, 비합법 투쟁이 전개된
뒤 감소했다. 같은 해 10월에 실시된 중의원 선거에서 일본공산당 후보
는 모두 낙선했다.
  이상에서 살펴본 것처럼 강화조약 발효를 전후한 일본 사회에서는 재
일코리안의 권리와 민생 안정을 위한 조치를 두고 논의가 진전되기는커
녕 사실상 이뤄지지도 않았다. 물론, 이미 검토한 것처럼 보수계, 사민계
정당에도 역사적 경위를 바탕으로 재일조선인 처우를 배려해야 한다는

[49) 하야시 햐쿠로, 「요시다정부와 경관이야말로 폭도」, 『일본주보』 1952년 7월 25일.

의견이 없었던 것은 아니다. 그러나 이승만 라인과 독도/다케시마 문제를 두고 한국 정부에 대한 반감이 조성되고 좌파계 재일코리안이 일본의 치안을 위협하고 있다는 인식이 확산하면서 그와 같은 의견은 중시되지 않았다.

7. 좌파계 재일코리안의 노선 전환

1) 조선총련의 결성

이런 가운데 좌파계 재일코리안은 일본공산당과 함께 반미 투쟁과 일본의 철저한 변화=혁명 운동을 지속했다. 그러나 한국 전쟁 시의 특수 경기를 통해 경제 부흥을 이루고 상징천황제를 포함한 신헌법과 강화 실현이 평가를 받는 상황이었기 때문에 일본 혁명을 실현할 가능성은 없는 것과 다름없었다. 국제 정세 또한 1953년 7월의 한국 전쟁 휴전에 따라 미소 양 진영도 평화 공존을 모색하게 됐다.

이런 가운데 일본공산당의 비합법적인 투쟁을 포함한 급진적인 방책, 그에 동조한 좌파계 재일코리안이 활동 방침을 전환하는 준비에 들어갔고, 1955년에 매듭을 짓게 된다. 같은 해 7월 일본공산당도 제6회 전국협의회를 개최하고 1950년 이후의 활동을 '극좌 모험주의'로 규정하고 스스로 비판하면서 의회에서 다수파를 형성해 변혁을 추구한다는 목표를 세웠다.

이에 앞서 1955년 5월에는 좌파계 재일코리안의 민족 단체도 개편됐다. 민전이 해산하고, 재일본 조선인 총연합회가 새롭게 출범한 것이다. 조선총련은, 재일조선인을 조선민주주의인민공화국의 공민으로 규정하고, 재일코리안이 일본의 혁명 투쟁에 참여하는 것을 부정하면서 내정 불간섭 원칙을 천명했다. 이에 따라 일본공산당원이었던 재일코리안의 당적 이탈 조치도 취해졌다.

이 같은 전환을 초래한 요인에 대해서는 다양한 해석과 설명이 존재한다. 우선 재일코리안에게는 조선민주주의인민공화국과의 관계가 무엇보다 중요했고 그것을 중시한 세력이 조련과 민전 속에 있었기 때문에 그와 같은 올바른 노선이 확립됐다는 견해다. 조선총련의 정당 사관인이 견해는 틀리지 않았다. 다만 모든 재일코리안이 이른 단계부터 조선민주주의인민공화국만을 귀속 대상으로 여겼던 것은 아니며, 일본 사회의 변화에 주체적이고 적극적으로 참여하려는 움직임이 있었던 것도 사실이다. 그런 움직임을 주도한 재일코리안이 북한의 공민·일본 정치에 대한 불간섭으로 방침을 전환한 이유에 관해서는 더 자세한 설명이 필요하다.

그 배경 중 하나는 일본 국내의 정치·사회적 상황, 국제 정세이 혁명을 추구하는 데 필요한 조건을 제공하지 못하게 됐다는 점이다. 또 다른 하나는 앞서 언급했듯이 재일코리안에 대한 일본인의 배외주의와 관련돼 있었다고 볼 수 있다. 일본 정치에 관여하지 않을 것을 분명히 하고 일본인의 비난과 비판을 피하려고 한 것이다.

또한 일본인의 배외주의와 관련된 대처의 경우 식민지 지배의 역사와 관련된 문제도 있었다. 대다수 일본인이 식민지 지배에서 가해성을 충분히 자각하지 못하는 상황에서 그와 관련된 언급을 하면 일본인의 감정을 자극할 가능성이 컸다. 물론 일본의 식민지 지배에 면죄부를 주는 것도 아니며 사실은 사실로서 파악하고 있었지만, 조선총련은 식민지 지배의 역사를 거론해 일본인을 비판하는 대신 관련 언급은 자제하면서 북일 우호를 외치는 태도를 보였다.

2) 권리문제와 내정 불간섭

그런데 자신들이 조선민주주의인민공화국이라는 국가의 공민, 바꿔 말해 일본에서 볼 때 외국인이 될 경우, 일본에서는 어떤 권리를 인정받아야 하고 그 근거는 무엇인지 명확히 해야 하는 문제가 생긴다.

우선 참정권은 실현 가능성은 물론 내정 불간섭 원칙을 고려하면 요구할 수 있는 상황이 아니었다. 후세 다쓰지처럼 외국인도 선거권을 가질 수 있다고 주장한 사람도 있었지만, 이 시점에서는 매우 예외적인 주장이었으며, 애초에 북한의 간접 침략을 운운하는 일본인의 지지를 얻을 수 있을 리도 없었다.

그러나 조선총련은 재일코리안에게도 일본의 각종 사회 보장 제도와 복지 정책이 적용돼야 한다고 생각했다. 조선총련 결성 시 방침에도 직업 보장, 직장이 결정될 때까지의 사회 보장, 공영 주택 입주, 건강 보험·실업 보험·재해 보험 등의 적용, 임금 등의 차별 대우 반대가 포함돼 있었다.[50] 그러나 그런 권리를 확립하는 방안을 두고 충분한 논의와 기관 결정이 이뤄지지는 않은 것으로 보인다.

이 점은 내정 불간섭 원칙과 관련된 중요한 문제로, 재일코리안에게 각종 사회 보장 제도 등을 적용하기 위한 방책은 한 가지가 아니었다. 이를테면, 이해를 표시하는 정치가와 정당에 대한 협조 요청, 관계 관청, 지방 자치 단체와의 교섭 및 진정, 집회 및 시위, 일본의 관계 단체와의 제휴 또는 가입 등이 가능했다. 하지만 이런 방책들이 내정 간섭에 해당하거나 일부는 내정 간섭이지만 그렇지 않은 것도 있다고 판단할 기준이 조련 구성원에게 제시되지 않았기 때문에 명확하지 않다.

---

50) 「조국의 평화적 통일·독립과 민주적 민족 권리를 위하여」, 『신조선』, 1955년 9월 호.

이 때문에 조선총련이 결성된 직후 재일코리안의 권리 투쟁과 생활을 지키기 위한 활동에서 실제로 혼란이 발생했다.

재일코리안의 생활 곤궁 문제, 생활 보호 제도를 다룬 김경호(金耿昊)의 연구는 그 점에 관해 다음과 같이 기술하고 있다.

이 노선 전환의 과정에서 '지금까지 생활 보장 및 밀조주 탄압에 대해 권력 투쟁을 해 왔지만, 이것은 분명히 내정 간섭이 된다'라는 우려가 현장에 일었다 … 또한, 노선 전환의 결과로 1955년에는 일본공산당 민족대책부가 해산하고, 조선인 당원도 탈당하게 되는데, '생활을 지키는 모임'[일본인과 공동 조직에 의한 생활 옹호를 위한 단체] 운동에서도 비슷한 사태가 일어났다. 도쿄 아라카와(東京荒川)와 오사카 이쿠노(大阪生野)의 '생활을 지키는 모임'에서는 '재일조선인 총연합회에서 '일본의 정치에는 간섭하지 않는다'는 방침이 제시됐기 때문에 일본인과 함께 생활 보호 운동을 하면 내정 간섭이 된다는 의견도 나와 혼란스러워졌고 전부 탈퇴하면서 '생활을 지키는 모임' 활동 자체가 시들해진 상황이 발생했다.51)

이후 조선총련은 지방 자치 단체에 생활 보호를 적용해 달라는 요구 등은 내정 간섭에 해당하지 않는다는 견해를 밝혔지만, 일각에서는 내정 간섭에 해당하지 않도록 당부하는 '위축' 경향이 이어진 것으로 보인다.52)

3) 생활 보호를 둘러싼 문제

강화조약이 발효된 뒤 몇 년 동안 재일코리안과 관련된 문제 가운데

51) 김경호, 「전후 일본에서의 재일조선인의 생활 곤궁 문제—민족 단체에 의한 생활권 옹호 운동을 중심으로—」, 도쿄대학대학원 총합문화연구과 학위청구논문, 2017.
52) 김경호, 「전후 일본에서의 재일조선인의 생활 곤궁 문제—민족 단체에 의한 생활권 옹호 운동을 중심으로—」, 도쿄대학대학원 총합문화연구과 학위청구논문, 2017.

쟁점으로 부상한 것은 생활 보호 수급이었다. 이 시기에는 적지 않은 재일코리안이 일자리를 찾지 못해 빈곤에 허덕이고 있었다. 그런 사람들이 생활을 유지하기 위해 마지막으로 믿고 의지할 곳은 생활 보호 제도였다. 당시 일본 경제는 전쟁에서 부흥하는 단계를 넘어 고도 경제 성장에 돌입하고 있었다. 그러나 재정에 충분한 여유가 있었던 것은 아니어서 국가와 지방 자치 단체는 생활 보호비 지출을 줄이려고 했다.

그리고 정부는 생활 보호와 관련된 지출을 줄이기 위해 재일 외국인 수급자를 대상으로 조사를 벌여 '적정'하지 않다고 판단한 경우에는 수급 중단, 감액 등의 조치를 취했다. 당시 조사 및 '적정화' 대상은 사실상 재일 외국인의 대다수를 차지하는 재일코리안이었다.

이 시책의 배경에는 재일코리안 생활 보호 수급자가 실제로 두드러지고 있었던 점과 "왜 외국인에게 생활 보호를 지급해야 하느냐"라는 일부 일본인의 주장, 그리고 재일코리안에 대한 생활 보호비를 삭감해도 문제가 되지 않는다는 의식이 자리했던 것으로 추측된다. 또한, 1952년 말 현재 일본 전체 생활 보호의 피보호율은 2.32%였지만, 재일코리안의 그것은 14.32%였다.[53]

구체적인 시책은 1956년부터 이듬해까지 후생성의 '외국인 피보호자 일제 조사'의 형태로 실시됐다. 조사 과정에서 다른 생계유지 수단 등이 발견될 경우에는 가차 없이 생활 보호가 중단되거나 삭감됐다. 김경호에 따르면, 생활 보호 수급자 수와 피보호율의 추이는 〈표 1〉에서 보는 바와 같다. 1955년에 정점을 찍은 뒤 생활 보호 수급자와 보호율이 현저하게 감소하고 있음을 알 수 있다.

[53] 모리타 요시오, 『재일조선인 처우의 추이와 현황』, 법무연수소, 1955, 215쪽.

〈표 1〉 외국인 피보호 인원의 연차별 추이

연차	외국인 등록 인원(A)	피보호 외국인(B)	피보호율(B／A)
1951년도	621,993 명	59,968 명	96.4 ‰
1952	593,955	——	——
1953	619,890	91,250	147.7
1954	619,963	119,557	192.8
1955	641,482	137,395	214.2
1956	638,050	109,765	172.0
1957	667,036	85,023	127.5
1958	679,071	81,660	120.3
1959	677,821	85,001	125.4
1960	650,762	74,548	114.6
1961	642,566	64,025	99.6
1962	645,633	59,621	92.3
1963	653,932	59,766	91.4
1964	661,783	56,542	85.4
1965	666,588	52,192	78.3

1. 외국인 등록 인원은 각 연도 말 현재.
2. 피보호 외국인 중 1951년도는 8월, 1951·1952년도는 평균, 1957년도는 57년 6월~58년의 1개월 평균.
3. 자료: 후생성보고례, 외국인 등록 국적별 인원 조사.

출전: 『생활 보호 30년사』, 사회복지조사회, 1981, 337쪽.

또한, 생활 보호와 더불어 같은 시기 재일코리안의 생활 유지에 관해 언급할 때 중요한 점으로 밀조주 문제를 꼽을 수 있다. 밀주 판매는 불법으로 세무서에 의해 적발됐지만, 일자리를 구할 수 없는 재일코리안 중에는 밀주 판매를 통해 생계를 유지하는 사람이 적지 않았으며, 이 시기 밀주 적발도 격화하고 있었다.

다만 이 같은 움직임을 두고 '내정 불간섭'과 관련해 조선총련이 대중투쟁으로 저지하거나, 대대적인 항의를 전개한 적은 없었던 것으로 보인다. 그리고 조선총련 일각에서는 그에 대한 불만이 존재했다. 김경호도 연구를 통해 소개하고 있지만, 어느 조선인 집주지에 대해 '탁주 적발'에 따라 '세무 직원과 경찰관 몇백 명이 습격해 왔지만, "내정 간섭은 안 된 다"라고 해서 과거처럼 저항할' 수 없었고, '눈물을 머금으면서 일본 경찰 의 강도 행각을 바라만 본' 데 대해 '대중의 일부는 "민전 때는 생활 보호 를 받으려고 시청에서 용감하게 싸웠다. 총련은 최근 너무나 신사적이지 않은가"라며 의문'을 제기했고, '어떤 동포는 "생활 보호 금액이 삭감되어 도 활동가는 보고도 못 본 척을 하고 있다"라고 화를 내면서 "생활 보호 와 관련된 시청 직원이 왔을 때 폭행으로 대응하고 싶다"라고까지 말했 다'라고 한다.54)

4) 차별 속 경제 격차의 확대

이처럼 내정 불간섭을 의식하지 않을 수 없는 상황은 재일코리안의 생활을 지키기 위한 활동에 제약으로 작용하고 있었다. 내정 간섭이라는 제약을 생각하지 않고, 재일코리안의 생활을 보호하는 방법으로 자기 내 부에서의 자조 노력과 상부상조가 있었다. 이는 조선총련도 당연히 추진 해야 하는 것으로 제기됐고, 재일코리안을 위한 금융 기관(신용 금고)이 설립돼 자영업을 통한 경제 자립을 돕는 활동도 펼쳐졌다. 재일코리안이 사업을 시작하거나 유지, 확대해 나가는 데 재일코리안의 금융 기관이 도움이 된 것은 분명한 사실이다. 그렇지만 당시 평균적인 일본인의 생

---

54) 「미야기(宮城) 동포들의 생활 중에서 (2) 교육시설이 있어도 운영할 수 없는 고뇌 현하에 서 목격한 부정한 현상」, 『해방신문』 1955년 10월 29일 자. 또한, 이 기사에서는 이와누마 (岩沼) 지역의 재일조선인으로부터도 "관청에 생활 보호를 요구하고 10번이나 갔지만 거 부당했다. 총련 활동가에게도 2·3번 부탁했지만 가르쳐주지 않아 서운했다"라는 이야기 가 소개돼 있다.

활과 재일코리안의 그것은 차이가 있었고, 대다수 재일코리안은 장래 일
본 생활에 희망을 품기 어려운 상태에 놓여 있었다.

재일코리안의 수입과 일본인의 수입 평균치를 비교한 통계는 없지만,
양자 사이에 명확한 격차가 있었음을 보여주는 통계가 있다. 일반적으로
고등학교에 재적하는 연령(15~17세)인 자 가운데 고등학교에 실제로 재
학 중인 사람이 차지하는 비율이 그것이다. 문부성 등의 통계를 토대로
필자가 산출한 결과, 1956년에는 재일코리안이 28.4%, 일본 전체가 50.6%
였다. 그리고 1960년은 재일코리안이 27.0%, 일본 전체가 59.4%였다. 주
지하듯이 조선인은 교육에 열정적인 민족으로, 부모가 경제적으로 어렵
더라도 가능한 한 상급 학교에 진학시키려는 경향이 있다. 그런데도 재
일코리안의 숫자는 일본 전체 수치보다 훨씬 낮다. 이는 자녀를 상급 학
교에 보내고 싶어도 경제적으로 불가능한 사례가, 일본인보다 재일코리
안의 경우 상당히 많았다는 것을 의미한다. 게다가 1956년과 1960년을
비교하면 일본 전체는 8.8포인트 상승하지만, 재일코리안은 1.4포인트
하락했다. 이는 일본인의 경우(자세히 따지면 양육 자녀의 수가 감소한
점이 결부된다고 하더라도) 소득이 증가해 자녀를 상급 학교에 보낼 수
있게 된 가정이 늘어났지만, 재일코리안의 경우는 오히려 경제적 여유가
없어진 가정이 많아졌음을 추측하게 한다.

또한 젊은 노동력에 대해서는 일본 전체 기준으로 노동 시장의 수요
가 점차 공급을 웃돌아 판매자 중심 시장에 근접하고 있었다. 경제 성장
을 지속하면서 기술 혁신에 대응할 수 있는 젊은 노동력이 필요했기 때
문이다. 실업률은 1%대에서 2%대를 넘나들었지만, 신규 졸업자의 유효
구인 배율의 경우 중졸이 1950년대 후반과 1956년을 제외하고 1배를 넘
는 수준이었고, 고졸도 1956년에는 0.70이었지만 이듬해부터 0.9를 넘어
선 뒤 1959년에는 1.46까지 반등했다.[55] 하지만 재일코리안이 민족적 출

신을 밝히고 취직하는 것은 지극히 곤란한 상황이었다.

5) 귀국 운동 이전의 북한 귀국

차별 철폐와 권리 확립, 그리고 빈곤 탈출을 위한 방도를 좀처럼 찾을
수 없는 상황에서, 일부 재일코리안은 북한 귀국을 통해 희망을 발견했
다. 조선총련의 조직적인 운동으로서 '북한 귀국 운동'이 시작된 시점은
1958년 8월 조선총련 가와사키지부 중류분회가 김일성에게 귀국을 희망
하는 편지를 보낸 때로 전해진다. 이 편지는 조직적인 효과를 노리고 조
선총련 내부에서 준비한 것이라는 증언도 있다.[56]

그러나 1958년 시점의 조선총련에 의한 조직적인 노력과는 별도로 재
일코리안 사이에서는 그전부터 북한 귀국을 요구하는 움직임이 있었다.
북일 간의 국교 없이(지금도 없지만) 엄중한 냉전 구조가 존재했던 1950년
대, 소기의 목적을 달성하기 어려운 가운데 민전과 조선총련은 일본 정
부의 대응을 촉구하고 있다.

기쿠치 요시아키(菊池嘉晃)의 연구에 따르면 우선 1953년 하반기에 북
한 귀국을 실현하려는 움직임이 있었고, 이듬해 2월에는 민전이 재일코
리안 가운데 '스스로 귀국을 희망하는 자에게는 민주적 권리를 보장한
귀국 지원을 제공하고, 여행의 자유를 부여해야 한다'라며 일본 정부에
호소했다. 이어 조선총련이 결성되기 직전인 1955년 5월 20일 도쿄에서
'귀국 희망자 회견'이 개최됐고, 같은 달 25일 조선총련 결성 대회에서도
'조일 양국 관계의 정상화를 위해 조국의 전후 인민 경제 복구 사업에 기
여하기를 바라는 기술자들과 조국에서의 진학을 희망하는 학생들, 그리

---

55) 일본 정부 총무성 통계국 사이트, 노동·임금, http://www.stat.go.jp/data/chouki/19.htm
56) 장명수, 『배반당한 낙토』, 강담사, 1991.

고 귀국할 필요가 있는 동포들을 보내는 운동을 적극적으로 전개하여 우리 조국과 일본 간 자유로운 왕래를 회복시키도록 노력'한다는 방침을 확인했다. 이듬해 4월에는 북한 귀국을 요구하는 재일코리안 47명(나중에 신생아가 태어나 48명)이 일본 적십자 본사 앞에서 연좌 농성을 벌였다. 결국 일본 정부는 그들의 요구를 인정하지 않았지만 48명은 극비리에 어선 등으로 출국해 북한에 귀국한 것으로 알려져 있다.[57]

이러한 움직임에도 국제 관계 개선 등 북일 간의 기대감이 작용한 것은 확실해 보인다. 그리고 북한 귀국을 선택한(양국 적십자사의 합의에 따른 대량 귀국은 1959년 이후에 실현된다) 자의 이후 삶에 관해서는 다양한 어려움이 있었고, 친족을 포함해서 비극적인 일이 일어난 사례가 적지 않았다고 전해진다. 그러나 일본에 있어도 장래 생활을 내다보기 힘들거나 자아실현 가능성이 없는 자에게 일본을 떠나는 것은 분명 하나의 선택지가 될 수 있었다. 그리고 모국인 북한에 가는 것이 조국 건설에 기여하는 중요한 의미를 갖는다면, 적극적으로 원하는 사람이 나오는 것도 놀라운 일이 아니다.

하지만 이른바 재일코리안 자신의 적극적인 의향에 따라 귀국을 희망하는 행위는 일본 사회에서 재일코리안의 권리를 확립하고 차별을 철폐하는 문제에 영향을 줄 수도 있었다는 점에 주의할 필요가 있다. 일본인이 다음과 같은 의식을 갖게 될 수도 있었기 때문이다. 즉, 재일코리안은 귀국을 희망하고 있고, 그것을 실현하는 것이 본인에게도 행복이기 때문에 재일코리안을 둘러싼 문제를 해결하는 방법은 그들의 귀국을 실현하는 데 달려 있다. 그리고 그것은 일본에서 계속 살고자 하는 코리안의 권리와 평등, 생활 문제에 대해 일본인이 책임을 지지 않고, 생각하지 않

57) 기쿠치 요시아키, 「북조선 귀환 사업 『전사』의 재검토—재일코리안의 귀국 운동과 북조선의 전략을 중심으로—」, 『현대한국조선연구』 제16호, 2008.11.

아도 무방하다는 의식을 조장하는 것이었다.

　다만 이 시점에 귀국 희망자의 움직임은 미미한 수준이었기 때문에 일본 사회에서 위와 같은 인식이 자주 언급되는 일은 없었다. 하지만 1958년 8월 이후 귀국 운동이 활발해지면서 상황은 바뀌게 된다.

8. 한일회담의 정체와 관련 동향

1) 우파계 재일코리안의 동향

　여기서는 같은 시기에 우파계 재일코리안이 어떤 활동을 하고 있었는지 살펴보고자 한다. 한국민단이 재일코리안의 생활 및 권리와 관련된 활동을 기록한 사례는 거의 없으며, 자체 간행한 단체사를 봐도 관련 기술은 사실상 확인되지 않는다. 조직과 재정상의 근본적인 문제를 안고 있었던 당시 민단에 관해 한국민단 내부에서 활동하다 1951년에 부단장에 취임한 권일은 다음과 같이 증언하고 있다.

　　2년 만에 민단으로 돌아와 보니 어이가 없었다. 본부에 설치된 5대의 전화 가운데 4대가 요금 미납으로 정지돼 있었고, 사무실 앞 메밀국숫집에는 식사 대가 밀려 있었다. 얼마되지도 않는 간부 활동비는 거덜 난 지 오래였고 각 산하 단체에 지급해야 할 보조비도 몇달 치 밀려 있었다.…

　　민단의 재정적 어려움은 당시 집행부 때만 있었던 것은 아니지만, 지나치게 도를 넘은 그들의 졸렬한 운영이 민단을 파산 상태로 몰아넣은 것이었다.

　　원래 민단은 조선총련보다 재정적으로 궁핍한 상황이었다. 조선총련은 방대한 조직과 풍부한 자금을 갖고 있었다. 일본 정부에 의해 해산됐지만, 여전히 조직은 남아 있으며, 강제적이긴 해도 각계로부터 거액의 기부금을 변함없이 받고 있었다. 사상단체로서의 강점 때문에 기부금만으로 운영이 가능했다.

이에 반해 민단은 사상단체가 아니라, 거류민의 민생 문제를 해결하기 위해 설립된 자치단체인 만큼 조직이 일사불란하게 움직이지는 않았고 기부금도 그리 많이 모이지 않았다. 외부의 보조는 그리 쉽게 기대할 수 없었다.[58]

이런 가운데 한국 정부의 주일 대표와 한국민단의 관계도 양호하지 않았고 1953년부터 중단된 한일회담도 재개 시기가 불투명했기 때문에 우파계 재일코리안이 정세에 영향을 미칠 수 있는 움직임에 나설 여지는 없었다고 보는 것이 타당하다.

2) 일본 정부의 종합대책안 구상

한일회담이 중단된 가운데 재일코리안이 차별과 빈곤 속에 방치되는 것은 사회 불안을 초래하는 요인이 될 수 있는 만큼 일본 정부에도 그리 바람직한 상황은 아니었다. 또한, 일본의 식민지 지배로 재일코리안이 형성됐고 예전에는 '동포'로 규정했던 사람들이 이제는 '외국인'으로 사실상 버려져 있는 상황을 문제시하는 일본인도 물론 있었다.

일본 정부 내부에서도 재일코리안에 대한 시책이 필요하다는 지적이 일고 있었다. 그중에서도 구체적인 계획을 제시한 인물은 재일코리안과 밀접한 관련을 맺고 있는, 다시 말해 단속을 담당하는 출입국관리청의 장관을 지낸 스즈키 하지메였다.

스즈키 하지메는 한일 간 외교 문제와는 별도로 '평화헌법을 가진 일본 정부가 세계의 여론에 답해야 하는 인도주의에 따라' 일본의 내정 문제로 재일코리안에 대한 '종합대책'을 확립해야 한다며 다음과 같이 주장했다.

---

58) 権逸, 『権逸回顧録』, 権逸回顧録刊行委員会, 1987, 160~161쪽.

첫 번째는 귀화 조건을 완화해 귀화를 손쉽게 촉진하는 것이다. 두 번째는 조선 거주 가족의 초청 요건 완화이다. 세 번째는 생활안정책으로 중소기업에 대한 금융조합의 강화 육성이다. 네 번째는 적극적인 취로 및 직업 지도이다. 다섯 번째는 철저한 생활 보호를 추진하는 동시에 정상화를 꾀하는 것이다. 여섯 번째는 자제의 교육 문제에 대해 일본 학교를 적극적으로 이용하는 동시에 정상화를 꾀하는 것이다. 이와 관련해 일곱 번째는 도일 유학생 제도의 개시이다. 마지막은 일본 법률에 따라 퇴거 명령을 받은 자의 취급 요건 완화이다.[59]

또한, 치안 문제 담당 관료인 쓰보에 센지도 1956년에 간행한 서적을 통해, 귀화 조건을 완화하고 일정 수준의 공민권을 부여해 일부 공무원 등에 채용하는 한편 조선인 종합대책기관을 설치하고 취업자금을 대출하는 등의 시책을 제안했다.[60]

이 같은 의견은 재일코리안이 일본에서 일본인과 동등한 권리를 갖는다고 인정한 것도 아닐뿐더러 식민지 지배에 대한 반성을 토대로 무언가를 시도한 것도 아니었다. 어디까지나 일본 사회의 안정, 특히 재일코리안 사이에서 공산주의의 영향력이 확산하지 않도록 하려는 목적과 관련돼 있었던 것으로 보인다. 당시 쓰보에는 공안조사청에서 일하고 있었고 스즈키 하지메는 '정부가 종합대책을 세우지 않고 때때로 단속 강화 및 강제 송환을 강조하는 것은 백해무익하며 오히려 치안을 교란하는 진영으로 조선의 사람들을 몰아넣게 될 것'이라고 주장했다.[61]

하지만 재일코리안 문제를 방치하는 것은 적절하지 않고 어떤 식으로

---

[59] 鈴木一,「日韓友好への近道 在日朝鮮人の総合対策急げ」,『朝日新聞』1954년 4월 9일.
[60] 坪江汕二編,『南鮮の解放十年 李承晩独裁政権の実態』, 日刊労働通信社, 1956. 쓰보에는 쓰보이 도요키치(坪井豊吉)와 동일 인물로『在日朝鮮人の概況』, 公安調査庁, 1953 등의 저작을 남겼다.
[61] 鈴木一,「日韓友好への近道 在日朝鮮人の総合対策急げ」,『朝日新聞』1954년 4월 9일.

든 시책을 마련해야 한다는 인식이 존재했다는 점에는 주목할 필요가 있다. 이 같은 사실은 재일코리안과 관련된 문제가 그만큼 심각해지고 있었다는 방증이기도 하다.

3) 일본국 국회의 논의

국회에서도 일부 의원들이 재일코리안에 대한 시책을 정부에 촉구하는 발언을 내놓았다. 개진당의 마치무라 긴고는 1954년 1월 29일 중의원 본회의에서 다음과 같이 발언했다.

> 이번 기회에 재일조선인 문제에 관해 한 말씀드리겠습니다. 현재 우리나라에는 약 백만 명에 가까운 조선인이 거주하고 있기 때문에 각지에서 여러 가지 문제가 빈발하고 있습니다. 물론, 대다수는 선량한 일본인이 되었지만 개중에는 우리나라의 치안을 어지럽히고 공산당의 군사행동을 실시하거나 최근 각지에서 문제가 되고 있는 생활 보호비 집단획득 투쟁과 같이 결코 간과할 수 없는 중대 문제를 일으키는 자들이 있습니다. 그런데도 아직 재일조선인 문제를 종합적으로 처리하는 관청도 없는 데다 관련 방침도 전혀 일관성이 없습니다. 이에 따라 공연히 일본인 사이에서 조선인을 혐오하는 풍조가 생기고 선량한 조선인을 악화시키고 있는 것은 원래 떼려야 뗄 수 없는 밀접한 관계에 있는 한일 양국에 더없이 불행한 일입니다. 정부는 신속히 재일조선인에 관한 여러 가지 문제를 해결하기 위해 서둘러 종합적인 대책을 확립해야 한다고 믿습니다. 정부의 소견을 듣고 싶습니다.

치안 질서 유지를 위한 반공주의적 관점이긴 하지만 마치무라 역시 관련 시책의 필요성을 호소하고 있다. 하지만, 일본 정부는 이와 관련된 구체적인 대응을 밝히지 않았다.

그리고 일본사회당의 후루야 사다오도 1956년 2월 10일 중의원 예산위

원회에 참석해 다음과 같이 언급했다. 후루야는 1920년대 말에 조선공산
당을 변호한 적이 있고 이후 일본조선연구소의 소장을 지낸 인물이다.

다음으로 제삼국인의 처우 문제인데, 조선인 여러분이 직업을 빼앗기고 실
직해서 생활할 수 없다는 이유로 정부로부터 생활 보호를 받고 있습니다. 한
편으로는 조선인이 일본의 국유재산을 점유해 그곳에 살고 있습니다. 그런
식으로 한편에서 그에 대한 임대료가 지불되지 않고 있습니다.···60만에 이르
는 조선인 여러분은 어떻게 하면 좋을지. 돌아가려고 해도 돌려 보내주지 않
고, 생활을 보장하기 위해 일자리를 원해도 주어지지 않는 이런 처지에 몰아
넣고 그대로 방치하는 것, 저는 이것은 정치가 아니라고 생각합니다. 따라서
이 점에 대해서는 이따가 외무대신에게도 묻겠지만, 관방장관은 이처럼 무리
한 현실을 조선인에게 강제해 놓고 조선인 여러분이 여러 가지 사회적 문제
를 야기할 것 같은 일이 벌어지면 이건 당치 않은 일이라고 하는데, 이런 상
황은 오히려 정치적 빈곤이 초래하는 문제로 저는 정부에 책임이 있다고 생
각합니다. 그러므로 이 같은 문제를 해결하기 위해서라도 역시 종합적인 대
책기관을 설치해 처치하는 것이 가장 필요하지 않은가, 저는 그렇게 생각합니
다. 이 부분을 자세히 살펴보면, 우선 가장 관계가 있는 것은 법무성이 입국
관리국과 관련해 관계가 있고, 인권 옹호적인 관계도 갖고 있습니다. 그리고
외무성에서는 알고 계신 대로 아시아 2과에서 경제 및 기타 여러 가지 관계의
기획을 하고 있습니다. 문부성에서는 알고 계신 대로 조선인 교육 문제에 대
해 이러쿵저러쿵 떠들썩합니다. 후생성은 귀환이나, 원호와 관련해서 여러 가
지를 하고 있습니다. 이런 관계를 고려하면 역시 종합적인 기관을 설치하고
관련 대책을 강구해야 원만하게 흘러가지 않을까 해서 요구한 것입니다.

이밖에도 국회에서 일반 재일코리안은 아니지만 '제삼국인 전범', 즉
'조선인 전범'에 대한 질문이 나온 사실도 주목된다. 진보당을 시작으로
보수계 정당을 거쳐 훗날 자민당에서 활동한 야마시타 하루에 의원은
1955년 7월 30일 중의원 본회의에서 '그들이 출소하면 상당액의 보상을

부여해 그들이 잘못 겪은 고초에 보답해야 한다,' '그것은 오늘날 일본
민족이, 그리고 일본국이 져야 하는 도의상 당연한 책무라고 믿어 의심
치 않는다'라고 발언했다. 이 같은 발언은 당시 보수계 정치가를 포함한
인사들이 과거 역사를 고려해 조선인·한국인에 대해 특별한 조치를 취
해야 한다는 생각을 가졌다는 사실을 시사한다.

또한 한일회담과는 별도로 일본 정부가 어떤 식으로든 시책을 마련해
야 한다고 생각했던 일부 우파계 재일코리안은 스즈키 하지메 등에 동조
하는 움직임도 보였다. 1950년대 후반에 한국민단을 떠난 권일이 이끌었
던 우리민주사회주의자동맹(이하 민사동)의 기관지는 스즈키 하지메의
제언(모처 공개행사에서 밝힌 주장으로 추정)에 대해 다음과 같이 논평
했다.

 재일조선인 문제의 절박한 상황을 고려해, 본 문제에 관한 다각적이고 종
 합적인 시책을 신속히 수립하고 이를 실시할 종합담당기관을 정부 당국이 설
 치하는 것의 긴급성과 필요성은 우리도 일찌감치 주장해 온 바이며, 하토야마
 수상에게도 서간을 통해 이 같은 의견을 개진한 상태이다.
  그와 거의 같은 취지의 더 구체적이고 현실적인 제안이 일본 조야의 권위
 자가 참석한 간담회 석상에서 공개된 것은 중대한 의의를 지니며, 동시에 바
 람직한 정세의 흐름으로 환영하는 바이다.…제안 가운데 한일 쌍방에 이론이
 없고 지금 당장 실행할 수 있는 것은 '재일조선인에 대한 영주권 부여 문제,'
 '재일조선인 유학생 육영사업 문제,' '중소기업자의 금융 타개를 위한 특수은
 행 설립 문제' 등 세 가지로, 그동안 뜻있는 사람들이 성실하게 운동을 계속해
 온 부분이기 때문에 일본 당국이 결의만 하면 간단히 실시할 수 있다. 그런데
 도 모든 문제가 아직도 논의의 영역을 벗어나지 않는 이유는 무엇일까?
  무엇보다 이들 제안을 실현하기 위한 운동 자체가 비조직적이고 일관성이
 없어서 관계 당국에 절실함을 호소하는 부분이 매우 부족했고 내부 분열로
 통일성 있는 수용 태세의 정비가 곤란했던 점 등에도 커다란 원인이 있었다

는 것은 사실이다. 하지만, 이제 재일조선인 문제는 스즈키 씨가 언급한 대로
'전후 11년간 방치되면서 일한 회담을 통해 해결을 모색하기에는 의미가 없을
정도로 뿌리를 내린 상태'인 데다, 재일조선인은 일반 외국인과는 본질적으로
다른 외국인—이른바 내국민적 외국인—의 특질을 갖는다. 특히 관련 대책이
필요한 여러 가지 문제, 이를테면, 취로, 생활 보호, 실업, 중소기업 조성 등을
포함한 생활 문제, 교육 문제, 귀국 문제, 범죄 문제 등의 긴급성은 그야말로
하루도 지체할 수 없을 정도로 긴박한 상황이다.[62]

이 같은 인식을 가진 권일은 한일 간 교섭이 정체되고 있는 가운데 일
반지에 투고하는 한편 주요 인사를 상대로 노력을 촉구하는 등 재일조선
인의 생활안정을 위한 정책을 실현해 달라고 호소했다. 아울러 민사동은
정당 차원에서 사회당과 교류하는 한편 상호 회의에 참석해 연대를 다졌
다.[63] 하지만 이와 관련된 사회당의 두드러진 움직임은 확인되지 않는다.

9. 북한 귀국사업과 그에 따른 영향

1) 한일회담 재개와 법적지위 문제

이후 한일회담 재개를 모색하던 한일 양국 정부는 1957년 말 일본 정
부가 구보타 발언을 철회하는 입장 등을 표명하면서 회담 재개를 결정했
고, 1958년 4월 15일부터 구체적인 회담을 시작했다.

이와 관련해 조선총련은 한일회담에 반대하는 입장을 내보였지만, 한

---

[62] 권일, 『祖国への念願』, 松沢書店, 1959. 단, 이 논평은 『平和と統一』 1956년 11월 1일에 처음
등장하는 것으로 알려져 있다.
[63] 권일, 『祖国への念願』, 松沢書店, 1959.

국민단은 회담을 통한 재일코리안의 권리 확립에 기대를 걸었다. 하지만 당시 일본 사회의 관심은 그다지 높지 않았으며 재일코리안의 권리 확립에 이해를 표시하는 의견 또한 제기되지 않았다. 오히려 일각에서는 한국 정부와 재일코리안을 두고 강경한 견해가 등장했는데, 이를테면 일본 사회당의 이마즈미 이사무 중의원 의원은 1958년 6월 24일 중의원 예산위원회에서 다음과 같이 발언했다.

> 한일회담을 성공적으로 이끌어 일본과 한국이 선린우호 관계에 서는 것은 우리도 두 손 들어 찬성하는 바입니다. 하지만 그저 단순히 머리를 숙이거나 상대방의 요구를 듣기만 해서는 이 문제가 좀처럼 해결되지 않으리라 생각합니다.
> …
> 기시 총리와 각료 여러분께 말씀드립니다. 재일조선인에 대해서는 외무성 소관으로 명확히 구분해서 일본의 국가 예산으로 그들의 생활을 원호하는 것이 바람직하다고 봅니다. 현재 실업 구제 대책과 기타 모든 부분에서 일본인을 대상으로 한 법률이 적용되고 있어서 말씀드리지는 않겠지만, 연간 거액의 자금이 이쪽으로 흘러들고 있고 폭력적인 범죄까지 발생하고 있습니다. 마약 및 조선 김을 비롯한 기타 밀수 또한 경제적으로 심각한 문제를 안고 있고, 교육 방면을 보더라도 재일한국인 학교에서는 버젓이 배일 교육을 하고 있습니다. 그리고 특히 경제계에서는 제가 조사해 본 결과, 이름을 밝힐 수도 있지만, 일본 전국에서 30억 이상의 재산을 보유한 것으로 추정되는 사람이 도쿄에 3명, 오사카에 2명, 나고야에 2명, 기타 지역에서 10명 있고, 1억 이상의 재산을 보유한 사람은 수백 명에 달하는 만큼 경제계에서 이들이 갖는 영향력은 상당히 큽니다. 저는 오늘날 한국의 문제는 그런 작은 문제가 아니라고 생각합니다. 저는 정부가——물론 한일 친선은 중요합니다. 하지만 한일 친선을 위해서는 일본국이 응당 해야 할 일은 하고 또 그렇게 주장할 것은 주장해서 신념과 용기 있는 태도로 나서지 않으면, 질질 끌려다니다 풀려나고 또 질질 끌려다니다 풀려나면서, 결국엔 일본 외교의 가장 큰 맹점이 되지 않을까 생각합니다.

한국에 대해 타협하지 말고 강경한 태도를 취하라는 이 같은 주장은 당시 일본인 사이에서 그다지 드문 일이 아니었다.

2) 귀국운동의 고양

한일회담이 진행 중인 가운데 북한으로의 집단귀국을 요구하는 운동이 고양되기 시작했다. 물론 앞서 살펴본 것처럼 1950년대 중반에 이미 북한 귀국을 희망하는 사람이 있었고, 민전과 조선총련이 이들의 귀국을 실현하기 위해 일본 정부에 요청한 사례는 있었지만, 당시에는 재일코리안의 조직적인 대규모 귀국운동을 전개한 것은 아니었다.

이에 반해 1958년 8월 이후 조선총련은 총력을 다해 귀국운동을 추진했다. 먼저 8월에 조선총련 가와사키지부 중류분회 소속 인사들이 귀국을 희망하는 집단결의를 단행하자 북한의 김일성 수상은 이들의 희망을 수용하겠다고 밝혔고, 이후 귀국을 성사시키기 위해 대대적인 집회 등을 통해 귀국희망자를 등록했다. 이와 같은 귀국운동의 배경에는 공업화를 추진하는 데 부족했던 기술자를 확보하고 사회주의의 우위성을 선전하는 한편 한일회담에 대항하는 동시에 북일 관계 개선의 계기를 조성하려는 북한의 다양한 노림수가 깔려 있었다.

잘 알려진 바와 같이 재일코리안의 대부분은 남쪽 지방 출신이었기 때문에 북한으로 '귀국'하는 것은 알지 못하는 땅으로 이주하는 것을 뜻했다. 이런 가운데 귀국운동을 추진하는 사람들은 북한이 사회주의를 힘차게 건설하면서 이상적인 사회를 만들고 있으며, 의료 등 사회보장이 정비돼 있어 교육기관의 학비가 필요하지 않은 데다 직장까지 알선해 주기 때문에 아무것도 없이 몸만 갖고 귀국해도 환영해 줄 것이라고 선전했다. 이에 일부 재일코리안은 환상에 가까운 기대를 안고 북한행을 희망하게 됐다.

다만, 북한 귀국을 희망한 사람이 이 같은 선전을 그대로 믿고 '조국'
에서 아무런 고생 없이 생활할 수 있다고 낙관했던 것은 아니다. 이미
확인한 것처럼 일본에서는 기술과 높은 수준의 지식을 습득해도 그것을
살릴 수 있는 직장에 취직하는 것이 불가능했고, 저임금의 불안정한 일
자리를 얻는 것이 최선이었다. 그런 상황에 놓인 사람 중에는 적극적인
자기실현의 공간으로 '조국'을 선택해 생활의 의의를 발견하려 한 사례도
있었던 것으로 보인다. 실제로 당시 "같은 고생을 한다면 조국에서"라는
표현으로 귀국을 장려했다는 이야기가 자주 등장했다.

덧붙이자면, 1950년대 말 일본은 아직 고도경제성장이 궤도에 올라 지
속될 것이라는 믿음이 없었던 상태였고, 경기도 단기적인 후퇴기에 진입
해 있었다. 따라서 일거리를 얻어야 간신히 하루를 버틸 수 있었던 사람
들은 향후 일본 생활이 더욱 힘들어질 것으로 예상했을 가능성이 크다.

이런 가운데 귀국희망자는 갈수록 증가했고, 그 규모는 조선총련과 북
한의 당초 예상을 뛰어넘는 수준이었다.[64]

3) 귀국사업의 개시

한편 한국 정부는 북한으로의 귀국사업을 강력히 반대했다. 전시동원
에 의해 일본으로 끌려간 동포를 (실제로는 전시동원에 의해 일본으로
끌려온 자는 대부분 전쟁이 끝난 뒤 곧바로 귀국했다) 자유가 없는 공산
권으로 추방하는 것은 용납하기 힘들다는 주장이었다. 한국 시민들도 시
위나 집회를 여는 등 반대 운동을 전개했다. 물론 이 중에는 이승만 대

---

64) 박정진, 『日朝冷戰構造の誕生―1945-1965 封印された外交史』, 明石書店, 2012.

통령이 정권의 구심력을 유지하기 위해 '반일', '반조선'을 소재로 위에서 조직한 사례도 있었겠지만, 북한 귀국 문제에 대한 한국 사회의 높은 관심과 거센 반대 의견이 존재했다는 사실은 부정할 수 없다.

하지만 일본 정부가 '인도적 입장'에서 북한 귀국을 허용한다고 확인하자, 한국 정부는 통상관계 단절을 포함하는 강경한 반대 의사를 밝히는 동시에 군함까지 출동시키면서 실력으로 저지하겠다는 자세까지 드러냈다. 그러나 일본과 북한의 적십자사가 협의를 진행해, 1959년 8월에 귀국사업 실시에 대한 협정이 체결됐다.

뒤에서 다루겠지만 협정 체결 이후에도 한국 정부와 우파계 재일코리안의 반대는 이어졌다. 하지만 1959년 12월, 일본 생활을 청산하고 '조국'으로 향하는 사람들을 태운 배가 니가타항에서 북한으로 출발하면서 북한 귀국사업이 시작됐다.

사업이 종료된 1984년까지 북한으로 귀국한 사람은 모두 9만 3,340명(이 가운데 일본 국적을 가진 배우자 및 자녀는 6,679명)이었다. 연도별로 나누어 보면, 1959년에 2,717명, 1960년에 4만 5,094명, 1961년에 2만 1,027명, 1962년에 3,311명, 1963년에 2,402명, 1964년에 1,722명, 1965년에 2,159명, 그리고 1966년에는 1,807명이 북한으로 귀국했다.[65]

여기서는 귀국자가 1960년과 1961년에 집중돼 있고, 1962년 이후에는 감소했다(1959년은 12월에만 배가 출항했기 때문에 귀국자 수가 적다)는 사실을 알 수 있다. 이는 북한 생활이 예상보다 힘들다는 정보가 재일코리안에게 전해지는 동시에 일본의 경제 상황이 호전된 데 따른 경향으로 해석할 수 있다. 기간산업이나 일류기업에 취직하는 것은 여전히 어렵지만 재일코리안도 이제는 주변적인 업무를 맡거나 영세기업에 취직하는

[65] 모리타 요시오, 『数字が語る在日韓国・朝鮮人の歴史』, 아사키쇼텐, 1996.

한편 자영업 등으로 생활할 수 있는 상황으로 변하고 있었다.

다만, 재일코리안들은 고양되는 귀국운동의 열기 속에서 자신들은 귀국해야 한다는 인식을 더욱 분명히 확인하고 있었다. 당장은 귀국하지 않아도 조국과의 유대 관계가 중요한 만큼 언젠가는 돌아갈 것이라는 의식을 갖고 말하자면 일본을 "임시 거처"로 여기는 분위기가 형성돼 있었다. 이와 같은 인식은 적어도 조선총련계 재일코리안 사이에서는 이후 오랜 기간에 걸쳐 자주 모습을 드러내게 된다.

4) 민단의 '북송반대'와 한국과의 대립

한편, 우파계 재일코리안은 당연히 북한 귀국사업을 반대했다. 자유가 없는 북한을 훌륭한 나라인 양 선전하는 것은 허위에 지나지 않고 오직 한국만이 정당하다는 인식을 하고 있었던 우파계 재일코리안으로서는 자연스러운 반응이었다. 이와 같은 인식은 한국 정부와도 궤를 같이하고 있었다.

하지만 우파계 재일코리안이 문제삼은 것은 공산주의자의 활동만은 아니었다. 일부 재일코리안은 일본에서 생활을 꾸려나가기 어렵다는 이유로 북한 귀국을 희망했기 때문에 우파계 재일코리안은 북한 귀국사업을 저지하기 위해서라도 재일코리안의 생활안정과 그를 위한 권리 확립이 필요하다는 사실을 의식할 수밖에 없었다.

따라서 한국민단은 '북송반대'를 내건 한국 정부를 상대로 재일코리안에 대한 시책을 마련해 달라고 요구했지만, 한국 정부는 그와 관련된 구체적인 안을 내놓지 않았다.

이런 흐름 속에 한국 정부에 대한 한국민단의 불만은 고조됐고, 1959년 6월 19일, 아래 3가지 사항을 결의했다.

- 재일동포 북송반대 운동을 마지막까지 계속 투쟁한다.
- 일본 정부에 대해서는 재일동포의 기본적 인권 및 생활권 확보 투쟁을 대중적으로 전개한다.
- 한국 정부에 대해서는 10여 년에 걸쳐 재일동포 보호시책에 대해 청원해 왔지만, 지금에 이르기까지 성의 있는 시책이 전혀 없었기 때문에 우리는 더 참을 수 없다. 따라서 자유당 정권에 대해 불신을 표명한다.[66]

다만, 한국 정부는 그 후에도 '재일동포 보호시책'을 제시하지 않았다. 이와 관련해 주일 한국 대표가 북한 귀국사업이 실시되기 직전에 재일코리안의 한국 집단귀국안을 내놓은 것으로 알려져 있지만, 이는 일본 내 생활 안정을 요구하는 재일코리안의 입장에 부정적인 영향을 미칠 수 있는 것이었다. 당시 한국민단 내부에 있었던 배동호(1970년대 이후 한국의 독재정권을 비판하고 한국 민주회복통일촉진 국민회의에서 활동한 인물)는 다음과 같이 적고 있다.

유 대사는 점점 궁지에 몰리자 서둘러 '한국으로의 집단귀국안'을 내놓았다. 정말 지나치게 훌륭할 정도로 훌륭한 안이다.

이것으로 '북송반대'를 할 수 있다고 생각하는 것일까? 북한으로 돌아간다는 사람은 일단 조선총련 산하 아니면 조선총련의 영향을 받는 사람들이다. 따라서 이들은 일본에 안심하고 살 수 있다는 보증이 생긴다면 일본에 정주할 수도 있겠지만, 한국 집단귀국의 길이 열린다고 해도 곧장 달려드는 사람이 과연 얼마나 있을지 의문이다. 한국에는 지금도 자유의사로 귀환할 수 있고 복잡한 절차만 마치면 여행도 할 수 있다는 사실을 충분히 알고 있다.

그렇기 때문에 한국으로의 집단귀국안은 북송을 반대하는 재일한국인의 입장에서 보면 오히려 빈축을 사는, 반대해야 하는 안이라고 단언할 수밖에 없다.

---

66) 재일본대한민국거류민단, 『民団四十年史』, 1987, 88쪽.

현재 일본의 사회정세와 인구정세로 미루어, 연간 막대한 비용을 들여 남미 이민정책을 추진 중인 일본이 기다렸다는 듯 바로 달려들 안임은 틀림없어 보인다. 이런 사정이 재일한국인의 입장에서 북송에 반대하는 이유와 상당히 어긋나 있다는 사실만큼은 꼭 지적해 두고 싶다.

북송에 반대하는 이유는 크게 두 가지로 나눌 수 있을 것이다. 첫째, 한국의 위신을 떨어뜨리고, 둘째, 재일한국인의 기득 생활권에 위협을 줄 우려가 있기 때문이다.

한국 정부는 전자에만 중점을 두고 있는 것처럼 보이지만, 재일한국인은 전자는 물론 후자에도 중점을 두고 있다.[67]

이어서 배동호는 '일본에 안심하고 정주할 수 있는' 안을 내놓아야 북한 귀국을 선택하려는 사람을 줄일 수 있고, 설령 귀국 희망자가 실제로 귀국을 하더라도 그 수는 약 11만 명이며, 여전히 일본에 머무르게 될 재일코리안 50만여 명의 생활권을 무시할 수 없다고 지적했다. 아울러 일본 정부가 책임을 갖고 재일코리안의 생활과 권리를 보장해야 한다며 다음과 같이 주장하고 있다.

그렇다면 한일 문제와 재일조선인 문제를 향후 어떻게 해결해야 하는가?
앞서 지적한 대로 일본이 송환을 결정하기 전에 미리 해결해야 하는 문제, 즉 재일조선인이 취학, 취직, 생업 등 모든 문제에 대해 안심하고 생활할 수 있는 조건을 마련해야 한다. 지금도 전혀 늦지 않다.
…이 문제는 한일회담의 결정을 기다릴 필요 없이 일본의 독자적인 입장에서 당연히 해결돼야 하는 문제이다. 즉, 재일한국인의 현 상황에서는 한국보다 일본 측에 그 책임이 지워져 있다고 하겠다.
필자가 이제 와서 과거 역사에 헛되이 집착하는 것은 절대로 아니다. 일본이 북한귀환을 인도주의적이라고 주장한다면 바로 그 인도적인 입장에 서서

---
[67] 裵東湖, 「在日韓国人に市民権を」, 『親和』 1960년 1월 호.

재일조선인의 생활문제를 처리해야 하지 않겠는가? 재일조선인의 일본 이주에 대한 역사적 사실에 비추어 20년, 30년 동안 고생하며 쌓아 온 처지를 참작한다면 인간으로서 동정을 느끼는 것은 당연한 일이 아니겠는가….

…이참에 과감하게 국적과는 별도로 '시민권'을 부여하는 것은 어떻겠는가…?

…과거에는 같은 일본인으로서 참정권까지 부여받았던 것이 일본의 패전에 따라 독립국민이 됐다는 선언만으로 아직 법적으로 규정되지 않아 기형적인 존재로 남아 있는 데 대한 하나의 해결책이 될 것이다.

전후 10여 년에 걸쳐 패전 처리비용까지 포함한 모든 납세의 의무는 지면서도 납세에 따른 권리를 하나도 부여받지 못한 것은 불공평한 일이 아니겠는가?[68]

배동호가 여기서 언급한 시민권의 구체적인 내용은 분명하지 않다. 다만, 배동호의 주장처럼 역사적 경위 및 납세의무를 다하고 있다는 점을 고려해 재일코리안이 일본에서 안심하고 생활할 수 있는 권리가 부여돼야 하고 그에 대해 일본 정부가 책임을 갖고 대응해야 하는 것은 귀국사업과는 별도로 당연히 고민해야 하는 문제였다.

5) 일본인의 귀국사업 지지가 갖는 의미

당시 많은 일본인이 북한 귀국운동을 지지했다. 북한 귀국 실현을 목표로 1958년 11월 17일에 결성된 재일조선인귀국협력회는 집회 및 정부 요청 행동 등을 전개해 나갔다. 운동의 중심에는 일본사회당과 일본공산당, 일본노동조합총평의회(이후 총평) 등 이른바 혁신계 세력이 있었지만, 보수계 인사까지 포함한 초당파적 단체였고, 회장은 하토야마 이치로 전

---

68) 裵東湖, 「在日韓国人に市民権を」, 『親和』 1960년 1월 호.

수상이 맡고 있었다.

이런 단체의 등장과 맞물려 당시 일본 사회에서는 북한 귀국사업을 실현해야 한다는 의견이 지배적이었다. 신문 등 각 언론도 귀국 실현을 기대하며 기다리고 활동하는 재일코리안의 상황을 호의적으로 전했다. 또한 지금과는 달리 일본인의 일반적인 대북 이미지는 나쁘지 않았고 오히려 사회보장을 정비하며 불타는 의욕으로 국가를 건설하고 있다는 인상을 가진 사람이 적지 않았던 점도 귀국을 지지하는 여론이 형성되는 데 영향을 끼쳤다.

북한 귀국사업을 지지하는 일본인의 핵심 논리는 인도주의였다. 이 용어는 사회주의 국가인 북한에 대한 태도 정립에 수반되는 이데올로기 대립을 유보하는 데 유효하게 작용했다. 혹은 바로 그런 효과를 거두기 위해 인도주의라는 용어가 키워드로 사용됐다고 볼 수도 있다.

하지만 이는 과거의 역사적 경위나 일본인의 책임에 관해 생각해 볼 계기를 앗아가는 것이기도 했다. 즉, 북한 귀국사업을 단순히 외국에 사는 가여운 사람들을 원래 그들이 있어야 하는 나라로 돌려보내 주는 행위 이상으로는 생각할 수 없게 만들 가능성을 내포하고 있었다.

동시에 이처럼 순수한 인도주의와는 다른 관점에서 북한 귀국사업을 지지한 사람도 있었던 것으로 보인다. 언론이 재일코리안에 대해 일본 사회의 치안을 어지럽히거나 생활 보호수급자가 많다는 등의 화제를 다루는 가운데 재일코리안이 일본에서 사라지는 것을 오히려 다행으로 여기는 일본인도 있었다. 말하자면 '애물단지 내쫓기'의 차원에서 북한 귀국사업을 지지한 일본인도 있었을 것이다.

이와 관련해 당시 북한 귀국사업의 실무를 담당했던 일본적십자사도 다수의 재일코리안이 출국하는 것은 일본 정부에 '애물단지 내쫓기'의 의미를 가진다는 측면을 인정하고 있었다. 1956년에 일본적십자 명의로 간

행된 소책자 『재일조선인 귀국 문제의 진상』에는 다음과 같은 기술이
나온다.

> [북한 정부는 일본 정부가 재일코리안의 귀국을 저지하려 한다고 굳게 믿
> 고 있는 듯하지만] 일본 정부는 솔직히 말해 성가신 조선인을 일본에서 죄다
> 몰아낼 수 있다는 이점을 가진다. 폴란드 정부가 동프로이센에서 모든 독일
> 인을 추방해 버린 것처럼 만일 일본 정부가 제2차 세계대전 이후 영토 변경에
> 관한 새로운 국제관례에 따라 일본에 있는 조선인을 모두 조선으로 강제 송
> 환할 수 있었다면, (중립계 인사들은 그 점을 우려하고 있다) 일본의 인구과
> 잉 관점에서 도움이 될지는 잠시 제쳐두더라도, 긴 안목으로 봤을 때 일본과
> 조선 사이에 발생할 소지가 있는 분쟁의 씨앗을 미리 제거하게 되므로 일본
> 에 이상적이다.[69]

　물론 이처럼 북한 귀국사업을 '애물단지 내쫓기'의 차원에서 지지한 일
본인밖에 없었다고 단정 짓는 것도 온당치 않다. 일본의 신문과 잡지에
서는 귀국사업 개시를 전후해 재일코리안의 도일 배경과 그들이 일본에서
겪은 고난의 역사를 전하는 기사도 눈에 띈다. 또한, 혁신계 세력은 인권
존중을 중시하고 일본군국주의에 대해 비판적인 자세를 보였다. 이런 점
들을 고려하면 정도의 차이는 있겠지만 역사적 배경을 의식해 속죄하는
마음으로 귀국사업에 협력한 일본인도 적지 않았을 것으로 추측된다.
　다만, 재일코리안 문제의 해결책은 귀국에 있다는 인식이 혁신계 인사
를 포함한 각계로 퍼지고 있었다는 사실 또한 간과할 수 없다. 점령기
당시 외국인도 참정권을 요구할 수 있다고 주장했던 후세 다쓰지도 강화
조약이 발효된 직후에는 다음과 같은 의견을 피력하고 있다.

---

69) 日本赤十字社, 『在日朝鮮人帰国問題の真相』, 1956, 9~10쪽.

얼마 전 관리청[출입국관리청]에 가서 얘기했는데 [출입국관리청의 간부가]
어떻게 하면 좋을지 무척 곤란하다고 하더군요. 저는 조선의 동란이 결국에
는 해결될 것이고 그러면 부흥 계획이 마련될 테니까, 바로 그때 조선인의 노
동력이 크게 필요하게 될 터이고 일본에 있는 조선인도 저쪽으로 건너가서
일하게 된다. 그러니 그때가 올 때까지는 어쩔 수 없는 게 아니냐고 대답했는
데, 그렇게 생각하지 않습니까?[70]

그리고 1956년 국회에서 재일조선인에 대한 일본 정부의 종합대책을
요구했던 후루야 사다오 의원도 이듬해에는 반대로 정부에 재일조선인
의 귀국을 추진해 문제를 해결하자고 제안하고 있다. 1957년 3월 6일 중
의원 예산위원회에서 후루야는 다음과 같이 발언했다.

…제가 좀 더 자세히 듣고 싶은 부분은, 조국으로 돌아가고 싶다는 조선 사
람들이 많지만, 이분들을 돌려보낼 방법이 없다고 하셨는데, 북한 적십자는
일본 정부를 상대로 그런 분들을 도와 북한으로 돌려보내기 위해 적십자 대
표를 일본에 보내겠다는 이야기를 지난해 전해온 바 있습니다. 그런데 일본
정부는 여전히 이 제안을 거부하고 있다고 들었습니다. 이는, 인도적인 관점
에서 바라보면——거기에 일본에 계신 조선인 여러분이 일본 생활 보호법의
혜택을 받고 있는 생활 보호비의 금액을 따져보더라도, 그 액수가 적어도 20
억에 육박하는 생활 보호비를 받고 있는 상황입니다. 이 궁핍한 일본에서, —
—우리 세금으로 이런 부담을 져야 한다는 사실도 어쩔 수 없다는 걸 알지만,
그분들은 얼른 조국으로 돌아가고 싶다고 말씀하고 계십니다. 이런 분들을
돌려보낼 방법을 막으면서 그런 의미 없는 일을 하고 있으니 한쪽에서는 감
정이 무너지고 또 한쪽에서는 국가 예산을 소극적인 방면에 사용해 버리고
있기 때문에, 그런 측면을 고려해서 북한적십자 대표의 일본 입국을 허가해서
편의를 봐주고 또 이분들을 돌려보낸다, 만일, 그게 힘들고 한국과의 관계에
서 사정이 여의치 않다면, 한국적십자 대표도 일본에 초치해서 일본적십자 대

70) 「座談会 治安対策の行き過ぎを防ぐには」, 『中央公論』 1952년 8월 호.

표와 북한적십자 대표, 이렇게 3자가 서로 협력해서 이분들을 돌려보내는 것
이, 저는 인도적 관점에서 보더라도 대단히 합당한 시책이라고 봅니다만, 외
무대신의 생각은 어떻습니까?

물론 후루야는 재일코리안에 대한 생활 보호비 지급을 부정하고 있지
는 않다. 그리고 이에 앞선 부분에서 대만인과 조선인에게도 군인연금을
지급해야 한다고 일본 정부에 촉구하고 있는 만큼 일본 국내의 구 식민
지 출신자가 일본인과 동등한 권리를 누려야 한다는 견해를 갖고 있었던
것으로 보인다. 하지만, 재일코리안을 귀국시키는 것이 '궁핍한 나라'(당
시 일본에서 '풍요로움'을 실감하는 사람은 아직 적었다)인 일본에 보탬
이 된다는 발상은 분명히 존재했다.

10. 한일조약의 타결과 미해결 문제

1) 반공우선 아래 촉진된 한일회담

재일코리안의 법적지위와 처우에 대해서도 논의하는 한일회담은 앞서
살펴본 것처럼 1957년 말에 재개가 결정됐고 이듬해 4월부터 실제로 교
섭이 진행됐다. 하지만 북한 귀국사업을 두고 한일 관계가 악화하는 가
운데 회담 타결의 조짐은 보이지 않았고 1960년 4월에 이승만 정권이 붕
괴하면서 한일회담은 다시금 중단됐다.

이승만 정권 이후 출범한 장면 정권 아래 한일회담은 1960년 10월부터
시작됐지만, 주지하는 바와 같이 장면 정권은 국내에서 안정된 체제 구
축에 실패하면서 1961년 5월 발생한 쿠데타에 의해 붕괴한다. 이에 따라

한일회담은 또다시 중단됐다.

쿠데타로 정권을 장악한 인물은 박정희였다. 박정희는 자신의 정권기반을 굳히는 동시에 북한과 대치하면서 한국의 경제 건설을 추진하기 위해 일본과 국교를 수립하고 경제원조를 끌어내는 것이 중요하다고 생각했다. 이에 따라 한일회담은 박정희 정권 아래 진전되는데, 1961년 10월에 재개한 이듬해에 일본 측의 경제협력을 조건으로 최대 현안이었던 청구권 문제를 매듭짓기로 확인한 것 등이 대표적이다. 그러나 뒤에서 다루겠지만 재일코리안의 법적지위와 처우 문제를 해결하는 방안 등 다른 현안도 남아 있었고 한일회담의 조기 타결을 서두르는 박정희 정권에 대한 한국 국내의 거센 반대 운동으로 인해 한일회담은 원만한 타결에 이르지 못했다.

한편, 박정희가 정권을 장악했을 무렵, 우파계 재일코리안의 일본 내 동향에도 변화가 일어나고 있었다. 권일은 이승만 정권의 붕괴 이후 민사동을 해산하고 한국민단으로 복귀한 뒤 1961년, 한국민단의 단장 선거에 출마했다.

그런데 권일은 자신이 출마했을 당시 한국의 민주당 장면 정권을 낮게 평가했던 것으로 보인다. 그는 회고록에서 장면 정권의 정일형 외무부 장관과 우연히 비행기에서 만나 대화를 나눈 다음 문제를 느꼈다며 다음과 같이 밝히고 있다.

나는 비행기 안에서 다소 무례하다고 생각했지만, '한국이 걱정입니다. 지금의 시위소동을 진정시킬 수는 없는 걸까요? 이대로는 경제재건은 말할 것도 없고 정권 유지조차 어렵지 않겠습니까?'라는 취지로 열변을 토했다. 그런데 정일형 외무부 장관은 '우리들은 이승만의 독재로 엄청난 고통을 받으며 지독한 경험을 했기 때문에, 설사 민주주의를 해서 망하는 일이 있더라도 우리들은 마지막까지 민주주의를 해낼 것입니다'라며 중얼거렸다. 나는 이 사람이 정치를 하기 위해 민주주의를 하는 것이 아니라, 민주주의를 위해 정치를 하는 사람이란 사실을 직감하고 깜짝 놀랐다. 그리고는 민주당 정권에 대해 더욱 불안을 느끼게 됐다.[71]

여기서는 불안정한 정세를 초래하는 민주주의보다 강고한 리더십이 한국에 더욱 중요하다고 여겼던 권일의 생각을 엿볼 수 있다. 그리고 공교롭게도 권일이 민단 단장에 당선된 1961년 5월 16일은, 훗날 강력한 리더십(물론 독재로 평가되는 것이기도 했다)을 갖고 정권을 운영하게 되는 박정희가 쿠데타를 일으킨 날이었다.

물론 이 시점에서 권일과 박정희는 서로 만난 적이 없었기 때문에 박정희가 향후 어떤 정치를 하게 될지 내다볼 수 없었지만, 권일이 주도하는 민단 집행부는 반공체제의 재확립을 내걸었던 군사혁명에 대해 지지를 표명했다.[72] 그리고 6월에는 민단 간부가 한국을 방문해 김종필과 박정희를 만났다. 권일은 한일 국교 정상화가 필요하다는 박정희의 의사를 확인한 다음 '이제부터 같은 배에 타겠다'라며 악수를 한 것으로 전해진다.[73] 반공체제의 확립과 경제재건을 위해 한일 양국의 국교 수립이 필요하다고 판단한 권일은 박정희의 리더십에 기대를 걸고 한국민단을 주도하며 이에 협력한다는 목표를 세웠다.

이후 한국민단은 기본적으로 한국 정부를 지지하며 보조를 맞추는 한편 공산주의에 대항하기 위해 한일 양국이 협력해야 한다는 견해도 제시하면서 한일회담 타결의 기운을 조성해 나갔다. 1962년 10월 30일에 개최한 한일회담 타결촉진 중앙민중대회에서는 '우리 60만 재일교포가 일본에서 법적지위를 정당하게 부여받아 사회적 차별이 없는 권익, 즉 영

71) 權逸, 『權逸回顧錄』, 權逸回顧錄刊行委員会, 1987, 246~247쪽.
72) 權逸, 『權逸回顧錄』, 權逸回顧錄刊行委員会, 1987, 248쪽.
73) 權逸, 『權逸回顧錄』, 權逸回顧錄刊行委員会, 1987, 253쪽.

주권 취득, 생활 보호 문제, 융자 문제, 취직 문제, 교육 문제 등의 여러
권익을 주장하고, 오늘날의 불안정한 생활을 하루라도 빨리 타개하기 위
해 이번 한일회담을 적극적으로 추진한다'라는 내용의 결의와 구체적인
요구를 담아 박정희 의장에게 보내는 메시지를 채택했다. 이와 동시에
'이제는 한일 양국이 어떠한 과거에도 얽매이지 말고 서로 성의를 다해
공산주의의 위협으로부터 국민의 자유와 국가의 안전을 수호하고 민주
주의 자체와 세계의 평화를 지키기 위해 일치된 보조를 취해야 한다'라
며 이케다 수상에게 반공주의적 입장에서 한일회담의 타결을 요구하는
메시지도 확인된다.[74]

2) 한일회담에 대한 재일코리안의 대응

한국민단의 목표는 한국 정부를 통해 자신들의 요구를 실현하는 것이
었다. 1962년 말까지 진행된 한일 간 교섭에서는 전전부터 일본에서 거
주한 조선인에게 영주권을 부여하고 영주권을 부여받은 자의 강제퇴거
사유에 관해 ①내란·외환에 관한 죄와 소요죄를 범한 자, ②살인, 방화
등 흉악범, ③영리를 목적으로 한 마약범, ④외교상의 중대한 이익을 해
한 자로 한정한다는 사실이 확인됐다.[75] 이를 바탕으로 한국민단은 재일
교포법적지위대책위원회의 주도 아래 검토를 진행하고 이듬해 3월, 구체
적인 요구사항을 종합했다. 주요 내용은 전후 입국자 가운데 강화조약
발효 이전 입국자(즉 전후 일단 귀국한 뒤 다시 일본에 돌아온 자=이른
바 '전후 입국자')의 영주권 보장 및 이산가족 상봉 시 거주권 부여, 강제
퇴거조항의 한정, 본국 여행 시 무조건 재입국 허가, 금융기관의 취급,

---

74) 『韓国新聞』 1962년 11월 2일.
75) 『思想界』 1964년 4월 호 및 『韓国新聞』 1963년 3월 17일.

사회보장 등의 차별 철폐, 한국학교의 법적 인가, 재일한국인 대상 특별 은행 설립 등이었다. 한국민단은 1964년 2월 이후 지방별로 민중대회를 개최해 연인원 2만 7,000명의 참가를 등에 업고 요구 관철에 나섰다. 그리고 한국 정부에 진정한 결과, 한일회담 법적지위 전문위원회에 민단 대표가 고문 자격으로 참가하는 것이 결정됐다.[76]

한편, 조선민주주의인민공화국과 조선총련은 애초부터 한국의 박정희 정권이 조선인=한국인을 대표하지 않는다며 한일 간 정부 교섭 자체가 '무효'라는 입장이었다. 아울러 한일 관계의 강화로 인해 미국을 중심으로 한 동아시아의 반공 동맹이 강화될 것을 우려하며 이에 반대했다.

구체적인 반대 운동도 활발히 전개됐는데, 이미 1961년께부터 재일조선인을 동원한 집회를 개최하는 한편 일본의 혁신정당 및 노동단체와 접촉하고 있었으며 조선총련의 공식 견해에 따르면 1964년 한 해 동안 총 8,600회가 넘는 대소집회를 가진 것으로 전해진다.[77] 물론 이는 과장된 통계일 가능성도 있지만, 귀국운동이 고양되고 각지에 설립한 민족학교에서 교육이 전개되는 한편 상공인단체에 자영업자가 가입하는 등 조선총련의 활동은 당시 전성기라 부를 만한 시기를 맞고 있었다. 적어도 재일코리안 사회에서 한국민단보다 큰 영향력을 갖고 있었던 것은 분명하다.

여기서 한일회담에서 조율 중이었던 재일코리안의 법적지위와 처우에 대한 안과 관련해 조선총련이 어떤 태도를 취했는지 살펴볼 필요가 있다. 물론, 조선총련은 이를 문제시하고 있었는데, 1964년 3월 재일본조선인총연합회 중앙상임위원회 사회경제부 명의로 간행된 소책자『'한일회담'에서 논의되고 있는 이른바 '재일조선인의 법적지위' 문제에 대해—외

76) 統一朝鮮新聞社編, 『統一朝鮮年鑑1965-1966』, 統一朝鮮新聞社, 1965, 582쪽.
77) 韓德銖, 『主体的海外僑胞運動の思想と実践』, 未来社, 1986, 207쪽.

국인등록법의 개악과 관련해―』에서는 다음과 같은 기술이 확인된다.

우선, 한국과의 국교 수립을 계기로 '이 기회를 이용해 재일조선공민에게 『한국적』을 강요해 그것을 희망하는 자에게만 『법적지위』를 확정하고 『한국적』을 거부하는 재일조선인에게는…정치적인 압박을 보다 강화하려는 의도' 가 있다. 그리고 '영주권'을 부여한다고 하지만 실제로는 '합법적으로 강제퇴거의 길을 열려고 하고 있다.' 게다가 영업·취업 등에 대해 일반 외국인과 동등한 취급을 할 것이라는 소문도 있어 문제이다.

그렇다면 조선총련은 구체적으로 재일코리안의 법적지위와 처우를 어떻게 인식하고 있었을까? 이 부분에 관한 명확한 요구는 확인할 수 없으며, 북한 당국에 대해서도 마찬가지이다. 다만 앞서 소개한 소책자에 자료로 수록된 1962년 12월 13일 『한일회담』과 관련해 발표'했다는 '조선민주주의인민공화국 성명'에서는 법적지위와 관련된 요구에 대해 다음과 같이 기술하고 있다.

일본 정부는, 과거 일본 제국주의가 재일조선공민에 저지른 죄악에 비추어, 또한 국제법의 여러 원칙에 비추어, 당연히 재일조선공민에게 외국인으로서의 모든 합법적인 권리와 대우를 보장할 의무가 있다. 하지만 일본 제국주의가 패배해 조선이 해방된 이후에도 재일조선공민의 처지는 바뀌지 않았다. 재일조선공민은 국제법에 규정된 외국인으로서의 당연한 대우를 보장받지 못하고 있고, 여전히 민족적 경시와 박해, 빈곤과 무권리 속에서 불안정하고 비참한 생활을 보내고 있다.
일본 정부는, 재일조선공민을 법적 보호에서 제외하고 있고 그들에게 취업의 권리, 완전한 민족교육의 권리, 자유로운 조국 왕래의 권리, 기타 민주주의적 민족적 권리를 보장하지 않고 있다.…
일본 정부는, 모든 재일조선공민에게 국제법에 따라 외국인으로서의 대우를 취하고, 그들에게 조국 왕래의 자유를 포함한 모든 민주주의적 민족적 권

리를 완전히 보장하면 되는 것이며, 여기에는 어떠한 거래의 여지도 있을 수
없다.

여기서는 재일코리안의 처우와 관련해 역사적 경위를 고려해야 한다
는 측면도 의식하고 있는 듯하지만('일본 제국주의가 재일조선공민에게
저지른 죄악에 비추어'라는 언급이 있다), 특별한 권리의 요구 여부는 명
확하지 않다. 또한 민주적 민족적 권리의 내용에 민족교육과 조국 왕래
의 자유가 포함되는 것은 확인되지만 이외에 구체적으로 무엇이 포함되
는지 분명하지 않다.

3) 회담 타결과 법적지위 협정의 내용

같은 시기 한국 국내에서 반대 투쟁이 격화하면서 한일회담은 일단
중단됐다가 1964년 12월에 재개됐다. 한국민단은 이에 앞서 법적지위대
책위원회를 재편하고 법적지위 및 처우 문제에 관한 요구를 박정희 대통
령에게 제출했다. 그 내용은 이전과 크게 다르지 않았지만, 한일회담 타
결 시 교포자녀의 교육을 위한 재단 설립, 재외주민의 자치기관에 대한
재정 확보가 한국 정부에 대한 특별 요구사항으로 추가돼 있었다. 또한
한국민단에서는 권일 단장이 재일한국인의 법적지위 문제와 처우에 대
한 절충을 이루기 위해 옵서버 자격으로 출석하게 됐다.

이 문제에 대한 최종 조율은 1965년 3월에 일본을 방문한 이동원 외무
장관과 시이나 에쓰사부로 외상의 정치적 절충에 맡겨졌다. 이 과정에서
영주권의 부여 범위가 확대되면서 한국 국적자 가운데 일본의 패전 이전
부터 계속해서 일본에 거주한 자와 그 자녀에게 영주권을 부여하는 한
편, 그들의 자녀로서 체결될 법적지위에 관한 협정이 발효된 지 5년 이

후에 태어난 자에 대해서도 영주권을 인정하고 나아가 그 자녀에 대해서도 협정이 발효된 지 25년 이내에 취급을 협의한다는 내용으로 합의가 이루어졌다.

하지만 당시 한국민단 내부에서도 타결이 가시화하는 한일회담에 반대하는 목소리가 고개를 들기 시작하고 있었다. 이런 움직임은 일본 정부가 과거 식민지 지배에 대한 사죄의 뜻을 모호하게 덮어둔 채 한일조약이 체결되는 데 대한 우려와, 재일한국인의 법적지위에 대한 문제에 기인한 것이었다. 특히 후자의 경우 영주권의 부여 범위와 관련해 '전후 입국자'의 취급이 모호하고 영주권은 자자손손에게 인정해야 하며, 애당초 강제퇴거사유가 명확하지 않아 보다 한정적이어야 한다는 등 어디까지나 요구를 관철해야 한다는 의견이 제기됐다.

여기에 1965년 1월, 일본 정부의 수석대표인 다카스기 신이치가, 일본이 조선을 식민지 지배했다고 하는데 좋은 일도 했다는 취지의 발언을 한 사실이 일본공산당 기관지『아카하타』를 통해 폭로됐다. 한일 양국은 사태수습을 위해 이 같은 발언이 없었다며 무마하려 했지만, 이 단계에서도 한일회담의 책임자를 포함한 일본인이 식민지 지배에 대한 반성이 없다는 사실이 확산할 가능성이 있었다.

이런 상황 속에서도 권일 단장 등 한국민단 집행부는 한일회담의 타결에 주력하고자 했다. 권일 단장은 1965년 2월에 개최한 한국민단 중앙위원회 석상에서도 한일회담의 의의를 강조하는 한편 다카스기 발언에 대해 '사실이라면…용인하기 힘들지만, 본인 스스로 공식회담 석상에서 우리 정부에 정중히 해명했기 때문에' 문제로 삼아서는 안 된다는 견해를 밝혔다.[78] 아울러 '한일 국교 정상화는 빠르면 빠를수록 우리나라에

---

78)『韓国新聞』1965년 2월 18일.

보탬이 된다고 믿고"법적지위 문제는 중요하지만, 지나치게 이 문제를 고집해서 한일회담 자체를 지연시키는 것은, 작은 것을 위해 큰 것을 희생하는 격'으로 '법적지위의 문제점은 회담을 매듭짓기 위해 양국의 향후 외교교섭에 맡기도록 설득하는 한편, 한국 대표단에 대해서는 이번 기회에 회담을 타결해 달라고 강력히 주문했다.[79] 권일 단장은 또 법적지위의 요구 관철을 내세운 한국민단 주최 집회에서 '60만 재일동포가 다소 희생되더라도 한국의 3,000만이 더욱 중요하다'라고 말했다.[80]

하지만 이 같은 발언은 한일회담에 반대하는 한국민단의 내부세력을 자극해 커다란 반발을 불러일으켰다. 이에 권일이 주도하는 한국민단 집행부는 반집행부 세력과 조선총련 간 연결고리를 시사하며 영향력 배제를 꾀하는 동시에 변함없이 조기 타결을 지지하면서 한국민단 내부를 통합하려는 노력을 계속했다.

이런 가운데 1965년 3월 27일, 마침내 한일조약이 타결됐고 4월 가조인을 거쳐 6월 22일에 기본조약 및 법적지위 협정 등이 조인됐다. 이른바 법적지위 협정의 전문은 다음과 같다.

> 재일한국인의 법적지위 협정 (대한민국과 일본국간의 일본에 거주하는 대한민국 국민의 법적지위와 대우에 관한 협정)
>
> 대한민국과 일본국은, 다년간 일본국에 거주하고 있는 대한민국 국민이 일본국의 사회와 특별한 관계를 가지게 됐음을 고려하고, 이들 대한민국 국민이 일본국의 사회질서 하에서 안정된 생활을 영위할 수 있게 하는 것이 양국간 및 국민간의 우호관계 증진에 기여함을 인정하여, 다음과 같이 협정했다.

79) 権逸, 『権逸回顧録』, 権逸回顧録刊行委員会, 1987, 342쪽.
80) 権逸, 『権逸回顧録』, 権逸回顧録刊行委員会, 1987, 343쪽.

제1조

1 일본국 정부는 다음의 어느 하나에 해당하는 대한민국 국민이, 본 협정의 실시를 위하여 일본국 정부가 정하는 절차에 따라 본 협정의 효력발생일로부터 5년 이내에 영주허가의 신청을 하였을 때에는 일본국에서의 영주를 허가한다.

(a) 1945년 8월 15일 이전부터 신청 시까지 계속하여 일본국에 거주하고 있는 자

(b) (a)에 해당하는 자의 직계 비속으로서 1945년 8월 16일 이후 본 협정의 효력발생일부터 5년 이내에 일본국에서 출생하고, 그 후 신청 시까지 계속하여 일본국에 거주하고 있는 자

2 일본국 정부는 1의 규정에 의거하여 일본국에서의 영주가 허가되어 있는 자의 자녀로서 본 협정의 효력발생일로부터 5년이 경과한 후에 일본국에서 출생한 대한민국 국민이 본 협정의 실시를 위하여 일본국 정부가 정하는 절차에 따라 그의 출생일로부터 60일 이내에 영주허가의 신청을 하였을 때에는 일본국에서의 영주를 허가한다.

3 1(b)에 해당하는 자로서 본 협정의 효력발생일로부터 4년 10개월이 경과한 후에 출생하는 자의 영주허가의 신청기한은 1의 규정에 불구하고 그의 출생일로부터 60일이내로 한다.

4 전기의 신청 및 허가에 대하여는 수수료는 징수되지 아니한다.

제2조

1 일본국 정부는 제1조의 규정에 의거하여 일본국에서의 영주가 허가되어 있는 자의 직계 비속으로서 일본국에서 출생한 대한민국 국민의 일본국에서의 거주에 관하여는 대한민국 정부의 요청이 있으면, 본 협정의 효력발생일로부터 25년이 경과할 때까지는 협의를 행함에 동의한다.

2 1의 협의에 있어서는 본 협정의 기초가 되고 있는 정신과 목적을 존중한다.

제3조

제1조의 규정에 의거하여 일본국에서의 영주가 허가되어 있는 대한민국 국

민은 본 협정의 효력발생일 이후의 행위에 의하여 다음의 어느 하나에 해당
하는 경우를 제외하고는 일본국으로부터의 퇴거를 강제당하지 아니한다.

(a) 일본국에서 내란에 관한 죄 또는 외환에 관한 죄로 인하여 금고이상의
형에 처하여진 자(집행유예의 언도를 받은 자 및 내란에 부화 수행한
것으로 인하여 형에 처하여진 자를 제외한다)

(b) 일본국에서 국교에 관한 죄로 인하여 금고이상의 형에 처하여진 자, 또
는 외국의 원수, 외교사절 또는 그 공관에 대한 범죄 행위로 인하여 금
고이상의 형에 처하여지고 일본국의 외교상의 중대한 이익을 해한 자

(c) 영리의 목적으로 마약류의 취체에 관한 일본국의 법령에 위반하여 무
기 또는 3년 이상의 징역 또는 금고에 처하여진 자(집행유예의 언도를
받은 자를 제외한다), 또는 마약류의 취체에 관한 일본국의 법령에 위
반하여 3회(단, 본 협정의 효력발생일전의 행위에 의하여 3회 이상 형
에 처하여진 자에 대하여는 2회) 이상 형에 처하여진 자

(d) 일본국의 법령에 위반하여 무기 또는 7년을 초과하는 징역 또는 금고
에 처하여진 자

제4조
일본국 정부는 다음에 열거한 사항에 관하여, 타당한 고려를 하는 것으로
한다.

(a) 제1조의 규정에 의거하여 일본국에서 영주가 허가되어 있는 대한민국
국민에 대한 일본국에 있어서의 교육, 생활 보호 및 국민건강보험에
관한 사항

(b) 제1조의 규정에 의거하여 일본국에서 영주가 허가되어 있는 대한민국
국민(동조의 규정에 따라 영주허가의 신청을 할 자격을 가지고 있는
자를 포함함)이 일본국에서 영주할 의사를 포기하고 대한민국으로 귀
국하는 경우의 재산의 휴행 및 자금의 대한민국에의 송금에 관한 사항

제5조
제1조의 규정에 의거하여 일본국에서의 영주가 허가되어 있는 대한민국 국
민은 출입국 및 거주를 포함하는 모든 사항에 관하여 본 협정에서 특히 정하

는 경우를 제외하고 모든 외국인에게 동등히 적용되는 일본국의 법령의 적용
을 받는 것이 확인된다.

제6조

본 협정은 비준되어야 한다. 비준서는 가능한 한 조속히 서울에서 교환한
다. 본 협정은 비준서가 교환된 날로부터 30일후에 효력을 발생한다.

이상의 증거로서, 하기 대표는 각자의 정부로부터 정당한 위임을 받아 본
협정에 서명했다.

1965년 6월 22일 토오쿄오에서 동등히 정본인 일본어 및 한국어로 본서
2통을 작성했다.

일본국을 위하여

시이나 에쓰사부로오

다까스기 싱이찌

대한민국을 위하여

이동원

김동조

4) 재일코리안의 불만과 일본의 여론

　재일코리안 사이에서는 한일회담의 타결 결과를 비판적으로 바라보는
시각이 강했다. 조선총련은 처음부터 한국 정부가 재일코리안의 법적지
위에 관해 협의할 권리가 없다는 입장이었고, 타결 내용을 두고도 상황
이 개선된 것으로 받아들이지 않았다.

　우파계 재일코리안도 강제퇴거의 제한이 모호하고 자자손손에 대한
영주권 부여 또한 관철하지 못한 데다 생활 보호나 국민건강보험에 대해
서도 권리로 인정한 것이 아니어서 당초 요구와는 거리가 멀었기 때문에
법적지위 협정을 낮게 평가하는 분위기였다. 한국 정부를 지지하며 조기

타결을 요구했던 한국민단 집행부도 가조인 이후 발표한 성명에서 불만
을 드러냈는데, 그 요지는 다음과 같은 내용이었던 것으로 전해진다.

> …재일한국인의 법적지위와 대우 문제가 우리들의 요구와 크게 동떨어져
> 있는 점은 대단히 불만스러우며, 일본 정부가 우리들의 절실한 바람을 이해하
> 지 못한 것은 유감스럽기 짝이 없는 일이다.
> 특히 사회보장 문제에 관해서는 협의 요강에 구체적인 규정이 없고 전후
> 입국자에 관해서도 공동성명서에 단지 추상적으로 표현하는 데 그쳤다는 점
> 은 우리들의 생활과 안주에 직접 연결되는 문제인 만큼 극도로 유감이라 하
> 지 않을 수 없다.[81]

이처럼 재일코리안 내부에서는 법적지위 협정에 자신들의 요구가 충
분히 반영되지 않았다는 비판적인 견해가 제기됐지만, 일본 여론은 오히
려 한국 정부에 지나치게 양보했다는 의견이 지배적이었다.

이를테면 『아사히신문(朝日新聞)』은 1965년 3월 7일 자 사설에서, 자손
을 포함한 영주권 부여에 관해 '일본에서 특권적인 지위를 갖는 불합리
한 사태를 초래하게 될 것이다.…일본 국내에서 소수민족을 형성할 수도
있다'라고 비판했다. 『아사히신문』은 같은 달 31일 자 사설에서도 이 문
제를 다시 거론하면서 '예컨대 한국병합이라는 역사도 지금으로부터 20,
30년 앞을 생각할 때, 대다수 일본인에게 먼 과거에 있었던 한 가지 사실
에 그치게 될 것이다. 독립국가의 국민인 한국인이 무슨 이유로 일본 국
내에서 특별히 취급돼야 하는지 설명하는 것 자체가 힘들어지는 시대가
오게 될 것'이라고 주장했다. 이에 더해 『아사히신문』은 협정 가조인 이
후 4월 4일 자 사설에서도 '왜 굳이 이런 양보를 해야 했는가'라며 의문

---

81) 権逸, 『権逸回顧録』, 権逸回顧録刊行委員会, 1987, 348쪽.

을 제기하고 있다.

이와는 반대로 재일코리안의 역사성을 고려해 더욱 많은 권리를 적극적으로 인정해야 한다는 내용의 논설이나 신문 투고 등은 확인할 수 없다. 당시 일본 사회에서는 과거 역사에 비추어 재일코리안에게 권리를 부여할 필요가 있다는 인식이 환기되지 않았고, 오히려 영주권 부여를 인정하면 "성가신 소수민족 문제"가 영속화할 것이라고 우려하는 주장이 일반적이었다.

5) 일본 정치의 냉전구조와 그 영향

한일회담이 타결에 이르는 동안 재일코리안도 일본 사회의 정치 대립구도와 더 이상 무관하지 않은 존재가 된 측면은 언급해 둘 필요가 있다. 당시 일본의 정치 대립구도는 보수 대 혁신으로, 전자는 자민당을 중심으로 미국 자유주의 진영과의 관계를 중시하는 노선, 그리고 후자는 사회당·공산당·총평 등을 중심으로 사회주의 국가와의 관계를 중시하는 노선으로 각각 특징지을 수 있다. 이 같은 구조는 냉전 이데올로기의 대립이 일본 국내정치에 반영된 형태로 나타났다.

재일코리안의 권리와 관련된 문제는 본래 보편적 인권을 존중하고 식민지 지배를 처리하는 차원에서 접근해야 하는 만큼 이데올로기가 개입되어서는 안 되는 문제였다. 앞서 살펴본 대로 1950년대까지는 한국계 민사동이 사회당과 교류하거나 보수계 일각에서는 재일코리안에 대한 시책이 필요하다는 목소리가 나오기도 했다.

하지만 한일회담이 자유주의 진영의 결속을 강화하며 공산주의에 대항하는 의도로 진행된 것은 명백하며, 이에 대한 입장도 보수는 추진, 혁신은 반대로 분명히 갈렸다. 그런 가운데 한국민단과 자민당, 그리고 조선총련과 혁신계 정치세력의 결속도 명확해졌다.

한국민단의 주최로 열린 한일회담촉진 호소집회는 자민당 의원이 참석한 가운데 진행됐으며, 한국민단은 한일회담에 반대하는 일본사회당에 대해 거침없는 비판을 쏟아냈다. 실제로 1962년 10월 31일에 개최된 한일회담촉진 중앙민중대회에서는 조선이 통일될 때까지 한일회담을 중단하라는 사회당이 '북한 괴뢰의 앞잡이인 좌익계 재일동포와 공동전선을 펼치는 일본공산당과 마찬가지로 우리 민족의 분열을 도모해 극동의 평화와 안전을 파괴하고 아시아 전체의 적화를 노리는 공산세계 적화혁명의 획책에 일조할 것'이라는 내용의 항의문이 채택됐다.[82]

이런 가운데 사회당 측도 박정희 정권과 결탁한 우파계 재일조선인을 날카로운 시선으로 바라보고 있었는데, 비판의 초점은 민중의 지지를 결여한 박정희 정권의 정당성 문제 이외에 자민당과 우파계 재일조선인 사이의 불순한 관계에 맞춰져 있었다. 당시 국회에서는 사회당 의원이 재일한국인 실업가가 연루된 박정희 정권의 부정 의혹을 비롯해 한일 정계의 파이프 역할을 맡았던 재일한국인에 대한 공장시설의 특혜성 매각 문제 등을 추궁했다.[83] 또한 한반도와 재일코리안 관련 문제에 관해서는 조선총련이 중시하는 과제가 논의되는 경향이 강했다. 일본사회당의 일부 의원은 국회에서 재일코리안의 법적지위와 관련해 조선적 보유자의 취급 방안과 재일코리안의 일조 간 자유왕래에 대해 질의했지만, 한국적 보유자를 포함한 재일코리안의 법적지위와 처우에 대한 당 차원의 논의는 이루어지지 않았다. 애초에 혁신세력은 한일회담이 일미한 반공군사동맹의 강화로 이어질 것이라는 점을 주요 이유로 내세워 반대 입장을

분명히 하고 있었다.

한편 자민당은 우파계 재일조선인의 이익을 특별히 옹호하는 정책을 추진하지는 않았지만, 북한과 조선총련에 대해서는 지속해서 경계하고 있었다. 또한 자민당 정권은 재일조선인의 북한 자유왕래를 실현해야 한다는 사회당의 주장에 대해서도, 한일회담에 반대하는 의도가 깔린 정치운동이라면 찬성할 수 없다고 맞섰다.

이처럼 한일회담이 정치적 초점으로 떠오르는 가운데 일본 국내정치의 보수혁신 대립과 한반도의 남북 대립, 그리고 재일조선인 단체의 좌우 대립이 제각기 명확한 연관성을 갖게 되면서 재인조선인의 생활에 관한 권리 문제도 같은 대립구도 속에서 다루어지게 된다.

제2장

민족차별 반대 운동의 시작

제2장
민족차별 반대 운동의 시작

1. 고도 경제 성장과 재일코리안

1) 일본 사회의 변화

일본의 고도 경제 성장기는 일본 사회를 크게 변화시켰다. 일본의 고도 경제 성장은 1955년에 시작해 오일쇼크의 영향으로 경제성장률이 마이너스를 기록한 1973년에 끝나는 것으로 보는 게 일반적이다. 이 시기의 변화는 재일코리안에게도 영향을 주었지만, 재일코리안의 생활 수준이 일본인과 비슷하게 향상된 것은 아니었다. 그런 가운데 재일코리안에 대한 차별 문제는 갈수록 표면화했다.

이 대목을 이해하기 위해서는 우선 고도 경제 성장기의 일본 사회가 어떻게 변했는지 살펴볼 필요가 있다. 1945년 패전으로 인해 다양한 생산 설비가 파괴된 결과, 일본의 국민은 미국의 식량 원조에 의존해야 했고, 국민 대다수의 생활은 악성 인플레이션에 의한 곤란에 직면했다. 여기에 인플레이션을 막기 위한 긴축 재정 조치로 인해 1940년대 말에는 중소기업의 도산이 이어졌다. 암울하게만 보였던 일본 경제는 1950년 한국전쟁 발발로 미군이 일본 기업에 물자 조달과 서비스 제공을 맡기게 되자 큰 변화를 맞이했다. 일본 경제는 이른바 '조선 특수'를 통해 크게 개선되면서 '전전'(총력전 체제 구축 이전, 즉 1930년대 중기) 수준을 회복하였다. 일본정부 경제기획청이 1956년에 간행한 '연차 경제 보고', 이른바 '경제 백서'의 "이미 전후가 아니다"라는 표현이 유행어처럼 번진 사실은 패전의 아픔을 극복했다는 당시 일본 국민의 인식을 대변한다.

그런데 "이미 전후가 아니다"라는 표현 다음에는 "우리는 이제 다른 사태에 직면하려고 하고 있다"라는 말이 이어지고 있다. 그리고 "고통을 수반하는 근대화"가 요구되고 있으며 "세계 기술 혁신의 파도를 타고, 일본은 새로운 국가를 만들기 위한 출발선에 서야 할 필요가 있다"라는 표현도 쓰여 있다. 앞날을 낙관할 수만은 없다는 이 같은 경계심은 당시 일본 국민의 인식을 반영한 것으로 보인다. 경제 성장과 생활 수준 향상이 계속될 것이라 확신하는 사람이 그리 많지 않았기 때문이다. 하지만 일본의 고도 경제 성장은 이후 십몇 년 동안 이어졌다. 교육을 받아 기술 혁신에도 대응할 수 있는 양질의 노동력이 풍부했고, 동아시아에서는 유일하게 1960년대까지 공업국 대접을 받았으며, 저가의 원유를 안정적으로 공급받는 혜택을 입었기 때문이었다.

같은 기간에 일본의 GNP는 해마다 거의 10% 안팎으로 성장했다. 1964년부터 이듬해까지는 경제성장률이 나소 낮아졌지만, 일시적인 현상이었다. 도쿄올림픽 개최를 위해 진행된 여러 공공 공사가 끝나면서 경기가 잠시 후퇴한 데 따른 결과였다. 일본은 1960년대 후반부터 더욱 가속화한 경제 성장에 힘입어 '선진국'의 대열에 들어섰고 '경제 대국'으로 불리게 됐다. 1964년에는 이른바 '선진국 클럽'인 OECD(경제협력개발기구)에 가입했으며, 1968년 일본의 GNP는 미국에 이어 세계 2위를 기록했다. 1956~58년도 대비 1970년대 국민총생산은 약 2.67배, 1인당 국민소득은 2.37배 늘어났고, 임금도 지속해서 오르면서 근로자의 수입은 연간 4~6% 증가했다.

이 같은 경제 성장에 힘입어 일본 사회의 대다수 구성원이 전례 없는 물질적 풍요를 누리게 되면서 평균 소득층에 속한 시민도 갖가지 가전제품과 자가용을 살 수 있게 되었다. 2인 이상의 보통 세대 3만 호를 대상으로 실시한 각종 내구 소비재 보유 조사에 따르면, 1959년 현재 흑백 TV 보유율은 25.5%, 세탁기 보유율은 24.8%, 냉장고 보유율은 6.1%였지만, 1969년에는 제각기 92.7%, 90.8%, 89.3%로 급증했다. 10년 만에 해당 가전 제품을 사용하는 게 당연해진 것이다.[1]

실업률도 상당히 낮은 수준으로 나타났다. 연평균 실업률은 1955년 현재 2.5%였고, 1950년대 후반에는 2% 안팎을 오갔지만, 1960년 이후부터 1974년까지는 1%대 전반에 머물렀다. 일본정부도 완전 고용을 실현했다고 인식하고 있었으며, 다양한 이유로 인해 실직한 사람도 있었지만, 고용 부문에서는 인력이 부족한 상황이 이어지고 있었다. 특히 기술 혁신에 적응한 청년을 고용하고자 하는 기업이 많았다. 과거 농가의 차남, 삼남은 농지를 상속받지 못해 잉여 인력으로 대접받기 일쑤였지만, 고도 성장기의 도시 기업이 그들을 경쟁적으로 고용하면서 '황금알'로 불릴 만큼 인기가 있었다. 봄이 되기 직전에는 기업에 취직해 농촌을 떠나 도시로 향하는 신규 졸업자를 태운 임시 열차=집단 취직 열차가 운행될 정도였다.

일본의 산업 구조는 고도 경제 성장기에 크게 바뀌고 있었다. 전전·

---

[1] 一般社団法人中央調査社'耐久財の変容(インデックスでみる50年),
   http://www.crs.or.jp/backno/old/No614/6141.htm

전시만 해도 일본은 농업국이었지만, 고도 경제 성장기에는 완전한 공업국으로 변모하여 3차 산업 중심의 사회로 이행했다. 또한, 공업 구성비에서도 경공업이 아닌 중화학공업의 비중이 높아졌다. 산업별 취업자 수를 보면 1955년에는 1차 산업 종사자가 1,536만 명, 2차 산업 종사자가 997만 명, 3차 산업 종사자가 1,557만 명이었지만, 1970년에는 각 산업의 종사자 수가 886만 명, 1,791만 명, 2,490만 명으로 변했다. 1차 산업의 비중이 작아진 점이 특히 눈에 띈다.

다만 많은 사람이 농촌을 떠나 도시로 향했다고 해서 이 시기 농민들이 도시 주민들보다 가난한 생활을 했다는 뜻은 아니다. 오히려 도농 격차는 이전 시기보다 줄어들고 있었다고 볼 수 있다. 농촌 소득과 도시(인구 5만 명 이상) 근로자 세대의 수입을 비교하면, 1961년도 현재 후자를 100으로 했을 때 전자는 90.3이었지만, 1965년에는 99.3으로 거의 같은 수준을 기록했다. 오히려 이후에는 농가 소득이 도시 노동자의 수입을 웃돌았다. 농민이 도시 주민에게 뒤지지 않는 수입을 올릴 수 있었던 것은 일본정부의 미곡 관리 제도가 쌀 가격을 안정시켰고, 농촌에서 실시된 공공 산업과 근교 공장 설치 등으로 인해 농촌에 겸업의 기회가 있었기 때문이었다.

게다가 2차 산업과 3차 산업의 고용 방식도 변하고 있었다. 민간 기업에서도 이른바 종신 고용 제도가 증가하고 있었다. 실제로는 입사한 회사에서 정년까지 근무하기 어려운 경우가 많았지만, 많은 사람은 종신 고용을 기대하게 되었고, 민간 기입도 일정 수준 이하로 실적이 악화하지 않는 이상 종업원을 쉽게 해고하지 않으려고 했다. 이밖에 주목할 만한 고도 경제 성장기 일본의 정부 시책은 사회 보장 제도의 내실화이다. 1961년에 공적 의료 보험 제도로서 국민 건강 보험 제도가 정비되었다. 이 제도가 실시되기 전에도 농촌·산촌·어촌 주민을 대상으로 한 공적

의료 보험 제도가 존재했고 대기업 직원이나 공무원은 독자적인 건강 보험 조합이나 공제 조합에 가입할 수 있었지만, 기업 등의 독자적인 국민 건강 보험에 가입하지 못한 사람(구체적으로는 중소 영세 기업의 직원 또는 자영업자와 그 가족 등)도 적지 않았다. 그러나 국민 건강 보험 제도가 정비되면서 일본 국적자 중 독자적인 건강 보험 조합이나 공제 조합에 가입하지 못하던 사람도 시정촌에서 운영하는 건강 보험 조합에 들어갈 수 있게 되었다. 고령자를 위한 연금 제도도 정비되었다. 1961년, 일부 대기업 직원과 공무원을 제외하고 일본 국적을 보유한 자영업자와 중소 영세 기업의 종업원 등을 대상으로 국민연금 제도가 시작된 것이다.

여기서는 이 같은 사회 보장 제도가 일본 국적 보유자만을 대상으로 했다는 점에 주의할 필요가 있다. 그리고 서구 국가의 사회 보장 제도보다 일본의 그것이 충분했다고 평가하기도 어렵다. 특히 주택 공급이나 실업 수당, 아동 육성 부문의 행정 시책은 미비했다. 그러나 우량 민간 기업에 다니는 사람은 걱정할 필요가 없었다. 사택이 지원되고 육아 수당을 지급받았으며 기업의 (아동)보호소를 이용할 수 있었기 때문이다. 게다가 이들은 실업을 걱정할 필요가 없었다.

따라서 고도 경제 성장기의 일본은 "'좋은 회사'에 들어가면 좋은 생활을 하면서 생애를 보낼 수 있는" 사회로 거듭나고 있었다(물론, 물질적인 풍요로움이나 생활 안정이 곧 행복인지에 대해서는 각자의 가치 판단이 결부되고, '좋은 회사'로 여겨지던 회사가 실제로 일하기 쉽고 종업원의 만족도가 높았는지는 확언할 수 없지만). 그리고 '좋은 회사'에 들어가기 위해서는 높은 사회적 평가를 받는 학교='좋은 학교'를 졸업해야 했다. 따라서 고도 경제 성장기에는 '좋은 학교'에 입학하기 위한 진학 경쟁이 격화했다.

이는 자신의 출신과는 상관없이 '좋은 학교'를 졸업하면 '좋은 회사'에 들어가는 것이 당연했음을 시사한다. 또 이 시기에는 현재와 비교해 대학 학비도 높은 수준이 아니었다(국립대학의 수업료는 1956~1962년까지 연간 9,000엔, 1963년~1972년까지 연간 1만 2,000엔이었다. 한편 1968년 현재 대졸 초임은 월 3만 엔가량이었다). 부모와 떨어져 학생 기숙사에 거주하고 경제적 지원 없이 아르바이트로 자신의 삶을 책임지면서 대학을 졸업하는 것도 불가능하지 않았다. 즉, 빈곤한 가정에서 태어나더라도 좋은 학교를 졸업하고 좋은 회사에 취직하면 경제적 지위의 상승과 생활의 안정을 얻을 수 있었다(이는 물론 어려운 일로, 빈곤한 가정에서는 고등학교나 대학에 진학할 수 없었던 사람이 적지 않았다). 그런데 '좋은 회사'와 공무원의 채용 조건에는 많은 경우 '국적 조항'이 설정돼 있었다. 다시 말해 '좋은 회사'에 들어가기 위한 경쟁의 문은 기본적으로 일본 국민에게만 열려 있었다.

2) 일본인의 빈곤 탈피와 '총중류화'

고도 경제 성장을 거치는 동안 대다수 일본인은 빈곤에서 탈피했다. 적어도 절대적인 곤궁으로 고통받는 일본인은 눈에 띄지 않게 되었는데, 이 같은 변화는 생활보호 수급 세대의 동향에서도 잘 드러난다. 생활보호 수급 세대의 비율은 1950년대 이후 지속해서 감소했다. 해당 비율은 1951년 현재 24.2‰(1,000분의 1)이었지만 1956년에는 20‰을 밑돌았고, 1966년에는 15.9‰, 1971년에는 12.6‰을 기록했으며, 1988년에는 10‰에 미치지 못하는 수준까지 떨어졌다.[2]

그리고 일본 국민 가운데 자신을 경제적 하층으로 여기는 사람도 감

---

[2] 東洋経済新報社, 『完結 昭和国勢総覧』 第3巻, 東洋経済新報社, 1991, 377頁.

소했다. 일본정부 총리부는 1950년대부터 해마다 국민 생활에 관한 여론 조사를 통해 생활 수준을 조사하였는데, 본인의 생활 수준을 '상', '중상', '중중', '중하', '하'로 나누어 평가하는 방식이었다. 1954년 조사에서는 '중'('중상', '중중', '중하'의 합계)이라는 응답이 55%, '하'는 38%였다. 그런데 이후 '중'을 선택하는 비율이 점차 증가하여 1965년에는 '중'이라는 응답이 87%까지 상승했지만, '하'라는 응답은 8%까지 내려앉았다. 그리고 1970년대에는 '중'을 선택한 사람이 90%대에 이르렀다.[3]

다만 당시에도 일본 사회의 90%가량이 실제로 '중류' 생활을 하고 있는지를 두고 의문이 제기됐다. 유럽과 미국의 선진국에 비해 평균적인 일본 근로자의 생활이 만족할 만한 수준이 아니었음은 분명하기 때문에, 그들의 생활 수준을 '중류'로 보기 어렵다는 의견은 일리가 있었다. 또한, 선택지 구성이 '상'이나 '하'와는 달리 '중'은 '중상', '중중', '중하'로 세분되어 있어 '중'이라는 응답의 비중이 높아지는 것은 당연하다는 지적도 제기됐다.

하지만 여기서는 일본 사회의 대다수가 자신은 타인과 크게 다를 것 없는 생활을 하고 있다고 여겼다는 점이 주목된다. 게다가 "보통 생활에는 미치지 못한다"라며 자신을 '하' 수준으로 여기는 사람도 노력을 통해 본인 아니면 적어도 본인의 자녀가 중류층이 될 수 있다고 생각하였다. 앞서 살펴본 것처럼 이들은 같은 회사에서 계속 일하면 매년 임금이 오를 것으로 예상했기 때문에 자녀를 교육해 경제적 상승을 실현할 수 있다고 생각했다. 반대로 이런 기대를 할 수 없는 사람은 그 만큼 깊은 소외감에 빠졌다.

고도 경제 성장기의 또 다른 특징은 문화적 동일성이 강화된 점이다.

---

3) 『朝日新聞』 2015年1月31日夕刊, 「あのとき それから 一億総中流」.

TV 보급에 힘입어 일본 전국 어디에서도 '표준' 일본어를 사용하게 됐으며, 전국구 인기 배우와 가수, 스포츠 스타, 드라마, 영화가 등장했다. 공업화에 따라 동 대량생산이 가능해진 동질의 상품을 저렴하게 공급할 수 있게 되면서, 사람들은 타인과 동일한 일용품·식품·의류를 구입하고 소비했다. 이 같은 상황은 일본 사회가 단일민족으로 구성되어 있다는 기존 의식을 더더욱 강화했다. 따라서 문화적 다양성을 추구하거나 이질적인 문화가 유입되는 움직임을 꺼리는 경향이 심화했다. 오늘날에는 이 같은 사실이 잘 알려져 있지만, 고도 경제 성장기 '국민적 인기'를 얻었던 가수나 스포츠 선수가 재일코리안인 경우도 드물지 않았다. 그러나 이들은 종종 그런 사실을 숨기고 일본인처럼 행동했다(이를테면 프로레슬러 역도산은 자신을 나가사키현에서 태어난 일본인이라고 소개했다).

3) 민족 간 차별의 표면화

일본 사회의 대다수는 고도 경제 성장기를 거치는 동안 빈곤에서 벗어나 중류층의 생활을 하게 되었다고 자부했다. 하지만 재일코리안은 그와는 다른 상황에 놓여 있었다. 고도 경제 성장기에도 여전히 빈곤에 허덕이는 재일코리안은 적지 않았으며, 사회적인 상승을 꾀할 수 있는 수단을 찾지 못해 희망조차 품지 못하는 상황이었다. 야스모토 스에코(安本末子)라는 소녀가 쓴 수기인 『작은오빠』(にあんちゃん)와 하야후네 지요(早船ちよ)의 아동 소설인 『큐폴라가 있는 거리』(キューポラのある街)는 당시의 시대적 상황과 변화를 잘 보여주는 작품이다. 『작은오빠』는 1958년에 출판됐지만, 수기 자체는 1953년에 쓰였다. 1959년을 배경으로 한 『큐폴라가 있는 거리』는 같은 해 잡지에 연재된 소설이다. 두 작품 모두 영화로 제작될 만큼(『작은오빠』는 이마무라 쇼헤이(今村昌平) 감독

의 1959년 작품, 『큐폴라가 있는 거리』는 우라야마 기리로(浦山桐郎) 감
독의 1962년 작품으로, 모두 닛카쓰 작품(日活作品)이 제작) 당시 많은 독
자의 관심을 받았다.

　『작은오빠』의 원작자인 야스모토 스에코는 사가현의 탄광촌에 사는
재일코리안 소녀였다. 이 작품은 부모를 여의고 곤란에 빠진 야스모토의
큰오빠 등이 생계를 이어가려 노력하지만 좀처럼 형편이 나아지지 않아
결국 일가가 뿔뿔이 흩어지면서도 어떻게든 살아나가고자 하는 모습을
그리고 있다. 소설에서 광산 노동자로 등장하는 큰오빠는 재일코리안이
라는 이유에서인지 임시직을 벗어나지 못하는 등 민족 차별과 관련된 대
목이 등장한다. 다만 고도 경제 성장기에 해당하는 1953년 시점의 광산
촌에서는 일본인도 가난한 생활을 하고 있었다는 정황이 엿보인다. 소설
에는 광산의 경영 악화로 인해 월급이 체불되는 장면과 병 때문에 일하
지 못하는 상태(아마 광산 노동자의 직업병인 규폐증에 걸려)임에도 병
원에서 검사조차 받지 못하는 노동자, 광산 노동자 주택에서 발생한 이
질 등 비위생적인 생활 환경이 등장한다. 하지만 이 작품은 빈곤과 불행
속에서도 꿋꿋이 살아나가는 소녀를 그린 작품으로 받아들여졌을 뿐 재
일코리안에 대한 민족 차별의 관점에서 언급되는 일은 없었다.

　그러나 고도 경제 성장기에 돌입한 시기가 무대인 『큐폴라가 있는 거
리』에서는 일본인과 재일코리안의 격차가 더 분명히 나타나 있다. 작품
의 주제가 민족 차별이 아니었기 때문에 소설의 독자나 영화를 본 사람
이 그 부분을 직접 언급하지는 않았지만, 일본인과 재일코리안의 생활
환경과 장래 전망이 달랐다는 사실은 작품 속에서 확연히 드러난다. 『큐
폴라가 있는 거리』의 무대는 중소 영세 금속 가공 공장이 늘어선 도쿄
근교의 소도시로, 주인공은 중학교 3학년인 일본인 소녀 준이다. 준의
아버지는 숙련된 금속 노동자였지만 경기 악화로 인해 해고된 뒤 기술

혁신을 따라가지 못해 다시 취업할 곳을 찾지 못하고 있었다. 게다가 동생이 태어나 생활이 어려워질 것이 불 보듯 뻔해지면서 준은 진학 포기까지 각오하며 고민했다. 그러나 머지않아 경기가 회복되고 노동조합의 청년 활동가들이 노력해 준 덕분에 준의 아버지가 재취업에 성공하면서 준은 일과 공부를 병행할 수 있는 정시제(定時制) 고등학교에 진학한다. 그런데 준의 재일코리안 친구인 요시에는 진학을 고민한다는 말을 꺼내지도 못한다. 요시에의 아버지는 애초에 제대로 된 직업을 얻지 못한 채 일본에서 생활하는 인물로 그려지고 있다. 준도 여러 명이 한방에 같이 자는 초라한 집에서 살고 있지만, 요시에의 집은 불법으로 점거한 땅에 직접 지은 듯한 개울가 판잣집이었다. 이런 가운데 요시에는 북한 귀국을 선택한다. 이를 두고 일본인은 재일코리안이 조국으로 돌아가는 바람직하고 축복할 만한 선택이라고 평가했지만, 사실은 당시 재일코리안이 일본에서는 전혀 희망을 발견할 수 없었음을 보여주는 대목이다. 가난하지만 고등학교에 진학하여 미래를 기약할 가능성을 가진 주인공 준과 그런 희망을 품을 수 없는 요시에, 그리고 하층 노동자이지만 경기가 회복되면 노동조합의 알선을 통해 다시 직업을 가질 수 있었던 준의 아버지와 줄곧 반실업 상태에 놓여 있었던 요시에의 아버지를 비교하면, 같은 저소득자라 하더라도 일본인과 재일코리안의 사이에 분명한 격차가 있었음이 단적으로 드러난다.

　물론 모든 재일코리안이 고도 경제 성장기에 접어든 후에도 이전과 비슷한 생활 수준에 머물러 있었던 것은 아니다. 재일코리안의 생활 수준도 분명 향상됐고, 개중에는 사업에 성공해 많은 재산을 형성한 재일코리안도 있었다고 알려져 있다. 고도 경제 성장 시기에는 일부 대기업뿐만 아니라 하청 및 재하청 공장, 토건 공사 관련 사업 등 다양한 산업이 함께 성장하면서 사업 확대의 기회로 이어졌다. 게다가 노동력 공급이 심각한 부족을 겪었기 때문에 재일코리안의 고용이 발생하지 않은 것은 아니었다. 이를 기회삼아 경제적으로 상승하거나 극빈층에서 탈피하는 데 성공한 재일코리안도 분명히 있었다.

〈표 2〉 15~17세 인구에서 고교생이 차지하는 비율(추계)의 추이

연도	조선인	일본인 거주자
1956	28.4%	50.6%
1960	27.0%	59.4%
1965	51.5%	63.7%
1970	65.1%	82.5%

출처: 문부성, 『학교기본조사보고서』, 각 년도; 총리부 통계국, 『국세조사보고』; 법무성 입국관리국, 『재류외국인통계』.
주: 조선인 가운데 15~17세 인구는 법무성입국관리국의 『재류외국인통계』, 일본 전체에 대해서는 『국세조사보고』에서 산출. 전자에 대해서는 5세 단위의 연령별 인구밖에 표시되어 있지 않아서 이를 5로 나누어 각 년도에 태어난 인구를 추산한 수치, 후자는 그해 10월 1일 시점의 연령을 기준으로 하고 있으므로 실제 학년과는 대응되지 않는다.

〈표 3〉 18~21세 인구에서 대학생(단기대학을 포함)이 차지하는 비율(추계)의 추이

연도	조선인	일본거주자
1956	5.0%	9.0%
1960	6.1%	10.0%
1965	8.2%	15.1%
1970	10.9%	19.0%
1980	15.3%	33.4%

출처: 문부성, 『학교기본조사보고서』, 각 년도; 총리부통계국, 『국세조사보고』, 법무성 입국관리국, 『재류외국인통계』.
주: 조선인 가운데 18~21세 인구는 법무성입국관리국의 『재류외국인통계』, 일본 전체에 대해서는 『국세조사보고』에서 산출. 전자에 대해서는 5세 단위의 연령별 인구밖에 표시되어 있지 않아서 이를 5로 나누어 각 년도에 태어난 인구를 추산한 수치, 후자도 그해 10월 1일 시점의 연령을 기준으로 하고 있으므로, 실제 학년과 대응되지 않는다.
1980년 조선인은 『학교기본조사보고서』의 유학생 수를 제외하고, 조선대학교 재적자는 포함하지 않는다.

하지만 거시적으로 볼 때 고도 경제 성장기의 일본인과 재일코리안 사이에 경제적인 격차가 존재했다는 사실은 부정할 수 없으며, 그 격차는 오히려 점점 벌어졌다. 이는 고등학교나 대학교 진학 비율에서 재일코리안과 일본 전체(=재일코리안을 포함한 전체 일본 거주자)가 보이는 대비를 통해 엿볼 수 있다. 고등학교 진학 비율을 정리한 〈표 2〉를 보면, 재일코리안과 일본 전체의 규모는 명백한 차이를 보인다. 물론 1956년과 1970년을 단순 비교하면 재일코리안과 일본 전체 모두 상승한 것은 분명하지만, 1970년 시점만 보더라도 고등학교에 진학한 재일코리안이 적었음을 알 수 있다. 그리고 〈표 3〉이 나타내듯 대학 진학률도 양쪽 모두 상승했지만, 그 격차는 줄어들었다고 보기 힘들다. 고등학교나 대학교에 자녀를 진학시킬 경제적 여유가 없는 재일코리안 가정이 더 많았다는 데 따른 결과임을 부정할 수 없는 대목이다.

한편 일본정부는 인도주의적 차원에서 외국적 소지자에 대한 생활보호 수급을 인정하고 있었다. 그러나 1950년대 후반, 일본 사회에서는 재일코리안의 생활보호 수급을 더욱 엄격히 해야 한다는 여론이 형성됐고, 이를 배경으로 재일코리안의 생활보호 적용 범위에 대한 재검토가 이루어진 결과 적용 대상에서 배제되는 경우가 여럿 발생했다.[4] 이로 인해 적지 않은 재일코리안 생활보호 수급자가 수준 이하의 생활을 감내해야 했고, 그들이 극빈층에서 벗어나기란 쉬운 일이 아니었다.

4) 세대교체의 진행

이 같은 경제적 격차가 나타난 배경에는 국적과 민족의 차이로 인해

---

4) 金耿昊, 「戦後日本における在日朝鮮人の生活困窮問題 : 民族団体による生活権擁護運動を中心に」, 東京大学大学院総合文化研究科博士学位請求論文, 2017.

재일코리안의 고용이 불안했다는 사실과 더불어 사업을 시작하려고 해도 은행의 대출을 받지 못하는 문제, 또 사회보장의 국적 조항을 포함한 제도적인 차별도 있었다. 국민 건강 보험의 적용 대상이 아니었던 재일코리안은 병에 걸려도 진찰을 받지 못한 채 무리하다가 상태가 악화해 결국 치료에 더 큰 돈을 쓰게 되는 등 지출이 늘어나는 결과를 낳기도 했기 때문이다.

이들 요인 가운데 취직에 관해 살펴보면, 재일코리안 1세는 부족한 언어능력이 미채용 사유로 작용한 경우도 있었던 것으로 보인다. 그러나 고도 경제 성장기에 신규 졸업자로서 취업을 준비하던 재일코리안 가운데 1세는 거의 없었다(유소년기에 밀항한 사람이 소수 있었지만). 이 시기의 재일코리안 청소년은 대부분 일본에서 태어나 자란 2세 또는 3세로, 언어능력이나 외모도 같은 세대의 일본인과 크게 다르지 않았다.

그리고 어느 정도 성장한 뒤 귀향하고자 했던 재일코리안 1세는 언젠가 고향에 돌아가 지낼 것이라는 생각으로 일본에서 생활한 경우가 드물지 않았다. 그래서 그런 부류 중 일부는 일본에서 자신의 권리를 개선하는 것을 그다지 중시하지 않았다. 그들은 일본 생활이 어디까지나 한시적이기 때문에 그에 따른 차별도 어쩔 수 없다는 체념 속에서 하루하루를 보냈다. 그러나 재일코리안 2세 청소년 중에는 살아본 적도 없고 때에 따라서는 말도 전혀 통하지 않는 '본국'으로 돌아가는 것을 상상하지 못하는 이들이 적지 않았다(물론 '본국'에 살겠다는 뜻을 내비친 사람도 있었지만). 그런 사람들은 말과 행동으로 직접 드러내지는 않더라도 일본 사회에서 불합리한 차별이 없어지고 모든 권리가 보장되기를 바랐을 것으로 보인다.

5) 행정 시책과 일본인 시민의 의식

그렇다면 고도 경제 성장기 일본인 시민의 차별과 그에 기인하는 빈곤 문제에 대한 의식은 어떠했을까? 우선 구체적인 논의에 앞서 빈곤에서 벗어나지 못하거나 곤란에 부닥친 사람을 많은 일본인 시민이 동정했다는 점과 그들을 위한 시책이 필요하다는 인식이 일본 사회에 존재했다는 사실을 지적할 필요가 있다. 당시 일본에서는 복지국가를 바람직한 국가상으로 여겼기 때문에 가난한 사람을 경쟁의 결과로 받아들이며 자기 책임으로 전가하는 풍조가 만연하지 않았다. 이런 측면은 오늘날과는 다소 달라 보이는데, 당시의 시대적 상황과 결부된 것으로 추측된다. 고도 경제 성장기에는 지속된 경제 성장에 따라 평균적인 일본인 시민의 생활 수준이 크게 개선되면서 더 나은 생활에 대한 전망이 가능해졌다. 또한, 국가와 지방 재정의 세수까지 증가할 것으로 예상되는 가운데 '중류' 생활을 보내고 자부하던 평균적인 일본인 시민은 자신보다 곤란한 사람을 동정하는 심리적 여유를 가질 수 있었다.

이 시기 집권당은 사회민주주의 정당이 아닌 자민당이었지만, 저소득층의 생활 수준을 끌어올리는 정책, 즉 노인, 아동, 한부모가족, 심신장애인 등 이른바 '혜택받지 못한 사람'에 대한 충실한 대책을 일관적으로 주장했다. 자민당은 또 이른바 부락 차별 문제에도 관심을 기울여 1965년 동화 대책 심의회를 상대로 부락 차별 문제를 해결하는 것이 '국민적 과제'라는 내용의 답신을 제출했는데, 향후 이 답신에 기초한 동화 대책이 추진됐다. 구체적으로는 피차별 부락=동화 지구로 지정된 지구에 시영 주택을 건설하거나 건설이 늦어지고 있는 인프라를 정비하고 환경을 개선했으며, 피차별 부락 지구에 사는 아이들에게 장학금을 지급하는 한편 고용 개선을 위한 정책을 펼쳤다.

이와 더불어 지방 행정 차원에서도 저소득자를 위한 공영 주택을 공급하는 동시에 아동 수당을 지급하고 고령자의 의료 부담을 낮추는 등 복지 정책이 확충됐다. 이는 일본 사회당 등 노동자 기반 정당에서 사회주의를 표방하던 세력이 지자체 선거에서 승리하면서 탄생한 '혁신 지자체' 등이 중시한 정책이었다.

다만, 자민당 정권과 지방 행정당국(혁신 지자체를 포함)의 시책은 어디까지나 자국민을 대상으로 한 것이었다. 공영 주택의 입주 자격이나 아동 수당의 지급 대상에는 국적 조항이 있었다. 즉, 일본 국적이 없는 재일코리안은 배제됐다(다만, 국가의 법령과는 관계없이 지자체의 판단에 따라 외국인 주민에게도 권리를 부여할 수 있었으며 실제 사례도 존재한다. 이를테면, 국민 건강 보험의 경우 1960년대 중반에 절반 가까운 지자체가 재일코리안의 가입을 인정했다).[5]

우선 대다수 일본 시민은 일본 사회를 구성하는 재일코리안이라는 외국인 주민도 국세와 지방세를 내고 있다는 사실을 잊고 있었던 것으로 보인다. 아울러 국가와 지방을 막론하고 일본 국적이 없는 사람은 투표권을 갖지 못했기 때문에 정치인이 재일코리안 등을 포함한 외국인 관련 정책에 큰 관심을 두지 않았던 점도 관련돼 있다. 또한, 재일코리안 문제는 과도기적으로 장래에 일본 국적을 취득하는 사람이 늘어난다면 자연스럽게 해결될 것이라는 인식도 존재했다. 이를 토대로 적극적인 '귀화'=일본 국적 취득을 추진하면 된다는 주장이 일본정부 내부에서도 제기됐다. 한일회담이 타결된 직후에 간행된 『내각관방 조사월보』 1965년 7월

---

5) T. I, 「在日朝鮮人に関する諸問題」, 『内閣官房調査月報』 1965年7月号.
　　한편 세대 수와 인원을 보면 재일코리안 국민건강보험 피보험자는 약 6,600세대, 약 27,000명이었다. 당시 재일코리안의 전체 인구는 약 60만 명이었고 피고용자로 기업의 건강보험조합에 가입한 사람도 소수 있었지만, 역시 건강보험에 가입하지 못한 재일코리안이 많았던 것으로 보인다. 또한 이 논설은 가입자 수가 적었던 것이 '도쿄와 오사카 등 대도시가 아직 인정되지 않았기 때문'이라고 지적하고 있다.

호에 실린, '내각관방 조사실 T.I' 명의의 논설, '재일조선인에 관한 문제'
에서는 다음과 같은 내용이 확인된다.

> 우리나라에 영주하는 이민족이 언제까지나 이민족으로 머무른다는 것은,
> 일종의 소수민족 문제로서 장래에 곤란하고 심각한 사회문제가 될 것이 분명
> 하다. 장래에 그들과 우리의 생활이 안정되고 행복할 수 있도록 이들에 대한
> 동화 정책을 강조해야 한다. 즉, 대부분을 귀화시키는 것이다. 귀화하는 것은
> 반쪽짜리 일본인 취급을 받으며 한일 양국 사람에게 백안시될 수 있다는 문
> 제도 있는 만큼 많은 고민이 필요할 것이다. 하지만 재일코리안 2세나 3세처
> 럼 세대가 뒤로 갈수록 전혀 문제가 되지 않는다.

그리고 극빈 상태에 처한 재일코리안의 존재는 알고 있지만, 일본의
행정 시책으로 해결해서는 안 된다는 인식, 다시 말해 재일코리안에게는
본디 귀속돼야 하는 국가가 있고 해당 국가가 자국민을 책임져야 한다는
생각도 있었다. 앞서 소개한 『내각관방 조사월보』 논설에도 '재외자국민
중 곤궁한 자는 본국 정부에 인계하거나 재외영사 등이 보호해야 한다'
라는 내용이 쓰여 있다(다만 그와 같은 전제하에 인도주의 차원에서 재
일코리안에게 생활보호 제도를 준용하고 있고 한일회담에서도 '재일한국
인의 특수성을 고려하여 생활보호 제도는 당분간 그대로 실시하기로 합
의'한 점을 언급했다). 야당인 혁신계 정치 세력도 본디 외국인의 사회보
장은 일본이 아닌 본국 정부가 담당해야 한다는 공통된 기본 인식을 하
고 있었다. 이는 1950년대 말부터 전개되어 온 조선총련 주도의 북한 집
단 귀국 사업의 영향을 크게 받았다. 오늘날 잘 알려진 것처럼 북한 귀
국자는 사업이 시작되고 나서 1, 2년간 집중적으로 일본을 떠났고, 이후
에는 감소했다. '지상의 낙원'이라던 북한 측 선전이 실제와는 매우 다르
다는 사실이 관계자에게 점차 알려지고, 일본의 고도 경제 성장에 의한

환경 변화 속에서 일본 생활을 유지할 수 있는 재일코리안이 증가한 데 따른 결과였다. 그러나 1960년대부터 70년대에 걸쳐 사회주의 국가인 북한이 발전하고 그곳에서 사람들이 행복하게 살고 있다는 이미지는, 혁신계 세력을 지지하는 일본인 사이에서 지배적인 인식이었고, 조선총련도 재일코리안을 어떻게든 조국으로 돌아가야 하는 존재로 보고 있었다. 따라서 북한이라는 훌륭한 조국으로 귀국하게 되면 재일조선인 문제가 자연스럽게 해결되리라는 시각도 적지 않았다.

공식 석상에서 이 같은 인식을 밝힌 혁신계 정치가도 있었다. 한일 우호 운동과 북한 귀국 운동에 깊이 관여한 일본 사회당 소속 호아시 게이(帆足計)는 북한 귀국 사업이 일시 중단된 1968년 2월 28일 중의원 예산위원회에 참석해 "일본에 있는 가난한 조선인이 모국에 돌아가겠다는데 적십자 규정까지 어기면서 억지로 일본에 머무르게 하고, 미움 받으며 생활보호라는 큰 부담까지 지고 있는 실태를 보면 (일본정부의 관료와 자민당의 정치가는) 정말 머리 나쁜 사람들의 집단인 것 같다"라고 발언했다.

다만 무관심이나 귀화, 또는 귀국에 의해 머지않아 해결될 것이라는 인식과는 달리, 재일코리안을 둘러싼 현 상황에 문제가 있다고 생각하는 일본인도 있었다. 어느 일본인 여학생은 1968년 7월 10일 자 『아사히신문』에 실린 자신의 글을 통해 재일코리안 친구가 직면한 취직 차별에 관해 다음과 같이 기술하고 있다.

저에게는 입학할 때부터 자매보다 더 사이가 좋은 2살 위 급우가 있습니다. 그녀는 매우 아름답고, 현명하고, 성격도 얌전하고 차분합니다. 여기서는 B 상이라고 하겠습니다. 저희 그룹에서는 나이도 많고 해서 기댈 수 있는 존재로 여기고 있습니다. 평생 함께할 수 있는 사람이라고, 저는 그녀를 친구로 둔 것을 마음속 자랑으로 여기고 있습니다.

그러나 불과 며칠 전에 취직 때문에 교수님과 이야기를 하다가 그녀와 같은 회사를 지망하고 있다고 했더니, "근데 B는 조선인이라서 그 회사는 안 된다"라는 말을 들었습니다.

4년간 친구로 지내면서 서로의 집도 방문했는데, B의 부모님도 아무런 허물없이 대해 주셨습니다. 음식점을 경영하시는 아버지와 친구의 형제들도 만났지만, 그들이 외국인이라고 의심한 적은 전혀 없습니다. 그만큼 그녀는 일본인 이상으로 일본의 딸다웠습니다.

교수님은 일류 회사에서는 신원조사를 한다면서 추천서를 써 주지 않을 것이라고 넌지시 말씀하셨습니다.

저도 부모님께 한 시대 전 조선인의 생활에 대해 들었고, 최근에는 라이플마 사건(ライフル魔事件, 1968년 2월에 발생한 김희로 사건을 뜻한다. 라이플총을 소지한 재일코리안 김희로가 시즈오카현 여관에서 손님을 인질로 잡고 농성한 벌인 사건으로, 당시 김희로는 그간 자신이 받은 민족 차별을 고발하면서 자신을 모욕한 경찰에게 사죄를 요구해 주목을 받았다)도 있었습니다. 아마도 그들 중에는 외국인이라는 편견을 받으며 문제 있는 생활을 하는 사람도 있을 것입니다.

그러나 B처럼 일본에서 태어나 교육을 받은 사람이 왜 이런 대우를 받아야 할까요?

그리고 왜 저에게 그런 사실을 알리지 않은 것일까요? 그들 마음속에 뿌리 깊이 박힌 것은 그만큼 무겁고 어두운 걸까요? 생각해 보니 인종 편견을 다룬 미국 영화인 '초대받지 않은 손님'을 보러 간 사람은 분명 그녀뿐이었습니다.

"아직 취직된 곳이 없다"라고 담담하게 말하는 그녀와 저의 사이에서 이전과 같은 편안함은 없는 걸까 하며 저는 그 아름다운 옆얼굴을 바라보았습니다.

윗글의 필자는 재일코리안에 대한 취직 차별에 분명히 비판적이다. 이같은 글이 실린 점으로 미루어 보건대 당시 일부 일본인은 국적이나 민족을 이유로 한 차별이 불합리하고 시정되어야 한다고 생각했다고 할 수 있다.

다만 재일코리안을 차별해서는 안 된다는 필자의 논리에 주의할 필요가 있다. 필자는 차별로 인해 취직에 어려움을 겪고 있는 친구를 두고 "그녀는 일본인 이상으로 일본의 딸다웠습니다"라고 언급한 뒤 "B처럼 일본에서 태어나 교육을 받은 사람이 왜 이런 대우를 받아야 하는 것일까요?"라며 의문을 표시한다. 이 문장은 일본인과 비슷한 사람을 차별해서는 안 된다는 주장으로도 읽힌다. 이런 논리는 재일코리안이 일본 사회에 동화된다면 문제가 해결된다는 사고방식과 일맥상통한다. 또한, 이 글에는 "그들(재일코리안) 중에는 외국인이라는 편견을 받으며 문제 있는 생활을 하는 사람도 있을 것입니다"라는 문장이 나온다. 물론 "문제 있는 생활"을 하는 사람도 있고 그 점이 '편견'에 영향을 준다는 지적도 중요하지만, 바로 그런 '편견'이 일본 사회의 문제여서 시정돼야 한다는 인식은 얕았던 것으로 보인다.

참고로 같은 시기 재일코리안에 대한 일본인 시민의 관심은 그렇게 높지 않았지만, 그와 관련된 역사는 점점 알려지고 있었다. 소수였지만 한일협정을 둘러싼 논의 중에 재일코리안에게 관심을 두게 된 일본인이 있었다는 점도 부정할 수 없다. 그런 가운데 재일코리안에 대해 기술한 몇 권의 저서가 출판되었다. 그중에서도 특히 중요한 의미를 가진 것이 박경식의 『조선인 강제연행의 기록』(『朝鮮人強制連行の記録』, 未来社, 1965)이다. 이 책은 전시에 노무동원으로 끌려온 조선인뿐만 아니라 생활고를 견디다 못해 일본으로 건너와 최하층의 노동을 강요당한 고난의 역사를 기술했다. 또한, 많은 사료와 증언을 바탕으로 관동대지진 당시에 발생한 학살 등 여러 사건을 그려내고 있다. 이 책에 자극을 받은 일본인 시민과 재일코리안은 이후 각지에서 재일코리안의 역사를 발굴하는 활동에 나서기 시작한다.

한편 그와는 다른 맥락에서 일본이 아시아 각국을 침략한 역사를 알아가는 과정을 통해 재일코리안에게 관심을 두게 된 일본인도 있었다. 이 같은 변화는 1960년대 후반에 베트남 전쟁이 격화한 점과 관련이 있다. 당시 주일미군 기지가 베트남 전쟁을 위해 완전히 가동되자 일본에서는 그에 반대하는 운동이 고양됐고, 그 와중에 일본인도 미국에 의한 베트남 민중 살해와 억압에 가담하고 있는 게 아니냐는, 자신의 가해성을 비판하는 의식이 환기되면서 논의가 전개됐다(다수가 참여한 것은 아니지만). 이런 움직임을 계기로 과거 일본 제국의 전쟁과 식민지 지배의 역사를 알게 되고, 나아가 재일코리안에 대한 일본인의 억압 문제도 고민하게 된 것이다.

2. 냉전 구조하의 민족 단체 활동

1) 한일 기본조약 체결 이후 남북 간 대립 격화

앞에서 살펴본 것처럼 고도 경제 성장기에는 재일코리안에 대한 차별이 개선되지 않은 반면 일본 시민은 경제 성장과 사회보장 제도의 정비에 힘입어 향상된 생활 수준을 누렸기 때문에 양자 간의 격차는 더욱 벌어졌다. 게다가 좋은 학교를 나와 좋은 회사에 들어가 신분 상승을 노리는 경쟁에 재일코리안은 참가 자격조차 얻지 못하는 상태였다.

이런 차별을 시정하기 위해 재일코리안은 세력을 결집해 일본 사회의 시선을 끌면서 행정 당국자, 정치가와 교섭할 필요가 있었다. 민족 단체는 바로 그런 활동을 담당하는 조직이었지만, 고도 경제 성장기와 이어지는 1970년대에 조선총련과 한국민단 등 두 민족 단체가 본디 취지에 맞게 활동했다고 말하기는 어렵다.

1960년대부터 1970년대까지 재일코리안 사회에서 상대적으로 큰 영향력을 가졌던 쪽은 북한을 지지하는 조선총련이었다. 조선총련은 재일코리안이 '민주주의적 민족적 권리'를 갖고 있다는 견해를 지지하면서 재일조선인의 인권 옹호 활동을 전개했다.

그러나 1960년대부터 1970년대에 걸쳐 조선총련이 몰두한 활동은 취직 차별 철폐나 행정당국의 복지정책 적용 등과 관련된 문제가 아니었다. 그들은 조선학교 학생을 대상으로 한 총격 사건과 조직 탄압에 대한 항의, 재일조선인의 자유로운 조국 왕래 실현과 더불어 외국인 등록 시 국적란을 한국이 아닌 조선으로 바꿀 것 등을 요구하는 데 집중했다. 그런 노력도 매우 중요했다는 점은 부정할 수 없지만(외국인 등록 시 국적란에 조선이라고 기재하는 것도 부정할 수 없는 개인의 권리였다. 그것이 재일코리안들의 실제 생활에 이익을 가져다주는지는 별개로 하더라도 말이다), 재일조선인의 생활을 개선하기 위해 필요한 권리를 적극적으로 쟁취하기 위해서는 각종 제도와 사회 관행에서 국적으로 인한 차별을 철폐할 필요도 있었다. 하지만 조선총련은 그런 문제를 해결하기 위한 이렇다 할 움직임을 보이지 않았다.

왜냐하면 조선총련은 조국 지향적인 활동에 무게중심을 두었기 때문이다. 조선총련 구성원은 재일조선인이 조국에 귀속되는 존재로 언젠가 귀국해야 한다고 인식했다(조직 방침으로 명문화된 것은 아니었다). 조국의 통일과 발전을 위한 기여를 중시하면서 언젠가 조국으로 돌아간다는 생각이 일본에 살면서 권리를 획득하거나 차별을 철폐하는 운동을 경시하는 경향을 낳은 것이다. 또한, 조선총련의 전신은 일본 혁명을 실현하기 위해 비합법적 활동을 전개한 재일조선민주통일전선이었는데, 그에 대한 반성을 토대로 조선총련 구성원이 '내정불간섭'을 주장했기 때문이기도 했다. 일본 경찰 당국도 조선총련을 엄중히 경계하고 있었으며,

조선총련 또한 일본정부에 비판적인 활동을 벌이면 탄압을 받으리라는 점을 항상 의식하고 있었다. 조선총련은 각종 복지 정책에서 국적 조항을 철폐해 달라고 일본 행정 당국에 요구하는 활동도 내정간섭으로 여겨져 당국과의 대립과 충돌을 유발할 수 있다고 우려했다. 따라서 조선총련이 그런 활동에 집중하기 어려웠다는 추측이 가능하다.

한편 한국민단은 재일코리안을 언젠가 귀국해야 하는 존재로 보지 않았기 때문에 일본 사회 내부에서 벌어지는 차별 문제를 시정하고 사회보장 제도 등에 대해서도 일본인과 동등한 대우를 받아야 한다고 주장하는 등 조선총련보다 명확한 태도를 취했다. 이와 관련해 한국민단은 본국 정부와 일본정부의 외교 교섭에 기대를 걸었다. 그러나 1965년에 타결된 한일회담은 주지하듯이 재일코리안이 만족할 수 있는 내용이 아니었다. 다만 한국민단은 한국과 일본이 외교 관계를 수립하면서 재일코리안의 처우가 개선될 가능성이 열렸다고 판단했다. 그리고 한일 기본조약이 체결, 비준된 뒤 이듬해인 1966년 6월에 열린 제31회 정기 대회에서 다음과 같이 선언했다.

재일한국인의 역사는 1945년 8월 15일 해방 이전, 해방 이후 1965년 12월 18일 한일협정이 발효될 때까지, 그리고 한일협정 발효 이후 등 3단계로 나눌 수 있다.

정치적, 경제적 억압하에 헤맸던 해방 이전의 암흑시대는 말할 것도 없고, 해방 이후 국교가 정상화되기 전까지도 재일코리안에 대한 일본정부의 차별 정책과 일본 사회의 소외적인 차별 대우에는 본질적인 변화가 없었다. 하지만 재일동포의 인내와 끊임없는 노력을 통해 일본에 영주할 수 있게 되었다.

하나, 법적 지위에 성의를 요구한다—한일협정에서 재일동포의 법적 지위에 관해 기초적인 결정을 내렸지만, 재일동포의 생존과 번영에 대단히 큰 영향을 끼칠 수많은 사항이 한일 양국의 협의와 일본정부의 조치에 달려 있기 때문에 우리는 엄숙히 양국 정부, 특히 일본정부의 조속하고 성의 있는 대처를 요구한다.

둘, 내국인과 동등한 대우를 요구한다—우리는 근대생활이 개인의 노력을 넘어 거주 국가와 지방 자치 단체의 시책에 크게 좌우되고 있는 점, 재일한국인이 일본 국민과 차별 없이 납세 의무를 다하고 있으며 협정상 자손에 이르기까지 일본국의 영주권을 부여받고 있기 때문에(1965년의 이른바 법적 지위 협정에서는 재일코리안의 다음 세대의 법적 지위에 대해서는 25년 이내에 협의해 결정하기로 했다). 우리 재일한국인은 일본국에서 일본 국민과 동등한 대우를 받지 않으면 안 된다.

(이하 생략)[6]

이 선언에서 나타나듯 한국민단은 한일조약의 타결과 비준으로 재일코리안 처우 개선 문제가 해결됐다고 받아들이기보다는 오히려 추후 개선을 위한 노력이 필요하다는 점을 확인하고 있다. 그리고 주일한국대사관이 설치되어 본국 정부와의 연대를 강화할 수 있게 된 한국민단은 위 방침을 현실화하기 위한 활동을 적극적으로 추진할 수 있는 상황이었다.

그러나 실제로 한일 기본조약이 체결된 뒤 한국민단을 중심으로 한 민족 차별 반대 운동은 그다지 활발하게 펼쳐지지 않았다. 오히려 한국민단은 재일코리안 차별 문제와 직접적인 관계가 없는 활동에 집중하면서 조직 내부에서는 혼란을 빚기도 했다.

이어서 한일 기본조약 체결 및 비준 이후 재일코리안 민족 단체의 활동을 구체적으로 검토해 보자. 대한민국을 지지하는 한국민단과 북한을 지지하는 조선총련이 갈라져 있다는 사실은 재일코리안이 권리를 획득하는 데 유리하게 작용하지 않았다. 두 단체의 분립이 권리 획득을 위한 재일코리안 공동체의 단결을 불가능하게 했기 때문이다. 여기에 한일 기

6) 権逸, 『権逸回顧録』, 権逸回顧録刊行委員会, 1987, 363~364쪽.

본조약의 성립은 재일코리안 공동체 내부의 분열을 부채질했다.

한일 양국 정부가 합의한 법적 지위 협정에서는 재일코리안 중 '한국 국민'에 대해 신청을 할 경우 강제 퇴거 대상이 된다는 조항을 한정한 영주권을 부여하는 동시에 국민 건강 보험과 생활보호 제도에 대해서도 '타당한 고려'를 하는 것으로 규정했다. 이에 따라 한국민단은 재일코리안의 '협정영주' 신청을 추진하는 활동을 전개했다. 이전까지 '조선' 국적을 가지고 있었던 재일코리안까지 모두 '한국 국민'으로 수렴시킴으로써 한국민단의 조직을 확대하고 강화하려고 한 것이다. 반면 처음부터 '한국'이라는 국가를 인정하지 않았던 조선총련은 협정 영주를 신청해서는 안 된다는 운동을 전개했다. 그리고 이전까지 외국인 등록 국적란에 '한국'을 기재했던 재일코리안을 대상으로 국적을 '조선'으로 바꾸자고 권유하는 운동을 전개했다.

이처럼 두 민족 단체는 자기 진영에 더 많은 사람을 포섭하기 위해 노력했다. 협정 영주 신청이 마감되는 1971년 1월 16일에는 재일코리안 주민이 많은 사는 지역의 사무소에서는 혼란을 빚을 정도였다. 한국민단 측이 기록한 당시 상황은 다음과 같다.

오사카에서도 동포 거주자가 가장 많은 이쿠노(生野区)구청에서는 아침 9시가 되면 영주권을 신청하려는 사람과 이를 방해하려는 사람이 뒤엉켜 끼어들 틈이 없을 정도였다.

민단 측은 영주권 신청자를 접수창구까지 안내하며 순서대로 줄을 세웠지만, 오후 2시께 조선총련의 집요한 방해 공작으로 접수가 일단 중단된 뒤 오후 5시에 재개되었다. 조선총련 측은 오후 3시 10분께 구청 안에서 신청서를 대신 작성하던 민단 직원의 책상을 뒤엎는 등 한바탕 소동을 일으켰다. 이 과정에서 민단의 간부인 변기주(辺基柱, 53) 씨가 다리 관절을 삐는 경상을 입는 사고도 있었고 조선총련 측의 1명이 이쿠노 경찰서로 연행되었다. 사태가 계속 험악해지면서 50여 명의 제복 경찰과 사복 경찰이 구청사에서 대기할 정도였다.

이날 조선총련은 1,000명 가까운 행동대원을 버스로 동원하여 구청마다 50~100명씩 배치한 뒤 조직적인 방해 공작을 펼쳤다. 하지만 민단은 오사카 총영사관, 민단, 신용조합의 모든 직원을 동원하여 영주권 신청자를 미리 민단 지부에 집결시킨 뒤 10명씩 그룹을 만들고 추가로 10명 가까운 민단계 보호자를 대동시켜 구청 창구까지 안내했고, 창구에서 대기하던 민단 직원은 신청서를 대신 작성하여 접수하는 상황이었다.

접수 인원이 늘어나면서 조선총련 측이 방송차를 구청 앞까지 끌고 와서 "영주권을 취소하라"라고 방송하며 소란을 일으켰지만, 모든 구청은 심야 12시까지, 즉 1월 16일의 마지막의 마지막까지 신청 절차를 진행하였다.[7]

혼란 속에서 접수를 마감한 '협정 영주' 신청자는 최종적으로 30만 명을 웃돌았다. 한국민단은 "이 숫자는 (신청 가능한) 전체 인원 55만 9,147명 중 절반을 웃돈다"라며 "중대 과업을 성공적으로 달성하였다"라고 자평했다.[8] 그러나 유리한 재류 자격을 얻을 수 있는 '협정 영주'를 일부러 신청하지 않은 사람도 상당수 있었고 대다수 재일코리안의 출신지가 한반도 남쪽이었다는 사실을 고려하면 조선총련이 조직한 재일코리안이나 조선총련과의 관계를 중시한 재일코리안이 상당히 많았음을 부정할 수 없었다. 그리고 '협정 영주'를 신청한 사람 중에는 그전까지 유지하던 조선총련과의 관계를 끊고 한국민단 소속이 된 사람도 적지 않았지만, 그렇다고 당시의 박정희 정권과 정권을 지지하는 한국민단의 입장에 공감한 것은 아니었다. 박정희 정권이 재일코리안의 생활에 직접적인 이익을 가져다준 적은 없었으며, '협정 영주' 신청자 대부분은 어디까지나 해당 자격이 일본에서 일상생활을 보내는 데 유리하다고 판단해 신청을 결정

---

7) 在日本大韓民国居留民団大阪府地方本部, 『民団大阪30年史』, 1980, 317~318쪽.
8) 在日本大韓民国居留民団大阪府地方本部, 『民団大阪30年史』, 1980, 318쪽.

한 것으로 보인다(한편, '협정 영주' 자격을 얻지 못한 재일코리안은 종전
의 재류자격을 유지했다. 이는 '포츠담 선언 수락에 따라 발하는 명령에
기초하는 외무성 관계 제명령의 조치에 관한 법률'(쇼와 27년(1952년) 법
률 126호)에 근거한 것이었다. 이 법률은 재일조선인과 재일대만인 중
일본 제국의 항복 이후에도 계속 일본에 재류하면서 샌프란시스코 강화
조약에 따라 국적을 이탈한 자에게 일본 재류를 인정한다고 규정했지만,
3년마다 재류 자격을 갱신할 필요가 있었다).

즉, 대다수 재일코리안의 최대 관심사는 일본 생활을 계속하기 위해
권리를 획득하고 민족 차별을 철폐하는 데 있었다고 할 수 있다. 그러나
조선총련과 한국민단이라는 두 민족 단체는 1960년대부터 1970년대까지
한반도 정세에 관한 활동에 주력하면서 제각기 이어져 있는 '조국'의 정
권 측 의도에 부합하는 형태로 활동하는 동시에 일본 사회에서 '조국'의
정권을 지지하는 세력을 확대하기 위한 활동에 중점을 두는 경향을 강화
했다.

조선총련은 조선노동당의 이데올로기를 위에서 주입하는 시스템을 이
미 갖추고 있었다. 전국에 있는 조선총련계 민족학교는 김일성을 중심으
로 조국이 결집해야 한다고 가르쳤으며, 성인이 주요 구성원이었던 각종
조선총련계 조직과 지역 분회에서도 조국의 정세와 김일성의 지시 등을
학습하는 활동이 펼쳐졌다. 1958년 이후에는 조선노동당의 하부 조직이
라 할 수 있는 '학습조'가 결성되기 시작했다. 학습조는 1959년 현재 약
360조, 3,000명 규모의 조직으로 짜여 있었으며, 1961년에는 "조선노동당
의 지도를 실천할 수 있는 조직이 되기 위한 중핵체"로 규정됐다.[9] 이처
럼 위로부터 이데올로기를 주입받은 많은 활동가를 보유한 조선총련은

9) 国際高麗学会日本支部『在日コリアン辞典』編集委員会編, 『在日コリアン辞典』, 明石書店, 2010
에서 박정진이 집필한 학습조(学習組) 항목.

일본과 북한 간의 우호 친선을 촉진하고 한국의 박정희 정권을 비판하는
한편 북한 주도의 조선 통일을 지지하며 김일성을 찬양하는 활동을 벌였
다. 당시 조선총련의 의장이었던 한덕수(韓德銖)가 기술한 조선총련의
활동 성과는 다음과 같다.

1967년부터 1970년 사이에 총련이 시행한 통일을 위한 선전 활동과 다양한
민족 단결 활동에는 최대 240만여 명의 재일조선인이 참가하였으며 이 기간
에 여러 사람에게 건네진 각종 선전물은 2,600만 부에 달한다.[10]

(김일성 주석 탄생 60주년을 기념하는) 중앙 및 각 현 본부의 축하 대회와
축하연, 지부와 분회의 축하 집회, 청년 학생의 결의 모임, 여성의 축하 대회
등 재일조선인의 거주지마다 4월 축하 행사가 전례 없는 최대의 민족 행사로
개최되었다. 이와 더불어 음악 무용 서사시 '조국의 영광 아래'('祖国の栄光の
もとに')와 매스 게임 '지도자에게 바치는 영광의 노래'('指導者に捧げる栄光の
歌')를 14만여 명의 관객 앞에서 공연하여 큰 반향을 불러일으켰다.[11]

(1973년) 김일성 주석은 새로운 구국 대책으로 조국 통일 5대 방침을
제시하였다. 총련은 국내외에 이 5대 방침을 소개, 선전하여, 지지자와
이해자의 고리를 확대하였다. 그중에서도 제28회 UN 총회를 앞두고 펼
쳐진 "'두 개의 조선' 반대, 단일 국호에 의한 UN 가입 요구 서명 운동"
(1973년 8월 말~10월 초)은 모든 동포 차원의 운동이었다. 여기에는 한국
민단 산하 동포를 포함하여 유아를 제외한 재일조선인 대다수인 25만 명
이 참가하였다.[12]

총련 분회의 활동가와 동포는 1975년부터 8월에 걸쳐 '조선에서의 핵전쟁

[10] 韓德銖, 『主体的海外僑胞運動の思想と実践』, 未来社, 1986, 232쪽.
[11] 韓德銖, 『主体的海外僑胞運動の思想と実践』, 未来社, 1986, 236쪽.
[12] 韓德銖, 『主体的海外僑胞運動の思想と実践』, 未来社, 1986, 242쪽.

도발 반대, 남조선에서의 미국 철수 요구, 조국의 자주적 평화 통일 촉진 대
행진(오사카-도쿄 간)', 그리고 일본인을 대상으로 한 '500만 서명 활동'에 적
극적으로 참가하였다. 대행진에서는 연인원 10만 명이 중심 행진로와 지선 행
진로 등 약 2,120km를 걸으며 도중에 방문하는 도시마다 일본 국민과 연대 집
회를 조직하여 조선 통일을 향한 지지 여론을 크게 환기하였다. 또한 그들은
한 명이라도 많은 서명을 받는 것이 통일 촉진으로 이어진다는 일념하에서
일본인 515만 명의 서명을 모았다.[13]

물론 같은 시기 조선총련의 활동가는 대중의 일상생활과 관련된 상담
을 받고 문제를 해결하기 위해 노력한 것으로 보인다. 또한, 조선총련의
의장을 맡은 인물의 이름으로 펴낸 저서인 만큼 여러 가지 측면에서 모
양새를 고려했을 수도 있다. 그렇다고 하더라도 조선총련이 당시 '조국'
으로 받들던 북한 · 김일성 정권의 의향에 따르기 위한 활동을 조직적 과
제의 중심으로 삼고 있었던 것은 명백하며, 그를 위한 일정 수준의 동원
력을 확보했던 것도 분명해 보인다.

반면, 한국민단은 지구 차원이나 직능별 조직이 제대로 정비돼 있지
않았으며, 한국계 민족학교는 대도시에 있는 몇 곳이 전부였다. 그리고
당시 한국에 대한 일본 사회의 이미지는 긍정적이지 않았다. 대다수 일
본인은 경제가 발전하지 않는 군사 독재 국가로 한국을 인식했다. 재일
코리안 사이에서도 북한은 나름대로 민족 자주를 내걸고 건국한 국가지
만 한국은 그렇지 않다는 인식이 적지 않았다. 재일코리안 사회에서 조
선총련이 조직적인 우세를 차지하게 된 이유였다.

한일조약 체결 이후 박정희 정권은 이 같은 상황을 바꾸기 위해 한국
민단에 조직적인 원조를 강화하고, 민단 간부의 서울 연수를 실시하는

---

13) 韓德銖, 『主体的海外僑胞運動の思想と実践』, 未来社, 1986, 256~257쪽.

등의 활동을 전개했다. 이 과정에서 강조된 것은 철저한 반공주의였다. 이 같은 이데올로기적 편향성과 민단에 대한 본국의 관여 강화는 민단 내부에 존재하는 박정희 비판 세력의 반발을 초래했다. 이를 배경으로 1970년대 초반에는 한국민단 내 일부 지방 본부와 청년 조직인 재일한국청년연맹(한청)과 한국민단 중앙 본부 간의 대립이 격화했다.

이런 가운데 1972년 10월 본국에서 일어난 '유신 쿠데타'를 지지하며 '유신 민단'을 표방한 한국민단 중앙은 중앙집권적인 조직 개편을 단행하는 동시에 박정희 정권에 대한 지지 의사를 더욱 명확히 했다. 유신 민단은 본국에서 추진되고 있었던 새마을 운동을 지원하는 '60만 명의 새마음 심기 운동' 등을 통해 박정희 정권에 대한 충성을 철저히 한다는 방침을 취했다.[14] 1973년에는 한국민단에서 제명 처분을 받은 민주화 운동 세력이 모여 한국민주회복통일촉진회의(한민총)를 발족시켰다. 이후 한민총은 1972년에 한국민단이 산하 단체 인정을 취소한 한청과 함께 한국 민주화 지원 운동을 활발히 펼쳤다. 이에 대해 한국민단 측은 조선총련은 물론 한국 민주화 운동을 지원하는 한민총 등을 비판하며 반공산주의 이데올로기를 축으로 한 활동을 전개했다.

2) 재일코리안 청년의 의식과 활동

앞 장에서 언급한 것처럼 1960년대 이후 성장해 사회에서 다양한 역할을 맡고 있었던 청년들은 재일코리안 2세와 3세였고, 그 대다수는 상식적으로 향후 '본국'보다는 일본 사회에서 살아갈 것으로 예상됐다. 따라서 일본 사회에서 권리 획득을 주장하고 차별 철폐를 요구하는 것은 그

---

[14] 国際高麗学会日本支部『在日コリアン辞典』編集委員会編, 『在日コリアン辞典』에서 김우자(金友子)가 집필한 유신민단(維新民団) 항목.

들에게 절실한 문제였다. 그러나 청년기에 달한 2세가 증가하고 있었던 1960년대부터 70년대까지도 재일코리안 청년층의 운동과 의식의 중심이 그런 문제를 해결하기 위한 활동에 있었던 것은 아니었다. 오히려 이 시기의 재일코리안 청년 조직은 일본 내 재일코리안의 처우를 개선하기 위한 활동보다 조국 정치의 변혁을 지원하는 활동 등에 중점을 두고 있었다. 다시 말해 이 시기에는 2세 등을 포함해 조국 지향형 내셔널리즘이 강해졌다고 할 수 있다.

이는 약간의 차이는 있지만, 조선총련계와 한국계 양측의 재일코리안 청년 조직에서 모두 확인되는 분위기였다. 조선총련계 청년조직(재일본조선청년동맹=조청)의 경우 북한을 조국으로 규정하고 조국과 직결된 '위로부터의 이데올로기 교화'에 의거하고 있었기 때문에 조직의 조국 지향성은 일관적이었다고 볼 수 있다.

한청 또한, 4·19 혁명과 한일회담 반대 운동에서 한국 학생이 맞서는 모습에 강한 자극을 받으며 활동을 계속해 온 단체인 만큼 조직 행동의 저류에는 조국지향형 내셔널리즘이 흐르고 있었다. 하지만 한청은 한일회담 반대 투쟁 당시 재일코리안의 법적 지위에 대한 요구 관철을 가장 강력히 주장한 단체였으며, 이후에도 재일코리안의 재류권과 민족 교육 문제와 관련된 운동을 전개했다. 이를테면 1969년에 일본정부가 상정하려고 한 출입국관리법안과 외국인학교법 반대를 외치며 시위와 단식 투쟁을 벌였다. 당연한 일이지만 한청은 자신들의 일본 생활을 위한 권리를 확립하는 데도 강한 관심을 쏟았다. 다만 한청은 그 후로 한국 민주화 지원 운동에 주력하게 됐다. 추후 설명할 다양한 민족 차별 반대 운동에 관해서도 한청의 조직적인 활동은 거의 확인되지 않는다. 그런 의미에서 보면 한청도 역시 조국 지향적 활동에 비중을 두었다고 할 수 있다.

그렇다면 1960년대부터 70년대의 재일코리안 2세 사이에서도 뿌리 깊은 조국 지향성이 보이는 이유는 무엇일까? 일단 이 시기 '조국'에 있는 사람들이 일본에 사는 코리안인 자신들보다 더 곤란한 상황에 부닥쳐 있었고 그런 상황을 타개하기 위한 활동이 '조국'에서 전개되고 있다는 사실이 전해졌기 때문이다. 그러니 민족을 위해 이바지하겠다는 재일코리안 청년이 '조국'의 정세에 대해 열의를 품는 것은 자연스러웠다. 또한, 이 시기 재일코리안 청년 운동을 기획한 이들은 일본에서 차별을 받고는 있지만 '조국'의 변혁에 따라 그런 문제가 해결될 것이라고 내다본 것으로 보인다. 당시 재일코리안 청년은 한반도에서 민중이 원하는 정치가 실현되어 남북이 통일된다면 본국에 '귀국'해 살 수도 있는 데다 통일된 '본국'과 일본이 국가 간 관계를 구축하여 재일코리안의 처우 문제가 개선되는 미래를 꿈꾸고 있었다. 이를테면 1950년대에 태어나 1970년대에 "거의 총련 쪽 민족 운동의 흐름 속에 있었던" 문경주는 "그 논의를 요약하자면 나라가 발전하여 나라가 통일됨으로써 한 사람 한 사람이 해방되는 것이었다"라고 밝히고 있다.15)

이와 더불어 당시가 민족 차별에 맞서는 행위를 상상도 할 수 없는 시기였다는 점을 상기할 필요가 있다. 장래 어떤 직업을 선택해 자신의 능력을 발휘할지 고민하는 것은 청년층에게 중요한 요소 중 하나이다. 그런데 재일코리안 청년은 애초에 선택지가 그다지 많지 않았고, 그런 상황을 받아들일 수밖에 없다고 여겼다. 공무원은 수험 자격이 주어지지 않고 일반 기업은 국적이 다르다는 이유로 들어갈 수 없다는 것이 당시의 상식이었다. 사회적으로 존경받으며 경제적으로도 그다지 힘들지 않은 생활을 할 수 있는 직업은 의사밖에 없었지만, 이마저도 학력이나 경제력의 한계 때문에 도전할 수 없는 사람이 많았다. 따라서 재일코리안

---

15) 金德煥, 裵重度, 文京洙, 「『在日』50年を語る」, 『季刊 青丘』第23号, 1995.

청년은 윗세대와 마찬가지로 재일코리안이 주로 종사하던 파칭코나 고 깃집, 음식점, 토목 관련 사업 등의 자영업에 종사하는 한편 동종 업계의 '동포'가 운영하는 기업에서 일하거나 민족 단체에서 전속 활동가로 활동 하는 것을 당연시했다.

3) 민족 단체와 일본 시민의 관계

1960년대부터 1970년대에 걸친 조선총련과 한국민단의 격렬한 대립과 관련해 일본의 정치 세력도 무관하지 않았다는 점에 유의할 필요가 있 다. 각 민족 단체는 자신의 '조국'(조선총련은 북한, 한국민단은 한국)에 대한 일본인의 지지를 확대하는 데 주력하고 있었다. 당시 조선총련과 제휴한 정치 세력은 사회주의 실현을 추구하는 혁신 세력, 구체적으로는 일본 사회당과 일본노동조합총평의회(총평)이었다(일본공산당 역시 혁 신 세력으로서 무시할 수 없지만, 조선노동당과 일본공산당의 관계는 반 드시 양호하지는 않았으며, 어느 시점부터 일본공산당은 조선총련과 멀 어진다). 한편, 한국민단의 우호 단체가 된 정당은 반공주의를 분명히 했 던 자민당과 민사당이었다.

그런데 이들 일본인 단체는 재일코리안과 어떤 관계를 맺어야 할지 주체적으로 고민하기보다는 그저 재일코리안 단체가 제시하는 문제에만 수동적으로 대처했다. 조선총련과 깊은 관계를 맺은 일본인 법률가들이 1963년에 결성한 '재일조선인의 인권을 지키는 모임'은 분명히 재일코리 안의 인권을 옹호하는 활동을 추진했지만, 그 내용을 보면 재일코리안의 북-일 간 자유 왕래 실현, 조선학교 학생 습격 사건 조사, 조선총련 조 직 탄압에 대한 항의, 외국인 등록 시 국적란에 '한국' 대신 '조선'을 기재 하는 것 등 모두 조선총련이 중시하는 과제였다.[16] 그에 반해 한국을 지

지하는 일본인 조직으로는 한국민단의 지원을 받은 일한 친선협회가 전
국 각지에서 결성됐고, 1976년에는 일한 친선협회 연합회가 발족했다
(1979년 이후에는 일한 친선협회 중앙회로 개칭). 이들은 주로 박정희 정
권에 대한 일본 사회의 비판적인 여론에 대항하는 활동을 전개했는데,
담당자는 자민당 내에서도 반공 우파적 정치 성향을 가진 정치가나 재계
인사였다.[17]

1960~70년대에는 기존 정당과 관계를 맺은 면면으로 미루어 볼 때 재
일코리안과 한반도 주민 사이의 우호와 인권 옹호 활동에 참여하는 일본
인도 혁신계와 친사회주의 대 보수와 반공주의의 뿌리 깊은 대립 구조를
형성하고 있었다. 그렇게 보수계와 반공주의 정치 세력은 조선총련, 혁
신계 및 친사회주의 정치 세력은 한국민단을 서로 경계했다.

특히 혁신계 세력은 정권을 잡은 자민당이 박정희의 군사 독재 정권
과 밀접한 관계를 구축하고 있는 데 대해 비판적이었다. 게다가 1973년
에 도쿄에서 발생한 김대중 납치 사건에 KCIA가 관여했기 때문에 한국
정부가 KCIA 관계자를 일본에 보내 각종 모략과 반공 선전 활동을 펼치
고 있고 한국민단도 그에 협조하고 있다고 판단했다. 이 때문에 인권 문
제에 관심을 쏟게 마련인 혁신 세력은 한국민단과 전혀 접점을 갖지 못
했다. 오히려 한국민단이 민족 차별 문제에 대한 관심을 환기하기 위해
일한 친선협회를 통해 일본인을 설득하고자 한 일도 문제시할 정도였다
(자세한 내용은 후술).[18]

---

16) 東京・在日朝鮮人の人権を守る会, 『在日朝鮮人の人権を守る会 20年の歩み』, 東京・在日朝鮮
人の人権を守る会, 1983.
17) 国際高麗学会日本支部『在日コリアン辞典』編集委員会編, 『在日コリアン辞典』에서 石坂浩一
가 집필한 한일친선협회(日韓親善協会) 항목.
18) 1977년 3월 3일 일본 사회당 소속 도이 다카코 중의원 의원이 일본국 국회 중의원 예산위
원회에서 한 발언.

【보론1】 김희로 사건과 민족 차별 문제에 대한 주목

앞서 살펴본 대로 고도 경제 성장기에는 재일코리안에 대한 민족 차별이 존재했지만, 이를 해결하기 위한 활동은 거의 이뤄지지 않았다. 그런 가운데 재일코리안에게 충격을 주는 동시에 일부 일본인이 민족 차별 문제에 관심을 갖게 하는 중대한 사건이 발생했다.

이 사건을 일으킨 '김희로'의 호적상 이름은 권희로이며, 1928년에 태어나 일본 시즈오카현에서 자랐다. 김희로는 가난 때문에 민족의 문화와 언어를 배울 기회가 없었고 소학교도 제대로 다니지 못했는데, 조선인이라는 이유로 같은 학교의 일본인 아동에게 멸시를 당한 데 따른 것으로 보인다.

성장한 뒤에도 온전한 일자리를 구하지 못한 채 폭력단과 교제하며 지내던 김희로는 1968년 2월 20일, 금전 문제로 얽힌 폭력단 조직원 2명을 시즈오카 시내 한 음식점에서 엽총으로 사살한 뒤 도주했고, 이튿날 시즈오카 현내 스마타쿄의 온천 여관인 후지미야에서 숙박객 13명을 비롯한 여관 경영자와 종업원 등을 인질로 삼고 농성을 벌였다. 이후 88시간 동안 인질극을 벌인 김희로는 24일 경찰관에게 체포됐고 인질들은 풀려났다. 범죄 사실에 주목한 '김희로 사건'의 개요는 이상과 같지만, 민족 차별의 맥락에서 보면 인질극 도중 김희로가 보인 행동이 주목된다. 김희로는 신문사 취재와 텔레비전 방송의 '전화 출연'을 통해 그동안 자신이 받았던 민족 차별 문제를 호소했고, 과거 자신에게 '조선놈'과 같이 모멸적인 언사를 퍼부은 데 대해 사죄를 요구했다.

인질극이 이어지는 동안 경찰 측은 설득을 시도했고, 김희로를 비하한 것으로 알려진 경찰관도 텔레비전을 통해 사죄했지만, 김희로를 납득시키기에는 역부족이었다. 상황이 이렇게 전개되자 이번에는 재일코리안

과 일부 일본 지식인이 나서 인질 석방과 자수를 종용하기 위해 김희로
를 직접 만나기에 이른다.

먼저 후쿠오카현 기타큐슈시 재일대한기독교회 고쿠라교회의 최창화
목사가 23일 아침 후지미야 여관에 들어가 김희로를 만났고, 같은 날 정
오에 한국민단 중앙본부 단장과 한국민단 시즈오카지방본부장 등이 최
창화와 함께 설득을 시도한 결과, 인질 3명이 풀려났다. 그리고 같은 날
밤 작가 김달수와 독일문학을 연구하는 이토 나리히코 주오대학 조교수
가 후지미야 여관에 들어가 이튿날까지 설득을 계속했다. 이들이 후지미
야 여관에서 돌아온 뒤 보도진에 섞여 후지미야 여관에 잠입한 경찰관이
김희로와 격투를 벌인 끝에 오후 3시 25분에 신병 확보에 성공하면서 이
사건은 일단락됐다.

물론 당시 김희로 설득에 나선 재일코리안과 일본인 지식인이 그의
행동을 전면적으로 지지하거나 주장에 찬동했던 것은 아니었다. 그들의
목적은 일단 인질을 구출하고 김희로에게 자수를 종용하는 데 있었다(당
시 자결을 시사했던 김희로의 목숨을 구하는 것도 물론 염두에 두고 있
었다). 상당수 재일코리안은 김희로를 본 일본인이 자기 민족에 대한 나
쁜 인상을 갖는 것을 우려했고, 그런 의미에서 김희로의 자수가 실현되
기를 원했던 것으로 보인다. 다만 김희로 설득에 나섰던 이들은 김희로
가 호소하고자 했던 점을 받아들여 일본 사회에 알려야 한다는 필요성도
인식하고 있었다. 최창화는 후지미야 여관에서 김희로를 만났을 때 다음
과 같은 상황이었다고 말한다.

> [김희로가 자결하겠다고 밝힌 데 대해] "김형, 당신 같은 사람이 죽어선 안
> 됩니다. 살아야 합니다. 도대체 왜 당신이 죽어야 합니까? 죽음을 걸고, 차별,
> 편견을 없애려고 한 마음. 60만 동포를 위한 깊은 바람. 다시는 이런 일이 있

어서는 안 된다고 호소하기 위해 목숨까지 건 당신의 고귀한 마음. 왜 당신이 죽어야 합니까? 절대로 죽어서는 안 됩니다"라고 눈물을 흘리며 크고 강한 어조로 계속 설득했다.

나는 여하튼 김이 저지른 범죄에 대해 속죄하기 위해서라도, 또 그가 호소한 재일한국인의 고통을 '정말로' 해결하기 위해서라도, 그는 살아서, 새로운 생활을 통해, 노력해 나가야 한다고 나는 믿고 있었다.[19]

그리고 일본인 지식인들은 김희로가 호소하려고 한 민족 차별 문제를 제기해 나가기로 약속했다. 그래서 일본인 지식인들은 김희로가 체포된 뒤에도 계속해서 그와 관계를 맺고 활동하게 되었고, 구체적으로는 그가 호소하려고 한 민족 차별 문제를 재판에서 제기하려고 노력했다.

하지만 재판에서 검찰 측은 이 사건을 민족 차별과 분리해서 취급하려고 했다. 이에 대해 일본인 지식인들이 결성한 '김희로공판 대책위원회'와 변호단은 민족 차별 문제를 빼놓을 수 없다며 관련 증인을 신청했다. 하지만 재판은 피고 측 변호단이 신청한 증인을 대부분 채택하지 않은 채 진행됐고, 1972년 1심에서 무기징역이 선고됐다. 이후 항소와 상고가 이어졌지만, 결국 1975년 무기징역이 확정됐다.

다만, 김희로는 공판이 진행되는 동안 자신이 살아온 내력과 과거 받았던 차별에 대해 상세히 진술했고, 이 진술은 서적으로 출판됐다.[20] 김희로공판 대책위원회를 비롯한 단체는 그의 목소리를 진지하게 받아들여, 소식지 등을 통해 관심을 가진 시민들에게 논의 내용을 전달했다. 김희로 사건이 일본 사회 내부에서 민족 차별에 대한 논의가 이뤄지게 된 계기가 됐음을 알 수 있는 대목이다.

그러나 당시 김희로에 대한 일본인 시민의 일반적인 인상은 엽총을

19) 崔昌華, 『金嬉老事件と少数民族』, 酒井書店, 1968, 88쪽.
20) 김희로공판 대책위원회 편, 『김희로의 법정진술』, 삼일서방, 1970.

든 흉악범이었기 때문에, 김희로에 대한 언급을 꺼리는 재일코리안도 많았다. 이후 김희로는 복역 도중 1999년에 가석방된 뒤 한국으로 '귀국'했고, 2010년에 부산에서 세상을 떠났다.

3. 시민운동으로서의 반차별 투쟁 개시

1) 히타치제작소의 취직 차별과 투쟁 개시

앞선 논의한 것처럼 고도경제성장을 통해 재일코리안과 일본인의 격차가 수면 위로 드러나게 됐고, 일본인에게는 열려 있는 사회적 상승을 위한 다양한 경쟁에 재일코리안은 참여할 수 없는, 극히 불합리한 상황이 이어지고 있었다. 그리고 그런 차별이 당연한 것으로 인식됐던 만큼 반차별 운동 또한 일어나지 않았고, 재일코리안 청년을 포함해 민족운동의 중심은 조국지향에 맞춰졌다. 게다가 재일코리안의 민족 단체도 일본인의 기존 정치세력도, 조선반도의 남북 대립, 일본정치의 친사회주의와 반공주의 간 대립 구조 속에서 자기 진영에 대한 지지를 확대하는 활동에 주력하면서, 재일코리안에 대한 차별 문제는 소홀히 다뤄지는 경향을 보였다.

하지만, 1970년대가 되자 기존 민족 단체와 정치세력과는 무관한 영역에서 민족 차별에 반대하는 운동에 불이 붙었다. 이 운동이 성과를 거두자 그때까지만 해도 체념 속에 민족 차별을 받아들였던 재일코리안은 합리적인 근거가 없는 불합리한 제도와 관행을 바꿔야 한다고 요구하기 시작했고, 이에 동조하는 일본인도 늘어났다.

처음으로 큰 주목을 받은 민족 차별 반대 투쟁은 가전제품 등을 제조하는 일본의 대표적인 기업인 히타치제작소의, 재일코리안 청년에 대한 취직 차별을 철회하라고 요구한 활동이었다. 이 투쟁의 당사자인 박종석은 1951년에 태어난 재일코리안 2세였다. 아이치현 니시오시에서 태어난 박종석은 가난한 가정에서 성장해 아르바이트와 학업을 병행하며 고등학교를 졸업했다. 박종석은 소학교와 중고등학교 모두 일본의 공립학교에 다녀 모국어를 배울 기회가 없었고, 일본식 '통명'인 아라이 쇼지로 일상을 보냈다. 주변의 일본인과 부대끼면서 민족 차별을 포함한 다양한 경험을 했기 때문에 일본식 통명을 사용한 것으로 보인다.

1970년 8월 23일, 박종석은 나고야에서 히타치제작소의 소프트웨어 도쓰카공장 채용 시험에 응시해 9월 4일에 채용 통지를 받았다. 당시 제출한 이력서에는 일본식 통명인 아라이 쇼지를 기재하고 본적지란에는 조선의 지명이 아닌 자신이 출생한 일본의 지명을 기재했다. 즉, 박종석은 자신이 재일코리안이라는 사실을 군이 밝히지 않았지만, 채용 절차에 따라 호적등본을 제출하라는 요구에 재일코리안이기 때문에 호적등본을 제출할 수 없다고 회사 측에 전했다. 이에 대해 히타치제작소는 9월 15일, '채용 보류' 취지를 알렸고, 17일에 전화로 연락한 박종석에게 '당사는 일반외국인을 고용하지 않는다는 방침으로 처음부터 사실을 적었다면 이런 일은 없었을 것'이라며 채용을 취소한다고 밝혔다.

이 시기에는 적지 않은 재일코리안 청년들이 박종석과 비슷한 경험을 하고 불만을 가지면서도 결국 그와 같은 차별을 받아들였던 것으로 보인다. 하지만 히타치제작소 측의 조치를 납득할 수 없었던 박종석은 21일, 자신의 거주지인 니시오시를 관할하는 니시오 노동기준감독서를 방문했다. 당시 박종석과 상담한 노동기준감독관은 채용통지서를 받았기 때문에 노동계약은 체결됐다고 보고, 히타치제작소와 교섭해 해명을 들으라고 지시했다. 그래서 박종석은 히타치제작소 측 담당 직원에게 전화를

걸어 이 같은 사실을 전달했지만, 히타치 측은 '일반 외국인은 고용하지
않는다'라는 대응으로 일관했다.

이런 가운데 박종석은 10월에 요코하마역을 지나가다 출입국관리법안
에 반대해 서명 활동을 벌이고 있었던 게이오 대학의 베헤이렌('베트남
에 평화를! 시민연합'의 약칭. 미국의 베트남 개입에 반대하며 반전운동
을 추진하는 시민단체로, 베트남 전쟁 반대를 유일한 과제로 규정했다.
특정 정당과 관계를 맺지 않고 규약 등을 제정하지 않은 채 운영돼 직장
이나 학교 단위로 '○○베헤이렌'의 명칭을 쓸 수 있었다. 단, 각 지역과
학교 단위의 베헤이렌은 베트남 반전운동 이외에도 다양한 사회 문제에
대처했다) 소속 학생을 만나, 재일코리안이라는 이유로 채용이 취소된
문제를 겪고 있다고 전했다. 그러자 게이오 대학의 학생들은 박종석을
지원하기로 하고, 변호사에 선임과 모금 운동 등에 힘을 보탰다. 그리고
박종석(엄밀히 따지자면 이 시점에는)은 1970년 12월, 요코하마지방재판
소에 히타치제작소를 상대로 해고 취소를 요구하는 소송을 제기했다.

이렇게 시작된 재판은 신문을 통해서도 보도됐고, 히타치제작소의 조
치를 규탄하며 민족 차별 문제를 함께 고민해 나가자는 사람들도 등장했
다. 1971년 4월에 결성된 '박군을 둘러싸는 모임'은 '기성 조직과는 관계
없이 20대만이 중심을 맡는' 단체로, 발기인은 '사토 가쓰미, 오사와 신이
치로, 오자와 유사쿠, 다가와 겐조, 야마모토 마사노부, 이인하, 이은직
등 7명이었다.'[21] 이들 중 일본인인 사토 가쓰미는 일본조선연구소 소장,
사회학자인 오사와 신이치로는 교토세이카대하 교원, 교육학자인 오자
와 유사쿠는 도쿄 도립대학 교원, 다가와 겐조는 신학자, 야마모토 마사
노부는 일본기독교단의 목사였다. 사토 가쓰미는 일본공산당 당원으로

---

[21] 和田純編, 「民族差別糾弾の記録──朴君を囲む会と日立製作所との闘い──」, 『朝鮮研究』 1974년
8월.

활동하던 시절부터 조선 문제에 관여해 일한조약 반대 운동 등에 참여했고, 히타치 투쟁에 동참할 당시에는 민족 차별 반대활동에 주력하고 있었다. 오사와 신이치로는 1968년에 발생한 김희로 사건 당시 김희로의 문제 제기를 받아들여 법정에서 민족 문제를 제기하는 활동 등을 지원했으며, 오자와 유사쿠는 민족교육 문제를 연구하고 있었다. 한편, 재일코리안인 2명 가운데 1917년에 태어난 이은직은 여러 편의 일본어 소설을 발표한 문학자로 알려져 있지만, 이 시기에는 재단법인 조선장학회의 이사를 맡고 있었다.[22] 1925년에 태어난 이인하는 가와사키시 소재 재일코리안 기독교 교회의 목사였다. 교회가 세워진 곳은 조선인 집주 지역으로, 재일코리안의 자녀라는 이유로 유치원 입학을 거부당하는 경험 등을 했기 때문에 재일코리안과 일본의 어린이가 함께 배우는 보육 시설 등을 만들기 위해 활동하고 있었다.[23] 사토 가쓰미가 소속된 일본조선연구소는 그전까지 혁신 정당과 가까운 사이를 유지했고, 사토 본인도 공산당원으로 활동했던 시기도 있지만, 당시에는 정당과 관계를 끊고 있었던 것으로 판단된다.[24] 그리고 이은직은 조선총련 소속이었던 것으로 보이지만, 조선총련의 조직적인 활동으로 이 운동에 참여한 것은 물론 아니었다. 이는 조선총련의 활동사에 대한 조직의 견해를 반영한 서적이나 그에 준한다고 볼 수 있는 서적[25]에서 히타치 취직 차별 반대 투쟁에 대한 언급이 등장하지 않는 점만 봐도 명백하다. 덧붙이자면, 한국민단 또한 해당 구성원이 어떤 식으로든 이 운동에 관여했을 수는 있지만, 조직

---

[22] 国際高麗学会日本支部『在日コリアン辞典』編集委員会編, 『在日コリアン辞典』에서 磯貝治良가 집필한 '李殷直' 항목.

[23] 国際高麗学会日本支部『在日コリアン辞典』編集委員会編, 『在日コリアン辞典』에서 朴一이 집필한 '李仁夏' 항목 및 李仁夏, 『歴史の狭間を生きる』, 日本キリスト教出版局, 2006.

[24] 佐藤勝巳, 『わが体験的朝鮮問題』, 東洋経済新報社, 1978.

[25] 한덕수, 『주체적 해외교포 운동의 사상과 실천』, 미래사, 1986; 재일조선인역사연구소 편, 『조선총련 결성 50년에 즈음해』, 재일본조선인총연합회 중앙상임위원회, 2005.

적인 관여는 없었으며, 마찬가지로 한국민단이 자신들의 활동을 종합해 발행한 서적에서도 관련 언급은 등장하지 않는다. 따라서 기존 정당과 민족 단체가 아닌 무당파 시민이, 박종석의 채용 취소 철회를 요구하는 활동을 주도했다는 해석이 가능하다.

이처럼 기존 민족 단체나 정당과는 무관한 영역에서 히타치 취직 차별 반대 투쟁을 지원하는 움직임이 등장했던 반면, 재일코리안 사이에서는 이 운동을 비판하는 목소리도 제기됐다. 운동의 당사자였던 박종석은 자신에 대한 비판에 대해 다음과 같은 심경을 토로했다.

> 나를 동요시킨 것은 동포들 사이에서 생겨난 나에 대한 비판의 목소리였다.
> 일본제국주의의 동화정책이 연장된 데 지나지 않는 전후 일본의 동화교육에 완전히 빠진 채 골수까지 일본화돼 민족적 자각이 전혀 없는 인간이, 뭐가 잘났다고 민족 차별 등을 운운하는 것이냐. 히타치라는 일본 재벌의, 착취의 도구가 되고자 한 천박한 인간이, 어떻게 민족의 고통을 논할 수 있느냐. 어리석은 짓을 하는 놈이다, 라는 목소리가 내 가슴에 꽂혔습니다.[26]

이와 관련해서는 박군을 둘러싸는 모임의 발기인인 이인하도 훗날 다음과 같이 적고 있다.

> [히타치 취직 차별 반대 투쟁에 대해서는] 동포사회의 너무나도 냉랭한 비판을 받았다. 해도 어쩔 수 없는 걸 또 하려고 하느냐, 일본 사회를 규탄하면 반드시 자신들에게 돌아올 테니 그만둬야 한다, 일본의 대기업에 들어가는 건 동화로 이어진다 등, 민족 단체는 북노 남도 우리에게 냉담했다.[27]

---

26) 1974년 3월, 박종성이 결심에 즈음해 제출한 진술서, 朴君を囲む会編, 『民族差別－日立就職差別糾弾』, 亜紀書房, 1974, 258쪽.
27) 李仁夏, 「青丘社─民族差別と闘い, 人間主体の確立をめざして─」, 『解放教育』 제135호, 1981, 60쪽.

여기서는 일부 재일코리안의 비판이, 애초에 그런 운동을 전개해도 이익을 얻을 수 없다는 판단에 근거하고 있다는 점을 알 수 있다. 다시 말해 재일코리안은 일본 사회의 민족 차별은 변하지 않을 것이라는 체념과 함께 자신들이 무언가를 주장하고 행동에 나설 경우 오히려 일본인의 반발을 초래할 것이라는 두려움을 안고 있었다. 이와 더불어 일본 사회에 대한 참여를 지향하는 것 자체를 문제시하는 분위기도 있었다. 조국에 대한 기여만을 가치 있는 행위로 보는 이상, 일본기업에 취직하겠다는 의사는 바람직하지 않을뿐더러, 동화＝민족적 주체의 상실로 여겨졌던 것이다. 게다가 조국과의 유대를 중시해 민족학교에 다니거나 민족 단체의 활동에 적극적으로 참여했던 재일코리안이 볼 때 민족적 주체를 견지하고 있는 자신들과는 달리, 박종석은 일본에 동화돼 조국에 등을 돌리고자 한 바람직하지 않은 존재로 인식되고 있었다.

그런데 당시 일본인들 사이에서는 민족 차별 문제와 관련해 "이미 동화돼 일본인과 다를 바 없는 사람들을 차별하는 것은 이상하다"라는 의식이 실제로 존재했다(앞서 인용한 1968년 7월 10일 자 『아사히신문』 투서에서도 비슷한 요소가 확인된다). 이를 논거로 한 여론을 토대로 운동을 추진할 경우, 민족성을 포기하고 동화를 요구하는 재일코리안의 증가는 충분히 예상할 수 있는 상황이었다.

2) 히타치 취직 차별 반대 투쟁이 개척한 것

하지만 히타치 취직 차별 반대 투쟁에서는 민족성의 상실로 이어질 수 있는 논리나 활동은 보이지 않았고, 당사자였던 박종석은 투쟁 과정에서 오히려 민족적 주체성을 회복하며 구축해 나갔다. 히타치제작소에 의해 민족 차별을 받은 시점에서 박종석은 민족문화를 배울 기회도 없었

을 뿐더러 적극적으로 흡수하려고도 하지 않았다. 게다가 모국어로는 자
신의 이름조차 읽어낼 수 없는 상태였고 이름 또한 민족명을 쓰며 생활했
던 것도 아니었다. 하지만 박종석은 투쟁 과정에서 자신의 민족성을 부
정하지 않고 민족의 역사와 언어를 배웠고, 그런 부분을 중요한 성과로
인식하고 있었다. 히타치제작소를 상대로 한 재판의 결심에 즈음해 작성
한 진술서에서도 다음과 같은 문구가 확인된다.

> 이 재판을 통해, 나는 훌륭한 많은 선생님과, 많은 친구를 얻은 것을 더없
> 는 행복으로 생각하며, 감사하는 마음으로 가슴이 벅찹니다.
> 그리고 우리 조선민족의 통일과 완전한 독립이, 얼마나 중요하고, 그를 위
> 해 조금이나마 보탬이 되는 인간이 될 수 있는 자신에게, 더없는 기쁨을 느낍
> 니다.
> 만일, 이 사건이 없었다면, 나는, 아직도 아이치현의 어느 한구석에서 괴로
> 워하며 그야말로 보람없는 삶을 살고 있었을 거라 생각하니 어떤 의미에서는,
> 이처럼 내가 성장하는 계기를 만들어 준 히타치에, 조금은 감사하고 싶은 마
> 음도 듭니다.
> 그리고 나는, 조국의 말을 배우기 시작하면서 아버지와 어머니가 괴로운
> 생활을 하며 큰소리로 울부짖었던 말에, 얼마나 깊은 슬픔과 민족의 분노에
> 찬 목소리가 담겨 있었는지 알게 되었습니다.
> 예전에는, 아버지와 어머니를 시시한 인간이라고 여기며, 미워했던 나였지
> 만, 이제서야, 그런 아버지와 어머니가 어떻게 괴로움과 차별을 견뎌내고, 모
> 든 사랑을 다 해 우리 아홉 오누이를 키워 주셨는지 확실히 알 것 같습니다.[28]

당사자인 박종석이 위와 같이 생각하게 된 이유는, 히타치 취직 차별
반대 투쟁이 일부 재일코리안의 비판처럼 동화를 지향한 것이 아니라 동
화를 근본적으로 비판하는 성질을 갖고 있었기 때문이다. 이는 지금까지

---

28) 朴君を囲む会編, 『民族差別-日立就職差別糾弾』, 亜紀書房, 1974, 260쪽.

동화를 강요해 온 일본의 시책과 일본 사회의 구조가 문제이기 때문에 이를 타파해야 한다는 주장으로 발현됐다. 그리고 투쟁에 관여한 재일코리안들은 민족적 정체성을 유지하며 일본에서 살아가기 위해서는 민족 차별에 무력해지지 말고 맞서 싸울 필요가 있으며, 바로 그와 같은 행위가 중요하다고 확신하게 됐다. 또한, 히타치 취직 차별 반대 투쟁에 관여한 일본인 측은 동화로 문제가 해결되는 것이 아니라, 민족 차별을 없애는 동시에 민족적 정체성을 유지하는 재일코리안을 지역과 직장 등에서 받아들여야 한다는 점도 배우게 됐다.

이런 측면은 히타치제작소를 상대로 한 재판에 대응하는 원고와 지원자들의 전략에서도 확인된다. 이들은 우선, 재일코리안이 어떻게 형성됐고 동화정책이 미친 영향을 밝히는 데 주목했다. 법정에 증인으로 출석한 박경식은, 식민지 지배를 받은 조선에서 경제적으로 궁핍한 농민들이 살길을 찾아 일본에 도항할 수밖에 없었던 상황이 있었고, 박종석의 부모 또한 동일한 역사적 배경하에 일본에 건너왔다고 말했다. 아울러 총력전하의 동화정책에 대해서도 당사자의 인간성을 파괴했다고 비판하는 동시에 다음과 같은 심각한 영향을 미쳤다는 사실을 확실히 파악하고 있었다.

> 언어와 문학, 이름 등을 권력에 강탈당하는 타격과 함께, 특히 강조하지 않으면 안 되는 것은, 애초에 '동화'가 그 말이 의미하는 일본인과의 '평등'이 아닌, '일본 국가의 틀 속에 최저한의 차별을 받으며 편입돼 간다'라는 뜻이라는 점이다. 그렇기 때문에 당사자는 '동화'를 강요당하면 당할수록, 일본 국가와 일본인에 대한 열등감, 즉, 인간성의 파괴가 내부에 축적돼 간다.[29]

그리고 이은직은 법정에서, 전후에도 민족교육을 받지 못한 재일코리

---

29) 1974년 2월 14일, 橫浜地方裁判所に提出した原告の'最終準備書面', 朴君を囲む会編, 『民族差別－日立就職差別糾弾』, 亜紀書房, 1974, 178쪽.

안 2세가 열등감을 안은 채 성장하는 상황에 관해 다음과 같이 증언했다.

> 자식을 키우는 데 가장 중요한 점은, 자신에게 긍지를 갖는 것입니다. 자신
> 의 부모, 자신의 가정에 대해 긍지를 갖는 것입니다. 자신의 부모, 자신의 가
> 정에 대해 존경하는 마음을 갖고, 자신의 가정에 기쁨을 느낄 수 있는 인간이
> 어야 합니다. 우리[재일코리안]의 자식은, 전쟁이 일어나기 전부터 그랬지만,
> 자신이 처한 환경을 저주하고 있습니다. 올바른 민족교육이 이뤄지지 않고
> 있으니… 조선인의 집에 태어났다는 사실에 대해 운명적인 저주를 느낀다…
> 인간으로서 순수한 자식을 키우기 위해서라도, 역시 조국을 갖고, 민족문화의
> 전통을 가진다는 점을 생각할 [필요가 있습니다.][30]

이와 더불어 실제로 재일코리안이 받는 취직 차별의 상황에 대해서도,
조사를 토대로 한 설명이 이어졌다. 원고 측 변호단은 다양한 사례를 들
면서 '일본인은 졸업과 동시에 취직할 경우, 학교에 [기업 측이] 구인을
신청하는 기업에 들어가는 것이 보통이지만, 학교에 취직알선을 요구하
는 기업이 재일조선인을 받아들이지 않는다는 자세를 가진 것은 확연하
다'라고 밝혔다. 즉, '[재일코리안에 대해서는] 추천하지 말아 달라는 취
지[를 학교 측에] 확실히 전달하는 일류 기업'과 일본 호적이 아니면 안
된다는 기업, '예외적으로 재일조선인을 받아들이는 경우에도, 귀화할 것
과 일본명을 쓰며 일본인답게 처신할 것을 요구하는' 사례 등이 있었고,
'민족학교 졸업예정자에 대한 구인 모집은 전무'했다고 설명한 것이다.[31]
그리고 조선장학회 이사였던 이은직은 자신이 종종 상담했던 재일코리
안 청년들이 취직의 어려움을 호소했다고 증언했고,[32] 취직 차별을 직접

---

30) 1974년 2월 14일, 横浜地方裁判所に提出した原告の'最終準備書面', 朴君を囲む会編, 『民族差
別 - 日立就職差別糾弾』, 亜紀書房, 1974, 179쪽.
31) 1974년 2월 14일, 横浜地方裁判所に提出した原告の'最終準備書面', 朴君を囲む会編, 『民族差
別 - 日立就職差別糾弾』, 亜紀書房, 1974, 184~185쪽.

경험한 재일코리안 증인들은 강력한 충격을 받은 일과, 자기 부모가 평소에 민족 차별을 받아도 '너무나 당연한 것처럼 받아들이고 있었다[하지만 자기 자식이 차별받은 데 대해서는 눈물로 밤을 지새웠다]'는 점을 법정에서 진술했다.[33]

그런 재일코리안에 공통되는 피억압과 피차별의 역사와 함께 재판에서는 원고의 성장 과정과 차별 경험, 그 과정에서 형성된 의식도 거론됐다. 이 과정에서 원고가 태어난 지역이 재일코리안 조직이나 같은 민족의 유대가 약한 데다 일본인에게 둘러싸여 있었기 때문에 원고의 가족이 가능한 한 일본인처럼 생활할 수밖에 없었고, 그에 따라 이웃의 일본인이 원고의 가정을 '허용'해 교제를 인정했던 일, 그런 가운데 원고 등이 '부모는 조선인이지만 자신들은 일본인'이라며 민족문화를 거부하면서 친구들에게도 자신이 조선인이라는 사실을 드러나는 것을 두려워했던 일, 그리고 그런 상황에서 박종석이 아라이 쇼지라는 일본식 통명을 사용했던 경험 등이 알려졌다.[34]

원고 측 변호단은 바로 이와 같은 배경 때문에, 박종석이 히타치제작소에 제출한 이력서에 재일코리안이라는 사실을 알리지 않은 채 일본식 통명을 사용하고 출생지를 본적란에 기재했다고 주장했다. 아울러 히타치제작소 측이 박종석의 '허위 기재'(본적지란에 출생지를 기재한 것 등)를 이유로 채용을 취소한 조치 등은 사후에 꺼내든 이유에 따른 것에 불과한 데다 '한국적'을 이유로 채용을 취소했기 때문에 노동기준법 위반에

---

32) 1974년 2월 14일, 橫浜地方裁判所に提出した原告の'最終準備書面', 朴君を囲む会編, 『民族差別－日立就職差別糾弾』, 亜紀書房, 1974, 187쪽.

33) 1974년 2월 14일, 橫浜地方裁判所に提出した原告の'最終準備書面', 朴君を囲む会編, 『民族差別－日立就職差別糾弾』, 亜紀書房, 1974, 190쪽.

34) 1974년 2월 14일, 橫浜地方裁判所に提出した原告の'最終準備書面', 朴君を囲む会編, 『民族差別－日立就職差別糾弾』, 亜紀書房, 1974, 194~197쪽.

해당해 무효라고 주장했다. 동시에 민족 차별이라는 용납하기 어려운 행위로 인해 임금을 지급받지 못한 손해를 포함해 다대한 정신적 손해가 발생한 것은 명백하다며 위자료도 요구했다.[35]

한편 박군을 둘러싸는 모임은 이 재판과 병행해 히타치제작소 측과의 직접 협상을 요구하는 활동을 벌였다. 그 결과 1973년 12월 21일에 박군을 둘러싸는 모임 측의 약 50명과 히타치제작소의 노무과장 등의 직접 협상이 성사됐다. 박군을 둘러싸는 모임 측은 이날 협상에서, 부당해고를 철회하는 동시에 차별을 인정하고 법정에서 사죄할 것 등을 요구했지만, 히타치제작소 측은 차별 사실을 인정하지 않았다. 이후 1974년 6월 17일까지 모두 7차례에 걸친 협상이 이어지는 동안, 박종석 재판이 시작된 이후 히타치제작소가 노무담당 직원을 대상으로 실시한 연수회 당시 배포한 비밀문서에 공산당이나 열성적인 창가학회 관계자와 외국인은 고용하지 않는다고 기재한 사실 등이 폭로됐다. 이 사건과 민족 차별에 대한 입장을 밝혀 달라는 요구에도 명확한 답변을 내놓지 않는 히타치제작소의 담당자에게, 박군을 둘러싸는 모임, 특히 재일코리안 회원은 협상의 장에서 분노를 표출했다.[36]

이 문제는 같은 기간 한국에도 알려져 히타치제작소를 비판하는 움직임도 확산했다. 1974년 1월에 한국기독학생총연맹이 발표한 '반일구국투쟁선언'에는 '히타치 회사의 박종석 씨 취직 차별 문제 등 한국인 동포에 대한 일본 내 차별 대우를 즉각 중지하라'는 결의가 담겼다. 나아가 4월 16일에는 한국기독교장로회 여신도회 서울여합회가 재일한국인에 대한 차별 대우에 항의해 히타치 제품 불매 운동을 전개한다는 결의를 채

---

35) 1974년 2월 14일, 横浜地方裁判所に提出した原告の'最終準備書面', 朴君を囲む会編, 『民族差別―日立就職差別糾弾』, 亜紀書房, 1974, 164~236쪽.
36) 朴君を囲む会編, 『民族差別―日立就職差別糾弾』, 亜紀書房, 1974, 88쪽.

택했다. 이후 히타치 제품 불매 운동은 확대 양상을 보이는 가운데 세계
교회협의회(WCC) 인종차별 투쟁위원회까지 히타치 제품 불매 운동을 결
의하자, 히타치제작소 측은 민족 차별 사실을 인정하는 자세로 점차 전
환했다.

그리고 1974년 6월 19일, 요코하마지방재판소가 판결을 내렸다. 재판
소는 판결에서 '원고가 피고 회사에 취직하겠다는 일념으로, 자신이 재
일조선인이라는 사실을 감춘 채 일본인처럼 보이기 위해 성명에 통명을
기재하고 본적에 출생지를 기재해 신고했다고 하더라도, …원고를 포함
한 재일조선인이 놓여 있었던 상황의 역사적이고 사회적인 배경, 특히
우리나라의 대기업이 특수한 예외를 제외하고, 조선인이라는 이유만으
로 재일조선인의 채용을 계속 거부하고 있다는 현실, 원고의 생활 환경
등을 고려할 때, 원고가 사칭 등에 이른 동기에는 동정해야 할 점이 많
다'라며 히타치제작소 측이 채용을 취소한 '정말로 결정적인 이유는, 원
고가 재일조선인이라는 점, 즉, 원고의 『국적』에 있었다고 추인할 수밖
에 없다'라고 밝혔다. 이에 따라 해고는 무효로 판단돼 그간의 임금이 지
급되게 됐다. 이와 더불어 판결에서는 '피고의 원고에 대한 본건 해고에
의해, 재일조선인에 대한 민족적 편견이 예상외로 심하다는 사실을 새삼
깨달았고, 재일조선인에 대한 취직 차별과 그에 수반되는 경제적 빈곤,
재일조선인의 생활고를 원인으로 한 일본인의 경시 감각은, 많은 재일조
선인에게서 성실하게 생활할 희망을 앗아가고, 때로는 인격의 파괴를 초
래하고 있는 상황인 만큼, 재일조선인이 인간성을 회복하기 위해서는,
조선인의 이름을 갖고, 조선인답게 행동하며, 조선의 역사를 존중하고,
조선민족으로서의 긍지를 갖고 살아가는 것 외에 달리 길이 없다는 점을
깨달은 취지와 그런 심경을 표명하고 있는 점이 인정되기 때문에 민족
차별에 의한 정신적 고통에 대해서는, 동정하기에 충분하다고 할 수밖에

없다'라고 명시한 뒤, 임금에 상당하는 부분을 지급했다고 해서 '그 고통이 완전히 해소되었다고 볼 수는 없다'라며 원고 측 주장대로, 위자료 50만 엔을 지급하라고 명령했다.

이 판결은 원고 측의 주장을 거의 전면적으로 받아들인 것이었고, 박군을 둘러싸는 모임과의 직접 협상에서 이미 민족 차별이 있었다고 인정한 히타치제작소 측은 항소를 포기하고 판결을 수용했다. 또한 히타치제작소와 박군을 둘러싸는 모임은 추가 논의를 통해 '박군 또는 히타치에 입사한 재일한국인·조선인에 관해 대화의 필요가 발생할 경우 상호 요청에 따라 수시로 대화하며 성의를 갖고 해결하기로 한다'라는 점 등을 확인했다. 이에 따라 박종석은 같은 해 9월 2일, 히타치소프트웨어 도쓰카공장에서 근무를 시작했다(2011년 11월 정년퇴직).

이처럼 전면적인 승리를 거두고 종결된 히타치 취직 차별 반대 투쟁은 커다란 의의가 있는 사건이었다. 무엇보다 민간기업의 종업원 채용 과정에서 민족 차별이 법적으로 허용되지 않는 것 등이 판례로 확립됐고, 재판에서 승소했다는 소식이 일본과 한국에 보도돼 큰 주목을 받았다. 또한 이 사건은 민족 차별에 대해 어쩔 수 없다고 체념하지 말고 스스로 주장하고 행동함으로써 일본 사회를 바꿔 나갈 수 있다는 자신감을 재일코리안에게 심어주었다.

3) 지역과 학교 차원의 반민족 차별 투쟁

히타치 취직 차별 반대 투쟁과 거의 같은 시기에는 다른 재일코리안의 반차별 투쟁이 등장하고 문제가 제기됐으며 이에 공감한 일본인의 활동도 시동을 걸었다.

먼저 오사카시에서는 재일코리안 학생이 제기한 의문에서 고등학교

입시의 차별 문제가 주목받았고, 이를 해결하기 위한 노력이 이뤄지고 있었다. 당시 피차별 부락문제 등의 학습에 주력하던 교원 이나토미 스스무는 이 같은 문제 제기를 받아들였는데, 이나토미는 자신의 회고[37]를 통해 관련 경위를 다음과 같이 설명하고 있다.

1968년 10월, 한 재일코리안 여학생이 이나토미 스스무 등에게 진학과 관련해 고민하고 있다고 털어놓은 뒤 '사립 고등학교는 조선인이라는 사실이 알려지면 수험조차 못 하게 하는 곳'이 있고 '설령 수험은 허용하더라도 합격점에 차이를 두는 학교'나 '합격을 해도 입학금을 2, 3배 내지 않으면 입학시켜 주지 않는 학교도 있다'라고 들었다고 지적하면서 '여러 가지 차별 문제를 공부해 왔는데, 선생님은 어째서 우리에게 가장 밀접하고 중대한 차별 문제를 모두에게 가르쳐 주지 않으셨나요? 왜 그러셨나요?'라고 질문했다. 이때 오사카에서는 실제로 고등학교 입학 과정의 민족 차별이 존재했다. 하지만 '조선인 학생은 이 같은 차별에 분개하면서도 거의 체념에 가까운 심정으로 자신의 진학에 대해서는 공립 고등학교, 학력적으로 부족하다면 정원에 여유가 있는 공립 정시제 고등학교, 또는 취직을 희망하는 것이 일반적인 모습이었다. 이런 차별이 있다는 것을 모르는 교사는 아무도 없지만, 그에 대해 문제를 제기하거나 차별 철폐를 요구하는 행동은, 당시 어디에서도 제기된 적이 없는' 상황이었다. 재일코리안 학생의 고발에 촉발된 이나토미 등은 상황을 개선하기 위해 교직원 조합을 설득하기 시작했고, 오사카시 사립 고등학교 연맹과 논의한 결과, 1969년도 입시부터 이 같은 차별을 철폐하겠다는 회답을 끌어냈다.

하지만 1971년, 오사카시의 중학교 교장회에서 민족 차별적인 내용의

---

37) 稲富進, 「在日朝鮮人教育にかかわる私の原点(1)」, 『むくげ』67号, 1980년 4월 25일.

문서가 배포되는 사건이 발생했다. '재일외국인 자제의 실태와 문제점'이라는 제목의 이 문서에는 '조선인 자제는, 공덕심, 연대감, 책임감이 부족해 이기적이고 타산적이며 찰나적이고 충동적인 언동을 많이 한다'라는 문구가 기재돼 있었다. 이나토미와 우치야마 가즈오 등 오사카시 교원들은 이를 비판하는 동시에 민족 차별을 극복하기 위한 실천적인 교육이 필요하다고 판단해, 같은 해 '일본의 학교에 재적하는 조선인 자제의 교육을 생각하는 모임'(이후 '자제'를 '아동·학생'으로 변경)을 출범시켰다.[38] 이때부터 오사카시와 주변 도시에서는 일본의 공립 학교에 재적하는 재일코리안 아동과 학생이 조국의 언어와 문화를 배울 수 있도록 민족학급을 설치하고, 재일코리안에 대한 일본인 아동과 학생 등의 이해를 촉진하는 활동이 활성화되기 시작했다.

한편 효고현 내 고등학교에서는 교육 현장의 차별을 고발하고 교원의 의식 변혁을 요구하는 이른바 일제규탄 투쟁 활동이 시작됐다. 당시 고양되고 있었던 피차별 부락민의 해방운동에 자극을 받은 형태로 재일코리안 고등학생들도 비슷한 활동에 나선 것이었다.

현립 아마가사키 공업고등학교의 일제규탄 투쟁과 관련해서는 교원들의 수기 등을 엮은 '효고현립 아마가사키 공업고등학교 교사집단 『교사를 태우는 불꽃』 산세이도, 1973년'에서 기록을 찾아볼 수 있다. 이에 따르면 1969년 6월, 아마가사키 공업고등학교의 한 교사가 재일조선인 학생에게 '불량배처럼 말하지 말라'라고 한 데 대해 항의했지만, 또다시 '불량배'라고 되풀이한 것 등을 이유로 교사에 대한 규탄이 시작됐다. 같은 학교의 재일코리안 학생들은 '그 얘기를 듣고 우리 조선인이 어떻게 느꼈는지 알기는 하느냐. 너희들 일본인 교사가 뱉은, 불량배라는 말이 얼

---

38) 内山一雄, 「在日朝鮮人教育と私」, 『季刊 三千里』 제35호, 1983.8.

마나 무거운지 아느냐. 우리 조선인의 억울함, 알고 있느냐. 우리는 말이지, 적어도 교사는 믿고 있었다. 이 괴로움, 너희 일본인이 만든 것이야. /그래서 우리는 말이지, 서로 약속했다. 그 꼰대, 절대로 용서하지 않는다. 그 꼰대만은 다르다. 같은 교사들, 절대로 용서하지 않는다. 특히 권력 측에 있는 꼰대는 용서하지 않겠다고 생각했다'라며 교원과의 대화를 요구했다. 교원 측도 이에 응해 연일 홈룸 시간에 토의를 진행했고, 학생 대표와 교직원 간 대화, 전교 집회 등이 열렸다.

교사 측에서는 자신은 조선인을 평등하게 취급해 왔다고 생각하며, 조선인과 부락민과도 교류하고 대화했기 때문에, 그들의 심정을 잘 알고 있다고 생각한다는 발언이 나왔다. 이에 대해 피차별 부락민과 재일코리안 학생 측에서 안이한 인식이라는 비판이 나오면서 규탄은 이어졌다. 이런 과정을 거치면서 일부 교원은 지금까지 재일코리안이나 피차별 부락민의 생활, 학생이 직면한 문제에 관심을 두지 않았던 사실을 자각했고, 그들의 생활사에 귀를 기울이거나 취직 차별 등을 시정하기 위해 노력하기 시작했다.

또 재일코리안이 많은 지역에서는 민족 단체와 결이 다른 청년들의 모임이 탄생해 다양한 활동을 벌였다. 오사카부 다카쓰키시에서는 1972년에 '다카쓰키 무궁화회'가 결성됐고,[39] 오사카시 야오시에서는 1974년에 '도깨비 어린이회'가 활동을 시작했다.[40] 이들 단체는 재일코리안 어린이에 대한 학습 지원과 민족적 정체성의 보장, 그리고 지방자치단체 행정의 국적조항 철폐 등을 추진했다.

이밖에도 히타치 취직 차별 반대 투쟁 참가자가 만든 모임과, 기독교

---

39) 国際高麗学会日本支部『在日コリアン辞典』編集委員会編, 『在日コリアン辞典』에서 鄭雅英이 집필한 '高槻むくげの会' 항목.

40) 国際高麗学会日本支部『在日コリアン辞典』編集委員会編, 『在日コリアン辞典』에서 鄭雅英이 집필한 '八尾トッカビ子ども会' 항목.

단체 내부에서 인권 문제를 고민하는 조직 등도 민족 차별 문제를 해결하기 위한 연구와 노력을 지속했다. 기독교계 조직 중에서는 재일대한기독교회가 1974년, 부속 시설로 재일한국인문제연구소(약칭 RAIK: Research Action Institute for the Koreans in Japan)를 설립했다. RAIK는 재일코리안의 권리 확보를 위한 자료를 수집하는 동시에 각종 정보를 발신하고 연구하는 조직으로 전담 직원 1명을 두고 있었다.

4) 민족 차별과 투쟁하는 연락협의회 결성

히타치 취직 차별 반대 투쟁이 끝난 뒤에는 재일코리안이 직면한 문제에 대처하기 위한 조직으로, 민족 차별과 투쟁하는 연락협의회(약칭 민투련)가 출범했다. 히타치 취직 차별 반대 투쟁에 관여한 뒤 민투련 사무국장, RAIK 직원을 역임한 배중도는 당시 상황에 대해 다음과 같이 전하고 있다.

> 히타치 투쟁은 4년간의 싸움 끝에 승리했다. 승리했다는 것은 커다란 의의가 있는 동시에 어떤 종류의 한계도 노출했습니다. 74, 75년에 히타치 투쟁에 승리해 가는 가운데 그것을 이대로 해소해 버리는 건 아까우므로 처음으로 민투련(민족 차별과 투쟁하는 연락협의회)을 만들게 되었다.…
>
> [민투련이 결성된 것은] 75년입니다. RAIK가 설립된 것은 74년으로, 나는 RAIK에서 자료 모으는 일을 하고 있었는데, 민족 차별과 투쟁하는 그룹이, 1년에 한 번 교류하는 게 좋지 않겠냐고 했다. 시대 상황적으로는 각지에서 입학 차별이 발생하고, 입국관리국의 강제퇴거 문제 같은 갖가지 사례가 등장했다. 그런 문제에 지역 단위로 대처하는 동시에, 학교에서 차별 문제에 대응하는 교원집단과도 연결고리가 생겼다. 나고야에서 재일조선인에 대한 건강보험 적용 문제에 대응하는 시민그룹과도 이어졌다. 그렇게 민족 차별과 투쟁하는 흐름은 점차 모양을 갖춰 갔다.[41]

배중도는 이 증언에서 민투련이 1974년에 출범했다고 언급했지만 출
범연도를 1975년이라고 밝힌 자료도 있다.[42] 이는 민투련의 창립대회나
창립선언이 없기 때문에 언제 조직됐는지 확정하기 힘든 측면과 관련
돼 있다. 민투련은 엄격한 회원자격이나 규약, 강령 등을 정한 조직이 아
니라 민족 차별과 투쟁하는 일본 전국의 조직과 개인이 정기적으로 교류
하기 위해 모인 집단이었다.

배중도가 증언한 대로 민투련의 활동은 1974년에 시작됐고, 1974년
11월 4일에는 가와사키시에서 전국 대표자회의가 개최됐다. 이후 전국
대표자회의는 각지에서 열렸고, 1년에 한 차례씩 전국 교류집회를 개최
해 각지의 활동을 보고하고 토론하는 기회를 가졌다. 제1회 전국 교류집
회는 1975년 8월 30일, 오사카시에서 개최됐다(민투련이 1975년에 출범
했다는 설은 이를 기점으로 한 것으로 보인다).[43] 이에 앞서 같은 해 6월
에는 기관지인 『민투련 뉴스』 창간호가 간행됐다.

민투련에 참여한 각지의 단체와 개인은, 지역에서 발생한 재일코리안
문제를 고민하고자 개인적으로 참가한 그룹, 재일코리안 기독교 교회 관
계자, 앞서 소개한 것처럼 재일코리안 학생이 직면한 문제에 대처한 교
원집단, 지방자치단체의 노동자 등으로, 재일코리안의 경우 2세 청년들
이 많았다. 시기에 따라 다르지만, 각지에서는 지방행정시책의 국적조항
철폐, 입학차별과 진학보장 문제, 일본 공립학교에 다니는 재일코리안
아이들의 교육 문제, 법적지위 문제 등에 주목했다. 민투련 공동대표에
는, 박군을 둘러싸는 모임의 발기인인 사토 가쓰미와 이인하가 취임했으

며, 배중도는 RAIK에 설치한 사무국의 사무국장을 맡았다. 민투련은 앞서 언급한 대로 강령과 규약은 제정하지 않았지만, 1979년에 운동 실천과 논의를 토대로 ①재일코리안의 생활 현실을 고려해 민족 차별과의 투쟁을 실천한다, ②재일코리안의 민족 차별과 투쟁하는 각지의 활동을 강화하기 위해 교류의 장을 보장한다, ③재일코리안과 일본인이 함께 투쟁해 나간다는 삼원칙을 확인했다.[44]

5) 지방행정시책의 국적조항 철폐 투쟁

히타치 취직 차별 반대 투쟁이 승리한 뒤에는 지방자치단체의 행정시책에서 국적조항을 철폐하도록 요구하는 활동도 성과를 거두었다. 우선 가와사키시에서는 히타치 취직 차별 반대 투쟁에 참여했던 재일코리안과 일본인 등이 중심이 되어 아동수당과 시영주택 입주권의 국적조항 철폐를 요구하는 협상을 벌인 결과, 1975년도부터 국적조항이 철폐됐다. 그리고 1975년 2월에는 재일코리안의 경우 일본인과 동일한 납세의무를 다하고 있는데도 부여되는 권리가 크게 제한된 현실이 문제라고 지적하며 아동수당과 공영주택의 국적조항을 철폐하도록 국가를 상대로 청원해 달라고 가와사키 시의회에 요구했다. 다음 달 가와사키 시의회 측도 이 요구를 받아들여 국가에 대한 의견서를 채택했고, 이후 일본인과 마찬가지로 재일코리안 아동에 대해서도 의무교육 취학안내통지를 송부하는 조치와 시가 운영하는 장학금과 입학준비금의 대출 등에서도 국적조항이 철폐됐다.

오사카에서는, 재일코리안의 기독교 조직과 일본인 단체를 비롯해 한

44) 国際高麗学会日本支部『在日コリアン辞典』編集委員会編, 『在日コリアン辞典』에서 飛田雄一가 집필한 '民闘連(民族差別と闘う連絡協議会)' 항목 및 仲原良二 소장 자료 가운데 2013년 11월 10일 자, 仲原良二, 「民闘連運動について」.

국민단 오사카부 본부도 동참한 가운데 아동수당 지급과 공영주택 입주 권리를 요구하는 활동이 전개됐다. 1974년 10월에 오사카부와 오사카시에 질문장을 제출한 뒤 시와 부를 상대로 협상이 진행됐다. 행정당국 측은 당초 민족 차별의 존재 여부에 대해 명확한 입장을 나타내지 않는 등의 대응을 취했지만, 이듬해 2월 오사카부가 부영주택의 국적조항을 철폐한다는 의향을 표명한 뒤 7월에 실제로 국적조항이 철폐됐다. 이에 따라 오사카부 각 시정촌의 공영주택도 해당 조치를 적용했다. 아동수당은 재원적 조치인 점을 들어 난색을 보였지만, 결국 해결에 이르렀다.

비슷한 시기에는 효고현 아마가사키시에서도 아동수당 지급과 시영주택 입주 자격을 둘러싼 운동이 펼쳐졌다. 재일코리안 기독교회 등이 1974년 10월에 시장에게 공개 질문장을 제출하면서 시작된 협상에서, 시 측은 재일코리안에 대해서도 아동수당을 지급하겠다고 약속했다. 그런데 아마가사키시는 지급 액수에 관해 일본인과 차이를 두는 조례안을 상정했고 시의회도 이를 가결했다. 이 같은 조치에 대해 차별의 완전한 철폐를 요구하는 시민 측은, 전국의 다른 민투련 구성원들을 상대로 호소하며 운동을 전개했다. 5월 9일에는 아마가사키 거주자는 물론 교토, 오사카, 심지어 가와사키시에서 온 재일코리안과 일본인 약 100명이 모인 가운데 시 측에서 사회복지국장 등이 동석해 협상을 진행했다. 이날 민투련 등의 관계자는 센다이, 가와사키, 나고야의 지원단체가 작성한 항의문을 낭독하며 민족 차별을 시정하도록 강력히 요구했고, 시 측도 현행 제도의 문제점을 인정했다. 하지만 시 측이 민족 차별의 즉각적인 시정이 아닌, 1년간의 유예가 필요하다는 견해를 밝히면서 협상은 난항했다. 이에 따라 민투련 등의 관계자는 조역(지금의 부시장에 해당)의 출석을 요구했고, 이튿날 이어진 협상에서 차별이 인간에게 얼마나 큰 상처를 주고 인간성을 갉아먹는지 등을 조역에게 호소하는 동시에 요구가 관철될 때까지 협상을 계속하겠다는 자세를 분명히 했다. 그 결과 시 측은 '1975년 4월 1일에 시행된 본 시의 아동수당 지급제도에 대해 실태적 차별이 있는 점을 인정하고, 일본인과 동등하게 지급하도록 지급액, 지급요건, 아동 거주 요건, 소급 적용(1975년 4월 1일에 소급)에 대해 간부회 협의를 거쳐 9월 시의회에 제안하겠다'라는 내용의 회답을 문서로 제시했다. 협상에 돌입한 전날 저녁부터 이튿날 오후 1시까지 장장 16시간에 걸친 줄다리기 끝에 성과를 쟁취한 것이었다. 이로써 아마가사키시의 아동복지 수당에 관한 차별이 해소됐다.[45)]

이런 가운데 다른 시정촌에서도 사회복지 정책에서 국적조항을 철폐하는 움직임이 진전돼 갔다. 그리고 한국민단도 차츰 재일코리안에 대한 이 같은 제도적 차별을 해소하기 위해 조직적 활동을 검토하고 본격적으로 추진하게 됐다(후술).

6) 전전공사(일본전신전화공사)의 취직 차별 철폐

지방행정의 복지정책에서 국적조항을 철폐하도록 요구하던 활동과 거의 같은 시기에 취직 차별 문제를 해결하기 위한 노력도 계속되고 있었다. 1975년 9월, 오사카시의 공업고등학교에 재학 중인 재일코리안 학생이 전전공사 긴키전신통신국의 직원채용시험에 응시했지만, 외국인은 채용할 수 없다며 서류를 반송하는 사태가 벌어졌다. 전전공사는 전화 등의 통신사업을 독점적으로 관리하는 공영기업으로, 전전공사의 직원은 준국가공무원에 준하는 것으로 여겨지고 있었다(단, 전전공사와 같은 공영기업이었던, 소금과 담배를 취급하는 전매공사와 일본국유철도에는

---

45) 『民闘連ニュース』 제1호, 1975.6.

당시 이미 재일코리안 직원이 있었던 것으로 보인다).

하지만, 전전공사 측의 직원모집 요강에는 국적에 의한 제한이 명시돼 있지 않았고, 학교 측도 그 부분을 확인한 다음 이 학생의 채용시험 응시를 진행하고 있었다. 그러나 전전공사 측은 ①국가공무원에 준하는 직원으로 취급하고 있기 때문에 채용은 무리다, ②통신사업은 국가기밀을 취급한다, ③채용해서는 안 된다는 법령은 없지만, 내규 관행상 채용하지 않는다고 해명하고, 서류를 반송한 조치에 문제가 없다는 태도로 맞섰다. 그러자 학교 측은 오사카부 노동부를 통해 명확한 답변을 요구했지만, 전전공사 측은 명확한 법적근거 등을 들기는커녕 오히려 외국 국적자에게 직원채용의 문호를 개방하고 싶다는 식의 답변을 내놓았다. 이를 문제삼아 민투련은 전전공사를 추궁해 나가기로 확인했지만, 결국 해당년도에는 문제를 매듭짓지 못한 채 채용시험이 시행돼 버렸다.[46]

이듬해인 1976년 9월, 효고현 니시노미야시의 재일코리안 고등학생이 전전공사 긴키전신통신국의 채용시험에 지원했지만, 전전공사 측은 10월에 또다시 서류를 반송하고 채용시험에 응시할 기회를 부여하려고 하지 않았다.

이에 대해 해당 학생은, 재적 중인 니시노미야 시립 고등학교의 교원과 상의하는 과정에서 조선인인 사실의 의미를 생각하며 재일코리안의 권리와 삶에 대해 적극적으로 대처해야 한다는 점을 깨닫고 전전공사의 채용을 목표로 하겠다는 결의를 굳혔다. 이에 니시노미야 시립 니시노미야니시 고등학교의 교원들은 노동행정 담당자와 니시노미야시 교육위원회를 통해 전전공사 측을 상대로 수험자격을 인정하도록 압박했다. 나아가 전전공사의 노동자가 조직한 노동조합인 전전통(전국전기통신) 노동

46) 『民鬪連ニュース』 제6호, 1975.11.

조합 측 활동가와도 접촉해 협조를 구했다.

전전통 노동조합 측 활동가는 이 문제에 대한 이해를 표시했지만, 그렇다고 전전통 노동조합이 곧바로 재일코리안 학생 측에 서서 활동에 나선 것은 아니었다. 전전통 내부에도, 박정희 정권이 추진하는 재일한국인 운동을 돕는 꼴이 된다는 인식(실태적으로는 오해)과, 재일코리안의 동화가 촉진될 수 있다는 논의가 있었다. 하지만 전전통 내부에서는 "문제는 인권이 무시되고 있다는 사실이다", "동화를 촉진할 위험은 있지만, 그런 문제를 만들어내고 있는 것은 일본인으로, 그렇기 때문에 일본인 노동자가 주체적인 운동을 추진해야 한다"라는 의견도 나왔다. 전전통 소속 일부 노동자는 전단 배포와 서명운동 등에 적극적으로 협력했지만, 전전통 노동조합 본부는 이 문제에 대해 어떤 자세를 취할지 밝히지 않고 있었다.

그렇지만 니시노미야 시립 고등학교 교원 등의 노력에 힘입어 재일코리안 학생에 대한 지원의 고리가 착실하게 확대되면서 이 문제는 점점 주목을 받게 되었다. 실제로 조선총련계와 한국민단계 양측의 신문이 이 문제를 취재하는 한편, 1977년 5월에는 현지 지역구 출신 사회당 소속 국회의원인 도이 다카코도 사정을 청취하기 위해 니시노미야 고등학교를 방문했다. 이에 앞서 3월 15일 국회 중의원예산위원회에서는 사회당 소속 우에다 다쿠미 의원이 재일코리안에 대한 차별 문제를 언급하면서, 전전공사의 직원채용시험 응시를 거부당한 사례가 있다고 지적했다.

이처럼 운동의 열기가 점차 고조되자, 전전통 노동조합은 8월 17일, '재일조선인의 취직 문제에 관한 우리의 태도'라는 견해를 밝혔다. 그 내용은 ①외국인 노동자를 제한하는 것은 국내 노동시장의 문제도 있어 어쩔 수 없는 측면도 있다, ②하지만 재일코리안은 일반 외국인과는 다른 역사적 사정이 있는 만큼 배제해서는 안 된다, ③공권력을 행사하는 공무원의 경우, 채용에 일정한 제한을 두는 것은 어쩔 수 없지만, 전전공사는 그와는 다르기 때문에 재일코리안의 채용에 대해서는 일본인과 동등하게 해야 한다, ④전전통은 입사한 노동자가 조합에 가입해 활동하는 동시에 민족적 긍지를 갖고 일할 수 있는 환경을 마련해야 한다는 것이었다. 그리고 전전통은 전전공사와의 협상에서 재일코리안의 취직 문제를 거론했다.

하지만 이후에도 전전공사 내부에는 여전히 재일코리안을 위험시하는 차별적 인식에 따라 재일코리안을 채용하는 데 부정적인 의견이 있었다. 한 관리직은 신문기자의 취재에 대해 '통신 기밀을 누설하면 어떻게 하는가, 전화기를 설치하는 외국인이 일반가정에 들어가는 것은 괜찮은가, 창구업무는 어떤가, 등의 문제가 있다. 경쟁률이 높은데 일본인을 제쳐두고 재일외국인을 채용해도 괜찮은가'라고 대답했다.

이 같은 사실이 드러나자 니시노미야 시립 고등학교의 교원 등은 항의의 목소리를 한층 높였다. 결국 전전공사 측도 '1978년도 채용부터 모든 재일외국인에 대해 응모 제한은 하지 않는다. 직종 제한은 고려하지 않고 있다. 적성·능력에 따라 채용한다'라는 방침을 제시하기에 이르렀다.

하지만 이 방침은 1978년 3월 이후 졸업예정자에게만 적용되는 것이어서, 전년도에 응시를 거부당한 재일코리안 당사자는 재응시가 불가능했다. 다만 방침 변경 발표 이후인 1977년 10월, 전전공사 긴키통신국은 중도채용 시험을 시행하였고, 재일코리안 당사자는 '후배에게 길을 터 주겠다'라면서, '나 혼자 입사할 수 있다, 없다의 문제가 아니라 재일한국인이 자유롭게 직장을 선택할 수 있는지에 관한, 재일한국인 전체의 문제'라며 시험에 응시했고 무사히 합격한 뒤 채용됐다.[47]

47) 니시노미야 시립 니시노미야 고등학교 재일코리안 학생의 전전공사 채용과 관련된 투쟁에 관해서는 西宮市立西宮西高等学校分会編, 『在日朝鮮人就職差別 電々公社受験拒否撤回闘

7) 변호사 자격의 국적조항 철폐 투쟁

1976년부터 1977년까지는, 일본의 변호사 자격에서 국적조항을 철폐하기 위해 노력한 재일코리안 2세 김경득의 투쟁도 큰 주목을 받았다. 투쟁에서 최종적으로 승리한 김경득은 전후 변호사 제도 사상 최초의 재일코리안 변호사가 됐고, 다른 재일코리안, 특히 청년층에게 큰 희망을 안겼다.

일본에서 변호사 등의 법조자격을 취득하기 위해서는 우선, 국가시험인 사법시험에 합격해야 하며, 합격자는 사법연수소 수습생 자격으로 연수(당시는 2년)를 받은 다음 검사나 재판관, 변호사가 된다. 이 가운데 검사와 재판관은 국가공무원이기 때문에 외국인은 채용대상에서 제외되지만, 변호사는 변호사회에 등록하면 변호사로 활동할 수 있었으며, 사법시험의 수험자격에는 국적조항이 없었다.

하지만, 당시 사법연수소의 수습생을 채용하는 기준에는 일본 국적을 보유해야 한다는 제한이 있었고, 일본 국적이 없는 재일코리안이 일본의 변호사가 될 수 있는 길은 차단돼 있었다. 이는 최고재판소의 판단에 따른 것으로, 1956년 10월 10일 자 『관보』에 공시됐다. 즉 사법연수소 수습생의 채용기준 외에는 변호사법 등에서 일본의 변호사가 되기 위해서는 일본 국적을 보유해야 한다는 식으로 규정한 사실은 없었다. 최고재판소는 사법수습생의 급여가 국비로 지급되기 때문에 국가공무원에 준한다고 해석한 것처럼 보이지만, 공권력 행사가 뒤따르는 활동은 하지 않는데다 연수를 받더라도 국가공무원(검사나 재판관)이 아닌 변호사가 되는 사례가 많았기 때문에, 국가공무원에 준한다는 주장도 받아들이기 어려웠다.

争』, 西宮市立西宮西高等学校分会, 1978을 참조.

사실 이 문제에 이목이 쏠리기 전에 여러 명의 외국 국적자(재일코리안과 중화민국 국적의 구 식민지 출신자와 그 자녀)가 사법시험에 응시해 합격한 사례가 있었지만, 최고재판소는 이들 합격자에게 일본 국적 취득을 권유한 것으로 전해진다. 또한 실제로 '귀화'한 뒤에 사법연수소를 수료하고 변호사가 된 '전 재일코리안'도 여럿 있는 것으로 알려져 있다.

재일코리안 2세인 김경득은 1949년에 와카야마현에서 태어나 자란 뒤 고등학교를 졸업하고 도쿄의 와세다대학 법학부에 진학해 1972년에 졸업했다. 김경득은 민족교육도 받지 못한 채 재일코리안이라는 사실을 같은 반 친구 등에게 숨기며 살았다. 그랬던 그는 대학을 졸업할 때 조선인이라는 사실을 밝히고 취직 활동에 나섰다가 차별에 직면했다. 당시 와세다 대학 취직과는 김경득에게 '[재일코리안일 경우] 1부 상장기업은 99.9% 무리, 2부 이하 회사 중에서 사람이 좋은 사장이 있으면 취직할 수도 있으니 등록만 해 두세요'라고 말했다고 한다(히타치 취직 차별 반대 투쟁에 승리하기 전의 일이었다). 이 같은 차별을 경험하면서, 김경득은 변호사가 되기로 하고, 졸업 후에는 아르바이트로 생계를 유지하면서 사법시험을 준비했다. 사법시험을 통과하기는 쉽지 않았지만, 김경득은 1976년 10월 9일, 같은 해 사법시험에 합격했다는 통보를 받았다. 당시 김경득은 전례에 따라 일본 국적 취득을 신청한 다음 사법수습생이 될 수도 있었지만, 그런 선택을 해야 하는지 고민했던 것으로 보인다.

실제로 외국 국적을 유지한 채 변호사가 되겠다며 활동에 나설 경우 실현 가능 여부는 당연히 불투명했다. 물론 주위의 재일코리안도 그런 현실을 인식하고 있었다.

재일코리안 작가로 이미 활약 중이던 김석범은, 김경득이 사법시험에 합격한 직후 김경득의 후배라는 재일코리안을 만나 "귀화해서 변호사가 될 것인지, 재일코리안인 채로 변호사가 되기 위해 소송을 제기할지 고민 중인 인물이 있다"라는 이야기를 들었다. 이에 김석범은 우선 '나는 곤란했다. 곧장 답할 수 있는 사안이 아니었다. 조선인의 입장이나 민족적 주체성 등과 같은 '원칙론'을 내세우는 건 쉬운 일이다. 우리는 조국이나 민족적 입장 따위를 주장한 나머지, 지금까지 거주해 온 일본에서 시민적 권리를 주장하는 데 소홀했다고 할 수 있다'라고 생각했음을 적고 있다. 아울러 김석범은 '역시 귀화에는 반대'하지만, '일반적으로 변호사가 되면 평생 먹고살 걱정이 없기 때문에, 귀화에 반대한다'라는 것은 '그의 일생을 엉망진창으로 만들 수도 있다'라면서도, 역시 '귀화'에는 반대한다는 생각을 K에게 전했다고 한다. 이후 K에게 본인 역시 고민하고 있다는 이야기를 듣고 난 뒤 2, 3일 정도 지났을 때 김경득 본인이 김석범에게 직접 전화를 걸어 역시 '귀화'를 거부하는 방향으로 생각 중이라고 말했다.[48]

사법수습생의 채용절차와 관련해 김경득은 10월 18일에 사법수습생 채용선고신청서를 최고재판소에 제출했는데 같은 날 밤 최고재판소로부터 호출 전화가 걸려 왔고, 이튿날 최고재판소는 채용이 결정될 때까지 '귀화'하는 조건으로 채용한다는 취지를 전했다. 이에 김경득은 '귀화' 신청을 거부한다는 뜻을 밝혔다.

이처럼 일단 '귀화'해서 사법수습생이 되는 것까지 고민했던 김경득이, 결국 다른 선택을 한 이유는 무엇일까? 그에 대한 대답은, 과거 김경득이 재일코리안으로서 어떤 경험을 하고, 어떤 생각을 했으며, 왜 변호사가 되려고 했는지와 관련돼 있다. 1976년 11월 20일 자로 최고재판소에 제출된 '탄원서'에서 김경득은 다음과 같이 적고 있다.

---

[48] 金石範, 「在日朝鮮人青年の人間宣言─帰化とアイデンティティ─」, 『エコノミスト』 1977년 2월 15일 호.

나는 어릴 때부터, 조선인으로 태어난 데 한을 품고, 자신에게서 모든 조선 적인 것을 배제하기 위해 노력해 왔습니다. 소학교·중학교·고등학교·대학 교에 다니며 세월이 지나는 동안 일본인처럼 행동하는 것이 습성이 되어 있 었습니다. 하지만, 일본인의 차별을 피하고자 일본인을 가장하는 것에는 심한 고통이 뒤따랐습니다. 나는, 대학 졸업이 다가옴에 따라 조선인이라는 사실을 들키지 않기 위해 주위에 신경을 쓰며 소심하게 살아가는 것의 비참함을 견 딜 수 없게 되었습니다. 일본인 행세를 하기 위해 노력을 낭비하는 어리석음 을 통감하게 된 것입니다.

생각해 보면 일본인 행세를 하는 게 아니라 차별을 없애는 데 힘을 써야 했습니다. 나는, 바로 그 점을 깨닫게 되었습니다.

차별에 대처하는 재일조선인은, 조국 통일을 빨리 실현해 조국과 일본의 관계를 정상화하고 개개인의 삶의 터전에서 조선인의 구체적인 존재를 통해 일본인의 의식 속에 있는 조선인관을 바꿔 나가기 위해 살아가야 합니다.

나는, 대학을 졸업할 때 경험한 사회적, 직업적 차별을 계기로, 일본인 앞 에 조선인으로서의 나의 존재를 내세우자고 결심했습니다. 동시에 일본 국내 의 조선인 차별을 해소하고 일본의 민주화를 이룩하기 위해 내가 할 수 있는 가장 효과적인 것은 무엇이고, 일본 사회의 차별에서 도망치듯 살아온 지난 23년간의 공백을 되돌리는 길은 무엇이며, 대학 법학부에 진학한 의미를 살리 는 길이 무엇인지에 대해 생각했습니다. 그렇게 내린 종합적인 결론이 바로, 사법시험에 합격해 조선인 사법수습생, 조선인 변호사가 되자는 것이었습니 다. 그때부터 4년간 아르바이트로 생계를 유지하면서 열심히 공부했고, 드디 어 올해 사법시험에 합격한 것입니다.

나에게는 이런 사정이 있기 때문에, 사법시험 합격 이후 최고재판소가 국 적을 변경하라고 요구한 지금, 경솔하게 귀화를 신청할 수 없는 것입니다. 귀 화는 내가 변호사가 되고자 결심한 출발점, 그 자체의 상실을 의미하기 때문 입니다. 귀화하고 나서 조선인 차별을 해소하기 위해 노력하면 되고, 조선인 을 위해 변호 활동을 하면 좋은 것 아니냐고 말해본들, 귀화한 내가, 어떤 형 태로, 조선인 차별을 해소하는 데 관여할 수 있을까요. 귀화한 내가, 어떻게 재일동포의 신뢰를 얻을 수 있을까요. 그리고, 조선인인 것을 원망하고, 가녀 린 마음에 상처를 받는 동포의 자식에게, '조선인인 것을 부끄러워하지 말고,

강하게 살아가야 한다'라고 설득한들, 그것이 귀화한 인간에서 나오는 말이라면, 도대체 무슨 효과가 있겠습니까.

일본 사회의 조선인 차별이 없어지지 않는 한, 나의 귀화에는, 어떤 이유를 대더라도, 결국엔 항상 어두운 그림자가 따라다닐 것입니다.

나처럼 자기 민족에 등을 돌려 온 인간이라도, 지금, 간신히 자신의 출발점을 발견할 수 있는 것은, 내가 대한민국 국적을 갖고 있기 때문입니다. 따라서, 나는, 자신의 존재 의의를 잃게 하는 일본국 귀화를 수긍할 수 없습니다.

한편, 사법시험에 합격한 직후부터 김경득을 지원하려는 움직임이 고개를 들고 있었다. 10월 12일에는 하라고 산지 변호사가 사법수습생 채용의 국적조항을 문제로 들어 자유인권협회를 상대로 김경득에 대한 지원을 의뢰했고, 다나카 히로시 아이치현립 대학 조교수 등도 이 문제를 해결하기 위한 활동을 시작했다. 그리고 김경득이 앞서 인용한 탄원서를 제출한 다음 날, 하라고 산지와 다나카 히로시 등의 주도 아래 '김경득을 지원하는 모임'이 탄생했다.

지원활동을 하던 개인과 단체는, 애초에 사법수습생의 국적이 일본이어야 한다는 합리적인 이유도 없고 법적인 근거가 박약하며, 재일코리안의 역사를 반영해 대응할 필요가 있다고 호소했다. 아울러 재일코리안 변호사가 되는 것은, 민족 차별을 해소하는 데 의의가 있다는 지적도 나왔다. 11월 30일에는, 김경득을 지원하는 모임이 위와 같은 내용을 담아 '김경득 군이 변호사가 되는 길을 닫지 말라—조선인 차별의 해소를 위해—'라는 제목의 호소문을 발표했고, 자유인권협회도 최고재판소 장관 앞으로 '재일조선인 김경득 씨의 사법수습생 채용 문제에 대해'라는 서한을 제출해 국적을 이유로 사법수습생 채용을 거부한 판단을 재고해 달라고 요구했다. 이들 단체의 관계자는 같은 날 기자회견을 했는데, 이날 회견장에는 김석범과 재일코리안 문화인의 장로 격인 김달수 작가도 동석했다.

일본과 한국의 주요 신문사 등은 이 문제를 보도했으며, 김경득의 주장에 이해를 표시하면서 외국 국적자도 사법수습생이 되는 길을 열어 달라고 최고재판소에 촉구하는 논조가 대부분이었다. 또한 김경득을 지원하겠다고 나서는 재일코리안 단체와 한국의 단체도 잇따랐는데, 1977년 1월 7일에는 '재일한국·조선인 대학 교원 간담회'가 최고재판소에 요망서를 제출했고, 2월 24일에는 한국의 '재일교포 김경득 후원회', 그리고 3월 10일에는 일본기독교협의회 및 동 협의회 '재일외국인의 인권' 위원회도 성명을 발표했다. 김석범과 김달수도, 일본인이 종종 간단하게 생각하는 '귀화'라는 행위가 재일코리안에게 무거운 의미를 지니고 재일코리안 변호사의 탄생은 일본 사회에도 중요하다는 점 등을 신문이나 잡지 등을 통해 전했다. 여기에 한국민단 중앙본부도 3월 17일 자로 '김경득 사법수습생 채용에 관한 요망서'를 최고재판소에 제출했다. 이 요망서는 '귀화'를 조건으로 한 사법수습생 채용이 민족 차별에 해당한다는 점 등을 지적하는 한편, '법적지위협정'과의 관련성도 거론했다. '재일한국인은 그 특수한 역사적 경위에 의해 일반 외국인과는 다른 법적지위를 얻었으며, 한일협정에 따라 영주권을 갖고 있어', '김경득 군은 영주가 허가된 대한민국 국민'이라는 점을 언급하는 동시에, 법적지위협정 제4조에 '일본국에서 영주하는 것이 허가된 대한민국 국민에 대한 일본국에서의 교육'에 대해 일본국 정부는 타당한 고려를 하기로 한다는 규정이 있기 때문에, 법조 교육=사법연수소의 수습생이 되는 것에 대해서도, 일본정부는 법조 교육에 대해 타당한 고려를 해야 한다고 주장하였다.

상황이 이렇게 되자 최고재판소 측도 외국 국적을 유지하는 사법수습생을 받아들일 수 있도록 제도를 변경하는 방안을 검토하기 시작했다. 1977년 3월 15일 중의원 예산위원회에서 일본 사회당 소속 이나바 세이이치 의원이 질문한 데 대해, 최고재판소 장관대리자는 '[과거에 국적을 이유로 사법수습생이 되는 것을 거부한 사례가 있었지만 분명 국적을 요건으로 한 것도 솔직히 검토되었고… 조금 더 과감한 생각을 해야 할지도 모른다'라고 답변했다. 그리고 3월 23일에 열린 최고재판소 재판소 회의는 규칙을 개정해 외국 국적을 유지한 사법수습생의 채용을 인정하기로 했다.[49]

앞서 다룬 히타치 취직 차별 반대 투쟁의 승리와 함께 이 일은 재일코리안 청년에게 큰 희망을 주었다. 한 재일코리안은 이 일 직후 일본 신문에 다음과 같은 글을 기고했다.

최고재판소가 재일한국인 김경득 씨를 사법수습생으로 채용한 것은, 김 씨가 기자회견에서 밝힌 것처럼, 우리 재일조선인, 한국인에게 매우 기쁜 일이다.… 미래의 젊은 재일한국인에게 한 줄기 빛이 되고, 희망을 가져다주는 것이다.

우리가 학생일 때는 공부에 전념해 좋은 성적으로 졸업해도, 사회의 벽이 두터워, 취직 시험조차 만족스럽게 응시할 수 없었다. 취직을 희망하는 회사를 말하면 그저 "한국인"이라는 이유로 교사에게 거부당하고, 취직 시험은 응시하면 손해라는 사실, 불합격이 될 걸 알면서 응시하면, 불합격 통지와 함께 정신적 고통, 좌절을 맛볼 뿐이다, 라는 걸 깨닫게 되었다.…

귀화를 통해 일본 국적을 취득하고 갖가지 권리, 선거권을 취득한다. 그것은 재일한국인에게 하나의 도피처일지도 모른다. 그걸 영리한 삶이라고 평가하는 사람도 있을 것이다. 하지만 우리처럼, 조국의 땅을 밟아 본 적도 없는 2세, 3세 중에도, 조국을 깊이 사랑하고, 이국에 있으면서도 가슴을 펴고, 한국인으로서 살아가려는 인간이 있다. 국적란에 확실히 '한국'이라고 적고 싶다. '일본'은 쓰고 싶지 않다.

그러기 위해서는, 생활하는 데 여러 가지 장애가 생길 것이다나도 최근,

---

[49] 김경득의 사법수습생 채용과 관련된 문제에 관해서는 原後山治·田中宏編, 『司法修習生·弁護士と国籍—金敬得問題資料—』, 日本評論社, 1977 및 良知会, 『100人の在日コリアン』, 三五館, 1997을 참조.

주택융자를 신청하려고 했다가 국적을 이유로 거부당했다.

  3월 23일 자 '김 씨, 사법수습생으로 채용' 기사를 읽었을 때, 우리는 자기 일처럼 기뻐했다. 희망을 품었다. 은행의 주택융자도, 언젠가 우리 재일한국인도 이용할 수 있게 되는 건 아닐까?

  우리 재일조선인, 한국인이 일본에 귀화하지 않아도 살기 편해지도록, 하나하나 개선되기를 바라 마지않습니다. 우리의 제2의 조국인 '일본'을 더없이 사랑하기 위해서라도—.[50]

이후 김경득은 사법수습생으로 수습을 마친 뒤 변호사가 되어 재일코리안의 권리와 전후보상와 관련된 재판 등에서 변호를 맡아 계속 활약했다(2005년에 병사). 김경득 이후 사법시험에 응시하는 재일코리안도 늘었으며, 실제로 변호사가 된 자도 적지 않다.

8) 외국 국적자의 국공립 대학 교원 임용 요구

외국 국적자의 사법수습생 채용이 문제로 대두했던 것과 같은 시기에 외국 국적자의 국립대학 교원 임용을 요구하는 활동이 시작됐다. 당시 국립대학의 교원은 국가공무원으로, 교수·조교수·전임강사에 대해서는, 원칙상 외국 국적자의 임용이 허용되지 않았다.[51] 도부현과 시가 설립한 공립대학 또한 국립대학에 준해, 외국 국적자를 교수·조교수·전임강사에 임용하는 일은 없었다. 당시에는 전임강사 밑에 조수(현재 일

---

50) 朴桂子,「在日韓国人に希望の光」,『毎日新聞』1977년 4월 7일.

51) 약간의 예외는 있었던 것으로 보인다. 国際高麗学会日本支部『在日コリアン辞典』編集委員会編,『在日コリアン辞典』에서 尹明憲이 집필한 '金鐵佑' 항목을 보면, 1926년에 시즈오카현에서 태어난 재일코리안 2세 김철우는 '도쿄공업대학을 졸업하고 도쿄대학 대학원에서 제철기술을 연구한 뒤 1956년에 GHQ 정책고문 전형으로 도쿄대학의 전임강사가 되어, 도쿄대학에서 재일코리안 최초의 문부기관 1급(겸 단연구담당교수)까지 올랐다'라고 한다. 김철우는 이후 요청을 받고 포항종합제철소(포철)의 설립에 협력한 뒤 그대로 포철에 근무했다.

본의 대학 제도상 조교에 해당한다. 지금은 조교가 수업을 담당하는 경우가 많지만, 조수는 자신의 주 소속교에서 수업을 담당하지 않았기 때문에 '교원'으로 보기 어렵다)라는 직계가 존재했지만, 급여도 낮은 데다 다른 유리한 직위가 공석이 되어 그곳에 이동할 때까지 짧은 기간 동안 젊은 연구자가 임용되는 것이 보통이었다.

따라서, 국공립대학의 대학원에서 연구를 계속해 능력을 인정받은 재일코리안이 국공립대학에서 조수 이상의 직계에 해당하는 연구직에 임용되기를 희망한다면, 일본 국적 취득을 고려해야만 하는 상황이었다. 실제로 지도교수 등이 장차 뛰어난 연구자가 될 것으로 기대되는 재일코리안 대학원생과 조수에게 일본 국적 취득을 권유하는 사례도 있었다고 전해진다(연구직 희망자는 물론 사립대학 등의 교원도 고려할 수 있었지만, 일본에는 원래 관존민비의 풍조가 존재했고, 일반적으로 사립대학보다 국공립대학의 교육·연구 환경이 잘 정비돼 있었기 때문에 국공립대학의 교원이 사립대학의 교원보다 사회적 지위가 높은 것으로 여겨지는 경향이 없지 않았다).

이런 가운데 1970년대 중반부터 외국 국적자의 국공립대학 교원 임용을 요구하는 운동이 전개되기 시작했다. 이 운동을 주도한 서용달은 1933년에 부산에서 태어난 뒤 일본에 건너가 오사카 시립대학과 고베대학 대학원에서 경영학을 전공했고, 1971년에 모모야마가쿠인 대학의 교원이 됐다. 서용달은 이듬해 사립 대학의 재일코리안 교원들과 '무궁화회'을 결성하고 재일코리안에 대한 차별 문제에 대처하기 시작했다. 그리고 1974년, 무궁화회의 명칭을 '재일한국·조선인 대학 교원 간담회'로 바꾸면서, 외국 국적자의 국공립대학 교원 임용을 요구하기로 했다.

재일한국·조선인 대학 교원 간담회의 운영자인 서용달은 이듬해 10월, 민사당 소속 우에다 신키치 중의원 의원과 함께 나가이 미치오 문부대신을 만나, 국공립대학의 전임교원으로 '아시아인'을 채용할 것과, '아시아인' 조수에 대한 실태 조사 및 처우 개선 등을 요구했다. 서용달은 이후에도 외국 국적을 가진 국공립대학 조수의 실태를 조사하고 관련 단체를 설득하는 활동을 계속했다. 이 같은 활동에 공감한 일본인 교원 등이 '정주 외국인의 대학 교원 임용을 촉진하는 모임'을 결성하는 등 외국 국적자의 국공립대학 교원 임용을 위한 분위기는 점차 고조됐다.

법률적으로도 큰 문제는 없는 것으로 여겨졌다. 공무원이 일본 국적을 보유해야 한다는 일본국 측의 논리는 명확한 법에 입각한 것이 아니었다. 1953년 6월 29일, 인사원 사무총장 명의로 '공무원과 관련된 당연한 법리로써 공권력의 행사 또는 국가의사 형성에 참여하는 공무원이 되기 위해서는, 일본 국적이 필요하다는 해석이 이뤄졌다'라는 견해가 제시된 이래, 이를 근거로 종종 일본 국적 미보유자가 배제돼 온 것이었다. 다만 위 견해에서 말하는 '공권력의 행사 또는 국가의사 형성에 참여하는 공무원'이 어떤 직종을 가리키는지는 사실 명확하게 제시된 적이 없었다. 물론, 경찰관이나 국가의 핵심정책을 결정하는 회의의 자료작성 등에 관여하는 수준의 고위관료 등이 해당한다는 것은 부정할 수 없겠지만, 대학 교원의 해당 여부는 매우 의문스러웠다.

그래서 집권당인 자민당도 1978년 4월, '국공립대학 외국인 임용에 관한 시안'을 작성했다. 하지만 이 시안은 임용된 외국인 교원이 교수회 의결권을 갖지 않는다고 규정하는 등의 문제를 내포하고 있었다. 재일한국·조선인 대학 교원 간담회는 이 점을 비판하면서, 외국인의 국공립대학 교원 임용을 실현하기 위해 운동을 계속했다.

지속적인 노력 끝에 국회에 상정된 '국립 또는 공립대학의 외국인 교원 임용 등에 관한 특별 조치 법안'은 1982년 8월에 통과한 뒤 9월부터 시행됐다. 이 법률에는, 외국인 교원도 '교수회 기타 대학의 운영에 관여하는 합의제 기관의 구성원이 되어, 그 의결에 참여하는 것을 방해받지 아니한다'라는 문구와 외국인 교원도 교수회 등의 의결권을 가진다는 점 이 명기됐다. 다만 이 법은, 외국인 교원에 대해 임기를 정할 수 있다고 규정하는 한계를 남겼다. 그럼에도 불구하고 재일코리안의 일본 사회 참 여를 가로막는 걸림돌을 제거한 만큼 운동의 의의는 컸다.[52]

9) 일본 사회 여론의 변화와 그 배경

지금까지 살펴본 것처럼 1970년대를 통해 민족 차별을 철폐하려는 노력은 크게 진전됐다. 민간기업과 국가 자격, 공무원 등에 대한 재일코리안의 참가 가능성이 열렸고, 지방자치단체 행정의 사회복지 시책에서 국적조항이 철폐되는 사례도 잇따랐다. 앞서 소개한 사례 이외에도 많은 경우 정주 외국인 주민도 국민건강보험에 가입할 수 있게 되는 한편, 1975년에는 정부가 관할하는 장학금 제도인 일본육영회 장학금에서 국적조항이 철폐되는 등의 성과를 올렸다.[53]

이는 일본 사회의 큰 변화였다. 1950년대부터 60년대까지는 일본인 사이에서 재일코리안에 대한 배외주의적 언동이 자주 등장했었고, 재일코리안은 어차피 귀화하거나 귀국해야 하는 존재로, 그렇게 하는 것이 문제를 해결할 방법이라는 믿음이 퍼졌다. 하지만 1970년대에 들어서자 재일코리안을 일본 사회의 일원으로 받아들이고 차별을 없애야 한다는 생각이 고개를 들기 시작했다. 앞서 분석한 대로 민족 차별 반대활동에 대

---

52) 외국인의 국·공립대학 교원 임용 문제에 관해서는 在日韓国·朝鮮人大学教員懇談会等編, 『定住外国人と国公立大学──教員任用差別の撤廃を訴える──』, 僑文社, 1977 및 「国公立大学外国人教員の採用に至るまで」, 『季刊Sai』 제56호, 2006년 겨울·2007년 봄 합병호를 참조.

53) 国際高麗学会日本支部『在日コリアン辞典』編集委員会編, 『在日コリアン辞典』에서 仲原良二가 집필한 '日本育英会奨学金' 항목.

한 일본 사회의 여론은 대체로 호의적이었다.

이를테면, 김경득의 사법수습생 채용과 관련된 문제에 대해서도 각 언론사는 국적조항 철폐를 지지했다. 비교적 보수 성향으로 분류되는『요미우리신문(読売新聞)』의 논설 기사에서도 '재일한국인 김경득 씨가 떳떳하게 변호사를 향한 길을 걸을 수 있게 되었다. 정말 다행이라고 생각한다'라는 명확한 논조가 확인되며, 이번 조치가 일본과 한국의 법적지위협정을 근거로 했다는 점을 언급한 뒤 조선민주주의인민공화국 출신자에 대한 적용을 궁금해하면서 그들의 '변호사를 향한 길을 닫는 것은 공정하지 않다'라는 주장이 이어졌다(실제로는 이후 조선적 변호사도 탄생했다). 그리고 '김 씨가 수습생에 뜻을 둔 동기는 재일한국인에 대한 취직 차별이며, 사실상 차별적 취급을 받지 않는다고 정한 직업안정법의 정신을 대기업이 지키지 않고 있지만, 이 같은 직업차별도 앞으로 피할 수 없는 문제가 될 것이다'라며 민간기업의 취직 차별을 비판했다.[54)]

그렇다면 일본의 여론이 이처럼 재일코리안의 일본 사회 참여를 당연시하고, 민족 차별을 철폐하는 데 찬성한 이유는 무엇일까? 일단은 전후의 민주주의 교육을 받은 세대가 성장해 일본국헌법이 천명한 민주주의의 원칙이 일본 사회에 어느 정도 정착됐다는 점을 꼽을 수 있다.

물론 그것은 다양한 한계를 내포하고 있었다. 이 시기의 일본에는 민족 차별뿐만 아니라 남녀평등의 관점에서도 극도로 불합리한 차별이 존재했고, 오히려 대일본제국 사회를 그리워하는 일본인도 있었다. 게다가 일본국헌법은 애초에 권리를 누리고, 국가가 권리를 보장하는 것은 '국민'이라고 규정하고 있어, 외국인은 무전제로 권리를 부여받은 것이 아니었다. 하지만, 시민사회의 다양한 행위도 법에 입각한 절차에 따른 것

54) 『読売新聞』 1977년 3월 25일 자, 「編集手帳」.

이어야 하고 인간은 평등한 존재로, 타국과 타민족을 경시하거나, 적대시해서는 안 되며 우호 친선 관계를 구축해야 한다는 인식은, 일본 사회를 사는 대부분의 주체에게 상식적인 규범으로 뿌리내리고 있었다. 일본의 학교에서 전후 민주주의에 입각한 교육을 받아온 재일코리안 청년들도 그런 상식과 규범을 공유하고 있었고(물론 민족 차별에 반대해도 일본은 바뀌지 않을 것이라는 체념도 상당히 짙었지만), 그렇기 때문에 자신이 받은 부당한 차별을 시정하기 위해 주장하고 행동하는 인물이 등장할 수 있었던 것이다. 또한 일본인 시민 측도 전후 민주주의의 이념을 바탕으로 재일코리안 청년들의 그런 주장과 행동을 정당하다고 인식했다. 히타치제작소로부터 채용취소 통보를 받은 박종석이 상담차 노동기준감독서를 방문했을 때 노동기준감독서의 직원이 노동계약은 성립된 것으로 보이는 만큼 채용취소가 부적절하다는 뜻을 전한 것은, 사용자 측과 고용자 측이라는 입장 차, 민족의 차이가 있더라도, 기본적 인권은 존중되어야 하며, 법에 따라 그것이 보호되고 있다는 인식이 바탕에 깔려 있었음을 방증한다. 일본의 한 대형 신문사는 사설에서 김경득의 사법수습생 채용 문제에 관해 다음과 같이 주장했다.

우리나라 헌법은 전문에서 '압박과 편협을 지상에서 영원히 제거하고자 노력하는 국제사회에서, 명예로운 지위를 차지할 것'이라고 명시했다.

적어도 공정한 법의 파수꾼으로, 다양한 사건 처리를 통해 우리나라에 여전히 존재하는 민족 차별을 바로잡아야 하는 재판소가, 반대로 이번 처리를 두고, 재일외국인에 대한 편견과 차별을 의심케 하는 일이 있다니 중대한 문제이다.[55]

55) 『毎日新聞』 1977년 3월 18일 자, 「社説 司法修習の国籍制限を改めよ」.

이와 더불어 어느 정도는 국제화와도 관련이 있다. 당시는 외국인과의
인적 교류가 늘어나는 동시에 그와 같은 움직임을 촉진해야 한다는 인식
이 일반적이었고, 선진적이라고 간주되던 타국의 상황이 전해지는 동시
에 의식되고 있었다. 즉, 외국인과 민족적 소수자의 권리를 요구하는 운
동과 실제로 그런 조치를 취하는 나라의 사례를 참고할 수 있는 조건이
갖춰져 있었다. 재일코리안 측에서는 박군을 둘러싸는 모임의 발기인이
자 민투련의 공동대표에 취임한 재일코리안 이인하가 1960년대에 캐나다
토론토 대학에 유학해 흑인해방운동의 열기를 피부로 직접 느꼈고, '블
랙·이즈·뷰티풀'이라는 가치 전환에 감명을 받았다고 밝힌 바 있다.[56]
그리고 김경득의 사법수습생 채용 문제와 관련해 미국에서는 1973년, 이
미 변호사 자격의 취득요건으로 미국 시민일 것을 요구한 코네티컷주법
에 대해 위헌 결정이 확정된 사실 등이 최고재판소에 제출된 의견서에
기재돼 있다.[57] 외국 국적자의 국·공립대학 교원 임용을 요구하는 운동
의 일환으로 열린 심포지엄에서는, 서독의 경우 '외국인이 국립대학의 교
수가 된 사례가 얼마든지 있다', '하와이 대학의 경우 역사학과에만 42명
의 외국인 교원이 있고, 학장은 일본계 2세로, 미국에서는 교직원과 학생
을 대상으로 인종, 국적에 따른 차이를 두지 않고, 미국 국적의 취득 여
부는 교수의 지위와는 상관이 없다'라는 사례가 소개됐다.[58] 이밖에도
같은 시기 이미 외국인 노동자를 도입했던 서독, 출생지주의에 따라 2세
세대가 거주국의 국적을 취득해 사회적으로 상승하고 있는 미국의 사례
등도 신문지면 등에 등장했다.

그리고 국제적인 인권 기준도 의식되고 있었다. 특히, 재일코리안의

56) 李仁夏, 『歴史の狭間を生きる』, 日本キリスト教出版局, 2006, 190쪽.
57) 原後山治·田中宏編, 『司法修習生·弁護士と国籍』, 日本評論社, 1977, 26쪽.
58) 在日韓国·朝鮮人大学教員懇談会等編, 『定住外国人と国公立大学』, 僑文社, 1977, 53쪽, 57쪽.

권리 확립을 요구하는 시민단체는, 세계인권선언의 이념을 구체화한 국제인권규약이 1966년에 UN 총회에서 채택되고 1976년에 발효된 점을 크게 의식했다. 국제인권규약에 명시된 '내외인 평등' 원칙에 따른다면 사회보장제도 등에서 국적조항을 철폐하는 것이 당연했기 때문이다. 1979년에 이 조약을 비준한 일본은 당시 공무원의 노동기본권과 고등교육 무상화 등에 대해 유보를 선언했지만, 내외인 평등 원칙에 대해서는 특별히 유보한다고 밝히지 않았다.

그렇다고 이 시기 재일코리안의 권리에 대한 논의가, 단순히 국제적인 인권기준에 부합해야 한다거나 보편적인 인권을 확립해야 한다는 의식에만 바탕을 둔 것은 아니었다. 논의 과정에서는 항상 재일코리안의 역사, 즉 자기 뜻으로 일본에 건너온 것이 아니라 식민지 지배 정책을 배경으로 한 생활난과 전시동원 정책에 의해 강요된 이동이었던 점, 일본 생활도 임금과 주택 등에서 계속 차별을 받아온 점, 이름과 생활습관을 포함해 일본인으로의 동화를 강요당한 점 등이 거론됐다. 무엇보다 당시 일본인 사이에서는 재일코리안의 그런 역사를 고려해 일반 외국인과 다르게 처우해야 한다는 주장에 이론이 없었다. 그들의 역사를 부정하는 움직임이 거세지 않았을 뿐더러 전쟁 전에 태어난 일본인은 자신의 체험을 통해 동시대의 역사를 알고 있었으며, 그보다 젊은 세대에서도 일종의 속죄의식을 가진 일본인이 적지 않았기 때문이다.

게다가 이 시기 일본 사회에서는 이전 시기와 마찬가지로, "불우한 사람들", "차별 대우를 받아온 사람들"에 대해 특별한 조치를 취하고 격차를 시정해 나가야 한다는 생각이 일반적이었다. 1973년 가을 오일쇼크로 인해 고도경제성장은 종언을 맞이하고 있었던 만큼 분명 조건은 변하고 있었다. 하지만 1970년대 중반 이후에도 일본의 경제성장이 이어지고 서방 선진국보다 오히려 일찍 오일쇼크의 충격에서 벗어난 결과, 일본이 경제 대국이라는 의식은 예전보다 더욱 강화돼 있었다. 그런 가운데 경제 대국에 어울리는 생활의 질을 일본 사회에서 생활하는 모든 구성원이 두루 향유할 수 있게 해야 한다는 인식 또한 남아 있었다.

이밖에도 당시 재일코리안을 바라보는 일본인의 시각이 그렇게 나쁘지 않았고, 재일코리안의 '조국'에 대한 경계도 거의 없었다는 점에 주의할 필요가 있다. 종전 직후 암시장에서 활동한 '제삼국인'의 기억, 1950년대에 치안을 어지럽히고 공산주의 세력의 '간접 침략'을 담당한 존재라는 인식, 또는, 이승만 라인＝평화선을 설정한 '반일' 국민의 인상은 이 시기에 상당히 옅어져 있었다. 일본인의 대북 이미지는, 오늘날처럼 자국 인민을 강권적으로 지배하는 독재자가 있고 일본인을 납치하고 핵무기 개발을 감행하는 위험한 국가는 아니었다. 오히려, 언론은 인민에게 평등을 보장하고 공업화를 추진해 대국을 추종하지 않고 새로운 나라를 건설하고 있다고 보도했고, 혁신계 세력을 중심으로 적지 않은 일본인이 대북 우호를 촉진하자고 주장했다. 반대로 한국은 군사독재정권 국가로, 정체를 알 수 없는 KCIA(한국중앙정보부)가 일본에서 첩보활동을 하고 있다는 정보가 나돌았지만, 오늘날 일본 사회 일각에서 보이는 '혐한' 감정은 존재하지 않았다. 보수계 일본인 시민은 오히려 공산주의에 대항하기 위해 한일 친선을 추진해야 한다고 강조했고, 혁신계 일본인 시민도 강권적인 한국의 정권 담당자를 비판하면서도 한국 민중에게는 안타까운 눈빛을 보냈다. 게다가 이때는 역사 인식 문제와 관련해 한일 양국의 갈등도 불거지지 않은 상태였다(이는 식민지 지배의 청산을 요구하는 자국민의 목소리가 분출돼 대일 관계가 악화할 것을 우려한 박정희 정권이 통제했기 때문이라는 점에 유의해야 한다).

덧붙이자면, 민족 차별과 투쟁하는 재일코리안이 어디까지나 개인의 생활과 권리를 위해 활동을 전개했다는 점도 일본인 시민의 광범위한 지지를 얻는 데 중요하게 작용했다. 다시 말해 그들의 활동은, '조국'의 정권이나, 조국과 관련된 민족 단체를 배경으로 한 것이 아니었다. 만일 재일코리안의 투쟁이 한국민단의 조직적인 움직임이었다면 혁신계 세력은 비판했을 것이고, 반대로 조선총련의 조직적인 움직임이 있었다면 보수계 세력이 경계했을 것이다. 하지만 그렇지 않았기 때문에 이데올리기 대립이나 기존 정치구조와는 무관하게 많은 일본인 시민이 민족 차별에 반대하는 재일코리안의 주장에 찬동할 수 있었다(단, 한국민단이 민족 차별 반대 투쟁에 대한 관여를 강화하자 일부 혁신계 세력이 그것을 비판하는 움직임도 얼마간 포착됐다. 이 부분에 대해서는 후술한다).

【보론2】 재일코리안의 일본국적 확인소송

지금까지 살펴본 재일코리안의 민족 차별 반대 투쟁은, 당사자가 한국인 또는 조선인이라는 이유로 차별을 받고 있다는 부당함을 호소한 것이었다. 따라서 자신들의 민족적 긍지와 한국 또는 조선의 국적을 유지하면서 일본에서의 평등한 권리를 주장했다.

하지만, 그와 같은 시기에 한 재일코리안이 일본 국적을 확인하기 위한 소송을 제기했다. 이 소송은, 재일코리안은 훌륭한 '조국'이 있고 민족적 주체성을 유지하는 것이 중요하다고 여겼던 민족 단체의 활동가에게 민족에 대한 용납할 수 없는 배신이었을 것이고, 민족 차별을 방치하며 식민지 지배를 반성하지 않는 일본국가를 비판하던 죄피계 일본인에게도 이해하기 힘든 행위였을 것이다. 그렇지만 이 소송은 향후 일본국가가 나아가야 할 방향과 재일코리안의 권리를 고민하는 데 큰 의미가 있다.

1969년, 이 사건의 원고인 송두회가 일본국적 확인소송을 제기했다. 1915년에 경상북도에서 태어난 송두회는, 1918년에 먼저 일본에 건너갔던 아버지가 자신을 데리러 와서 일본 교토부 아미노초로 이주한다. 하지만 경제적인 문제로 같은 마을의 사원에 맡겨져 자랐고, 그 때문에 모국어나 문화를 거의 배우지 못한 채 성장했다. 1933년에 '만주국'으로 건너가 중국 대륙에서 생활하다 베이징에서 일본의 패전을 맞이했는데, '일본인'으로 자란 송두회는 본적지가 있는 조선으로 향하지 않고, 1947년에 일본으로 돌아갔다. 점령기 일본에서는 지속해서 일본에 거주한 조선인에 대해 강화조약이 발효될 때까지는 일본 국적을 가진다는 견해가 제시됐지만, 한편에서는 외국인 등록의 대상이 돼 있었다. 이런 가운데 중국에서 '귀환'해 등록을 하지 않은 송두회는 외국인등록 미등록자인 동시에 불법입국자로 취급됐고, 이 때문에 1950년에는 외국인등록 위반 혐의로 체포돼 하룻밤 구금됐다가 풀려났다. 이후 방랑생활을 하던 송두회는 1964년쯤에 자신이 자란 교토부 아미노초로 돌아가 살고 있었는데 이때도 외국인 등록을 하지 않고 있다가 1965년에 경찰의 호구조사로 발각된 후 구속기소됐고, 징역 1개월과 집행유예 판결을 받았다. 그리고 일본 재류에 대해서는 입국관리국의 조사를 받은 뒤 특별재류허가를 얻었다.

그런데 송두회는 처음부터 자신의 일본 국적이 멋대로 없어진 데 대해 의문을 품고 있었다. 재류허가를 받을 때도 '무슨 일이 있어도 일본에 있고 싶으냐'라는 입국관리국 직원의 질문이나 '각별한 평의를 통해' 재류를 허가해 달라고 요청해야 한다는 데 대해서도 불만을 느끼고 있었다. 게다가 특별재류허가는 1년마다 갱신해야 했기 때문에 매번 입국관리국 사무소에 출두해 수수료(회당 1,000엔)를 지급해야 하는 것도 이해하지 못했다. 송두회는 당시의 심정을 '그리 큰 부담은 아니지만, 아무래도 기분이 개운하지 않다. 다른 조선인 여러분은 어떤지 모르지만, 나는 누군가의 각별한 평의를 통해, 일본에 사는 것을 허가받아야 할 만한 이유는 없을 터이다. 무언가가 잘못됐다. 잘못은 바로잡지 않으면 안 된다'라고 적고 있다. 이를 이유로 1969년, 송두회는 일본국을 상대로 일본국적 확인을 요구하는 소송을 제기했다.

이 소송은 당연히, 민족 단체와 재일코리안에게는 조국이 있고 그 조국을 위해 기여해야 한다고 생각하는 사람들의 지원과 관심은 전혀 얻지 못했다. 민족 단체 등은 소송의 의의도 이해하지 못했고, 대한민국과 조선민주주의인민공화국 정부도 송두회의 행동을 받아들이기 힘들었을 것이다. 대한민국은, 한일 간 국교수립을 둘러싼 외교협상 등에서 밝힌 것처럼, 일본의 한국병합을 합법으로 인정하지 않기 때문에 식민지 지배를 받았다 하더라도, 대한제국의 국민과 그 자손 등은 일본 국적을 갖지 않았다고 생각했다. 즉, 식민지기도 일본제국 패전 이후도 한국민은 일관되게 한국 국적을 갖고 있었다는 입장이었다. 조선민주주의인민공화국도 마찬가지로, 식민지기에 강요된 일본 국적을 무효로 판단한 것으로 보인다. 조선민주주의인민공화국의 국제법은, 조선민주주의인민공화국 공민의 조건을, 조선민주주의공화국 창건 이전에 조선 국적을 보유한 자로 규정하고 있었다.

이런 가운데 소송을 제기한 송두회는 당초, 일본인은 물론 다른 재일코리안의 원조도 받지 못했다. 상담을 위해 변호사도 찾아갔지만 요령부득이었고, 결국 직접 작성해 보낸 소장을 교토지방재판소가 수리하면서 재판에 돌입했다.

송두회의 주장은 재일코리안에 대한 일본국가의 처우가 근본적인 문제점을 갖고 있음을 고발하는 큰 의의를 지니고 있었다. 일본국 측은 1951년에 조인되고 이듬해 발표된 샌프란시스코강화조약으로 조선의 독립이 승인됐고, 이를 근거로 재일코리안이 조선 국적을 회복하면서 일본 국적을 상실했다는 논리를 펼쳤다. 하지만 송두회는, 일본국이 제시한 논리를 반박하면서, '한국병합이 없었다면'이라고 하는데, 그것이 있었다는 것은 틀림없으며, 그런 가운데 일본국의 국민으로 규정된 역사는 부정할 수 없다고 말했다. 아울러 '물리적으로 후지산을 다른 어딘가로 옮기는 것은 가능할 수도 있겠지만, 지나간 역사를 되돌리거나, 묘지에 들어가 버린 사람을 소생시키는 것은 절대로 불가능하다. 만일 그게 가능하다면, 내 어머니를 저세상에서 모셔와 내가 사용하는 일본어를 그대로 조선어로 바꾼 다음 다시 한번 처음부터 내 인생을 시작하게 해 달라고 하고 싶다. 요컨대 지나가 버린 역사에 '만일'이라는 가정은 용납될 리 없고, 그 '만일'을 근거로 행정이 이뤄지는 것은 더더욱 용납될 리 없다'라고 강조했다. 송두회는 이어 샌프란시스코강화조약이 조선과 한국을 상대로 맺어진 것이 아니라는 점도 지적했다. 또한 일본국은 영토 변경에 따른 국적 변경이 당연하다고 봤지만, 송두회는 이를 개인의 자기 결정권을 무시한 인권 침해로 받아들였다. 그리고 '조선인 한 사람, 한 사람, 특히 재일조선인 한 사람, 한 사람이 개인의 의지, 생활상 편의와는 무관하게, 자신의 국적을 타자로부터 강요받아서는 안 된다. 특히, 절대로 일본국으로부터 강제되어서는 안 된다'라고 적었다. 송두회의 이 같은 주장은, 역사적으로 실재하고, 자신도 당한 식민지 지배에 의한 피해에 대해 일본국을 고발하고, 재일코리안에게서 자기 결정권을 앗아갔음을 비판한 것이었다.

송두회의 재판은 신문 등을 통해 알려졌으며 일부 재일코리안과 일본인의 지원을 받아 계속됐다. 송두회는 1973년, 일본정부 법무성 청사 앞에서 외국인등록증을 소각하는 행동도 벌였지만, 재판은 원고 패소로 마무리됐다.

하지만 송두회의 주장은, 국적과 인권을 둘러싼 논의를 심화시키는 계기를 내포하고 있었다. 그리고(이후 법률학자의 연구성과에도 힘입어) 샌프란시스코강화조약 발효 당시 일본정부가 취한 조치가 부당하다는

인식이 일반화됐다. 또한 재일코리안을 '외국인'으로 취급하는 것 자체가
부당하다는 논의와 본인이 희망한다면 재일코리안이 일본 국적을 취득
할 권리를 인정해야 한다는 생각에도 영향을 미쳤다. 역사적 실재로서의
식민지 지배 문제를 강하게 인식했던 송두회는, 이후 사할린 잔류조선인
문제와 우키시마마루 사건의 사망자에 대한 보상 요구를 비롯해 다양한
운동에 참여한 뒤 2002년에 세상을 떠났다.[59]

【보론3】 민족명을 둘러싼 인격권 소송

1970년대 재일코리안의 민족 차별 반대 투쟁은, 대부분이 본래 얻어야
했던 이익을 국적 때문에 얻지 못한 점을 문제시했다. 하지만 같은 시기
에 이미, 눈에 보이는 이익을 쟁취한다는 관점으로는 정리될 수 없는, 민
족적 정체성을 중시하는 개인의 존중 확립을 지향한 활동도 전개되고 있
었다. 한 재일코리안이 자신의 이름을 읽는 방식을 두고 NHK(일본방송
협회)를 상대로 제기한 소송은 그와 같은 의미를 지녔다.

이 소송을 제기한 최창화는 1930년 평안북도에서 태어났다. 최창화는
1940년, 일본제국에 의해 창씨를 강요받고 '다카야마 쇼카'가 되었지만,
해방 후에는 본래 이름인 최창화를 회복했다. 1950년에 서울의 신학교를
졸업한 뒤 일본으로 건너가 기독교를 전도하면서 재일코리안과 접촉하
는 한편 일본의 민족 차별 문제에 깊은 관심을 두게 되었다. 이후 기타
큐슈시 재일대한기독교회 고쿠라교회의 목사로 활동하며 재일쿠리안이
직면한 문제를 해결하기 위해 노력했다. 최창화는 1968년에 김희로 사건

이 발생했을 때 앞서 소개한 것처럼 김희로 설득에 나섰고, 1970년대 히타치 취직 차별 반대 투쟁을 지원하는 한편 지방자치단체의 행정시책에서 국적조항을 철폐하도록 요구하는 활동 등에 종사했다.

1975년 8월 26일, 최창화는 기타큐슈 시장에게 '재일한국인·조선인의 인권에 관한 공개질문장'을 제출하고 기자회견을 했다. 최창화는 당시 모인 보도관계자에게 자신의 이름이 최창화라는 점을 명확히 전달했다.

그런데 NHK 기타큐슈 방송국의 아나운서는 공개질문장 제출과 관련된 뉴스를 전하면서 최창화의 이름을 '사이 쇼카'라고 일본식으로 읽었다. 당시 일본에서는 한국인·조선인의 이름을 일본식으로 읽는 것이 관행이었는데, 최창화뿐만 아니라 김대중은 '긴·다이추', 박정희는 '보쿠·쇼키'라고 발음하는 것이 통례였다.

이에 대해 최창화는 한국인·조선인의 이름을 '올바르게'(일본식이 아닌 원래대로) 읽어줄 것과 이는 인권 존중의 출발점이라는 점을 주장하며 강력히 항의하는 동시에 정정방송을 요구했다. 하지만 NHK 측은 용어 발음의 어려움 등을 이유로 모두 일본식으로 읽고 있으며, 향후 검토한다고 해도 현 단계에서는 기존과 동일하게 처리하겠다는 취지로 답했고 정정방송도 내보내지 않았다.

이에 최창화는 NHK가 인격권을 침해했다며 소송을 제기하고, NHK가 자신의 이름을 고의로 틀리게 읽은 데 대해 사죄할 것, 그리고 해당 사죄를 NHK 전국방송에 내보내고 일본의 주요신문에 사죄문을 게재할 것 등과 함께 손해배상을 요구했다. 그런데 최창화가 청구한 손해배상금액은 1엔에 불과했다. 당시에도 1엔으로는 아주 작은 일용품이나 식료품조차 살 수 없었던 점을 고려하면, 금전적인 손해배상에 실질적인 의미가 없었다는 것은 명백해 보인다. 최창화의 목적은, 이름을 어떻게 읽을지 상대가 멋대로 정하는 것이 아니라 자신의 의사를 존중해 달라고 요구하

는 데 있었고, 이를 통해 사안의 중요성을 일본인에게 호소한 것으로 보
인다.

역사와 당시 상황을 고려하면 대부분의 재일코리안이 이 문제의 중요
성을 실감했을 것이라는 추측이 가능하다. 창씨개명으로 인해 자기 의사
와는 달리 소중히 지켜온 이름을 쓸 수 없게 됐던 경험이나 부모에게 전
해 들은 역사의 기억을 재일코리안은 공유하고 있었기 때문이다. 게다가
일상적인 차별에 노출된 상당수의 재일코리안이, 본명을 쓰고 싶어도 그
러지 못한 채 일본식 통명으로 생활하는 경험을 했다. 재일코리안은 이
름을 읽는 방식은 물론, 다양한 장면에서 자기 결정을 제한당하고 있었
다. 그래서 재일코리안에게 이름은 중요했고, 자신이 바라는 방식으로
불러주기를 바라는 것은, 자기 결정권을 가진 인격이라는 점이 인정되는
최저한의 조건이기도 했다.

하지만 재판은 결국 원고인 최창화의 패소로 마무리됐다. 그런데 이를
통해 이름이 재일코리안에게 갖는 중요성과 자기가 결정한 이름 읽기를
존중하는 것이 갖는 의미가 일본 사회에 충분히 환기되었는지는 미지수
다. "왜 그런 것에 집착하느냐"라는 일본인의 반응도 등장했기 때문이다.

하지만, 이 문제는 보도를 통해 일본 시민에게 널리 알려졌고, 일본인
사회언어학자와 법률가를 포함해 재판을 지원하는 움직임도 가세했다.
국회에서는 1978년 3월 30일 참의원통신위원회에서 아오시마 유키오 의
원(이원클럽 소속)이 이 문제를 거론했다. 아오시마 의원은 '나는 그런
이름이 아니다. 그러니까 내 이름은 이렇게 발음해 달라'라는 것을 무시
하는 처사는 '인격에 대한 모독'이라며 최창화의 주장에 대한 이해를 나
타냈다.[60]

---

60) 최창화의 경력과 그가 NHK를 상대로 제기한 소송에 관해서는 崔昌華, 『名前と人権』, 酒井
書店, 1979을 참조.

한편, NHK는 1984년 전두환 대통령의 방일을 계기로 한국인과 조선인의 이름을 읽는 방침을 개정해 원칙상 원음에 가깝게 읽는 방식을 채택했고 다른 보도기관도 이를 따랐다. 현재 일본 사회에서는 이 방식이 정착돼 있다.

4. 정주화와 동화를 둘러싼 논의와 민족 단체의 변화

1) 세대교체의 진행과 '동화'에 대한 경계

앞 장에서 서술했듯이 1970년대에는 민족 차별 반대 운동이 활성화했다. 그러나 운동이 확산하며 성과를 올리는데도 일부 재일코리안은 냉담한 반응을 보이며 전면적으로 평가하지는 않았다. 그런 분위기의 배경에는 히타치(日立) 취직 차별 반대 운동 때도 제기됐던 동화로 이어질 수도 있다는 의구심과 일본 사회에 대한 참여를 중시한 나머지 '조국'과의 유대 단절을 우려하는 심리가 있었다. 이를테면 앞서 소개한 전전공사(電電公社)의 취직 차별 반대 운동에 관해 박수남(朴壽男)은 다음과 같이 언급하고 있다.

> 재일조선인이 놓여 있는 상황, 일본과 한국, 공화국(북한을 가리킨다)과의 관계 등을 일본에 사는 조선인으로서 어떻게 자각하고 있는지가 중요하다. 이 점을 빼고 단순히 (취직 시험의 수험 자격에서 국적 조항을 철폐하고) 문호를 개방하더라도 사실상 귀화로 이어지는 것이 아닌가. 조선인으로서 자각하지 않는다면, 일본 사회에서 엘리트를 목표로 하면 할수록 조선인으로서의 정체성을 잃게 된다. 비조선인화(非朝鮮人化)란 비인격화이며 점점 분열될 수밖에 없다.[61]

또한, 한국민단은 1977년에 재일한국인권익옹호위원회(在日韓國人權益擁護委員會)를 설치해 조직 전체가 민족 차별 반대 운동에 본격적으로 관여하게 되는데, 이때도 '일부 단원은 '일본에 동화될 우려가 있다'라고 생각했다.'[62]

이처럼 일본에 대한 동화나 조국과의 유대 단절을 경계하는 인식은 강고한 조국지향형 내셔널리즘, 조국의 근대화와 정치적 격동을 배경으로 젊은 재일코리안 2세를 포함해 조국과의 관계를 중시하는 강한 의식이 영향을 미친 결과로 볼 수 있다. 또한, 식민지 시기의 가혹했던 동화 정책, 나아가 해방 후에 민족 교육에 대한 탄압을 경험하거나 그런 기억을 계승한 재일코리안에게 일본에 대한 동화와 조국과의 유대 상실이라는 현상은 일반적인 이민이 이민처의 문화를 받아들이는 경향과는 동일시할 수 없는 문제를 내포하고 있었다. 이는 제국주의나 불합리한 압력을 가하는 강권적인 자세에 대한 굴복, 또는 그와 가까운 것으로 인식됐을 가능성이 있다. 그런 의미에서 재일코리안이 동화와 조국과의 유대 상실을 크게 경계하는 것은 당연한 일이었다.

그러나 재일코리안의 실생활에 일반적인 일본인의 몸에 배어 있는 문화가 유입되는 것은 불가피했다. 그리고 이 시기에는 그런 경향이 현저하게 나타나는 여건이 조성되고 있었다.

우선 시간이 지나면서 재일코리안의 세대가 계속 교체되고 있었다. 그리고 해방 후에는 한반도에서 일본으로 이동하는 인구가 극히 제한적이었기 때문에('밀항자' 등도 있지만 많지 않았다), '본국'의 문화가 익숙하지 않은 2세 이후 세대의 인구 비율은 계속 늘어만 갔다. 또한 재일코리안 민족 단체가 정비한 민족 학교에 다니면 모국의 언어와 문화를 배울

---

61) 『毎日新聞』 1976年10月29日付, 「在日朝鮮人学生の就職」.

62) 在日本大韓民国居留民団, 『民団40年史』, 在日本大韓民国居留民団, 1987, 145頁.

수 있었으나, 민족 학교에 다닐 수 있었던 재일코리안은 다수파가 아니었다.[63] 아울러 고도 성장기에는 경제적인 하층부에 속한 사람도 어느 정도는 풍요로움을 누릴 수 있었고, 사회적 유동성이 어느 정도 있었다는 점도 재일코리안의 삶을 바꾸었다. 먹고 살기 위한 일터에서는 일본에 둘러싸여 지내는 사람이 드물지 않았고, 매일 지내는 공간도 조국의 문화를 그대로 옮겨놓은 공동체일 수는 없었다. '조선인 부락'은 젠트리피케이션(gentrification)의 영향을 받거나 경제적 상승에 성공한 자가 그곳을 떠남에 따라 종종 해체되었다. 그리고 일본 생활의 장기화로 인해 2세나 3세로부터 '조국'이 점점 멀어질수록 일본을 생활의 터전으로 인식하며 귀국하지 않고 일본에서 살아가기를 희망하는 재일코리안은 늘어날 수밖에 없었다.

그러나 이런 현실은 민족 문화의 유지가 중요하다고 여기며 조국과의 유대를 희구하는 재일코리안이 일본에 대한 동화, 일본 사회에 대한 참여 확대를 강하게 우려하고 경계하게 되는 원인으로 작용했다. 이 때문에 일부는 민족 차별 반대 운동을 부정적으로 인식하게 됐다.

2) '사카나카 논문(坂中論文)'과 재일코리안의 비판

더욱이 같은 시기에는 일본정부의 재일코리안에 대한 태도 변화를 예상하게 하는 논문이 발표돼 논쟁에 불을 붙였다. 당시 법무성 출입국 관리국 직원이었던 사카나카 히데노리(坂中英德)가 쓴 '금후 출입국관리행정의 바람직한 형태에 대하여(今後の出入国管理行政のあり方について)'

---

[63] 문부성, 『学校基本調査報告書』, 각년판(各年版) 등의 추산에 따르면 1960년대부터 1970년대 초 당시, 민족 학교 재적자는 20% 정도, 중급 학교는 25% 정도를 차지하고 있다. 물론 특정 시기에만 민족 학교에 적을 두었던 인원도 있어서 '민족 학교에 적을 두고 있는 자'는 이 숫자보다 많았을 것이다.

라는 논문이었다. 흔히 '사카나카 논문'이라 불리는 이 논문은 출입국 관
리 행정 발족 25주년을 기념하는 공모전에서 입선한 글로, 1975년에 집
필된 뒤 1976년 5월부터 1977년 8월에 걸쳐 잡지 『외인등록(外人登錄)』에
연재됐다.

그때까지 일본정부는 재일코리안에 대한 명확한 정책이나 정부 차원
의 방침을 내놓지 않았다. 초대 출입국 관리청(출입국 관리국의 전신)의
장관을 역임한 스즈키 하지메(鈴木一)가 참정권을 포함한 권리를 재일코
리안에게 부여해야 한다고 주장한 바 있지만, 정부 내에서 그에 찬동하
는 의견은 없었다. 그런 가운데, 민족 차별 철폐를 요구하는 활동에 참여
하는 사람 사이에서 일본정부의 정책이 '재일코리안에게 귀화나 귀국(=
추방)'을 강요하고 있다는 비판이 제기됐다.

'사카나카 논문'은—물론 개인 의견으로서 발표된 만큼 일본정부의 공
식견해는 아니었지만—재일코리안에 관한 정책이 어떻게 시행돼야 하는
지에 관해 명확히 기술하고 있다. 아울러 재일코리안의 정주화 및 세대
교체라는 상황 변화, 민족 차별의 현실과 차별 철폐를 위한 운동이 전개
되는 점도 의식하며 논의를 전개하고 있다.

'사카나카 논문'은 우선 '외국인 관리 행정의 중심적인 입장에 있는 입
국관리국이 …주도적으로 재일조선인의 지위를 가능한 한 빨리 안정시
키고, 재일조선인이 일본인과 함께 원만히 살아갈 수 있는 사회적 기반
을 갖출 필요성과 관련해 적극적으로 국민 여론과 관계 행정기관을 대상
으로 활동을 전개하고 바람직한 처우 형태를 검토할 기관으로서 각계의
대표와 관계 행정기관을 망라한 "재일조선인문제자문위원회(在日朝鮮人
問題諮問委員會)"(가칭)를 설치하도록 힘쓰는 등 주도적인 역할을 해야
한다'라고 명언했다. 또 재일코리안의 현상에 대해서 구체적인 사례나
데이터를 거론하면서 다음과 같이 지적하고 있다. 즉, '일본 사회에 정착

하여 깊게 뿌리를 내리고 있다'라는 점, 일본인과의 혼인이 늘어나 '몇 세대가 지나지 않아 재일조선인의 태반이 일본인과 혈연관계를 맺을 것으로 예상'되는 점, '2·3세가 재일조선인의 압도적 다수를 차지하고', '2·3세 사이에서는…조선어가 "외국어"…일본 음식을 선호하고…일본 옷을 동경하는 것처럼 일본에 동화되어, 민족성이 풍화되는 경향이 강화'되고 있는 점, '"조국" 조선인과의 분화', 즉 같은 민족이라도 '본국'과 '재일'의 사이에는 의식 등의 측면에서 상당한 차이가 보이는 점, 귀국을 희망하는 인원이 적어지고 있는 점 등이다. 이에 대해 사카나카 히데노리는 '준일본인(準日本人)' 내지 '조선계 일본인(국민)'('사카나카 논문'이 사용한 이 용어는 '"일본계 미국인", "일본계 브라질인" 등의 용례를 참고하여 조선을 문화적 배경으로 하면서도 일본에 정주해 일본 국적을 취득할 가능성이 있는 사람이라는 의미'로 여겨지고 있다)이 되고 있다고 서술했다.

그렇다면 '준일본인' 내지 '조선계 일본인(국민)'인 재일코리안에 대해 어떠한 정책을 펼쳐야 하는가? 이 점을 두고 '사카나카 논문'은 다음과 같은 인식과 주장을 펼치고 있다. 우선 사카나카는 일본정부가 지금까지 '외국인인 채 조선인으로서 일본에 사는 처지 및 그런 법적 지위를 안정시키는 정책'을 펼쳐 왔고, 그것을 추진할 필요가 있다. 3년에 한 번 갱신해야 하는 등 '협정영주(協定永住)'보다 불안정한 지위에 놓인 '조선적(朝鮮籍)'을 보유한 사람에게 더욱 안정적인 법적 지위를 부여해야 한다.

하지만 사카나카는 북일(北日) 간 국교 수립 등의 문제도 있어 장래적으로 해결돼야 하고 '외국인'에 대해서는 강제퇴거 대상에서 제외하는 조치는 있을 수 없다고도 덧붙이고 있다. 동시에 법적 지위의 안정이라는 시책에는 한계가 있다는 시각도 드러낸다. '"외국인"에 대해 폐쇄적인 면이 강한 일본 사회의 풍토를 고려할 때 장래에 걸쳐 재일조선인이 외국인으로서 일본 사회에 살고, 일본정부가 이를 대우하는 것이 과연 적절한지에 대한 근본적인 의문이 남아 있다'라는 것이다. 또한, 일본 국적의 취득='귀화'라는 등식에 대해서는 차후 그와 같은 사례가 증가할 것으로 예상된다며 다음과 같이 지적한다.

> 원래부터 귀화 문제는 일본 국민이 되고자 하는 의지가 재일조선인에게 없으면 어쩔 도리가 없는 것으로, 국가가 강요할 성격의 문제가 아니다. 일본정부가 할 수 있는 일은 재일조선인이 일본 국민이 되는 것이 실체와 장래에 적합하다는 기본적인 인식하에 자진하여 일본 국적을 선택하고 싶다는 의식이 재일조선인 사이에서 자연스럽게 고조될 만한 사회 환경을 조성하기 위해 노력하는 것이다. 그런 의미에서 무엇보다 중요한 것은 재일조선인에게 교육의 기회와 직업 선택의 자유를 광범위하게 인정하는 것으로, 그런 '열린 일본 사회'의 실현을 목표로 정부가 솔선하여 재일조선인에게 공무원 및 공공 기업체 직원에 대한 문호를 개방하고, 나아가 국민 여론을 환기하며 민간 기업 등의 이해와 협력을 구하는 것이다.

이외에도 사카나카는 귀국을 선택하는 사람도 계속 있을 것으로 내다 봤다. '점차 사라질 것으로 보이는 "북한귀환사업(北朝鮮歸還事業)"을 유지하고, 반일 경향이 두드러지는 등의 문제가 있다고 알려진 "민족 교육"에 대해서도 본국 사회에 적응할 수 있도록 재일조선인이 지정, 육성하는 기능을 중요시하여, 이를 용인하는 것이 현명'하다는 견해를 밝혔다.

이처럼 '사카나카 논문'은 재일코리안의 민족 차별을 방치해 온 일본 정부의 태도 부분적인 변화를 드리내는 것으로 인식됐다. 재일코리안이 공무원이 될 수 있는 길을 여는 등의 주장은 민족 차별 운동에 매진해 온 사람들이 주장한 바였고, 이를 위한 국민 여론을 환기하고 민간 기업에 이해를 구한다는 의견도 그 자체는 반대할 이유가 없었다. 그렇지만 재일코리안, 민족 차별 반대 운동에 참여해 온 사람이 두 팔 벌려 '사카나카 논문'을 환영할 분위기는 아니었다. 오히려 이에 대한 비판이 눈에 띄었다.

왜냐하면 '사카나카 논문'이 민족 차별을 철폐하는 데 동의하면서도, 결국 민족성을 상실시켜 '귀화'를 꾀한다고 인식했기 때문이다. 앞서 인용한 부분에서도 보이듯이, 사카나카는 '자진하여 일본 국적을 선택하고 싶다는 의식이 재일조선인 사이에서 자연스럽게 고조될 만한 사회 환경을 조성해야 한다'라고 주장했다. 그러면서도 재일코리안이 민족의 언어나 문화를 유지하거나 그것을 배울 기회를 누릴 수 있는 사회를 구축하는 방안에 관해서는 사실상 언급하지 않는다.

'민족 교육'에 관해서도 '반일 경향이 두드러지는 등의 문제가 있다고 알려져 있다'라며 다소 완곡한 표현으로 비판적인 인식을 드러내면서 어디까지나 '본국 사회에 적응할 수 있는 재일조선인의 육성이라는 기능을 중시하여 이를 용인'하자고 주장했다. 요컨대 '사카나카 논문'에는 민족적 정체성과 민족 문화를 유지하면서 재일코리안이 일본에서 계속 살아가고 그렇게 일본 사회를 바꾸는 구상이나 관련 정책의 제언은 포함되지 않았다. 그런 의미에서 재일코리안과 민족 차별 반대 운동에 적극적으로 참여한 사람의 '사카나카 논문' 비판은 정곡을 찌르는 것이었다고 평가할 수 있다.

그러나 집필자인 사카나카는 자신의 논문을 향한 당시의 비판에 대해 반론을 제기하지 않았다. 아마도 현직 관료였기 때문으로 보인다(사카나카 히데노리는 입국관리국을 퇴직한 뒤 이민 도입과 다민족 사회화를 위한 구상과 정책을 주장했다).[64]

일부 재일코리안은 민족 차별 반대 운동이 '사카나카 논문'에서 나타

---

[64] '사카나카 논문'에 관해서는 坂中英德, 『在日韓国・朝鮮人政策論の展開』, 日本加除出版株式会社, 1999에 따른다.

난, 동화, 귀화를 촉진하는 일본정부의 시책과 합치된다고 인식했다. 동화, 귀화 촉진에 대한 우려 속에 일부 재일코리안은 조국 지향형 내셔널리즘을 더욱 강화하면서 조국과의 유대를 견지하는 의의를 계속 역설했다.

3) '재일 아이덴티티' 긍정의 제기

조국 지향형 내셔널리즘은 조국이야말로 중요하다는 인식을 강화하게 되는데, 이는 재일코리안이 자신을 부정할 수밖에 없게 된다는 문제를 내포하고 있었다. 조국에 귀속되는 것이 조선인·한국인의 바람직한 모습이라면 일본 생활을 계속하는 것 자체가 있어서는 안 되는, 적극적으로 긍정할 수 없는 일이 돼 버리기 때문이다.

또한 일본에서 생활하며 어느 정도는 일본인과 관계를 맺고 사회생활을 영위하며 일본 문화를 접하는 가운데 노력한다고 하더라도, 재일코리안이 조국에 있는 사람과 문화적(습속, 생활 양식, 사고방식 등을 포함하여)으로 완전히 일치되기란 불가능했다. 자연 환경과 사회 구조 등이 다르면 사물에 대한 감각과 행동도 달라지기 때문이다. 언어적 측면만 보아도 제1 언어가 일본어로 가정에서도 일본어를 사용하는 재일코리안은 성장하고 나서 조국의 언어를 배워 사용할 수 있게 된다고 해도 일본어투의 억양과 발음을 갖게 되는 건 피할 수 없었다.

그런 가운데 조국이 가장 중요하다는 생각을 견지한다면 바람직한 문화와 언어의 기준 또한 조국이 되고 만다. 그러면 결국 기준에 미달하는 재일코리안의 문화와 언어는 불완전하고 뒤떨어진 것이 된다. 조국과의 유대를 유지하고자 조국을 중시하면 할수록 재일코리안은 자신이 충분하지 못하고 조국에 있는 사람에게 미치지 못한다고 인식할 가능성이 있

었다. 물론 이런 극단적인 태도가 재일코리안 사이에서 일반화됐던 것은
아니지만, 조국에 더욱 순수한 민족 문화가 있다고 여기는 것은 극히 일
반적이었다(어쩌면 지금도 그럴 것이다). 그리고 재일코리안의 일상과
그간의 역사 또한 소중히 해야 할 문화라는 인식은 1970년대 중반까지
거의 표면화하지 않았다.

하지만 정주화와 동화에 관한 논의와 민족 차별 반대 투쟁의 성과 속
에서 일본 사회의 각계 진출과 문화 다양성에 대한 자각 등을 배경으로
1970년대 말에는 작은 변화가 일어났다. 일단 재일코리안은 조국에 돌아
가야 하는 존재로 일본에 있는 것은 그다지 의미가 없다는 생각과 '조국'
의 문화를 함양해야 한다는 인식이 수정되고 있었다. 이를테면 잡지『조
선인』제17호에 실린 재일코리안 2세 청년 김동명(金東明)의 '재일조선인
의 '제3의 길'은 귀국이냐 '귀화'냐가 아니라 일본에서 조선인·한국인으
로서 살아가는 것도 적극적인 의미가 있고 재일이라는 사실을 부정적으
로 인식할 필요는 없다는 점을 다음과 같이 강조하고 있다.

앞으로 우리 세대가 조선 민족으로서 일본에 살아가며 기여할 수 있는 길
은 무엇인가. 20년 뒤, 50년 뒤를 내다보며 생각해야 합니다. 그러고 보면 우
리 재일조선인 동포가 할 수 있는 일은 많이 있습니다. 일본의 경제 기술과
우수한 과학 기술을 전할 수도도 있고, 근대의 불행한 조일 두 민족의 문화를
잇는 가교가 될 수도 있습니다. 우리만큼 조선 민족과 일본 민족의 우수한 점
을 습득할 수 있는 조건을 타고난 사람은 없으니까요. 현재 재일의 현실은 엄
중하지만, 사실은 대단한 가능성도 있다고 우리는 생각하고 있습니다. 그러니
까 지금의 2세, 3세가 일본에 거주하고 있기 때문에 민족성이 옅어지더라도
전혀 부끄러워할 필요가 없는 것입니다. 조선어가 조국의 동포보다 서툰 건
당연하고, 조국에 대한 지식이 적은 것도 당연하다고. 그 대신 우리는 일본의
문화와 기술을 익히고 있다고. 그리고 장래에 반드시 조국에 보탬이 되는 존
재가 된다고.

또한 민투련(民鬪連) 활동에 참여했던 양태호(梁泰昊)도 같은 시기에 재일코리안의 바람직한 모습에 관해 깊이 고찰한 논고를 발표했다. 그는 재일코리안 2세와 3세에게 조국의 문화와 동일한 민족 문화가 배어 있지 않은 점이 비판의 대상이 되는 게 이상하다며 다음과 같이 언급하고 있다.

　　재일코선인은 지금까지 시종일관 어중간한 존재로 여겨져 왔다. 즉 일본인도 아니고 조선인도 아니라는 평가다. 이는 '반 쪽바리(반 일본인)'라는 말에 집약적으로 표현되어 있다. 나는 이런 말이 가진 자조적인 울림을 도저히 감수할 수 없다. 어째서 자신을 그렇게 깔볼 수가 있을까. 자신을 반 쪽바리라고 부정하는 것에서 생겨나는 발상은 일본인이 되거나 조선에 있는 조선인과 조금도 다르지 않게 되는 것이다. 그러나 그런 일이 가능할까? 어쩔 도리가 없다는 걸 알면서 '반 쪽바리'라고 함부로 말하는 것은 무책임한 낙인이나 다름없다.[65]

다만 양태호도 민족 문화와 민족적 정체성을 부정하는 것은 아니다. 반대로 귀국은 현실적으로 선택할 수 없는 오늘날, 일본에서 '계속 조선인으로 살아가는 것'의 중요함을 역설한다. 그러나 '조선인이라는 증거'는 '본국'의 문화를 그대로 받아들이거나 국적을 보유하는 것이 아니라 '그것은 "재일조선인의 생활사"'라고 주장한다. 양태호는 '"생활사"의 연장선 위에 "인권"이 있고 "차별"과의 싸움이 "통일"을 전망한다'[66]라는 제목의 논고에서 다음과 같이 언급한다.

65) 梁泰昊, 『プサン港に帰れない』, 第三書館, 1984, 124~125쪽. 처음으로 실린 곳은 「『パンチョッパリ』に非ず」, 『ソリ』 第4号, 1977.2.
66) 『朝鮮研究』 제191호, 1979년 7월, 이때는 박성규(朴聖圭)라는 이름으로 발표, 훗날 양태호, 『부산항에 돌아갈 수 없어(プサン港に帰れない)』 第三書館, 1984년에 수록.

　재일조선인이 가장 소중하게 해야 할 '조선인으로서의 증거'는 무엇인가. 조금 추상적인 표현일지도 모르겠지만, 그것은 '조선인의 생활사'가 아닐까? 2세 이후의 세대에게 본국과 관계없이 '재일조선인'이라는 사실이 따라다니는 것은 '생활사'를 공유하기 때문이라 하겠다. 이는 조선이 식민지가 된 역사적 배경에 따라 도일하여 갖가지 민족 차별을 받으며 조선인이라는 사실을 외면하지 않고 살아온 고투(苦鬪)의 발자취다. 이런 생활사의 연장 선상에서 자신의 생활사를 새겨 나가는 것이 '조선인으로서 살아가는' 게 아닐까 생각한다.

　이는 있는 그대로의 자기 모습을 부정하지 않는 것이다. 자신을 속이면 반드시 비굴해지며, 자신이 무엇인가를 밝히지 않고는 대등한 인간관계를 구축할 수 없다. 그리고 당연한 말이지만 자신을 밝히기 위해서는 부모가 살아온 길을 반드시 논해야 한다. 생활사를 소중히 하는 것은 결코 과거의 얽매이는 것이 아니라 현실을 직시하는 것과 다름없다.

　같은 글에서 양태호는 부모와 조부모의 생활사를 부정하고 말살하는 것이 '귀화·동화'이고, '요컨대 일본에 굴복하여 자기 존재를 속이며 사는 것이나 다름없다'라고 언급한 뒤 그런 생각이 인간성의 파괴를 초래한다며 다음과 같이 지적하고 있다.

　완전히 일본인이 되고자 하는 것은 상당한 억지를 수반하고 자신의 인간성 파괴를 부르게 되는 한편, 행여 귀국을 전제로 조국에 있는 사람을 따라 조금도 다르지 않은 완전한 '조선인'이 되려고 한다면 그것 또한 재일(在日)이기 때문에 발생하는 제약이나 개별성을 무시해 버리는 만큼 전자와 다를 바 없이 비현실적이다.

　민족 차별 반대 운동이 전개되는 가운데 점차 조국을 중시하며 조국의 문화야말로 본연의 민족문화라는 인식과는 다른 시각도 등장했다. 재일이라는 사실, 일본에서 조선인·한국인으로서 사는 것은(일본에 있다는 현실을 자신의 적극적인 의지에 따라 선택한 게 아니라고 해도) 나름

대로 의미가 있으며, 나아가 '재일의 문화'라는 독자적인 문화 또한 가치
있고 존중받아야 하는 것이라는 생각이 나타났다.

물론 이 같은 인식이 재일코리안의 압도적인 찬성을 얻은 것은 아니
었다. 오히려 1970년대 말에도 언젠가는 귀국해야 한다는 의견과 언어적
으로 노력해도 '본국'에 있는 사람과 동등해질 수 없음을 한탄하는 목소
리도 있었다.[67]

하지만 대다수 재일코리안은 본국과 똑같은 문화를 유지하는 생활을
했던 것도 아니었을 뿐더러 애초에 그런 목표가 비현실적이라는 점을 실
감했던 것으로 보인다. 또한 이 무렵부터 '재일을 산다'라는 표현이 사용
되기 시작한 사실도 확인된다.[68] '재일'이라는 사실을 부정적으로 받아들
이는 대신 그 의의와 가치를 발견하려는 논의가 점차 확대되고 있었음을
알 수 있는 대목이다.

4) 조선총련의 정주화 인식과 권리 주장

이처럼 일본에서 살아가며 생활과 문화 자체를 통해 가치를 발견하려
는 사람들 사이에서 기존 민족 단체의 태도는 종종 비판의 대상에 오르
고 있었다. 재일코리안의 일상생활, 자녀의 장래와 관련된 민족 차별 문
제를 등한시한 채 제각기 결부된 '조국' 정권의 의향에 따라 활동하며 '조

---

[67] 이 시기에 조선총련계 신문사에서 근무했던 재일코리안 2세인 김찬정(金贊汀)은 자신의
    '일본식 조선어'나 미묘한 뉘앙스를 전달하는 능력을 갖추지 못한 데 대해 '갑갑함'과 '절망
    감'을 느꼈다고 서술했다. 또한, 김찬정은 "재일조선인은 조선 본토의 조선 민족과 떨어져
    있어서 자기 민족의 존재는 없다"라고도 밝혔다(金贊汀, 『祖国を知らない世代』, 田畑書店,
    1977).
[68] 재일코리안 2세 청년이 중심이 되어 창단한 잡지 『잔소리(ちゃんそり)』의 창간호(1979.9)에
    서 편집위원회 기획간담회의 제목을 '"재일"을 사는 사람들로부터'로 하고, 제2호(1979.12)
    에도 '무엇이 공유할 수 있는 "재일"인가'라는 좌담회를 조직했다.

국의 지지 확대에 주력하고 있다고 비쳤기 때문이었다. 그런데 그런 '조
국 지향' 태도는 결과적으로 재일코리안 공동체의 분열과 균열을 초래하
고 있었다.

다만 1970년대 중반부터는 민족 단체의 인식과 태도도 변화하고 있었
다. 우선 조선총련의 사례를 살펴보자.

조선총련은 북한에 대한 집단 귀국 운동을 전개하는 등 한국민단에
비해 조국 지향적 성격이 짙었다. 또한 앞서 소개한 것처럼 민족 교육기
관과 학습조(學習組) 등의 조직을 통해 이데올로기를 철저히 통제했다.
그런데 이 시기에는 김일성의 신격화와 그런 선언이 한층 강화돼 조선총
련 산하 조직에 유입되고 있었다. 그런 의미에서 당시 조선총련은 재일
코리안의 일상생활과 거기서 발생하는 의식과 괴리되어 있었기 때문에
극단적인 조국 지향적 성격을 강화하고 있었다고 볼 수 있다.

다만 그런 측면은 의식적인 활동가가 아닌 재일코리안 대중, 특히 젊
은 재일코리안의 조선총련 이탈을 부추길 가능성이 있었고, 실제로 그런
경향이 나타나고 있었다. 이런 가운데 조선총련 내부에서도 조직의 재확
립을 도모하기 위해 재일코리안 대중의 생활과 밀착된 문제에 관한 대응
을 강화해야 한다는 점을 의식하게 된 것으로 보인다.

그러나 원래 조선총련은 지역 단위로 활동가를 배치해 재일코리안의
생활 고충을 파악할 수 있는 조직이었고, '민주주의적 민족 권리'는 '일본
에 사는 조신민주주의인민공화국의 공민'에게 당연히 인정되어야 한다고
주장하고 있었다.[69]

또한, 북한 집단 귀국 운동이 보여주듯 '조국'에 돌아가는 것에 큰 의

---

[69] 이와 관련해 조선총련은 결성 당시 일반 방침으로 공영 주택에 거주할 수 있는 조치의 요
구, 건강보험의 적용, 사회보장에 의해 최저생활을 보장할 것 등을 요구하고 있다(「祖国の
平和的統一・独立と民主的姻族権利のために 在日朝鮮人総聯合会で決定された一般方針」,
『新朝鮮』第8号, 1955.9).

미를 부여했던 것은 틀림없지만, '모든 재일코리안은 귀국해야 한다'라는 방침을 천명한 적은 없었다. 적어도 당면한 일본 거주는 부정되지 않았다. 1960년대 이후 조국과의 자유 왕래를 인정해야 한다는 운동을 전개한 것도 일본을 생활의 거점으로 규정하는 것이 전제였다.

다만 1970년대 초까지는 일본에 사는 '조선민주주의인민공화국의 공민'이 누려야 하는 '민주주의적 민족 권리'가 무엇인지에 관해서도 체계적이고 구체적으로 명시하지 않았다. 게다가 본국 정부는 '조선민주주의인민공화국의 공민'이 일본에 계속 사는 것을 적극적으로 평가하지도 않았다.

그런데 1970년대 중반부터는 상황이 조금 변하기 시작했다. 우선 1974년 9월 24일에 '조국'을 방문한 조선총련계 청년에게 김일성이 한 연설[70]에서는 재일코리안(물론 원문 용어는 '재일조선인')이 일본에 있으면서 다해야 할 역할이 제시됐다. 요컨대, 재일코리안을 귀국해야 하는 존재로 전제하지 않고 있음이 드러난 것이다.

물론 김일성은 연설에서 '조국에는 다수의 과학자, 기술자가 필요합니다. 재일 조선 청년이 과학과 기술을 배워야 훗날 조국으로 돌아와 경제, 문화 건설과 국가 관리에 적극적으로 참여할 수 있습니다'라며 귀국을 환영하는 발언도 하고 있다. 하지만 곧이어 '또한 재일 조선 청년이 과학과 기술을 널리 익혀야 일본에 있으면서도 발명을 많이 하여 조국의 영예를 한층 더 빛내고 조국의 융성·발전에 기여할 수 있습니다'라고 덧붙이고 있다. 조국에 대한 공헌을 '재일 조선 청년'의 임무로 규정하면서 그 임무는 일본에서도 수행할 수 있다고 밝힌 만큼 일본에 계속 사는 것

---

[70] 재일본조선청년예술체육대표조국방문단, 재일본조선고급학교방문단 앞에서 한 연설. 金日成, 「わが国の情勢と在日本朝鮮青年同盟の任務について」, 『月刊朝鮮資料』 1974年11月号에 게재되어 있다.

을 긍정하는 내용이라고 해석할 수 있는 발언이었다.

차별에 관한 구체적인 분석도 제시되었다. 조선문제연구소가 간행한 잡지 『월간조선자료(月刊朝鮮資料)』 1974년 1월 호 및 2월 호에는 이희주(李熙洙)의 이름으로 '재일 조선 공민의 생활상 권리에 대한 일본 당국의 차별 정책(在日朝鮮公民の生活上の権利にたいする日本当局の差別政策)'이 실렸다. 조직 명의는 아니었지만 조선문제연구소는 조선총련을 구성하는 단체 중 하나인 만큼 이글은 조선총련의 공식 견해에 준한다고 볼 수 있다.

이 논문은 재일코리안이 '조국 – 조선민주주의인민공화국의 해외 공민'임을 강조하고, '주권 국가의 해외 공민인 재일 조선 공민이 당연히 보장받아야 하는 초보적인 생활권조차 일본 당국의 부당한 차별 정책에 의해 보장받지 못하고 있다'라는 점을 비판했다. 그리고 세계 인권 선언이나 국제 인권 규약이 인정하는 외국인의 권리를 보장해야 한다는 언급과 더불어 특별한 대우가 있어야 마땅하다고 지적하고 있다. '일본정부는 과거 일본 제국주의가 재일조선인에게 저지른 과오에 비추어보아도, 동포들이 놓여 있는 특수한 환경을 고려하더라도 재일 조선 공민에게는 다른 외국인에게 주어지는 일본적인 권리는 물론 더욱 각별한 대우를 해야 한다'라고 주장했다. 여기서 말하는 과거의 과오는 '일본 제국주의의 침략과 전쟁 정책의 결과'로서 '재일조선인'이 탄생한 사실을 뜻하며, '동포들이 놓여 있는 특수한 환경'은 '일반적인 외국인과는 달리 일본에 장기간 거주하는 관계로 생활 기반도 일본에 있다'라는 점을 의미한다.

이를 바탕으로 보장돼야 하는 권리와 철폐해야 할 차별은 다음과 같았다. 취업상의 제한과 차별의 철폐, 기업 활동의 자유 인정, 금융 기관의 융자, 사회 보장의 평등한 적용, 공적 부조의 평등한 적용(적용하는 데 소극적인 태도를 취하지 않을 것, 불복 신청 권리를 인정할 것), 여성,

아동, 고령자, 장애인, 저소득자 등의 생활 보장을 위한 시책의 평등한 적용, 전쟁 희생자에 대한 원호의 평등한 적용, 공영 주택의 입주, 정부계 주택 자금 대부의 차별 철폐 등이다.

특히 이 중에는 취업상의 차별과 관련해 히타치 취직 차별 반대 투쟁으로 보이는 사례에 관한 언급도 있었다.[71] 요컨대 젊은 청년이 선택하고 싶은 직업을 갖지 못하는 일이 있어서는 안 된다고 시사하는 내용이었다. 또한, 노년 연금에 대해서도 사회 보장을 적용해야 한다는 입장에서 청년기 이후 고령자가 될 때까지 조국에 돌아가지 않고 일본에 사는 것을 상정해 민족 차별을 철폐하라고 요구했다.

다만 조선총련은 참정권과 공무원 취직권은 요구하지 않았다. 조직의 내정 불간섭 원칙에 저촉된다고 판단했기 때문으로 보인다. 그리고 이 논문의 말미에는 '재일 조선 동포는 김일성 주석의 따뜻한 배려 아래 귀국 사업을 성공적으로 추진하여 (중략) 제반의 민주주의적인 민족 권리와 자유의 보장'을 요구하며 '조선 인민의 지상 과제인 조국의 자주적 평화 통일 촉진을 위해 힘차게 싸우고 있다'라고 서술돼 있다. 요컨대 귀국 사업도 역시 중요하며, 조국 통일에 더욱 힘을 쏟아야 한다고 강조한 것이다. 따라서 이 시점에도 공식 견해는 '조국 지향'이었다는 해석이 가능하다.

이후 조선총련이 민족 차별 철폐 활동을 조직적인 대중 운동으로 전개

---

[71] 李熙洙,「在日朝鮮公民の生活上の権利にたいする日本当局の差別政策」,『月刊朝鮮資料』1974年 1月号에는 요코하마시에 있는 모 대기입의 취직 시험에 합격했지만 '호적등본'을 제출하는 과정에서 '조선인'이라는 사실이 드러나 채용을 부정당하자 부당한 취직 차별을 철회하도록 하기 위한 재판을 하고, 게다가 '조선인'이라는 자각을 갖고 살아갈 각오를 다졌다는 설명이 나온다. 히타치제작소 사건은 실제로는 호적등본 제출에 따른 것이 아니라 호적등본의 제출을 요구받았지만 제출하지 못해 재일코리안이라는 사실이 알려진 것이다. 또한, 이 논문에서는 당사자의 이름이 '박경석(朴敬石)'으로 돼 있다. 이렇게 기술한 이유와 단순한 오기 여부는 불분명하나, 사례의 내용으로 보아 박종석(朴敬石)이 받은 취직 차별을 서술하고 있음이 분명하다.

하는 일은 없었다(이 또한 내정 불간섭 원칙에 저촉된다고 우려한 것으로 보인다). 그런 의미에서 1970년대 중반에 조선총련은 재일코리안의 귀국이 아닌 정주화를 전제로 하여 민족 차별의 철폐를 어느 정도 중시하게 됐지만, 결정적으로 방침을 전환한 것은 아니었다고 평가할 수 있다.

5) 한국민단의 권익 운동 전개

정주화를 전제로 여러 권리를 획득해야 한다고 주장하면서도 '조국 지향'적 성향이 짙게 남아 있었던 조선총련과 비교해 한국민단은 같은 시기에 더욱 명확한 민족 차별 반대 운동을 추진하고 있었다. 이는 톱다운(top-down)이 아닌 아래로부터의 움직임을 토대로 한 변화였다.

한국민단은 조선총련처럼 중앙집권적이고 획일적인 방침에 따라 활동하거나 이데올로기를 철저히 통제하는 요소를 가진 조직이 아니다. 따라서 민족 차별을 철폐하라는 요구가 나오면, 그것을 받아들여 운동을 전개할 수 있었다. 또한, 한일회담의 타결 및 조인 이후 비준된 법적 지위 협정이 '대한민국 국민이 일본국의 사회질서하에서 안정된 생활을 영위할 수 있게 하는 것이 양국 간 및 양 국민 간의 우호 관계 증진에 기여함을 점을 인정하여', 협정 영주권을 얻은 한국민에 대해서는 '일본국에서의 교육, 생활보호 및 국민건강보험에 관한 사항'에 대해 타당한 고려를 하기로 한 점을 고려하면, 한국민단이 재일코리안의 민족 차별을 철폐하기 위해 조직적으로 활동할 이유는 많았다.

다만 지금까지 여러 번 언급했듯 재일코리안 내부에서는 일본에 대한 동화와 조국과의 유대 상실을 우려하는 목소리가 뿌리 깊었고, 한국민단 조직 내부 또한 예외는 아니었다. 또한, 이 시기의 본국=한국 정부가 민족 차별 반대 운동을 벌이는 사람에 대해서도 때에 따라서는 일종의 통제를 가하려고 한 사실도 부정할 수 없는데, 바로 그런 점이 한국민단의 활동에 장벽으로 작용했음을 확인할 수 있다. 이는 민족 차별 반대 운동에 참여하는 일본인 가운데 좌파계 인사가 적지 않았다는 점과 관련돼 있다. 요컨대 반공주의적인 차원에서 문제가 있다고 판단했던 것이다.

이를테면 기타큐슈시(北九州市)에 거주하며 히타치 취직 차별 반대 투쟁을 지원하고 행정 시책의 민족 차별에 반대하는 활동을 펼치고 있었던 최창화(崔昌華)는 1974년 8월 규슈에서 히타치제작소에 대한 항의 계획을 두고 민단 후쿠오카 본부의 단장에게 협조를 부탁했다가 '좌익 일본인 많아서 민단 청년을 차출할 수 없다'라며 거절당한 순간을 떠올리고 있다. 아울러 이듬해 영사부가 '히타치 취직 차별 항의 집회에 참석한 사람은 여권 발행을 중지한다'라는 지령을 내린 일과 행정 시책의 민족 차별을 반대해 달라고 기타큐슈시에 요청했을 때도 'KCIA의 압력'을 받아 대중 동원(大衆動員), 대중 단교(大衆團交)에 의한 활동이 불가능해졌다고 회상하고 있다.[72]

하지만 이런 와중에도 한국민단 내부에서는 민족 차별에 반대하는 활동이 시작됐다. 1974년 10월에는 재일 2세 경영자 단체인 오사카 한국청년회의소(大阪韓國靑年會議所)가 중심이 되어 공영 주택 입주 문제 등에 관한 질문장을 오사카시에 제출했다. 이 질문장은 재일 한국인 단체와 일본인 단체가 연명으로 제출했고 민단 오사카부 본부도 이 같은 움직임을 지원했으며 한국민단 중앙본부도 이에 관련된 요청서를 제출했다. 나아가 한국민단 오사카 본부는 부인회를 비롯한 한국민단 산하의 여러 단체와 함께 오사카부와 오사카시, 각 정당과 시정촌장 · 회의에 대해 공영 주택 입주와 아동수당 수급 자격, 국민연금의 차별 철폐를 요구하는 요

---

72) 崔昌華, 『名前と人権』, 酒井書店, 1979. 260쪽, 300쪽.

청서를 제출하고 교섭에 임했다. 그 결과 오사카부의 각 도시에서는 행정 시책상 차별이 철폐됐다.

이런 가운데 한국민단 본부에서도 민족 차별에 반대하는 조직적인 대응에 나서기 위한 논의가 시작됐다. 우선 한일회담 때 설치된 '법적지위위원회(法的地位委員會)'를 발전적으로 해소하고 '재일한국인권익옹호위원회(在日韓國人權益擁護委員會)가 출범했다. 한국민단 본부 중앙위원회 직속 재일 한국인 권익 옹호 위원회는 이론 연구를 중심으로 진행하고, 권익 운동과 관련된 구체적인 활동은 위원회 논의를 수용하여 집행부가 추진하기로 했다.

그리고 1977년 3월 28일 제27회 한국민단 중앙위원회에서 '재일한국인의 생활 옹호를 위한 인권 선언'이 채택됐다. 그 내용은 다음과 같다.

우리 재일한국인은 인간의 존엄성과 생존의 권리를 위한 '인간 해방'을 선언한다.

일본 제국주의로부터 '정치적 해방'을 쟁취한 이래 30여 년, 우리는 '대한민국 국민이 일본의 사회질서하에서 안정된 생활을 영위하기 위한' 여러 권리를 확보해야 하는 역사적 전환기에 와 있음을 자각하고, 이를 위한 투쟁의 대열을 정비하고자 한다. …

우리는 역사적 나아가 오늘날의 요청에 부응하여 우리 재일한국인에 대한 일본국의 모든 차별과 학대를 철폐하고 인권 보장과 도의적 처우를 실현하기 위한 투쟁을 전개하는 것이다. 이는 우리의 의무에 수반하는 것이다. 이는 우리의 의무에 따른 정당한 권리이자, 진정한 한일 우호의 기초인 것이다. 또한 일본인 자신에게도 외국의 인권 논쟁에 관심을 나타내기보다 가까이에 있는 재일한국인의 인권 문제에 양심을 갖고 귀를 기울이는 것이 더 중요한 일이 아닐까.

'누구도 인종, 피부색, 성, 언어, 종교, 정치상 또는 다른 의견, 국민적 또는 사회적 출신, 재산, 가문 또는 다른 지위라고 할 수 있는 어떠한 종류의 차별도 받지 않고, 이런 정신에 입각하여 내세우고 있는 모든 권리와 자유를 향유할 권리를 가진다'라는 세계 인권 선언의 기본 정신으로 되돌아가, 우리 자신과 후대를 위해 인간으로서의 여러 권리를 회복하기 위한 투쟁에 70만 재일한국인이 결속하여 관련 국제기구의 지원하에서 세계적 연대 투쟁을 강화하고, 이하의 사항을 쟁취할 것을 약속한다.

1. 일본국은 재일한국인의 역사적 배경을 인식하고, 모든 면의 인간 차별을 철폐하고 내국민과 동등한 권리를 보장할 것.

1. 일본국은 재일한국인의 생존과 자유와 안전을 향유할 수 있는 권리를 보장하고, 비인도적 또는 인간적인 대면을 손상하는 어떠한 처우도 철폐할 것.

1. 일본국은 재일한국인의 자유로운 재산 향유와 노동과 직업 선택의 공정한 자유를 보장할 것.

1. 일본국은 재일한국인의 인격의 자유와 발전에 불가결한 경제적, 사회적, 문화적 여러 권리에 대한 제한을 철폐할 것.

1. 일본국은 재일한국인의 교육의 자유를 신장하고 사회적 보호 수단에 대한 평등한 참여의 권리를 보장할 것.

1. 우리 70만 재일한국인은 우리 자신의 여러 권리를 보장하기 위해 일본국의 법질서에 의거하여 허용되고 있는 모든 정치 활동의 자유를 최대한 활용한다.

1977년 3월 28일
재일본 대한민국 거류한국민단
제27회 정기중앙위원회[73]

이를 전후해 한국민단의 지방 조직은 지방 행성 시책의 민족 차별을 철폐하라고 요구하는 활동을 벌였다. 또한 한국민단 중앙본부는 1977년

---

[73] 한국민단에 의한 민족 차별 운동의 전개에 관해서는 在日本大韓民国居留民団, 『民団40年史』, 1987; 同, 『差別白書 第1集』, 1977; 在日本大韓民国居留民団大阪地方本部, 『民団大阪30年史』, 1980에 따른다.

5월『차별백서 제1집』을 발행했다. 민족 차별 실태와 그 철폐를 요구하는 이론적 근거(국제적 인권 기준 등), 각지의 대응 등을 정리한『차별백서』는 이후 제7집까지(1984년 발행) 작성, 배부됐다.

이처럼 한국민단이 민족 차별 철폐 활동에 조직적으로 대응하기 시작한 의의는 컸다. 전국적인 각종 복지 시책의 국적 조항이 철폐되는 등 진전이 있었기 때문이다. 다만, 재일코리안 사회가 이 같은 움직임을 높이 평가하지는 않았다는 점에도 유의할 필요가 있다. 조선총련계 인사 사이에서는 애초에 이런 운동은 조선총련 조직을 약화=한국민단의 조직을 확대하기 위해 전개되고 있다는 경계심이 존재했다. 한국민단은 분명 그런 의도가 있었을 것이다. 또한 한국민단은 각종 행정 시책의 국적 조항을 철폐하라고 요구하는 논거로서 한일 양국 정부가 합의한 법적 지위 협정을 거론한 만큼 당연한 이야기이지만 한국민으로서 재일코리안의 권리를 주장했다는 점을 부인할 수는 없었다.

북한과 우호적인 자세를 취하며 자민당 정권과 한국의 군사 독재 정권의 결탁과 KCIA의 일본 활동을 비판하던 일본인 혁신 세력 사이에서도 한국민단의 움직임에 대한 경계심이 여전히 자리하고 있었다. 1977년 3월 3일 중의원 예산위원회에서는 일본 사회당 소속 도이 다카코(土井たか子) 의원이 한국민단의 활동을 문제삼아 자치 대신 등을 추궁했다. 여기서 말하는 활동은 한일친선협회(韓日親善協會) 소속 의원의 선거를 지원하거나 '일본인과의 개인적 친교자 명부'와 '일본에 귀화하여 선거권을 가진 자 및 단원 기업체(團員企業體)에 종사하는 일본인 종업원, 일본인과 국제결혼을 한 한국인 명부'를 작성하는 움직임을 가리킨다. 이들 명부는 '일본 사회에서 우리 재일 동포는 유무형의 차별을 받고 있습니다. 도쿄본부의 의뢰에 따라 이를 시정하기 위한 일환책'으로서, '본인 및 가족의 참정권을 통해 사회 참여를 기하기 위한' 자료로 간주됐다. 요컨대

민족 차별을 시정하기 위한 협조를 얻겠다는 의도가 깔려 있었다. 한일 친선협회 소속 의원에 대한 지원도 비슷한 의미가 있었을 것이다. 그러나 도이 다카코 의원은 '선거권을 갖지 않는 외국인의 조직인 민단이 이같은 명부를 선거에 이용하게 되면, 일본 국민의 선거 및 선거권에 대한 간섭, 개입, 침해를 초래한다', '민단과 KCIA의 활동이 상당히 밀착되어 있다는, 한 몸이라는 증언이 최근 빈번합니다. 이러한 사정으로 미루어 볼 때, 명부 작성이 KCIA의 모략 공작에 활용되지 않는다는 보장이 없습니다. 이에 대해 일본정부가 일본인의 권리와 생활을 어떻게 보호·보장한다는 것인지, 한번 여쭤보고 싶습니다'라며 강한 경계감을 드러냈다. 물론 이 같은 행위가 위법은 아니어서(답변에 나선 일본정부 측 위원도 그런 취지를 밝히며 문제가 없다고 말했다), 한국민단의 활동이 규제되는 일은 없었지만, 국회에서 벌어진 이 같은 논의는 당시에도 여전히 재일코리안의 인권 확립 활동이 냉전에 의한 여러 정치적 대립 구조에서 자유롭지 않았음을 시사한다. 헌법학자인 도이 다카코 의원은 소수자의 인권에도 깊은 관심을 보이며 활동하고 있었다(전술한 전전공사 취직 차별 문제에도 협조했다). 그런 전력을 가진 의원이 위에서 소개한 것처럼 한국민단의 활동을 비판했다는 사실은 재일코리안 문제가 이데올로기를 넘어 인권을 확립하는 과제로 인정받는 것이 얼마나 어려웠는지 단적으로 보여준다.

제3장

민족차별 반대 운동의 전진

제3장
민족차별 반대 운동의 전진

1. 제도적 차별 철폐의 진전과 새로운 국면

1) 사회보장 제도의 내외인(內外人) 평등 실현

앞 장에서 살펴본 것처럼 1970년대 이후 일본 사회에서 민족 차별 문제가 제기된 뒤 차별 철폐를 요구하는 투쟁은 일정한 성과를 거두었다. 그리고 건강보험이나 연금 등 특히 중요했던 사회보장 제도에서는 1980년대에 접어들어 국적조항이 철폐됐다.

하지만 그것은 재일코리안의 요구를 일본 정부가 수용한 결과가 아닌 국제적인 동향을 고려한 조치였다. 말하자면 외압에 의한 변화였다. 좀 더 자세히 보면 일본이 난민조약(난민의 지위에 관한 조약)에 가입하고 조약이 발효되면서 사회 보장상 내외인(內外人) 평등 원칙에 따라 법률이 개정된 것이었다.

난민조약이 만들어진 것은 1951년이었다(1954년 발효). 이후 1966년에는 조약을 보완하기 위해 난민의 지위에 관한 의정서가 책정됐는데 (1967년 발효), 이 두 가지를 합친 것을 난민조약으로 부르게 됐다. 그러나 일본 정부는 오랫동안 가입하지 않았고, 난민이라는 존재 자체가 일본 사회에서 의식되는 일은 적었다. 덧붙이자면 한국전쟁 아래 정치적 박해를 피하고자, 또는 생활을 유지할 수 없게 돼 혈연 관계자들을 찾아 일본에 온 한국인은 오늘날 기준으로 보면 난민으로 인정해야 하는 사람들이었다. 하지만 그들은 일본 사회에서 단순히 '밀항자'로 분류돼 강제 송환의 대상이 됐다.

이 같은 상황은 1970년대 후반부터 변하기 시작한다. 1975년에 베트남 전쟁이 종결된 뒤 베트남과 중국의 대립과 무력 충돌, 인도차이나반도의 내전을 배경으로 구남(舊南) 베트남 정부 관계자와 중국계 주민이 다수 국외로 탈출했다. 보트 피플로 불린 이들 인도차이나 난민을 서구의 여러 나라가 받아들였지만, 일본은 수용 체제를 갖추고 있지 않았다. 이를 문제 삼는 국제 여론이 형성되자 일본에서도 뒤늦게 난민 수용에 관한 논의를 시작했다. 그리고 일본은 1979년에 국제인권규약(사회권 규약 및 자유권 규약)에 가입했고 1981년 6월에는 국회에서 난민조약 가입이 승인돼 가입 절차를 밟게 됐다(1982년 조약 발효). 그런데 국제 인권 규약과 난민조약은 사회권의 내외인 평등 원칙을 의무화했기 때문에 관련 법률의 개정 등이 이뤄진 것이다.

즉, 1979년에는 공공 주택 입주에 관한 국적 조항을 철폐하라는 통달 (通達)이 발표돼 난민조약 가입 시에는 국민건강보험법 및 아동수당과 관련된 법령에서 국적 조항을 삭제하는 법 개정이 이뤄졌다. 또한, 국민 건강보험에 관해서는 당시 이미 많은 지자체가 정주 외국인의 가입을 인정하고 있었지만, 최종적으로 1986년 후생성령(厚生省令)에 남아 있었던 외국 국적자를 배제한다는 문구가 철폐됐다.

이 같은 법제도 개정은 물론 재일코리안이 환영할 만한 일이었다. 다만 일본의 움직임은 선진국 반열에 올라 경제 대국이 된 일본도 난민을 수용해야 하고 인권도 국제 기준에 합당해야 한다는 논리에 따른 것이었다. 식민지 지배에 대한 반성을 토대로 한 것도, 오랫동안 일본에서 거주해 온 정주 외국인인 재일코리안의 존재를 인정했기 때문인 것도 아니었다.

또한 모든 사회보장에서 외국 국적자에 대한 차별이 완전히 없어진 것도 아니다. 생활보호는 이전에도 재일코리안을 배제했던 것은 아니지만, 지급 근거는 어디까지나 '준용(準用)'이었고, 재일코리안에게 생활보호를 받을 권리는 없었다. 따라서 재일코리안은 일본인과는 달리 생활보호 급부 신청이 인정받지 못하더라도 불복 신청을 할 수 없게 돼 있었다. 이와 더불어 전시기 피동원자 원호에 대해서도 차별이 남아 있었다. 군인·군속 및 노무 동원에 의한 부상자 등에 대해서는 원호법(전상병자전몰자 유족 등 원호법(戰傷病者戰沒者遺族等援護法)에 따라 일정 금액의 연금이나 유족 급부금 등이 지급됐으나, 대상은 일본 국적 보유자로 제한됐다.

한편 일본 출입국 절차, 재일 외국인의 재류자격, 강제퇴거 절차 등을 정한 법령도 난민조약 가입에 따라 재편됐다. 출입국관리령에 난민 인정 절차의 조문 등이 추가돼 1982년 1월 1일, 출입국관리 및 난민인정법이 시행됐다.

2) 91년 문제와 한일 각서

이보다 10년가량 늦게 조선적 보유자를 포함한 재일코리안의 재류 권리가 개선됐다. 1965년 당시 한일회담 합의에서 유보해 두었던 문제를 협의함에 따라 한일 정부 간 합의가 도출된 데 따른 조치였다. 그 배경에는 물론 후술하는 바와 같이 재일코리안의 적극적인 권리 요구 운동이 무시할 수 없는 수준으로 전개되고 있었다는 사실이 관련돼 있다.

양국은 한일회담을 타결하면서 재일코리안의 재류권에 관해서도 확인했는데, 이를 규정한 것이 바로 법적 지위 협정이다. 이 협정은 일본에 거주하는 대한민국 국민에 대해 영주권을 인정하고 다른 외국인의 영주권과는 달리 중죄(내란·외환에 관한 죄와 무기 내지 7년 이상의 징역 또는 금고형에 처한 경우 등)를 저지른 자 이외는 강제퇴거되지 않는다는 원칙 등을 인정한 것이었다. 그러나 '협정 영주'로 불렸던 이 같은 '특혜' 조치가 인정되는 대상은 일단 '1945년 8월 15일 이전부터 신청 시까지 계속 일본에 거주하고 있는 자'와 '직계비속으로서 1945년 8월 16일 이후 이 협정의 효력발생일로부터 5년 이내에 일본국에서 출생하여 신청 시까지 계속 일본에 거주하고 있는 자'로 한정돼 있었다. 즉, '해방 전'부터 일본에 거주한 자와 그 자녀만이 대상이며, '해방 전'부터 일본에 거주한 자의 손자 이후 세대에 대한 규정은 없었다.

물론 '해방 전'부터 일본에 거주한 자의 손자 이후 세대에 대한 권리를 인정하지 않는다는 점을 법적 지위 협정에서 주장한 것은 아니었다. 법적 지위 협정 제2조는 '대한민국 정부의 요청이 있으면 본 협정의 효력발생일로부터 25년이 경과할 때까지는 협의를 행함에 동의한다'라고 규정하고 있다. 즉, 한국 측의 요청에 따라 1965년부터 25년이 경과한 1991년까지 해당 문제를 논의하기로 했다. 안정적인 재류권을 바라는 재일코리안은 1991년에는 매듭을 지을 필요가 있다고 생각했고, 이 문제는 '91년 문제'로 불렸다.

여기서는 "정영주권(定永住權)을 '해방 전'부터 거주한 자의 손자 이후 세대로 확대할 수 있다면 그걸로 좋다"라는 것이 재일코리안의 요구가 아니라는 점에 주의해야 한다. 애초에 협정 영주는 대다수 재일코리안이 충분히 만족할 수 있는 제도가 아니었다. 협정 영주는 일반 외국인에 대한 영주권보다는 유리한 것으로 알려졌지만, '중죄'를 저지르면 퇴거 통제 대상이 된다는 내용이었다. 이를 '영주권'이라고 부를 수 있는지, 식민지 지배하에 일본에 와서 생활해야만 했던 재일코리안에 대한 처우로서 적절한지 의문시하는 목소리는 한일 협약 타결 당시 일관되게 존재했다.

또한 재일코리안이면서도 특별한 사정 때문에 협정 영주를 신청하지 않았거나 굳이 한국적을 선택하지 않고 조선적을 유지하는 사람도 있었다. 이들은 일본이 항복문서에 조인하기 전부터 일본에 거주했던 구식민지 출신자로서 계속해서 체류할 수 있다고 인정받았지만(법적으로는 '포츠담 선언 수락에 따라 발하는 명령에 관한 건에 기초하는 외무성 관계 제(諸)명령 조치에 관한 법률(법률 126호) 제2조 6호 해당자'), 강제퇴거 등과 관련해 협정 영주 수준의 '특혜'는 없는 데다 3년마다 재류 자격 갱신을 신청해야 하는 등 불안정한 지위에 놓여 있었다. 그리고 그 자손의 재류권은 더 불안한 지위에 처할 가능성이 있었다. 이런 문제와 더불어 재일코리안은 외국인 등록증을 항상 휴대해야 하는 의무, 취업과 교육의 권리 등도 해결해 달라고 강력히 요구했다.

이상의 현안을 해결하기 바란다는 목소리는 1980년대 말 이후 재일코리안 사회에서 확산했고, 일본 사회에서도 일부 신문이 관련 기사를 내는 등 사회적인 관심도는 어느 정도 상승했다. 이는 후술할 지문 날인 거부 투쟁에 촉발된 결과이기도 했다.

이런 가운데 1990년부터 한일 정부는 협상을 진행해 1991년 1월 10일에 아래의 '한일 법적 지위 협정에 기초한 협의 결과에 관한 각서'를 체결했다.

각서

일본국 정부와 대한민국 정부는 1965년 6월 22일에 도쿄에서 서명된 일본국에 거주하는 대한민국 국민의 법적지위 및 대우에 관한 대한민국과 일본국 간의 협정(이하 '법적 지위 협정') 제2조 제1항에 기초하여 법적지위 협정 제1조의 규정에 따라 일본국에서 영주가 허가된 자(이하 '재일코리안 1세와 2세')의 직계비속으로서 일본국에서 출생한 대한민국 국민(이하 '재일코리안 3세 이하 자손')의 일본국에서의 거주에 대하여 1988년 12월 23일 제1회 공식 협의 이래 누차에 걸쳐 협의를 거듭해 왔다. 또한, 대한민국 정부는 1990년 5월 24일 노태우 대통령과 가이후 도시키(海部俊樹) 총리대신 사이에서 열린 정상회담 등 누차의 기회를 통하여 1990년 4월 30일 한일 외상 정기협의 당시 일본 정부가 밝힌 '대처 방침'(이하 '1990년 4월 30일의 대처 방침')에서 나타난 재일한국인 3세 이하의 자손에 대한 해결의 방향성을, 재일한국인 1세와 2세에게도 적용해 달라는 요망을 표명하고, 일본국 정부는 제15회 한일 정기 각료 회의 등의 장에서 해당 요망에 대해서도 적절한 대응을 할 것을 표명했다. 1991년 1월 9일 및 10일의 가이후 도시키 일본국 총리대신의 대한민국 방문 시, 일본 측은 재일한국인이 갖는 역사적 경위와 정주성을 고려하여, 이들 재일한국인이 일본국에서 더욱 안정된 생활을 영위할 수 있도록 하는 것이 중요하다는 인식에 서서, 동시에 지금까지의 협의 결과를 토대로 일본국 정부로서는 향후 본건에 대해서는 아래 방침에 따라 대처한다는 뜻을 표명하였다. 또한, 쌍방은 이로써 법적 지위 협정 제2조 1항의 규정에 기초한 협의를 종료하고, 향후 본 협의의 개시에 따라 개최를 보류했던 양국 외교 당국 간 국장급 협의를 연 1회 정도 수준으로 재개하고, 재일한국인의 법적 지위 및 대우에 대해 양국 정부 간에 협의할 사항이 있는 경우는, 동 협의의 장에서 논의해 나갈 것을 확인하였다.

기(記)

1. 입관법(入管法) 관련 각 사항은 1990년 4월 30일의 대처 방침을 고려하여 재일한국인 3세 이하의 자손에 대하여 일본 정부로서 다음과 같은 조치를 취

하기 위하여, 필요한 개정 법안을 지금 정기 국회에 제출하도록 최대한 노력한다. 이 경우 (2)와 (3)에 관해서는 재일한국인 1세 및 2세에 대해서도 재일한국인 3세 이하의 자손과 동등한 조치를 강구하기로 한다.

(1) 간소화된 절차로 기속적(羈束的)으로 영주를 인정한다.

(2) 퇴거 강제 사유는 내란·외환의 죄, 국교·외교상의 이익에 관한 죄 및 이에 준하는 중대 범죄로 한정한다.

(3) 재입국 허가에 대해서는 출국 기간을 최대 5년으로 정한다.

2. 외국인등록법 관련 각 사항은 1990년 4월 30일의 대처 방침을 고려하여 다음 조치를 취하기로 한다.

(1) 지문 날인에 대해서는 지문 날인을 대신할 수단을 가능한 한 조기에 개발하고, 이를 통해 재일한국인 3세 이하의 자손은 물론, 재일한국인 1세와 2세에 대해서도 지문 날인을 실시하지 않기로 한다. 따라서 향후 2년 이내에 지문 날인에 대신하는 조치를 실시할 수 있도록 필요한 개정 법안을 차기 정기 국회에 제출하는 데 최대한 노력한다. 지문 날인을 대시하는 수단에 대해서는 사진, 서명 및 외국인 등록에 가족사항을 추가하는 것을 중심으로 검토한다.

(2) 외국인 등록증의 휴대 제도에 대해서는 운영 실태도 포함해 적절한 해결책을 계속 검토한다. 이 제도의 운용에 대해서는 앞으로도 재일한국인의 입장을 배려한 상식적이고 탄력적인 운용을 보다 철저히 하도록 노력한다.

3. 교육 문제에 대해서는 다음 방향으로 대처한다.

(1) 일본 사회에서 한국어 등 민족의 전통과 문화를 유지하고자 하는 재일한국인 사회의 희망을 이해하고, 현재, 지방자치단체의 판단에 따라 학교 과외에서 이루어지고 있는 한국어와 한국 문화 등의 학습이 앞으로도 차질없이 이루어질 수 있도록 일본국 정부 차원에서 고려한다.

(2) 일본인과 동등한 교육 기회를 확보하기 위하여 보호자에게 취학 안내를 발급하는 데 대해 전국적인 지도를 실시하기로 한다.

4. 공립학교 교원의 채용에 대해서는, 그 길을 열어, 일본인과 같은 일반 교원 채용시험의 수험을 인정하도록 각 도도부현(都道府縣)을 지도한다. 이때 공무원 임용에 관한 국적에 의한 합리적 차이를 고려한 일본국 정부의 법적 견해를 전제로 하면서 신분의 안정과 처우에 대해서도 배려한다.

5. 지방 공무원의 채용은 공무원 임용에 관한 국적에 의한 합리적 차이를 고려한 일본국 정부의 법적 견해를 전제로 하면서 채용 기회의 확대를 도모할 수 있도록 지방 공공단체를 지도해 나간다.

또한 지방 자치 단체 선거권에 대해서는 대한민국 정부로부터 요망이 표명되었다.
[이하, 서명 등이므로 생략]

여기서는 일단 협정 영주권을 가진 자의 자녀 이후 세대에게 동등한 조치를 강구하기로 한 것은 물론 재일코리안 전체를 상대로 더욱 안정적인 재류권을 인정하고 있다는 데 주목할 필요가 있다. 즉, 조선적 보유자를 포함한 재일코리안(일제가 대만을 식민지로 운영한 시기에 대만 호적을 부여받은 뒤 '귀화'하지 않고 일본에 계속 거주한 자와 그 자손)은 기속적(羈束的), 즉, 당사자에 의한 별도의 절차를 거치지 않고도 행정 측의 재량이나 선택의 여지없이 일본에 영주할 권리가 인정된 것이다. 또한 강제 퇴거를 가능하게 하는 요건도 상당히 제한적인, 내란·외환 관련 범죄 등 중대 사범으로 한정됐다.

그리고 '한일 외무장관 각서'의 영향을 받아 1991년 5월에는 출입국관리특례법(일본국과의 평화조약에 기초하여 일본 국적을 이탈한 자 등의 출입국 관리에 관한 특례법)이 성립, 공포되고 11월에 시행됐다. 이 법률은 1945년 이전부터 계속해서 일본에 거주하다가 샌프란시스코 강화조약에 따라 국적을 이탈한 자, 즉 한국적, 조선적, 중국적 등 구식민지 출신자에게도 영주권을 부여하고 그 권리는 자손에게 미친다고 규정하고 있다. 해당 영주권은 '특별 영주'로 불리게 됐다.

동시에 외국인등록법에 규정된 지문 날인 제도도 한일 외무장관 각서를 통해 폐지하기로 약속했다. 이에 따라 개정된 외국인등록법이 1993년 1월에 시행돼 재일코리안 영주자에 대한 지문 날인 제도가 폐지됐다.

또한 한일 외무장관 각서에서는 재일코리안의 민족 문화를 보존하기 위해 실시되는 일본 공립학교에서의 과외 학습과 재일코리안에 대한 일본의 의무교육 취학 통지, 공립학교의 교원 채용에 관해서도 배려하기로 확인됐다. 그러나 지방 참정권 부여를 두고는 한국 측의 요망이 있었다고 기재하는 데 그쳤다.

3) 일본 경제의 동향과 생활 수준의 변화

법 제도적 차별이 철폐되고 있던 당시, 재일코리안의 생활 상태도 개선되고 있었다. 일본 경제 자체는 1970년대 초반 이전처럼 연간 GDP 성장률이 10%를 넘지는 않았지만, 오일 쇼크의 충격에서 벗어난 1970년대 후반 이후 경제 성장은 이어졌다. 성장률도 1990년대 후반 이후처럼 1%를 밑돌지는 않았으며, 1970년대 후반부터 1980년대에 걸쳐 한 자릿수 성장을 지속하며 GDP는 안정적인 증가세를 이어가고 있었다. 그리고 일본 사회는 1980년대 말부터 1990년대 초반에 공전(空前)의 호황이라고 일컬어지는 상황을 경험하게 된다. 하지만 그것은 실물 경제와 동떨어진 머니 게임이 촉발한 부동산 가격과 주가 상승 등에 의한 것이었고, 이른바 '버블이 꺼진' 1990년대 중반 이후 일본 경제는 장기 침체에 돌입한다.

그러나 고도 경제 성장, 안정 성장을 거듭하는 동안 일본 사회 구성원의 생활 수준은 향상되고 경제 격차는 줄어들었으며 절대 빈곤층은 감소

했다는 게 정설이다. 재일코리안 중에서도 고도 경제 성장과 안정 성장
에 힘입어 일본 사회에서 생계를 유지할 방도를 확보하는 사람이 늘어나
면서 그만큼 더 자녀를 교육하는 한편 더 안정적이고 풍부한 경제생활을
보내게 된 것은 분명하다.

　이 시기 일본에서는 민족별 가계 상황을 나타내는 통계를 작성하지
않았기 때문에 당시 사정을 상세하게 들여다볼 수는 없지만, 빈곤 감소
의 관점에서 생활보호 수급자가 줄어드는 동향은 확인할 수 있다. 즉, 일
본 정부의 통계에 따르면 일본 전체(일본과 외국인=재일코리안 등을 포
함)의 생활보호율('국민 생활 기초 조사'의 총 세대 수에서 피보호 세대
수를 뺀 것)은 1953년도 현재 39.6‰이었지만, 이후 오랫동안 거의 일관
되게 감소했다. 1993년에는 역대 최저치인 14.0‰을 기록했고, 이후 증감
을 반복하다가 1996년에 다시 14.0‰을 기록한 뒤 상승세로 돌아섰다. 그
리고 외국인의 생활보호율(외국인 등록 인구수에서 피보호 외국인 수를
뺀 것)은 일관되게 일본 전체의 수치를 웃돌았지만, 고도 경제 성장기에
는 대체로 감소세가 이어졌다. 즉, 1950년대에는 100~200‰ 수준으로
1955년에는 214‰을 기록할 정도였지만, 이후 감소세를 이어가면서 1974년
도에는 38.8‰까지 하락했다. 이후 증가세로 전환하지만, 1980년대 중반
까지는 40‰대 수준을 유지하는 경향을 보였다. 또한 1980년대 말 이후
지속해서 감소한 결과 1997년에는 19.4‰을 기록했고, 이후 다시금 외국
인의 생활보호율은 소폭 증가세로 돌아섰지만 이미 일본인과 별다른 차
이가 없는 수준이었다.[1]

　물론 위 외국인은 재일코리안이 아닌 사람도 다소 포함하며, 생활보호
를 수급해야 하는 생활 수준에 있었더라도 재일코리안은 받지 못하는 사

---

[1] 金耿昊, 「戦後日本における在日朝鮮人の生活困窮問題 : 民族団体による生活権擁護運動を中
心に」, 東京大学大学院総合文化研究科博士学位請求論文, 2017.

례가 많았을 것으로 추측된다. 게다가 1960년대의 감소세는 빈곤층이 북한에 귀국한 여파가 관련된 것으로 보인다.[2]

그렇다고는 해도 1980년대까지 재일외국인의 대다수가 재일코리안이었다는 점을 고려한다면 재일코리안 빈곤층이 감소하고 있었다는 점은 부인할 수 없을 것이다.

4) '민족 차별 소멸'론의 출현

이상과 살펴본 것처럼 1980년대에는 법 제도적으로 재일코리안에 대한 차별이 철폐되면서 재류권의 안정화도 진전됐다. 또한, 고도 경제 성장과 안정 성장을 배경으로 어느 정도 안정된 생활을 영위하면서 동시대 일본의 평균적인 수준을 밑돌지 않는 '풍요로움'을 손에 넣은 재일코리안도 늘어났다. 그리고 다양한 분야에서 활약하는 재일코리안이 많아지고 사회적 지위를 확보한 것으로 여겨지는 사람도 등장했다.

이런 가운데 이전까지는 재일코리안에 대한 차별을 지적하며 그것을 철폐하기 위한 활동을 펼쳤거나 그에 대한 이해를 표시했던 일본인 중에서도 차별이 사라졌다고 생각하고 발언하는 사람이 나타났다.

민족 차별 반대 운동에 주력하며 논의의 장을 제공해 온 일본 조선연구소가 간행하는 '조선 연구'에서도 1980년대에 들어서면서 논조가 변하기 시작했다. 일본 조선연구소의 사토 가쓰미(佐藤勝巳) 소장은 '조선 연구' 1982년 8월 호에 '지금 민족 치별을 어떻게 받아들여야 하는가'라는 제목의 글을 발표했다. 사토는 '사회보장 등의 측면에서 국가, 지방 자치 단체 등의 제도적 차별이 없어진' 점을 일단 지적한 뒤 주택 입주 차별

2) 金耿昊, 「戰後日本における在日朝鮮人の生活困窮問題 : 民族団体による生活権擁護運動を中心に」, 東京大学大学院総合文化研究科博士学位請求論文, 2017.

등에 대한 행정지도가 진전돼 '표면적인 차별이 없어지거나 불가능해진' '종래보다 뚜렷한 변화'가 생겼다면서 '재일 한국·조선인의 생활 수준에 대한 과학적인 조사가 존재하지 않는 지금 단정할 수는 없지만, 생활 수준은 상당히 향상·안정되고 있다는 것이 필자의 인상'이라고 밝히고 있다. 심지어 학교에서도 민족명을 사용하는 데 거부감을 느끼지 않는다는 재일코리안 학생도 보인다며, 이 또한 차별이 감소한 것과 관련이 있다고 지적했다. 다만 사토는 '하지만 오해가 없도록 밝혀 두자면 필자는 일본 사회에서 차별이 없어졌다고 말하는 건 아니고', '재일 한국·조선인 가운데 생활 곤궁자가 없어졌다고는 꿈에도 생각지 않는다'라고 언급하면서도 다시금 '차별은 감소하고 있다'라는 생각을 밝히고 있다.

당시 사토는 '잘못된 현상 인식을 토대로 운동을 추진하면 대상자에게 피해를 주고 실무자도 지쳐 쓰러져 버리기 때문'에 이 같이 밝힌다며 민족 차별 반대 운동에 대한 부정적인 견해를 언급하지는 않았다. 하지만 사토는 이후 민족 차별 반대 운동 자체를 의문시하거나 비판하기에 이른다. 이를테면 1991년에 쓴 저서에서 사토는 '종래의 민족 차별 반대 운동은 차별 사건이 일어난 데 항의하는 것이었다. 그런데 요즘은 좀처럼 차별 사건이 일어나지 않아서 운동 측이 사건을 "만들어내는" 현상이 보인다'라고 언급하고 있다.[3] 일부러 차별 사건을 만들어내 떠들어대고 있다는 것이었다. 사토는 또 이것은 '민족 차별을 없애는 방법·수단의 하나로서 긍정되어야 할지도 모른다. 이것은 사람에 따라 의견이 갈리지만, 필자의 감각이랄까, 윤리적으로 옳지 않다'라고 덧붙이고 있다.

게다가 1996년에 사토 가쓰미가 당시 입관국(入管局) 관료였던 사카나카 히데노리(坂中英徳)와 가진 대담('현대 코리아'='조선 연구'를 개제(改

---

3) 佐藤勝巳, 『在日韓国·朝鮮人に問う』, 亜紀書房, 1991, 84쪽.

題)하여 계승한 잡지, 1996년 9월 호)의 제목은 '더할 나위 없는 법적 지위와 처우'였다. 이 대담에서는 재일코리안에 대한 사회보장 제도의 적용, 특례 영주권의 부여 및 지문 날인 제도의 폐지 등이 내국민과 비슷하게 우대된 지위라는 인식이 확인된다. 사토는 그런데도 민족 차별 반대 운동이 있다며 다음과 같이 언급하고 있다.

　　하지만 차별 반대 운동을 하는 사람들은 '일본은 차별 화산 열도라서 저쪽의 차별이 끝나면 이쪽의 차별이 나온다', '아파르트헤이트(Apartheid)에 필적한다'라고 말하고 있어요(웃음).
　　나는 그런 주장을 들을 때마다 단호하게 말합니다. "세계에서 일본만큼 차별이 없는 나라가 있느냐?"라고.

　그리고 사토가 "일본인과 그들[재일코리안] 사이에 생활 수준의 차이는 없습니다"라고 말하자, 사카나카는 "결혼에 관해 말하자면, 지난 20년간 재일 한국·조선인과 일본인 간의 결혼 비율이 점점 높아지고 있는데 최근에는 80%를 넘어서고 있습니다… 정말 일본 사회에 심각한 민족 차별이 있다면 이렇게 될 리가 없습니다", "결혼, 취직 그밖의 사회생활에서 차별이 해소되고 있고, 재일 한국·조선인이 자유롭게 살기 좋은 일본 사회가 형성되었다"라고 언급했다.
　차별에 대한 이 같은 견해와 함께 사토와 사카나카는 이제 재일코리안이 일본에 동화됐다는 인식도 공유했다. 이 대담에서 사카나카는 '2세들의 풍모와 말투는 1세들과는 분명히 다릅니다. 2세 이하의 세대는 일본인과 거의 다르지 않게 되었습니다'라고 말했고, 사토도 '국적 이외에는 더없이 일본인에 가까워지고 있다'라고 밝혔다. 사카나카와 사토는 또 만약 참정권을 요구한다면 일본 국적을 취득하면 된다고 주장했다.
　즉, 일본 사회에는 더는 민족 차별이 없고 재일코리안도 일본인과 다

름없는 데다, 만일 일본인과 동등한 수준의 권리를 요구한다면 일본 국
적을 취득하면 된다는 것이 당시 그들의 생각이었다. 그리고 이 같은 대
담 기사에 대한 반론이 나오거나 그것을 둘러싼 논쟁이 벌어지지 않았다
는 사실은 비슷한 인식을 하는 일본인이 적지 않았음을 시사한다.

5) 민족 차별과 경제적 격차

그렇다면 실제로 1980년대부터 1990년대에 걸쳐 민족 차별이 감소하
고 사라졌으며 재일코리안과 일본인의 생활이 수준차를 보이지 않게 됐
는지 알아보자.

이에 관한 정밀한 분석은 아직 존재하지 않는다. 일본 정부나 연구자
가 재일코리안에 관한 대규모 사회조사를 몇 년마다 지속적으로 실시해
얻은 자료가 없기 때문이다. 다만 1984년에 가나가와(神奈川)현이 실시한
정주 외국인에 대한 조사를 통해 차별 실태 등을 어느 정도 파악할 수
있다.

이 조사는 가나가와현이 재일코리안 문제를 고민해 온 연구자 등이
만든 가나가와현 거주 외국인 실태 조사위원회에 위탁한 사업으로, '가
나가와현 거주 외국인 실태조사 보고서-한국·조선인, 중국인에 대해-'
로서 1985년 3월에 조사 보고서가 작성됐다(조사 보고서는 '일본 속의 한
국·조선인, 중국인 가나가와현 내 거주 외국인 실태 조사에서'라는 제목
으로 1996년에 아카시(明石)서점이 간행했다). 조사는 1984년 9월 1일 현
재 가나가와현에 거주하는 20세 이상 한국·조선인과 중국인 남녀를 대
상으로 같은 해 8~9월에 실시됐고, 무작위로 추출한 대상자가 질문지에
기재하고 방문 조사원과 면접 청취를 하는 방식으로 진행됐다. 총 1,028명
이 답변했으며, 그중 한국적·조선적 응답자는 866명이었다. 또한 응답

자의 성별은 남성 524명, 여성 504명으로 집계됐으나, 연령계층은 젊은
층(20~34세)의 비율이 모집단(母集団)보다 약간 낮았고 중년층(35~44세)
이 높은 경향을 보였다.

조사 결과는 다음과 같다. 우선 한 달 생활비를 묻는 말에 대한 답변
의 평균은 30.8만 엔, 중앙치(中央値)는 26.1만 엔으로 나타났으며, 한국
적·조선적 응답자의 평균은 31.0만 엔, 중앙치는 26.1만 엔을 기록했다.
이는 1983년도에 일본 정부가 시행한 조사 당시 관동 지방의 근로자 가
구가 실제 지출한 금액의 평균치인 34만 7,893엔을 밑도는 수준이다. 물
가가 다소 상승하긴 했지만, 가나가와현의 조사에서는 주택담보 대출 상
환 등에 대해 자세히 묻지 않았기 때문에 그 부분을 포함한 '생활비' 지
출로서 답변하지 않았을 가능성도 고려할 필요가 있다. 따라서 조사 보
고서는 '어느 정도인지 확언할 수는 없지만, 본 조사에 응답한 자의 1개
월 생활비는 일본인 노동자 세대에 비해 적어도 얼마만큼 낮다'라고 분
석하고 있다.

게다가 피고용자 신분으로 대기업에 근무하는 자가 적은 경향도 확인
됐다. 피고용자 357명의 응답 가운데 취업 사업장 내 종업원 규모의 중
앙치는 18.7명, 100명 이상 사업장에서 일하는 사람은 70명에 불과했다.
대다수는 영세 기업에서 일하고 있었던 것이다. 이 같은 측면이 낮은 수
입으로 이어졌을 가능성은 매우 높다. 실제로 풀타임 근로자의 연봉은
중앙치가 273.0만 엔, 평균치는 310.5만 엔이었고, 이는 일본 정부가 조사
한 가나가와현 내 30명 이상 사업장 소속 풀타임 직원의 연봉 평균치인
388.6만 엔을 크게 밑도는 수준이다.

또한, 가나가와현민 전체의 학력과 비교하면, 50대와 60대(1934년 이전
출생) 가운데 고등교육을 수료한 자는 조사 응답자(중국, 한국·조선적
외국인)가 높거나(50대) 거의 다를 바 없는(60대) 경향을 보이고 있지만,

그와 동시에 해당 연령층에서는 미취학자가 현민 전체보다 훨씬 많은 것으로 확인됐다(50대가 7.5%, 60대가 41.0%. 현민 전체는 각각 0.1%, 0.57%). 이처럼 적지 않았던 미취학자는 전문직이나 관리 직종에 취업하기 상당히 어려웠을 것이다. 그리고 20대의 경우, 미취학 사례는 거의 없다는 의미에서는 동일했지만(현민 전체가 0.07%지만, 조사 응답자는 0.40%로 상대적으로 높았다), 고등교육 수료자는 명확한 차이를 보였다. 현민 전체는 44.6%였지만, 중국적, 한국・조선적 외국인은 32.4%에 머물러 있었다. '안정적인 생활을 하기 위해서는 우량 기업에 취업할 필요가 있었고, 그러기 위해서는 대학에 가야 한다'라는 인식이 널리 퍼져 있었던 시점에서 고등교육 수료자의 비율이 낮았다는 사실은 수입에 직결되는 요소로 작용했을 가능성이 있다.

이상을 토대로 재일코리안과 중국적을 가진 정주 외국인은 당시 평균적인 일본인보다 가난한 생활을 하는 경우가 적지 않았을 것으로 추측할 수 있다.

아울러 몇 가지 설문에 대한 답변을 통해 분명히 차별을 당한 경험이 있다고 느끼는 사람이 적지 않았다는 사실이 확인된다.

먼저 자영업자가 사업자금을 조달할 때 겪은 융자 차별에 대해 271명 중 84명은 '직접 경험한 적이 있다', 34명은 '직접 겪지 않았지만, 사례는 들었다'라고 답변했고, '처음부터 포기하고 있다'라는 응답자도 60명에 달했다.

취업 시에 경험한 적이 '있다'라는 응답자는 326명으로 36.2%, '없다'라는 응답자는 557명으로 61.9%로 집계됐고, '무응답'은 17명으로 나타났다(한국적・조선적 응답자 766명은 '있다'가 296명으로 38.6%, '없다'가 456명으로 59.5%, '무응답'이 14명이었다. 이를 연령계층별로 나누어 보면 60대 이상에서는 '없다'라는 응답이 많았고(일본인이 경영하는 기업에 취업을 시도한 경험이 아예 없는 사람도 적지 않다는 점이 영향을 미쳤을 것이다), 40~59세에서는 '그렇다'라는 응답이 40%대에 이르는 높은 수준을 기록했다. 이는 취직 차별 반대 투쟁 이전 시기에 처음으로 취업한 세대라는 점이 영향을 미친 결과로 풀이된다. 하지만 취직 차별 반대 투쟁이 가속하던 시기 이후에 취업철을 맞이한 20대에서도 취직 차별을 경험한 적이 있다고 응답한 사람이 있었다. 구체적으로는 20~24세인 96명 가운데 '있다'라는 19명으로 19.8%, 25~29세인 105명 가운데 '있다'라는 29명으로 27.6%를 기록했다.

학교에서 차별을 경험했다는 사람은 더 많았다. 939명 가운데 493명, 즉 52.5%가 '차별을 받았다'라고 응답한 것이다. 이와 관련해 640건의 구체적인 차별 경험 사례가 확인됐는데, 차별 가해자로 분류해 보면 같은 학교 학생이 280건, 다른 학교 학생이나 일본인이 139건, 위협에 의한 가해가 107건 등으로 나타났다. 또한, 어떤 차별이었는지 구체적인 내용을 알 수 있는 사례 342건을 세분화한 결과 '조선인, 중국인'을 지목한 민족 차별 발언이 109건, 폭행·따돌림이 86건, 차별적 발언·취급이 60건 등으로 분류됐다. 참고로 학교 내 차별 경험에 관해서도 젊은 세대에서는 '차별당한 경험 없음'이 다소 많았고, 특히 20~24세에서는 '차별당한 경험 없음'이 '차별당한 경험 있음'을 웃돌았다. 그러나 기타 연령층에서는 모두 '차별당한 경험 있음'이 더 많았으며, 20~24세에서도 '차별당한 경험 있음'이 37.7%에 달했다.

셋집(借家)·셋방(借間)에서의 차별도 전체의 17.8%가 경험했고, 18.7%가 주변에서 그런 일을 겪었다고 응답했다. 한국적·조선적 응답자로 제한하면 20.4%가 직접 경험했고, 20.3%가 주변에서 그런 일을 겪었다고 밝혀 다소 높은 경향을 보였다.

결혼 차별도 13.2%가 직접 경험했고 24.7%가 주변에서 그런 일을 겪은 것으로 확인됐으며, 한국적 · 조선적의 경우 각각 14.0%, 26.4%로 다소 높게 나타났다.

또한 자유기재란에서 나타난 피차별 경험과 국적 · 세대 간 관계를 보면, 연령이 높은 세대의 한국적 · 조선적 보유자가 전전(戰前), 전시하(戰時下)나 해방 직후 시기에 경험한 사례 등을 적었다. 이를테면 '전시 중 경찰에 연행되어 "조선으로 돌아가라"라는 말을 들었다'(60대), '징용으로 끌려와 이른바 '문어방'에서 강제 노동을 당하고 노예적인 취급을 받았다'(60대), '관동대지진 때 "조선인이다 죽여 버려라"라며 습격했다'(60대 이상), '조선인에게 상품을 팔지 않는 쇼와 20년(=1945년), 조선인을 속여 이용하는(쇼와 25년=1950년)', (한 · 조 50대) 등이다. 하지만 역시 조사가 시행된 시점에서 최근이라고 할 수 있는 시기의 차별 사례를 기재한 경우도 있었다. 몇십 년이 지났다고는 하나 과거의 생생한 차별 경험이 정신적 상처로 남아 있음이 엿보이는 대목이다.

이와 동시에 조사 시점을 기준으로 몇 년 전 또는 최근에 차별을 당한 한국 · 조선적 응답자도 확인된다. "지난여름 목욕탕에서 청소하던 사람(60세 정도)이 '조선인', '조선인 바카야로우(바보)'라고 말했다"(60대 이상), "3, 4년 전에 입국관리국에서 조선인은 100명 중 1명도 제대로 된 사람이 없다는 노골적인 차별 발언을 들었다"(40대), "3, 4년 전에 아르바이트하다가 어떤 사람이 "왠지 촌쾨조선 고등학교] 같다. 마치 조선인 같다며 무의식적으로 차별했다"(30대), "5, 6년 전 신문 판촉원이 조선인은 돌아가라고 했다"(30대) 등이다.

가나가와현의 이 같은 조사 결과는 아직도 엄연한 민족 차별이 있었고, 생활 수준도 일본인보다 상당히 낮은 재일코리안이 많았다는 사실을 보여준다. 물론 제도적인 차별이 많이 사라지고, 재일코리안에게 취업의 문호를 개방한 기업 등이 늘어나고 있었다. 하지만 재일코리안은 여전히 취업할 때나 학교에서 차별로 인한 정신적 고통을 받고 있었음이 분명하다. 또한, 취업이나 대출, 셋집·셋방, 결혼 등 법 제도에 근거하지 않는 사회적 차별도 존재했다.

그렇지만 위 조사 결과를 토대로 과거보다는 차별이 개선되고 있었다는 분석도 가능하다. 차별을 당했다는 젊은 세대는 분명히 적기 때문이다.

하지만 차별이 완전히 없어진 것도 아니었고, 공교육 등을 통해 그게 왜 문제인지 충분히 전달되고 있었다고 평가할 수도 없다. 조사 당시 20~24세 연령층의 40%가량이 차별을 경험했다는 사실은 차세대 교육에도 문제가 많았음을 시사한다. 앞서 언급한 것처럼 연금 제도와 건강보험 제도의 국적 조항은 난민조약 가입을 계기로 철폐됐을 뿐, 일본 사회가 재일코리안과 일본인의 기존 관계에 관해 논의하고 결정한 적은 없었다. 즉, 일본인 시민이 재일코리안에 대한 그간의 처우를 충분히 반성하고 주체적으로 차별을 철폐한 것이 아니었다. 따라서 특정한 계기가 마련되면 재일코리안에 대한 심각한 차별이 다시 고개를 들거나 새로운 형태의 차별이 발생할 가능성은 충분했다.

그렇기 때문에 이 시기에 '차별이 감소하고 있다', '차별은 사라졌다'라며 민족 차별에 반대하는 활동의 사명을 다했다고 치부하는 태도에는 문제가 있었다고 볼 수 있다. 그리고 제도적 차별 또한 앞서 언급했듯이 사회보장 제도에서는 전시 동원의 보상에 대한 국적 조항이 존재했고, 연금 제도에서도 국적 조항이 철폐되는 단계에서 고령자에 대한 구제 조치 문제가 남아 있었다. 취직 문제에 관해서도 일부 지방 자치 단체가 국적 조항을 철폐했지만, 제한적인 수준이었다. 여기에 비록 논의가 성숙하지는 못했지만 재일코리안 사이에서는 참정권을 요구하는 목소리도 있었다. 이런 상황 속에서 재일코리안은 민족 차별 반대와 권리 신장을 요구하는 투쟁을 계속해 나가야 했다.

2. 지문 날인 거부 투쟁의 고양

1) 외국인등록법과 지문 날인 제도

이런 가운데 1980년대 중반에는 재일코리안을 중심으로 한 지문 날인 거부 투쟁이 크게 고조됐다. 이 투쟁은 민족 차별 문제를 일본 사회에 널리 알리고 재일코리안의 정체성에 대한 존중이 필요하다고 호소하는 것이었다.

전후 일본의 전국적인 외국인 등록 제도는 일본국 헌법이 시행되기 전날인 1947년 5월 2일에 마지막 칙령으로 공포, 시행된 외국인 등록령에 의해 규정됐다. 외국인의 등록 및 관리에 관해 규정한 이 법령은 등록 증명서의 상시 휴대를 의무화했다. 당시 재일코리안 등 구식민지 출신자는 일본 국적을 보유한 것으로 간주했으나, '당분간 이를 외국인으로 간주'(동령(同令) 제11조)하기로 하면서 등록 대상이 됐다.

외국인 등록령은 1952년 4월 28일 샌프란시스코 강화조약이 발효되면서 폐지됐지만, 그것을 계승하는 형태로 같은 날 외국인등록법이 공포, 시행됐다. 마찬가지로 같은 날 일본 정부가 당사자와 협의하지 않고 결정한 조치로 인해 일본 국적을 상실한 구식민지 출신자는 이 법에 의한 외국인 등록 제도의 대상이 됐다. 동법은 관광 등 임시 체류자를 제외하고 일본에 재류하는 외국인을 대상으로 서류 제출과 시정촌 사무소에서 외국인 등록을 할 것을 의무화했다. 그와 동시에 사진과 지문을 등록하도록 규정하는 한편, 교부 받은 외국인 등록증을 항상 휴대하고 경찰관이 요구할 경우에는 등록증을 의무적으로 제시해야 한다고 명시했으며, 5년마다 등록을 갱신하도록 했다. 다만 지문 등록은 시행일 이후인 1955년부터 실시됐다. 그리고 등록을 거부하거나 외국인 등록증을 휴대하지 않은 자는 엄격한 처벌(1년 이하의 징역 내지 금고 또는 벌금)을 받았다.

외국인에게 이처럼 엄격한 관리를 추진하던 일본 정부의 의도는 공식적으로 발표된 적은 없지만, 치안 대책과 관련돼 있었다. 법률 제정 당시 대다수 재일 외국인은 재일코리안이었고, 좌파계 재일코리안은 1950년대 초반에 일본 국내에서 반미, 반요시다(反吉田) 정권을 외치며 활발한 투쟁을 전개하고 있었다. 일본 정부는 그런 투쟁이 종식된 뒤에도 재일코리안의 '조국'과 연관된 활동이 사회 질서를 위협할 수 있다고 판단했다.

그러나 대다수 재일코리안은 일본의 법령을 준수했으며, 사회 질서를 함부로 위협하는 행위는 하지 않았다. 그런데도 엄격한 관리 대상이 되자, 앞서 언급한 것처럼 적지 않은 재일코리안이 불만을 품게 됐다. 집 주변에서 쇼핑이나 산책을 하거나 목욕탕에 갈 때도 외국인 등록증을 휴대해야 하는 것은 매우 번거로운 일이었다. 게다가 그런 의무는 군국주의자가 재일코리안에게 자행한 억압을 떠올리게 했다. 전시하의 재일코리안은 동화 정책과 감시를 위해 협화회에 강제로 가입해야 했고, '회원장(會員章)'(협화회 수첩)을 항상 소지해야 했기 때문이다.

또한 지문 날인을 해야 한다는 점도 재일코리안에게 굴욕감을 안겨주었다. 물론 일부 국가는 국민·재류 외국인의 지문을 모두 채취하고 있고, 21세기에도 자국을 찾은 외국인을 대상으로 입국 심사 과정에서 지문 등록을 요구하는 나라도 드물지 않다. 그러나 일본에는 보통 일본 국민에게 지문 날인을 의무화한 제도가 존재하지 않았다. 일본 국민은 형사 사범으로 체포됐을 때 강제로 지문을 제공해야 했기 때문에 지문은 범죄 수사에 사용된다는 인상이 강했다. 그리고 재일코리안은 자기 의사에 따라 외국에 입국하기로 선택한 것도 아니었다. 식민지 시대에 일본에 온 조선인은 '외국'에 온 것이 아니라 애초에 일본 제국의 지배에 의한 경제적인 압박과 동원 정책 등을 이유로 도일했으며, 그 자녀와 손자의 일본 거주는 자신의 의지나 선택과는 무관했다.

하지만, 일본 사회에서는 오랫동안 외국인등록법의 억압성이 문제시되지 않았다. 1960년대까지 외국인의 권리는 문제가 되지도 않았고, 일본인 사이에서는 재일코리안을 '골칫거리'이자 '위험한 존재'로 바라보는 시선이 적지 않았다. 그런 가운데 외국인등록법의 부당성을 지적하는 재일코리안의 주장은 오히려 일본인의 반발을 살 가능성이 있었다.[4]

따라서 외국인등록법이 제정되거나 지문 등록이 시작됐을 때 그와 같은 조치에 반대하거나 항의하는 재일코리안의 조직적인 활동은 나타나지 않았다. 하지만 개인 차원에서는 지문 날인 제도를 포함한 외국인등록법을 두고 어쩔 수 없이 반항한 사례가 확인된다. 일본 정부가 작성한 통계에 따르면, 1950년대에도 지문 날인을 거부하여 처벌받은 자가 있었다. 지문 날인을 하지 않아 송치된 자는 1956년에 195명, 1957년에 25명에 달했다.[5] 그중 한 명인 안상도(安商道)는 외국인등록법 위반 혐의로 기소된 뒤 항소를 거쳐 최고재판소에서 다툰 것으로 확인된다. 다만 해당 사건은 널리 알려지지 않은 채 지방재판소, 고등재판소, 최고재판소 모두 집행유예를 포함한 유죄판결로 종결됐다. 1960 년대부터는 지문 날인을

---

[4] 1960년대에도 재일코리안의 인권 상황을 다룬 서적이 발간된 적이 있었다. 해당 서적은 물론, 외국인등록법의 지문 날인 제도 및 외국인 등록증의 상시 휴대 의무 문제를 지적하고 있다. 이른 시기에 나온 책으로는 在日朝鮮人의 人權을 지키는 회 편, 『在日朝鮮人의 法的地位 박탈된 基本的人權의 実態』, 在日朝鮮人의 人權을 보호하는 모임, 1964 등이 있으며, 출입국 관리령과 함께 외국인 관리의 억압성을 제기한 것으로는, 東大法共鬪, 『告発 入管体制』, 亜紀書房, 1971 등이 있다. 다만 그로 인해 일본 내 여론이 크게 바뀐 흔적은 보이지 않는다.

[5] 田中宏, 『在日外国人 第3版 -法の壁、心の溝』, 岩波新書, 2013, 89쪽. 이하, 외국인등록법 제도에 관해서는 이 책을 참조.

완강히 거부하는 재일코리안이 소수로 돌아섰으며, 1967년 이후에는 지문 날인을 하지 않아 송치된 자가 한 명도 없는 상태가 이어졌다.

다만 지금까지 검토한 것처럼 1970년대 이후 재일코리안의 민족 차별 반대 운동이 진전되고 그런 동향에 주목하여 지원에 나서는 일본인 시민도 늘고 있었다. 재일코리안의 인권에 대한 일본 사회의 이해도가 높아지기 시작하는 가운데 외국인등록법의 문제성을 제기할 수 있는 여건이 마련되고 있었다.

2) 외국인등록법 문제의 쟁점화

일본 사회에서는 1980년대로 접어들면서 외국인등록법의 문제성이 환기되고 널리 주목을 받게 됐다. 1980년 9월, 도쿄도 신주쿠구(新宿区)에 사는 재일코리안 1세 한종석(韓宗碩)은 지원자를 대동하지 않고 혼자 구청을 방문해 지문 날인을 거부했다. 한(韓)은 거부 동기에 대해 "지금까지 여러 차례 지문을 찍어 왔습니다. 그런데 생각해 보니까 내 자식도 손자도 마찬가지로 지문을 계속 찍게 될 것입니다. 나는 자손에게 특별히 남겨줄 것은 없지만, 대신에 지문을 찍지 않아도 되도록 해 줄 수는 있지 않을까 생각했습니다. 최근 일본에서는 '국제화', '국제 인권'을 왕성하게 외치고 있습니다. 지문이 남아 있다는 것은 그와 모순되는 것 같아 견딜 수가 없습니다"라고 밝혔다.[6] 한(韓)의 이 같은 행위는 당시 외국인등록법의 규정에 따라 1년 이하의 징역 또는 금고, 내지 3민 엔 이하의 벌금에 처하는 경우에 해당했다. 게다가 형이 확정되면 '전과'로 기록되어 사회적 신용을 잃는 불이익을 당할 게 뻔했다. 또한 국가의 기관 위

6) 田中宏, 『在日外国人 第3版－法の壁、心の溝』, 岩波新書, 2013, 78~79쪽.

임 사무로서 외국인 등록을 하는 지자체는 지문 등록을 거부한 사람을 고발할 의무가 있었으며, 외국인 등록증을 교부하지 않는 조치를 할 수 도 있는 상황이었다. 결과적으로 외국인 등록증은 교부됐지만, 한(韓)은 당시의 심경을 다음과 같이 밝히고 있다.

> 하지만 무서웠습니다. [외국인 등록증]을 갱신할 때 지문을 찍지 않으면 등 록증을 주지 않겠지. 그렇다면 등록증 제시를 요구받았을 때 "불휴대(不携帶)" 로 체포되어 잘못하면 오오무라(大村)[입국자 수용소로 이송된 뒤 한국으로 강제 송환될 수도 있다고 생각했거든요. 하지만 지문을 찍지 않았는데도 등 록증을 주었기 때문에 조금은 맥이 빠진 느낌이었습니다.[7]

그런데 신주쿠구(新宿区)의 고발에 따라 한(韓)은 기소됐고, 형사 사건 으로 재판을 진행하게 됐다. 이 같은 사실이 알려지자 한(韓)의 재판을 지원하는 재일코리안과 일본인 시민의 활동이 시작됐고, 1980년에는 최 창화도 기타큐슈시(北九州市)에서 지문 날인을 거부했으며 이후에도 몇 몇 재일코리안이 그 뒤를 이었다.

이렇게 지문 날인 거부자로 고발된 사람은 약식 재판을 하거나 벌금 형으로 처리할 수 있는 선택지가 있었다. 그러나 한종석(韓宗碩) 등은 본 격적인 재판으로 맞섰다. 재판 자체는 외국인등록법을 위반한 형사 사건 으로, 피고인 지문 날인 거부자는 거부 사실을 부인하지 않았다. 다만 피 고=지문 날인 거부자는 재일코리안의 역사 등을 알리면서 외국인 등록과 지문 제도의 부당성을 호소했다. 하지만 모든 판결은 유죄가 확정됐고 피고에게는 벌금 납부 명령이 내려졌다.

이런 가운데 언론 등이 외국인등록법 문제를 보도하면서 일본 사회도

---

7) 田中宏, 『在日外国人 第3版－法の壁、心の溝』, 岩波新書, 2013, 78~79쪽.

해당 문제에 점차 관심을 두게 됐다. 그리고 재일코리안, 재일중국인, 기타 국적을 가진 재일 외국인 사이에서도 지문 날인 거부를 고민하거나 실천에 옮기는 사람이 증가했다. 또한, 일본인 사이에서도 그런 움직임을 지원하며 지문 날인 제도의 철폐 등을 위해 노력하는 활동이 시작됐다.

그런데 지문 날인 제도의 문제성에 공감하는 사람들은 1985년이라는 해에 주목했다. 당시 법률에 따르면 일정 연한(당초 3년 주기, 이후 5년 주기)을 두고 시정촌 사무소 등을 방문해 지문을 찍고 등록을 갱신해야 했다. 따라서 1955년에 처음으로 지문을 등록한 자의 지문 등록이 집중되는 연차=대량 갱신이 이뤄지는 해가 정해져 있었다. 그리고 지문 날인 문제가 주목을 받기 시작한 1980년대 초반, 대량 갱신을 앞둔 연차가 바로 1985년이었던 것이다. 등록을 갱신해야 하는 재일 외국인은 37만 명으로 알려졌으며 시기는 7월부터 10월에 걸쳐 집중될 것으로 예상됐다.[8]

또한, 최초 등록 이후에 출생한 재일코리안은 당초 14세(이후 16세로 격상) 때 신규 등록을 마치고 5년마다 갱신하게 돼 있었지만, 외국인 등록증 재교부 시에는 역시 지문 날인을 요구받았다. 즉, 1985년에 외국인 등록을 갱신할 필요가 없는 자도 일부러 외국인 등록증을 훼손하거나 또는 분실했다고 신고한 뒤 관청을 방문해 지문 날인을 요구하면 거부하는 방식으로 운동에 참여할 수 있었다. 그렇게 1985년을 기해 적극적인 운동을 독려하는 분위기가 고조됐다.

그 중심에는 재일코리안 2, 3세 청년이 있었다. 도쿄와 그 주변에 거주하는 재일코리안 33명은 지문 날인 거부 예정자 회의를 결성하고 1984년 9월, 1985년에 지문 날인을 거부하겠다고 미리 선언했다.[9] 이 회의에는 조선적 및 한국적 재일코리안이 모두 참가했다. 이 같은 움직임과 1980년

8) 民団50年史編纂委員会, 『民団50年史』, 在日本大韓民国民団, 1997, 314쪽.
9) 寺島俊穂, 「指紋押捺拒否の思想と運動(2)」, 『大阪府立大紀要(人文・社会科学)』 제44호, 1996.3.

대 초반의 지문 날인 거부가 지원자도 없이 어디까지나 개인의 생각에 기초했다는 사실이 상징하듯이, 지문 날인 거부를 위한 노력은 민족 단체의 조직적인 활동으로 시작되지 않았다. 그런 운동의 성격은 이후에도 기본적으로 유지되지만, 민족 단체도 외국인등록법의 억압성을 문제시하고 있었기 때문에 일각에서는 조직적인 활동도 펼쳐졌다.

한국민단은 1983년 9월 1일부터 12월 9일까지 '외국인 등록증 지문 날인·상시 휴대 제도 철폐 100만 명 서명 운동'을 전개했다. 이 기간에 호별 방문과 가두서명 활동을 전개한 결과 당초 목표였던 100만 명을 크게 웃도는 181만 명의 서명이 모였다. 한국민단은 이를 지참하고 우호 관계가 있는 정당과 의원을 만나 국회에서 외국인등록법 개정에 나서 줄 것을 요구했다.[10] 한국민단의 산하 단체 중에서는 특히 청년·여성 단체가 해당 문제에 주력하는 모습이었다. 재일본 대한민국 청년회(청년회)는 서명 운동에서 중심적인 역할을 수행하기 위해 자전거로 일본 각지를 돌며 서명을 모으는 운동을 벌였다.[11] 재일본 대한민국 부인회(부인회)도 직접 선두에 서서 문제를 해결하겠다는 의지를 드러내며 각지에서 학습 활동을 전개했다.[12] 또한 1984년 10월에는 청년회와 부인회가 공동으로 외국인등록법 개정 투쟁 재일 한국 청년·여성 궐기 대회를 개최했다. 1,200명이 모인 이 집회에서는 대량 갱신 시에 집단으로 지문 날인을 거부한다는 방침을 천명했다.[13]

그런데 1984년 9월에는 전두환 대통령이 역대 한국 대통령 가운데 처음으로 일본을 방문했다. 나카소네 야스히로(中曽根康弘) 총리와 회담한

---

[10] 民団50年史編纂委員会, 『民団50年史』, 在日本大韓民国民団, 1997, 313~314쪽.
[11] 寺島俊穂, 「指紋押捺拒否の思想と運動(2)」, 『大阪府立大紀要(人文・社会科学)』 제44호, 1996.3.
[12] 田中宏著・中村一成編, 『「共生」を求めて 在日とともに歩んだ半世紀』, 解放出版社, 2019, 122~123쪽.
[13] 寺島俊穂, 「指紋押捺拒否の思想と運動(2)」, 『大阪府立大紀要(人文・社会科学)』 제44호, 1996.3.

전두환 대통령은 지문 날인 제도의 철폐를 포함한 재일코리안의 법적 지위 및 처우 문제의 선처를 요청했다.

이밖에 한국계 재일코리안 조직 중에는 한국 민주화 운동을 지원하며 전두환 정권에 비판적이었던 한국 청년동맹 등의 조직이 있었다. 그런 단체도 지문 날인 제도 및 외국인 등록증의 상시 휴대 의무에 반대하며 활동을 벌이고 있었다. 북한을 지지하는 조선총련도 지문 날인 제도 및 외국인 등록증의 상시 휴대 의무를 철폐하라고 요구했다. 다만 이들 단체의 경우 대다수 간부가 지문 날인을 거부하거나 조직 차원에서 지문 날인 거부자를 지원하는 자세를 보이지는 않았다. 한국의 반체제 운동을 지지하는 한국 청년 동맹과 북한과의 조직적인 유대가 있는 조선총련이 당시 일본의 보수 정권의 이른바 경계 대상이었던 점이 관련된 결과로 풀이된다. 법령 위반(=지문 날인 거부)과 관련하여 경찰 당국이 해당 개인이 속한 단체를 압박할 가능성도 있었기 때문에 각 단체는 지문 날인 거부 운동에 신중하게 대처할 필요가 있었다.[14]

한편, 일본인이 주축인 단체도 외국인등록법 개정을 요구하는 활동을 시작했다. 그중에서 지방 자치 단체의 직원으로 구성된 노동조합, 자치로(전 일본 자치 단체 노동조합)가 보인 움직임은 중요했다. 자치로에 가입한 효고현(兵庫県) 니시노미야시(西宮市) 직원 노동조합은 이미 1982년 초부터 외국인 등록 담당 직원을 중심으로 지문 날인 제도를 폐지하자는 운동을 벌이고 있었다.[15] 이 같은 움직임은 자치로 내부로 확산했고, 결국 자치로는 1983년에 지문 날인 제도를 철폐하기 위해 조직적인 노력을 기울이기로 했다.[16] 실제로 지문 날인을 하고 있는 지자체 소속 직원이

---

14) 田中宏著·中村一成編,『「共生」を求めて 在日とともに歩んだ半世紀』, 解放出版社, 2019, 123쪽.
15) 寺島俊穂, 「指紋押捺拒否の思想と運動(2)」, 『大阪府立大紀要(人文·社会科学)』 제44호, 1996.3.
16) 寺島俊穂, 「指紋押捺拒否の思想と運動(2)」, 『大阪府立大紀要(人文·社会科学)』 제44호, 1996.3.

이 같은 의견을 표명하는 것은 큰 의미가 있었다. 자치로 조합원 등의 활동이 성과를 올리는 가운데, 지방 의회에서도 지문 제도 철폐를 요구하는 결의안을 채택하는 사례가 확대했다. 1982년 9월 니시노미야 시의회의 결의를 시작으로, 1984년 12월 21일 현재 전국의 633개 의회(2개 부 9개 현 314개 시 62개 정 34개 촌)가 결의를 채택했다.[17] 이밖에 일부 그리스도인 단체와 법조 단체도 외국인등록법 문제를 거론해 개정을 요구하면서 지문 날인 거부자를 지원한다는 방침을 밝혔다.

3) 지문 날인 거부의 증가와 탄압

같은 시기 일본 정부도 지문 날인을 거부하는 움직임이 확산하는 사태를 미리 방지하고 운동을 억제하려는 대응에 나서고 있었다. 이와 관련해 문제가 된 것은 등록 업무를 수행하는 지방 자치 단체를 상대로 지문 날인 거부자를 고발하게 하는 내용이었다. 재일코리안의 민족 차별 반대 운동이 활발히 전개되던 가와사키시에서는 1985년 2월, 시장이 '앞으로 가와사키시는 지문 날인 거부자를 고발하겠다'라고 표명했고, 이후 몇몇 지방 자치 단체가 같은 견해를 밝혔다. 이를 두고 일본 정부 법무성은 지방 자치 단체가 거부자를 고발할 수 있도록 계속 지도하면서 고발하지 않아도 지문 날인 거부 행위를 기소할 수 있다고 밝혔다.

또한 지문 날인을 거부한 당사자에 대한 억압도 가중되고 있었다. 법무성은 지문 날인 거부자에게 일본 출국 시 재입국 허가를 내주지 않는다(재입국 허가를 받지 못한 채 일본을 출국하면 재류 자격을 상실한다. 즉, 일본 입국을 재시도하더라도 신규로 입국하는 외국인과 동등한 처우

---

17) 神奈川新聞社社会部編, 『日本の中の外国人「人指し指の自由」を求めて』, 神奈川新聞社, 1985, 240쪽, 243쪽.

를 받는다)는 방침을 세웠다.

그리고 경찰 당국은 지문 날인 거부 움직임이 확산하는 것을 억제하기 위해 움직였다. 가와사키시에서 민족 차별 반대 활동을 계속하던 재일코리안이 지문을 거부한 것과 관련해 가와사키시의 고발을 기다리지 않고 1985년 5월 6일 체포한 것이다.

민족 차별 반대 활동을 해 온 가와사키의 일본인 시민과 노동조합원, 재일코리안은 대량 갱신을 앞두고 본보기 탄압에 버금가는 이 같은 사태에 격분해 경찰에 대한 항의와 즉각적인 석방을 요구하는 대중적인 행동에 나섰다. 또한 한국 정부 관계자도 해당 사태를 주시하겠다는 생각을 전했다. 이런 가운데 5월 9일, 오사카부 경찰부 외사(外事)과장은 "지문을 찍는 게 싫으면 자기 나라로 돌아가면 된다"라고 발언했다. 재일한국인이 많이 사는 오사카에서 외국인 관련된 업무를 하는 부국(部局)의 경찰 관료가 이 같은 발언을 내놓자 재일코리안 사회는 크게 분노했다. 체포된 재일코리안은 5월 10일에 석방됐다(이후 기소).

그간의 경위는 언론을 통해 알려지면서 외국인등록법 문제는 사회적으로 더욱 큰 관심을 끌게 됐다. 체포된 재일코리안을 격려하는 전화가 전국에서 걸려 올 만큼 지문 날인 제도를 폐지해야 한다는 일본인의 목소리는 확산하고 있었다. 하지만 "조선인은 나가라"라며 재일코리안의 인권에 전혀 이해를 나타내지 않는 편지도 관계자에게 도착하고 있었다. 외국인등록법 개정을 요구하는 재일코리안과 그 지지자는 대량 갱신을 앞두고 운동을 더욱더 강화하겠다는 의지를 강력히 드러냈다.

이에 대해 법무성은 법 제도를 약간 수정하겠다면서도 외국인 관리를 완화하지 않고 지문 날인 제도를 유지하려고 했다. 그와 같은 취지는 5월 14일 자 통달(通達)에서 확인된다. 우선 오른손 검지의 지문을 검은색 잉크로 회전시켰던 종전 방식을 특수 투명 액체를 이용해 손가락을 회전시키지 않고 지문을 채취하는 방식으로 변경하라고 지시했다. 그와 동시에 지문 날인을 거부하는 자에게는 약 1개월 안에 다시 출두하여 지문을 찍도록 설득하며, 해당 과정을 3회 반복해도 지문 날인을 거부하는 자에게는 외국인 등록증을 교부하는 자가 빨간색 글자로 '지문 불날인'을 기재하도록 했다.

이 통달은 지문을 등록하는 외국인의 심리적 부담을 줄이는 지문 채취 방식으로 변경해 지문 날인을 거부한 사람이라도 설득을 통해 생각을 바꾸도록 하고, 그래도 지문 날인을 거부하는 자는 명확히 구별하는 방식으로 외국인 등록증을 발부하겠다는 방침을 천명하고 있다. 재일코리안 사회는 이를 환영하기는커녕 당연히 반발 수위를 높였다.

그리고 대량 갱신에 앞서 발표된 법무성의 이 같은 통달은 지문 날인 거부 투쟁의 새로운 기폭제로 작용했다. 지문 날인 거부를 끝까지 관철하면 체포, 기소되고 벌금을 납부하는 한편 전과자로 기록되며, 심지어는 일본 이외의 국가로 출국하는 것도 어려워지는 등 사회생활을 영위하는 데 큰 어려움이 뒤따랐다. 그러나 법무성의 통달에 따라 갱신을 위해 관청에 출두했을 때 일단 지문을 찍지 않고 최대 3개월, 날인하지 않은 상태를 유지하며 최종적으로 지문을 등록하는 선택지가 생겨났다. 이 같은 '유보(留保)'를 통해서도 지문 날인 제도에 반대하는 의사를 표명할 수 있게 된 것이다. 한국민단은 5월 29일부터 30일까지 열린 전국 지방 단장 회의에서 7월 1일부터 전국적으로 일제히 지문 날인을 '유보'하는 전술을 취한다는 방침을 확인했다. 지문 날인은 애초에 거부하려는 사람이 많았으며, 이 같은 동향에 따라 지문 날인 거부 의사를 굳힌 사람도 있었던 것으로 보인다.

그렇게 맞이한 1985년의 외국인 등록 대량 갱신 시기, 지문 날인을 거부하거나 유보한 자는 1만 명을 넘어섰다. 이전부터 지문 날인을 거부하겠다고 선언했던 사람은 종종 지원자를 대동하여 관청을 방문해 해당 지방 자치 단체에 대해 거부 사실을 고발하지 않도록 요구했다. 또한 이미 거부해 체포될 우려가 있거나 체포, 기소된 뒤 재판에서 다투고 있는 자 등에 관해서는 지역이나 학교 등에서 그런 사람들과 함께 운동을 벌이기 위한 단체가 생겨났다. 그런데 이 같은 지문 날인 거부 움직임에는 구식민지에 뿌리를 둔 재일코리안과 재일중국인뿐만 아니라 서방 국가의 국적을 가진 재일 외국인도 동참하고 있었다. 다양한 사례가 있었겠지만, 개중에는 일본 사회의 차별에 저항하는 재일코리안과 함께 싸우려는 뜻을 담은 지문 날인 거부도 있었다.

이런 가운데 8월에 개최된 한일 정기 각료 회의에서 한국 측은 외국인등록법 문제를 제기했다. 이에 대해 일본 정부의 외무장관은 '제도 문제를 포함해 계속 성의를 갖고 노력하겠다'라고 답변했다.

외무장관의 이 같은 답변은 지문 날인 제도의 폐지 등을 확약한 것은 아니었지만, 향후 일본 정부도 외국인등록법을 개정할 수 있다는 기대를 하게 만드는 것이었다. 이에 따라 한국민단은 10월 11일에 개최된 중앙 집행 위원회에서 지문 날인 '유보'를 그만두고 지문 날인을 하기로 했다.

이처럼 한국민단은 전술의 수위를 낮췄지만, 지문 날인 거부 투쟁은 종식되지 않았다. 실제로 대다수가 유보에서 날인으로 돌아섰지만, 1987년 시점에도 1,000여 명의 재일 외국인이 지문 날인을 거부했다. 애초에 지문 날인 거부 투쟁 자체가 조직의 인원을 통제할 수 있는 대형 단체의 지도하에 전개된 것이 아니라 개개인의 주체적인 판단을 바탕으로 시작된 것이었고, 지문 날인 거부자가 연대하고자 하는 지역의 주민과 학생, 노동 조합원, 그리스도인 등이 조직을 구성해 확산했기 때문이었다. 따라서 지문 날인 제도의 철폐를 요구하는 운동이 계속되는 것은 필연적인 결과였다.

그리고 지문 날인 거부 운동에 대한 일본의 여론도 호의적이었다. 물론 일부 일본인 시민은 법을 어기면서까지 운동을 전개하는 데 대한 위화감을 토로하며 치안대책상 대책이 필요하다는 비판적인 시각을 나타냈다. 한국·조선에 대한 뿌리 깊은 편견에서 "재일코리안은 일본에서 나가라"라는 주장도 있었다.[18] 그러나 주요 신문도 지문 날인 제도의 철폐를 지지하는 취지의 논설을 싣고 있었다. 이를테면 1985년 2월 24일 자 『아사히신문』 사설 '지문 날인 제도 재검토 서둘러야'는 다음과 같이 밝히고 있다.

… 우리나라의 경우, 등록 대상자 83만 명 가운데 67만 명이 한국·조선인으로 그 대부분이 전전(戰前)부터 일본에서 살아온 사람이거나 그 후손이라는 사실을 간과할 수 없다. 그중에서도 일본에서 태어나 일본인과 같은 교육을 받은 세대가 급속히 늘고 있다.

그와 같이 일본에 생활을 뿌리를 내리고 신분·거주 관계가 확실한 정주 외국인은 일반 외국인과 달리 취급하는 것이 이치에 맞지 않을까?

우리는 (1) 지문 날인은 가급적 빨리 전폐하고, 필요한 경우 사진으로 바꾸기로 하되, 현행 5년 주기 갱신은 중지할 것, (2) 일본인과 생활 실태가 다를 바 없는 정주 외국인은 특별하게 대우할 것 등 두 가지를 제안한다.

이후 지문 날인 거부자가 잇따르자 다른 신문도 비슷한 취지의 기사를 싣게 됐다.

그러나 일본 정부는 어디까지나 지문 날인 제도를 유지하려고 했다. 본인의 동일성을 확인하기 위해서는 아무래도 지문을 등록해야 한다는 이유였다. 하지만 외국인 등록을 위해 관청을 방문한 사람을 대상으로

---

18) 지문 날인 거부자를 향한 이 같은 주장을 담은 편지는 적지 않았다. 그 전형적인 사례를 소개하며 분석하고 반론을 제기한 서적으로, 민족 차별과 싸우는 관동 교류 집회 실행위원회 편, 『지문 날인 거부자에게 보낸 '협박장'을 읽는다』, 아카시서점, 1985년이 있다.

담당 직원이 지문을 대조해 본인 여부를 확인하는 일은 없었다. 그리고 일본인의 지문은 등록하지 않았으며, 지문으로 본인 여부를 확인하는 경우는 범죄 수사를 진행할 때 정도였다. 정주 외국인은 일본인과 다를 바 없이 일본 사회에서 생활하고 있는데 그들에게만 지문 등록이 필요하다는 주장에는 무리가 있었다. 그리고 각지에서 벌어진 재판에서는 피고석에 선 지문 날인 거부자가 지문 날인 제도의 부조리를 주장했다.

4) 외국인등록법 개정과 운동의 종식

앞서 소개했듯이 1985년 8월 한일 정기 각료회의에서 제도 개선을 시사한 일본 정부는 이후 1986년 9월 나카소네 총리의 방한에 맞춰 외국인 등록법 개정안을 준비했다. 하지만 최초 등록 시 1회만 지문을 채취한다는 내용으로 지문 날인 제도를 폐지하는 것은 아니었다. 이에 대해 재일 코리안, 지문 날인 거부자와 함께 활동하는 시민단체는 지속해서 지문 날인을 폐지하라고 강력히 요구했지만, 일본 정부는 아랑곳하지 않고 지문 채취 1회를 주축으로 한 개정 법안을 국회에 상정했다.

이 개정안은 지문 채취를 1회로 한정하는 동시에 지문 날인 거부자의 외국인 등록 갱신 기간을 5년에서 2년으로 단축하고 외국인 등록증을 카드화하여 지문을 전사(轉寫)할 것을 규정하고 있었다. 즉, 당시 법 개정은 재일 외국인을 대상으로 본인의 의사와는 상관없이 본인의 지문 정보를 포함한 외국인 등록증의 상시 휴대를 의무화하는 내용이었다. 또한 개정안이 통과되면 이미 지문을 등록한 재일 외국인(지문 날인 거부 투쟁이 고조되기 전에 태어나 16세 생일을 맞이한 재일 외국인은 대부분 해당)은 향후 지문 날인을 거부하고 외국인등록법의 부당성을 호소하려고 해도 그럴 수 없게 될 운명이었다.

그런 의미에서 일본 정부의 의도는 법 개정과 거리가 멀었으며, 재일코리안 사이에서도 반발의 목소리가 일었다. 하지만 개정안은 그대로 국회에서 가결, 성립됐으며, 1988년 6월 1일에 시행됐다. 또한 국회는 개정안을 통과시키면서 외국인 등록증의 상시 휴대 의무에 대해 탄력적인 운용을 도모해야 한다는 부대(付帶)결의를 채택했다.

하지만 이후 '91년 문제'가 쟁점화하면서 지문 날인 거부 투쟁을 계속해 온 시민은 그와 관련된 한일 정부 간 협의에서 재일코리안의 법적 지위와 처우 개선을 쟁취하기 위한 운동에 나섰다. 그 결과, 1991년 한일 외무장관 각서에 재일코리안에 대한 지문 날인 제도를 2년 안에 폐지한다는 약속이 담겼고, 1992년 5월에 개정된 법이 1993년 1월 8일에 시행됐다. 이에 따라 한국적·조선적, 대만 출신 등 구식민지 출신자로서 특별 영주 자격이 부여된 자를 비롯해 영주 자격을 보유하지 않은 재일 외국인에 대해서도 지문 날인 제도가 폐지됐다. 그러나 영주 자격이 없는 재일 외국인에 대해서는 지문 날인 의무화가 유지됐다. 또한 1992년 법 개정 당시 국회는 외국인 등록증의 상시 휴대 의무에 관해 탄력적인 운용을 요구하는 부대 결의를 채택했지만, 법률의 조문은 바뀌지 않았다.

참고로 1999년의 법 개정에 따라 영주 자격이 없는 재일 외국인의 지문 등록도 폐지됐다(다만 '테러 대책'이 의식되는 가운데 2007년에 입관법(入管法)이 개정돼 일본에 입국하는 외국인의 지문을 등록하고 얼굴 사진을 촬영하게 됐다. 다만 특별 영주자는 그 대상에서 면제됐다). 또한 2012년에는 특별 영주자 또는 중장기 재류자 등을 일본인과 동등하게 주민등록으로 관리하게 되면서 외국인등록법이 폐지됐다. 해당 외국인에게는 외국인 등록증 대신 재류카드가 교부되고 재류카드의 휴대가 의무화됐다.

법 제도의 개정과 폐지와 함께 문제로 떠오른 것은 지문 날인을 거부하여 기소된 이들의 법정 투쟁이었다. 외국인등록법 위반 혐의가 적용된 피고는 재판에서 해당 사실을 인정하면서 재일 외국인에 대한 관리, 억압, 차별을 계속하는 일본 정부의 태도를 지적했다. 따라서 일본 정부 입장에서는 재판을 지속하는 것 자체가 바람직하지 않은 상황이었다. 이 같은 사정을 안고 있었던 일본 정부는 1989년 쇼와(昭和) 천황의 서거에 따른 사면 대상에 외국인등록법을 위반해 계쟁 중(係爭中)인 자를 포함하는 조치를 단행했다. 이에 따라 외국인등록법 위반 혐의로 재판에 회부된 34명(33명은 지문 날인 거부, 1명은 외국인 등록증 상시 휴대 의무 위반)은 무죄를 받았다. 일부 대상자는 일방적인 재판 종결에 불복해 사면 자체의 무효를 요구, 다시 말해 무죄 결정에 불복해 국가를 상대로 소송을 제기했다. 다만 해당 소송은 기각됐고, 외국인등록법을 둘러싼 재판은 종식돼 갔다.

5) 지문 날인 거부 투쟁의 의의와 영향

재일코리안을 중심으로 한 투쟁에 의해 외국인등록법 관리상 억압적인 요소가 완전히 없어진 것은 아니었지만 지문 날인 제도의 철폐라는 목표는 실현됐다. 이 운동은 일본의 사회 운동 중에서도 독특하고 특기할 만한 의의가 있으며, 재일코리안이 향후 권리 투쟁을 전개하는 데 큰 영향을 주었다.

먼저, 인권을 억압하는 법 제도에 대해 의도적으로 법을 위반해 철폐하려는 방식을 택했다. 이 같은 시민적 불복종이 크게 확산한 사례로는 미국의 흑인 차별에 저항하는 공민권 운동이 있다. 그런 의미에서 지문 날인 거부 투쟁을 '일본의 공민권 운동'으로 보는 논자(論者)도 있다. 그리고 지문 날인 거부 투쟁은 시민적 불복종 운동이 일본에서 승리를 거

둔 첫 사례였다.[19]

　이미 설명한 것처럼 재일코리안의 민족 차별 반대 투쟁은 1970년대부터 전개됐다.

　그 중심은 개별 기업의 취직 차별 반대와 자치 단체의 복지 정책에서 국적 조항을 철폐하라고 요구하는 활동이었다. 따라서 일본 전체가 운동을 전개할 동력을 제공하기는 어려웠고, 취직 차별 반대 투쟁의 당사자는 보통 20세 안팎의 신규 졸업자였다.

　이에 대해 지문 날인 제도를 철폐하는 문제는 전국 차원의 참여를 동반했다. 지문 날인 거부자는 대도시에 그치지 않고 지방의 작은 도시와 시골에도 있었고, 그런 점 때문에 거부자를 보호하는 활동, 지방 의회에서의 결의, 재판 투쟁 등이 축적될 수 있었다. 또한 처음으로 지문을 찍은 16세 이상이라면 누구나 운동에 참여할 수 있었다. 2, 3세의 청년은 한종석(韓宗碩) 등이 그랬던 것처럼 자식이나 손자가 지문을 찍는 상황은 바라지 않았다. 그러기 위해서는 자기 세대가 뭔가의 노력을 기울여야 한다는 의미에서 지문을 거부한 자도 적지 않았다. 또한 젊은 세대의 활동에 자극을 받고 운동에 참여하게 된 중장년층도 적지 않았다.

　그와 동시에 운동에 참여한 재일코리안의 정치적 지향성과 소속 단체도 다양했기 때문에 특정 입장을 가진 사람을 배제하는 일도 없었다. 본국과의 관계를 어떻게 규정하고 본국 정권에 대해 어떤 태도를 취하는지에 대해 의견이 일치하지 않더라도 지문 날인 제도의 철폐, 외국인등록법 개정이라는 공통의 목표를 향해 많은 재일코리안이 집회와 시위, 지방 자치 단체와의 협상 등에서도 종종 행동을 함께한 것이다.

[19] 田中宏著・中村一成編,『「共生」を求めて 在日とともに歩んだ半世紀』, 解放出版社, 2019, 112~113쪽. 이 책에서는 그리스도 교회의 연줄로 미국으로 건너가 흑인의 공민권 운동을 접한 재일코리안이, 용기를 얻어 자신도 공민권 운동을 하려고 했다는 이야기를 소개하고 있다.

그리고 그런 재일코리안의 활동은 절대 고립되지 않았다. 한국적, 조선적, 재일중국인 이외의 재일 외국인도 재일코리안과 재일중국인에 대한 부당한 대우에 항의하는 의미로 종종 지문 날인을 거부했다. 물론, 재일코리안의 투쟁에 이해를 표시하며 지문 날인 거부자와 연대를 꾀한 일본인도 적지 않았다. 많은 지역에서 세대, 직업, 정치적 지향성이 다양한 일본인이 지문 날인을 거부하고자 하는 재일 외국인과 함께 관청을 찾거나 지방 자치 단체에 고발하지 않도록 요청하는 한편, 지문날인 거부자의 재판을 방청하는 등의 활동에 동참했다.

또한 지문 날인 거부 투쟁은 단순히 자신을 억압하는 법률을 개정하라고 요구하는 데 그치지 않았다. 지문 날인을 거부한 재일코리안은 무슨 이유로 사회적 불이익(체포와 기소, 벌금형이나 재입국 허가를 받지 못하는 등)을 감수하면서 지문 날인을 거부하고 그런 활동에 어떤 생각을 담고 있는지 시민 집회와 언론 취재, 법정을 통해 밝혔다. 진술 사례를 꼽자면 다음과 같다. 1세가 식민지 시대부터 지금까지 받아온 차별과 억압의 역사, 자신의 민족성을 숨기거나 재일코리안 부모를 부끄럽게 여기고 원망하면서도 그 과정에서 민족적 정체성을 소중히 지키며 살아가겠다고 생각하게 된 2, 3세의 갈등과 고뇌의 경험이었다. 그리고 "법률을 준수할 수 없다면 일본에서 나가라"와 같은 배외주의적 언동을 일삼는 일본인을 향해 자신은 일본 사회의 일원이자 민족적 정체성을 소중히 하는 지역 주민, 또는 직장인으로서 다양한 역할을 수행해 나갈 희망을 품고 있기 때문에 일본 사회를 더 좋게 만들 것이라고 외쳤다. 이 같은 재일코리안의 바람은 종종 '일본 사회를 향한 러브콜'과 '더불어 사는 사회를 지향한다'라는 말로 표현됐다.[20] 즉, 지문 날인 거부 투쟁은 재일코리

---

20) 지문 날인 거부 투쟁 과정에 편찬된 서적의 제목에 '일본 사회를 향한 러브콜'이 사용된 것도 있다. 在日大韓基督教会指紋拒否実行委員会編, 『日本社会へのラブコール─指紋押捺拒否

안의 역사와 자신이 직면한 상황을 많은 사람에게 알리면서 일본 사회에서 민족 관계를 개선하자고 호소한 것이었다.

또한 지문 날인 거부 투쟁의 고양을 경계로 '귀국인가 귀화인가'라는 양자택일적 사고방식과 '일본 사회에서 권리를 요구하는 행위는 동화로 이어질 것'이라는 우려가 거의 모습을 감추었다. 물론, '본국'으로의 귀국과 '본국'과의 유대를 중시하는 사람은 존재했다. 하지만 적어도 일본에 계속 거주하려는 재일코리안이라면 일본 사회에서 권리를 요구하는 것이 당연하다는 인식을 공유하게 됐다. 원래 지문 날인 거부자는 민족적 정체성을 소중히 하면서 일본에서 살고자 하는 권리를 요구한 만큼, 동화와 귀화로 이어지는 행위가 아닌 것은 분명했다. 그런 목소리를 접한 일본인 시민도 더는 재일코리안이 언젠가 귀국하거나 귀화할 존재이며, 그런 점을 통해 일본의 단일 민족 사회가 보호되리라고 생각하지 않게 됐다.

그리고 이 문제에 대응해야 했던 지방 자치 단체의 직원, 지문 날인 거부자를 취재한 기자, 지문 날인 거부자의 재판을 담당한 변호사와 법정 투쟁을 위해 자료를 수집한 학자는 재일코리안의 역사와 현황, 의식을 알게 됐다. 이들은 일련의 과정을 통해 재일코리안 등 재일 외국인의 일본 사회 참여를 막고 있는 제도와 시민 의식을 점검해야 한다는 점을 깨우쳤다. 이들은 새 시대에 재일코리안의 권리를 신장하고 그들의 사회 참여를 확대하기 위해 준비해 나갔다.

者の証言』, 明石書店, 1986이다.

3. 공무원 취로권(就勞權)을 둘러싼 운동의 전개

1) 공무원과 국적 조항

재일코리안에게 취직 차별은 일상적으로 경험하는 심각하고 절실한 문제였다. 민간 기업의 차별이 문제라는 사실은 1974년 히타치 취직 차별 반대 투쟁의 승리를 통해 어느 정도 일본 사회에 알려지게 됐다. 그 후에도 재일코리안의 취직 차별이 근절된 것은 아니지만, 국적이나 민족을 이유로 한 민간 기업의 차별이 불법이라는 점은 법적으로 명확했다.

그러나 관공서의 경우 일본 국적을 보유한 자만 취직할 수 있는 상황이 오랫동안 이어졌다. 다만 이에 관한 법적 근거가 명확하지도 않았을 뿐더러 직종에 따라 취급도 달랐다. 외교관에 대해서는 일본 국적을 가진 자로 한정하는 명확한 법률 조항이 있었지만, 국가공무원법과 지방공무원법 등에는 해당 문구가 포함되지 않았다.

일본에서 공무원 자격과 국적의 관계가 처음 문제로 떠오른 것은 샌프란시스코 강화조약이 발효됐을 때였다. 일본 정부는 조약 발효에 따라 재일코리안의 일본 국적을 상실시키는 조치를 했다. 하지만 강화조약 발효 전에 시행한 조사를 통해 '조선적'(일본제국하의 조선 호적)을 보유한 공무원 가운데 일반직 국가공무원이 83명, 지방공무원이 122명이 있었던 것으로 확인됐다(다만 일부 시정촌은 미보고(未報告)로 기재돼 있어 실제 인원은 더 많았을 가능성이 있다). 이런 사람들과 관련해 일본 정부는 일본 '귀화'를 희망하며 해당 지위를 유지하려는 자가 샌프란시스코 강화조약 발효 이전에 '귀화 신청'을 하도록 조치한 뒤 조약 발효일에 일본 국적을 부여했다. 이 절차를 밟은 자는 52명인 것으로 전해진다.

그리고 국적과 공무원 취로의 권리에 대해 일본 정부는 다음과 같은

입장을 나타냈다. 즉, 1953년 3월 25일 자 법제국(法制局) 제1부장의 견해
를 통해 공무원에 관한 당연한 법리로서 공권력의 행사 또는 국가 의사
의 형성에 참획하는 공무원이 되기 위해서는 일본 국적이 필요하며, 그
이외의 공무원이 되기 위해서는 일본 국적이 필요하지 않는다는 점을 분
명히 했다. 여기서 문제가 되는 것은 '공권력의 행사'나 '국가 의사의 형
성에 참획'하는 범위인데, 그에 대한 자세한 설명은 없었다. 그리고 이에
앞서 1952년 7월에 교토부의 문의에 대해, 자치청은 외국인이 지방공무
원이 되는 것과 관련해 원칙적으로 지장이 없다고 답변하고 있다.[21]

따라서 외국인이 일본의 공무원이 되는 것은 불가능한 일은 아니었다.
실제로 재일코리안이 국가나 지방 자치 단체의 공립병원 등에서 의사로
일하는 것은 전후 초기를 포함해 의문시되지 않았다. 다만 기타 직종에
대해서는 전문직의 경우 일부 지방 자치 단체 등이 채용하는 사례가 있
었지만(간호사 및 조산사, 보건부, 보모 등), 일반 사무직에서는 보통 외
국인을 채용하지 않았다. 이는 모집 요강 등의 수험 자격에서 일본 국적
을 요건으로 기재하거나 지방 자치 단체에서 그런 취지의 조례를 두고
있었기 때문이었다. 참고로 지방공무원에 대해서는 중앙 관청이 외국인
채용에 대해 신중히 대응하도록 지도한 것으로 전해진다.[22]

2) 국적 조항 철폐와 남은 장벽

그러나 민족 차별 반대 투쟁이 진전되면서 1980년대에는 공무원에 관
한 국적 조항을 철폐하라는 요구와 실제로 공무원 시험에 도전하는 재일

21) 이상에 관해서는 森田芳夫, 『在日朝鮮人処遇の推移と現状』, 法務省法務研修所, 1955, 116쪽.
22) 国際高麗学会日本支部『在日コリアン辞典』編纂委員会編, 『在日コリアン辞典』, 明石書店, 2010,
「国籍条項」의 항.

코리안이 두드러지기 시작했다. 그리고 실제로 다양한 직종에서 새롭게 국적 조항의 철폐를 쟁취하는 사례도 등장하고 있었다.

이를테면 간호 전문직(보건부, 조산부, 간호부)에 관해서는 지방 자치 단체에 따라 국적 조항을 설정한 곳과 그렇지 않은 곳이 있었다. 보건사가 되고자 했던 한 재일코리안 3세는 관련 실태를 조사하는 동시에 비합리성을 호소하며 활동했다. 그 결과, 간호 전문직에서 국적 조항이 철폐됐고, 자신도 오사카시 시민병원에 조산부로 취업하는 데 성공했다.[23]

지방 자치 단체의 일반 사무직에 관해서는 가와니시시(川西市) 등 효고현 관내 일부 도시가 선구적인 움직임에 나섰다. 1974년에 가와니시시 등이 재일코리안을 시청 직원으로 채용한 것이다.

대학 교원에 관해서도 이미 언급한 것처럼(제2장 제3절 참조), 1982년 특별조치법 제정으로 외국인도 전임 강사 · 조교수 · 교수로 채용할 수 있게 됐으며, 실제로 1980년대 이후 국립대학의 조교수 또는 교수로 임용되는 재일코리안이 등장했다.

공립 초중고교의 교원에 관해서는 이미 1979년에 미에현(三重県)에서 재일코리안이 공립학교의 교사로 채용된 사례가 있었다. 이후 시가현(滋賀県), 효고현(兵庫県), 아이치현(愛知県) 교원 채용 시험의 수험 자격에서 국적 조항이 철폐됐다. 그러나 1982년, 문부성은 이를 문제삼고 일본 국적 보유자만 국공립 교원의 교사가 될 수 있다는 견해를 각 지방 자치 단체의 교육위원회에 통달했다. 이에 따라 지방 자치 단체 사이에서는 교원 채용 시험의 수험 자격에 국적 조항을 명문화하는 사례가 증가했다. 이런 가운데 1984년에는 나가노현(長野県) 교원 채용 시험에 합격한 재일코리안의 취급이 문제로 떠올랐다. 문부성의 통달에 구속된 나가노

---

23) 国際高麗学会日本支部『在日コリアン辞典』編纂委員会編, 『在日コリアン辞典』, 明石書店, 2010, 「李節子」의 항.

현은 일단 해당 재일코리안의 교원 채용을 보류했지만, 재일코리안에 대한 차별 철폐를 주장하며 일본의 공립학교에서 재일코리안의 역사와 문화를 알리는 활동을 해 온 시민은 비판의 목소리를 높였다. 전국 재일조선인 교육 연구 협의회와 나가노현의 신슈(信州)대학의 교원은 해당 재일코리안의 채용을 요구하는 운동을 전개했고, 정부의 압력을 무시할 수 없었던 나가노현 교육위원회는 결국 1985년 2월에 해당 인물을 '교사'가 아닌 '상근 강사'로 채용해 사태를 매듭지으려고 했다. '상근 강사'는 관리직에 등용되지는 않지만, 직무 실태상 교사와 동일하다는 논리에 기초한 일종의 타협안이었다.[24]

　이 같은 움직임과 전술(前述)한 지문 날인 거부 투쟁의 고양에 힘입어 재일코리안도 일본 사회의 일원이라는 인식이 확산했다. 그리고 공립학교 교원에 관해서는 1992년의 '한일 외무장관 각서'에 '공립학교 교원의 채용에 대해서는 그 길을 열어 일본인과 동등한 일반교원 채용 시험의 수험을 인정하도록 각 도도부현을 지도한다. 이 경우 공무원 임용에 관한 국적에 의한 합리적 차이에 입각한 일본국 정부의 법적 견해를 전제로 하면서 신분의 안정과 대우에 대해서도 배려한다'라는 문구가 삽입됐다. 이에 따라 문부성은 재일 외국인을 '상근 강사'로 채용해도 좋다는 통달을 각 교육위원회에 보냈다. 즉, 1985년 나가노현이 단행한 조치와 마찬가지로 관리직은 될 수 없지만, 교사와 동일한 일을 하는 상근 강사로서 채용이 인정된 것이다.

　또한 '한일 외무장관 각서'에서는 '지방공무원의 채용에 대해서는 공무원 임용에 관한 국적에 의한 합리적 차이에 입각한 일본국 정부의 법적 견해를 전제로 하면서, 채용 기회의 확대를 도모하도록 지방 공공 자치

---

24) 国際高麗学会日本支部『在日コリアン辞典』編纂委員会編,『在日コリアン辞典』, 明石書店, 2010,「外国人教員採用問題」의 항.

단체를 지도해 나간다'라는 점도 확인됐다. 이를 바탕으로 재일코리안 사이에서는 지방 자치 단체 직원의 '문호 개방'이 확대할 것이라는 기대가 높아졌다. 그리고 오사카시는 사무직원 채용에서 관리직 등용은 불가능하다고 제한하면서도 외국 국적자의 수험을 가능하게 하는 조처를 하기로 했다. 또한 아사히신문사의 조사에 따르면 같은 시기 오사카시 이외에도 도도부현 및 정령시(政令市) 가운데 13개 지자체가 외국인 채용의 문호를 개방하는 방안을 검토하고 있었다.[25]

그러나 이후 '문호 개방'이 한꺼번에 진행된 것은 아니었다. 일본 정부는 1953년에 발표된 공권력의 행사 또는 국가 의사의 형성에 관여하는 직종에 대해서는 종사할 수 없다는 내각법제국의 견해를 유지하고 있었다.

이런 가운데 지방 자치 단체 사이에서는 일반 사무직의 국적 조항 철폐를 주저하는 경향도 나타났다. 또한 일반 사무직의 국적 조항을 명확히 폐지한 곳은 중소 규모 시와 정촌(町村), 정령 지정 도시(政令指定都市)였을 뿐, 도도부현 수준의 지방 자치 단체는 결정하지 않은 상태였다. 하지만 1996년 5월, 가와사키시가 일반 사무직에 관한 국적 조항을 철폐한다고 발표했다. 이 결정은 오랫동안 민족 차별 반대 운동에 힘써 온 재일코리안과 일본인 시민, 가와사키시의 노동조합 관계자가 시 당국에 요구한 데 대해 시장이 결단을 내린 결과였다. 다만 과장 이상의 관리직이나 징세 등 일부 직종에는 외국인이 종사할 수 없다는 제약 속에 운용됐다. 이는 공권력의 행사 또는 공공의 의사 결정에 관여하는 직종에는 외국인이 종사할 수 없다는 일본 정부의 견해를 반영한 조치였다.

그리고 자치성은 무제한 국적 조항 철폐에 쐐기를 박듯이 지자체를

25) 『朝日新聞』 1992년 4월 20일 자, 「自治体の外国人事務職員採用 『門戸開放』広がる機運」.

압박했다. 1996년 6월, 자치성이 간행한 'TOP TO TOP'에 자치성 공무원 부장의 명의로 '일반 사무직 등 공권력의 행사 등에 관여하는 직을 담당할 것으로 예상되는 직원의 채용에 관한 국적 요건을 철폐하는 것은 적당하지 않다'라는 글을 올린 것이다. 공식 문서를 대신하는 비공식적 '압력'으로 보이는 처사였다.

그러나 그 후 11월에 일본 정부의 자치대신(自治大臣)이 '일정한 제약 하에서 외국인을 채용하는 것은 지자체의 재량에 맡긴다'라는 내용의 담화를 발표했다.[26] 일본 정부의 견해를 따르는 형태라면 외국인의 지방 공무원 채용에 문제가 없음을 인정한 것이었다.

이어서 이듬해에는 고치현(高知県)이 국적 조항을 철폐하기로 했다. 이는 도도부현 차원에서는 최초의 사례였다. 고치현의 이 같은 결정은 경찰을 제외한 모든 직종의 국적 조항을 철폐한다는 내용이었다.

이에 따라 다른 정령지정(政令指定) 도시와 도도부현에서도 일반 사무직 공무원의 국적 조항을 철폐하려는 움직임이 나타났다. 하지만 도쿄도를 비롯해 여전히 일반 사무직원을 채용할 때 응시 자격에 국적 조항을 두고 있는 지자체가 적지 않다. 또한 제외 직종 및 관리직 등용 제한을 명시한 가운데 문호를 개방한 경우가 많은 실정이었다. 이에 대해 재일코리안의 권리 확대를 추진하는 시민단체와 한국민단 등은 관련 지방 자치 단체 등을 상대로 국적 조항 철폐와 직종 제한 확대, 관리직 등용 제한 철폐를 더욱 강력히 요구했다.

3) 관리직 등용을 둘러싼 문제

이런 가운데 1990년대 중반 이후 관리직 등용을 둘러싼 문제가 주요

---

26) 岡崎勝彦, 「外国人の公務就労権」, 『自治総研』 1997년 8월 호.

쟁점으로 떠올랐다. 1970년대 중반 이후 지방 공무원이 된 재일코리안 중에는 1990년대 중반 현재 이미 관리직에 오른 사람도 있었다. 그러나 앞서 언급한 것처럼 1953년 당시 일본 정부가 '공공의 의사 결정'을 하는 업무에는 외국인이 종사할 수 없다는 견해를 밝히면서 관리직 등용의 길이 막혀 버린 재일코리안도 있었다.

1994년에는 해당 문제에 대한 소송이 제기됐다. 원고는 도쿄도의 직원인 정향균(鄭香均)이었다.[27] 재일코리안 2세로 태어난 정향균은 1988년에 보건부(保健婦)로서 도쿄도에 채용됐다. 도쿄도는 원래 보건사와 간호사 등을 채용할 때 국적 조항을 적용했었지만, 해당 조항을 철폐한 뒤 처음으로 채용된 사람이 바로 정향균이었다. 그녀는 1994년, 상사의 권유 등에 따라 관리직 시험에 응시하기로 하고 준비하고 있었다. 그런데 도쿄도는 정향균에게 외국적이기 때문에 수험 자격이 없다고 알렸고, 그녀는 해당 조치가 부당하고 국적을 이유로 관리직 전형 시험의 수험을 거부한 것은 법 아래 평등 등을 정한 일본국 헌법에 위배된다고 주장하면서 위자료 지급 등을 요구하며 소송을 제기했다. 일본인 시민의 지원을 받은 이 재판에서 변호인단을 이끈 인물은 한국적을 유지하며 일본의 변호사가 된 김경득이었다.

이 재판의 쟁점은 일본 정부가 고수하는, 공권력의 행사 또는 공공의 의사 결정에 관여하는 직종에는 외국인이 종사할 수 없다는 주장의 허점을 입증하는 것이었다. 법률에 따라 구체적으로 직종을 제한하는 것이 아니라 '공연한 논리'라는 매우 모호한 표현을 사용한 민큼 그 문제짐을 밝히는 데 기대감이 형성됐다.

원고는 1996년 1심에서 패소했지만, 1997년의 도쿄 고등재판소의 판결

---

27) 이하, 이 재판에 관해서는 鄭香均編著, 『正義なき国、「当然の法理」を問いつづけて』, 明石書店, 2006을 참조.

에 따라 승소했다. 도쿄 고등재판소는 판결을 통해 외국인의 임용을 허용할 수 있는 관리직도 있다고 밝힌 뒤 일률적으로 관리직 승임(昇任)의 길을 닫아 버린 도쿄도의 대응은 '법 아래 평등과 직업 선택의 자유를 정한 헌법에 위배된다'라며 도쿄도에 위자료 지급을 명령했다.

하지만 도쿄도는 이에 불복해 최고재판소에 상고했다. 2004년 12월, 최고재판소 대법정에서 원고의 의견 진술이 진행됐다. 이 자리에서는 일본 정부가 말하는 '당연한 법리'에 대해 다음과 같은 비판이 제기됐다.

나는 공중위생이라는 공공적인 업무의 실천을 자신이 속한 지역 공동체 안에서 주민의 목소리를 허물없이 들을 수 있는 보건소에서 실시하고 싶다고 희망한 것에 지나지 않습니다. 공무원으로서, 나도 일본 국적의 동료도 법에 기초해 일하고 있고, 자의적인 공권력의 행사는 하고 있지 않습니다. 또한 국가의 의사 형성에도 참획하지 않습니다. 국가 의사를 형성하는 것은 국가 공무원입니다. 지방 공무원도 국가 의사의 형성에 관여하고 있으며, 법이나 조례에 의하지 않고 자의적으로 의사 형성을 할 수 있다는 생각은 메이지헌법 하의 관리의 발상이 남아 있다고 말하지 않을 수 없으며, 더 추궁하자면 국민주권의 의의 자체를 부정하는 것입니다.

이어서 김경득 변호사는 의견 진술에서 다음과 같이 언급하고 있다.

… 재일 한국·조선인은 일한, 일조 사이에 있어서 평화를 위해 몸을 바치는 일은 있어도 조국, 생육권 어느 국가를 위해서도 총을 들어서는 안 되는 존재이다. 일한, 일조 간의 외교적 긴장과 국민감정의 대립이 일어날 때마다 피해를 받는 것은 일본의 민족 학교에 다니는 가녀린 아이들이 상징하는 것처럼, 재일 한국·조선인은 일한, 일조 간의 평화가 지켜질 때야말로 그 존재와 인권이 지켜지며, 평화를 위한 가교 역할을 지고 있다. …
…그들(외국적 공무원)은 지역 사회에서 민주주의와 기본적 인권의 존중, 평화주의라는 일본국 헌법의 이념 아래 공무에 종사하고 있으며, 존재 자체가

일본과 본국 사이의 가교(架橋)인 동시에 양국에 평화의 메시지를 전하는 존재이다. …28)

이듬해 병마에 쓰러진 김 변호사가 법정에서 한 마지막 의견 진술이었다. 이것은 재일코리안을 위험시하며 일본 국가에서 배제해 온 일본 정부의 시책(지문 날인 거부가 문제시됐을 때도 일본 정부의 관료는 잠재적인 위험성을 지적하며 지문 날인의 필요성을 주장했다)에 대한 비판으로, 재일코리안이야 말로 일본국 헌법이 강조한 평화의 담당자라는 주장이었다.

하지만 최고재판소는 2005년, '중요한 결정권을 가진 관리직에 외국인이 취임하는 것은 일본의 법체계에서는 상정돼 있지 않아 헌법에 어긋나지 않는다'라며 원고 패소 판결을 내렸다. 다만, 최고재판소 대법정의 재판관 15명 가운데 2명은 반대 의견을 냈다. 그중 1명은 '재일 한국·조선인 등 특별 영주자는 지방 자치의 담당자이며, 자기실현의 기회를 찾고 싶다는 의사가 충분히 존중되어야 한다. 권리 제한에는 더 엄격해야 하는데 이번의 수험 거부는 합리적인 범위를 넘은 것으로 법 아래 평등에 반한다'라는 견해를 밝혔다.29)

이 같은 최고재판소의 판단과 같은 시기에 고조되고 있었던 재일코리안의 권리 신장 운동에 대한 일부 일본인의 반발 등에 따라 이후 공무원 취로권의 확대를 요구하는 재일코리안 운동은 어려움을 더해 갔다. 그러나 계속해서 일본인 시민단체, 지자체 직원의 노동조합, 한국민단 등은 수험 자격에 국적 조항을 두고 있는 지자체를 상대로 철폐를 요구하는

28) 田中宏著·中村一成編, 『「共生」を求めて 在日とともに歩んだ半世紀』, 解放出版社, 2019, 93쪽.
29) 이 같은 견해를 밝힌 판사는 김경득이 한국 국적을 유지한 채 사법 연수를 받고자 했던 문제의 시기에 최고재판소의 과장으로서 김경득의 요청 등에 대응한 인물로 전해진다(田中宏著·中村一成編, 『「共生」を求めて 在日とともに歩んだ半世紀』, 解放出版社, 2019, 93쪽).

278 차별과 싸우는 재일코리안

운동을 펼쳐 나갔다.

4. 지방 참정권 획득 추진 사업

1) 참정권을 둘러싼 논의와 법률 해석

재일코리안은 1945년 12월, 대만·조선의 호적을 가진 자에 대한 선거
권 정지, 나아가 1952년 4월의 샌프란시스코 강화조약 발효에 따른 일본
국적 상실로 일본국의 국정, 지방 자치 단체 선거에 참여할 권리를 잃었
다. 이는 물론, 재일코리안의 의도와는 관계없이 일본 정부가 취한 조치로,
일본인 시민 사이에서도 이의를 주장하는 움직임은 나타나지 않았다.

그런데 재일코리안 사이에서는 일본의 참정권을 두고 약간의 움직임
이 있었다. 좌파계 민족 단체(재일본 조선인 연맹=조련 등) 사이에서는
일본 내 선거권·피선거권을 요구하자는 주장이 제기된 것이다. 그러나
1955년 좌파계 민족 단체는, 조선민주주의인민공화국의 공민을 자처하면
서 일본 정치에는 간섭하지 않는다는 노선으로 전환하고 조선총련을 발
족한다. 이후 조선총련계 민족 단체는 국내 문제 불간섭 원칙을 엄수하
면서 참정권을 요구하지 않았다.[30] 또한 조국의 정치와 관련해 조선총련
의 간부로 북한의 최고 인민회의 대의원을 맡는 자가 있었다.[31]

한편, 한국민단은 전후 오랫동안 조국과의 관계를 중시하여 일본 내
참정권을 요구하지 않았다. 조직 내부에서도 1980년대 초까지는 관련 논

---

30) 이상의 경위에 관해서는 外村大, 『在日朝鮮人社会の歴史学的研究』, 緑蔭書房, 2004를 참조.
31) 徐萬述이나 許宗萬 등. 国際高麗学会日本支部『在日コリアン辞典』編纂委員会編, 『在日コリア
　　ン辞典』, 明石書店, 2010의 「徐萬述」, 「許宗萬」의 항에 따른 것이다.

의가 이뤄진 흔적이 확인되지 않는다. 조국과의 관계를 보면 한국민단의 간부는 한국의 국회의원이 될 수 있었다.[32]

재일코리안 사이에서는 1960년대를 포함해 일본의 참정권에 관한 논의가 그다지 주목받지 못했지만, 일부 존재한 것으로 확인된다. 일본인과 동등하게 일본에 정착성을 갖고 거주하면서 세금도 같이 납부하는 재일코리안이 왜 참정권을 가질 수 없는지 의아하게 생각하는 사람이 있다고 해도 이상할 게 없었다.

이를테면, 한국과 깊은 관계를 맺고 있는 보수계 일본인과 우파계 재일코리안의 기고한 글을 모은 한일 친화회(親和会)의 잡지『친화』1960년 1월 호에는 배동호(裵東湖)의 '재일한국인에게 시민권을'이라는 글이 실려 있다. 배(裵)는 '과거에는 같은 일본인으로서 참정권까지 부여되었다'라고 언급하면서 '국적과는 별개로 "시민권"을 부여하는 일'이 있어야 한다고 주장하고 있다. 또한『친화』1963년 1월 호에 게재된 스즈키 하지메(鈴木一)의 '거듭 재일한인 60만의 종합 대책을 제창한다'에는 재일코리안이 '적어도 일본 사회에서 일본인과 동등하게 납세하고 있는 이상 영주권자로서 공직선거권 정도는 갖는 게 마땅하다'라고 적혀 있다.

1970년대로 접어들면서 재일코리안도 참정권 획득을 목표로 구체적인 행동에 나서기 시작했다. 김희로 재판 등에 관여하며 민족 차별 반대를 위해 노력하던 최창화(崔昌華) 목사는 1975년 자신이 거주하는 기타큐슈시를 상대로 시의회 선거의 선거권이 재일코리안에게도 인정돼야 한다는 공개 질문장을 제출했다. 그 후에도 최 목사는 새일코리안에 대한 선거권 부여를 주장했다.[33] 또한 국·공립대학 교원의 국적 조항을 철폐하

---

[32] 민단 단장을 역임한 권일(権逸)은 한국의 국회의원이 됐다(権逸,『権逸回顧録』, 権逸回顧録刊行委員会, 1987).

[33] 최(崔)의 활동이나 주장에 관해서는 崔昌華,『国籍と人権』, 酒井書店, 1975; 崔昌華,『かちとる人権とは 人間の尊厳を問う』, 新幹社, 1996을 참조.

라고 요구하는 등의 활동을 해 온 서용달(徐龍達)도 1976년 지방 자치 단
체 차원의 참정권을 요구하는 글을 발표했다.[34]

　　하지만, 당시 재일코리안의 참정권 요구는 그렇게 큰 영향을 갖지 못
했다. 이미 살펴본 것처럼 1970년대에는 일본 사회에서 권리를 획득하는
것이 동화로 이어진다는 부정적인 시각이 강했고, 재일코리안은 조국과
의 유대를 중시해야 한다는 주장의 영향력이 강했기 때문이다. 또한, 사
회 보장상 권리 확대 등과는 달리 정치 참여는 일본인 사이에서 주권 침
해 등의 불안을 야기할 가능성도 있었다. 이에 대한 우려도 재일코리안
이 참정권 요구를 주저하게 하는 원인을 제공했을 것으로 추측된다.

　　그러나 1980년대 중반부터 재일코리안의 참정권 요구와 관련된 논의
와 활동이 본격화한다. 그 배경에는 다음과 같은 상황이 관련돼 있었다.

　　먼저, 서유럽 등 일부 선진국에서 재일 외국인의 참정권을 인정하는
사례가 등장했다. 이 같은 소식은 일본에도 전해졌으며, 그런 사례를 본
받아야 한다고 생각하는 일본인 시민도 어느 정도 존재했다.

　　다음으로, 일본 사회에서 권리를 획득하기 위한 재일코리안의 투쟁이
성과를 거두고 있었다. 이는 일본인 시민 사이에서 재일코리안도 지역
주민의 일원이라는 점을 환기했고, 이 시점에는 이미 재일코리안이 일본
사회에서 권리를 획득하면 동화나 귀화로 이어진다는 부정적인 시각이
거의 해소된 상태였다.

　　그리고 재일코리안이 향후 민족 차별을 철폐하고 일본 사회에 대한 참
여를 확대해 나가기 위해서는 참정권의 유무가 중대하다는 인식이 확산
했다. 지방의원이든 국회의원이든 득표로 이어질 수 있는 문제에는 진지
하게 대처하지만, 그렇지 않은 경우에는 힘을 쏟지 않는다는 것은 어쩌

---

[34]　徐龍達, 「在日韓国人はいかに生きるべきか」(韓国大阪青年会議所編, 『韓国大阪青年会議所認
　　准5周年記念誌』, 1976년에 수록).

면 당연한 일이었다. 즉, 재일코리안이 직면하고 있는 생활 등의 다양한 문제를 해결하기 위해서라도 참정권이 필요하다는 인식이 퍼져 있었다.

다만, 참정권을 어느 수준까지 요구할 것인지에 대한 문제도 있었다. 다시 말해 선거권에 한정할 것인지, 아니면 피선거권을 포함할 것인지, 또 지방 자치 단체 차원인지 국정까지 포함할 것인지에 관한 논의가 충분히 정리되지 않은 상태였다. 또한 '본국'의 국정 선거에 재외 국민이 참여할 수 있는 제도가 시행될 경우(실제로 이후 한국에서 실현된다), 실제 거주국과 자신이 국적을 보유한 국가의 국정 선거에 모두 참여하는 것은 비판을 초래할 수 있다는 우려도 일각에서 제기됐다. 이 부분에 관한 논의는 참정권을 요구하는 재일코리안 사이에서는 적어도 지방 자치 단체 차원의 참정권(피선거권·선거권)은 획득해야 한다는 방향으로 수렴됐다. 국정의 경우 안전 보장과 외교가 큰 문제인데, 그 방면에 재일코리안이 참여하는 것은 '본국'과의 관계상 어려운 문제를 야기할 수 있었다. 이에 비해 지역 주민의 생활과 마을 정비가 핵심인 지방 자치 단체 차원의 선거에서는, 그와 같은 국제 관계의 영향과 규정성이 없는 가운데 선거에 참여할 수 있기 때문에 일본인의 이해를 얻기 쉬울 것이라는 전망이 관련돼 있었다.

이런 가운데 한국민단은 1987년, 참정권에 대한 요구를 내놓는다. 전국 통일 요망서에 지방 자치 단체 선거에 대한 참여 요구를 담은 것이다. 그리고 '91년 문제'에 관한 한일 정부 간 협상에서도 참정권 문제를 진전시키기 위해 관계자를 상대로 한 활동을 강화했다. 그러나 이미 검토한 것처럼 1991년 1월 한일 외무장관 각서에는 '지방 자치 단체 선거권에 대해서는 대한민국 정부의 요망이 표명되었다'라는 기술이 포함되는 데 그쳤다.

한편, 조선총련 측은 재일코리안의 참정권 요구에 대해 비판적이었다.

1986년 7월 3일 자 『아사히신문』에는 조선총련 교토부 본부 사회부장이라는 직함을 가진 재일코리안이 쓴 '재일조선인의 참정권은 신중히'라는 글이 실렸다. 이는 같은 해 6월 13일에 참정권 부여를 호소한 재일코리안의 투서에 대한 반론의 성격을 가진 것이었다. 해당 글은 참정권을 요구하는 재일코리안의 투서에서 밝힌 민족 차별 문제를 거론하며 작성자의 '고통을 동포로서 이해하기 위해 노력하며 공유해 나가고 싶다'라고 언급한 뒤 이야기를 이어간다.

> 그러나 중요하고 긴요한 것은 조국(모국)의 자주 평화 통일을 위해 재일동포가 사상, 신조, 소속을 초월해 단결하고 활동하여야 하며, 상부상조의 정신을 더욱 발양하고 재일조선인의 인권과 생활권의 완전한 확립을 위해 일본의 국정 및 지방의 위정자, 관계 기관과의 진지한 교섭이 계속해서 필요하며, 일본 국민과 세계를 향한 계발을 더욱 활발히 유지하는 것이라고 인식하고 있다.
> 중요한 것은 일본 정치의 주인공은 일본 국민으로, 재일 외국인이 아닌 점, 내정간섭을 해서는 안 된다는 점, 절도 있는 태도이다. 지방의 시대에 걸맞게 지역 사회의 커뮤니티를 중시하여, 적어도 시정촌에서 선거권을 부여해야 한다는 의견이 있다는 점을 예전부터 알고 있지만 신중해야 한다고 생각한다.
> 일본의 배타적인 세태는 결코 만만하지 않다는 점을, 많은 교포는 피부로 느끼고 있다. 공권력과 국가 의사 형성에 참획하는 직종에 종사해서는 안 되며, 또한 종사해서는 안 되는 것이 올바른 처우 중 하나이다.
> 위험한 것은, 식민지 시대에 어용 단체인 '협화회' 등을 선동하여 선거권을 '부여'하고 동포가 '의원'이 되어 일본 동화에 이용되었던 것의 '재래(再来)'이다. 나는 결코 선거권 획득이 '동화'로 직결된다고는 말하고 싶지 않지만, 일본 당국의 정책은 일관되게 억압·동포 간 분열·동화를 추구하는 데 있음을 강조하고 싶다.

윗글에서는, 조선총련 소속 재일코리안이 조국과의 관계를 중시하면서 내정간섭으로 여겨질 수 있는 행동을 하는 것은 문제이며, 참정권 획득이 동화나 재일코리안 사이의 분열을 일으킬 것이라고 생각했다는 것을 알 수 있다. 조선총련은 이후에도 일관되게 재일코리안의 참정권 획득에 찬성하지 않는 견해를 견지한다.[35]

2) 재판 투쟁과 법안 성립을 향한 노력

1990년대가 되면 참정권을 요구하며 더욱 구체적인 행동에 나서는 재일코리안이 등장한다. 1990년 9월, 오사카에 거주하는 재일코리안 11명은 주민 자격으로 선거권 명부에 등록되지 않은 것이 위헌이라며 오사카 지방 재판소에 제소했다.[36] 그 후 1991년 5월에는 후쿠이(福井)현에 거주하는 재일코리안도 선거인 명부 미등록이 위헌이라고 주장하며 후쿠이 지방 재판소에 국가 배상을 요구하는 소송을 제기했다.

나아가 1993년에는 국정 선거 출마를 둘러싼 재판도 시작됐다. 1992년에 외국인의, 외국인에 의한, 외국인을 위한 정당으로 출범한 '재일 외국인 참정권 92'(약칭 재일당)의 재일코리안 대표가 참의원 비례대표 선거에 출마하려고 했다가 신청이 거부된 데 불복하여 제기한 소송이었다. 이밖에도 이 기간에 일본의 선거에 참여하지 못한 데 불복한 재일 영국인이 국가 배상 청구 소송을 제소하는 움직임 등도 있었다.

이들 재판은 모두 원고가 승소하지 못한 채 종결됐지만, 어느 정도 성과도 올렸다.

1994년 10월에 내려진 후쿠이(福井) 지방재판소의 판결에 따르면, '지역의 산업 경제와 주민 복지 등 주민의 일상생활과 밀착한 행정이 주된

---

35) 徐龍達編著, 『共生社会への地方参政権』, 日本評論社, 1995.
36) 徐龍達編著, 『共生社会への地方参政権』, 日本評論社, 1995. 재일코리안의 참정권 요구를 둘러싼 재판 등의 활동에 대해서는 주로 이 서적을 참조했다.

것으로 국가의 정치적 의사 결정이나 그 실시에 미치는 영향이 적은 시정촌 차원에 대해서는, 정주 외국인 등 일정한 외국인의 선거권을 인정하는 것은 헌법이 금지하는 바가 아니라, 허용되어 있다는 견해가 주장되고 있다'라며 외국인에게 참정권을 부여하는 다른 나라의 사례가 언급되고 있다. 그리고 '납세의 의무를 다하는 외국인이 자신의 쾌적한 생활과 지역의 발전을 바라며 일상생활과 밀착한 행정에 대해 의사를 반영하고 싶다고 생각하는 것은 자연스럽다는 점을 인정하는 게 이 같은 입법 정책의 근저에 있는 것으로 보인다'라고 덧붙이고 있다. 나아가 '이 같은 여러 외국의 입법 사례는 시정촌 차원에서 일정한 외국인에게 선거권을 인정하는 것은 헌법이 허용한다는 견해가 충분히 성립하여 실행이 가능하다는 실례'라고 밝히고 있다. 하지만 이어서 판결은 그런 견해를 따른다면 '외국인에 대한 선거권의 인정 여부는 입법 정책의 문제에 불과하다'라며 국적 조항을 두는 것도 외국인 참정권에 대한 입법을 하지 않는 것도 문제가 아니라면서 원고 측 주장을 기각하고 있다. 그러나 결과적으로는 현행 일본국 헌법하에서 외국인이 지방 차원의 참정권을 얻을 수 있다는 판단이 내려졌으며, 후쿠이현에 거주하는 재일코리안의 소송은 최고재판소까지 올라갔다가 원고 패소가 확정됐지만, 외국인의 지방 참정권이 위헌이 아니라는 견해는 유지됐다.

이상의 재판 투쟁과 함께 일본 사회에서 참정권을 부여하자는 여론도 형성되고 있었다. 한국민단 등은 재일 외국인에 대한 참정권 부여를 요구하는 지방의회 결의를 위해 활동했다. 지방의회 결의는 1993년 9월, 오사카부 기시와다시(岸和田市) 의회를 시작으로 전국으로 퍼져 나갔다. 한국민단이 조사한 바에 따르면, 1995년 1월 현재, 13개 도도부현과 107개 시, 3개 특별구, 61개 정(町), 4개 촌의 지방의회가 참정권 부여에 관한 결의를 채택했다.

언론의 여론 조사에서도 재일 외국인에 대한 지방 참정권 부여를 두고 긍정적인 의견이 많은 것으로 나타났다. 1994년 2월 말 아사히신문사가 유권자 3,000명을 대상으로 실시한 전국 여론조사에 따르면, 재일코리안에 대한 참정권 부여를 '인정한다'라는 응답이 47%로 집계돼 '인정하지 않는다'라고 응답한 41%를 웃돌았다.

한편, 조선총련은 앞서 언급한 것처럼 재일한국인의 참정권 요구에 반대하고 있었고, 일부 지방 자치 단체를 상대로 참정권 부여에 반대한다는 진정(陳情)을 냈다.

3) 법안 상정과 참정권 부여 반대론의 확대

이런 가운데 재일 외국인에 대한 지방 참정권 부여를 실현할 수 있다는 전망이 가시화하면서 한국민단은 일본의 각 정당에 대한 활동을 강화했다.

그러나 줄곧 정권의 중심부를 유지하고 있었던 자민당은 신중한 자세를 바꾸지 않았다. 1995년 자민당 내에 설치된 '영주 외국인의 지방 참정권에 관한 프로젝트팀'이 제출한 보고서는 참정권 부여와 관련해 발생할 수 있는 문제로서 본국과의 이해관계가 충돌하는 경우와 도도부현 차원에서는 경찰 등의 공권력 행사도 한다는 점과의 관계를 꼽았다. 또한 자민당 내부에서는 상호주의, 즉 외국인의 참정권을 인정한 나라의 국적을 가진 자라면 일본에서의 참정권을 인정해도 무방하다는 주장도 나왔다. 한국은 당시 재일 외국인의 참정권은 인정하지 않았기 때문에 재일코리안에 대한 참정권 요구를 거절하려는 의도에서 나온 것으로 보인다.[37]

37) 民団50年史編纂委員会, 『民団50年史』, 在日本大韓民国民団, 1997.

이에 반해 민주당과 공명당은 재일 외국인에 대한 참정권 부여에 적극적이었다. 이들 정당은 1998년에 영주 외국인 지방선거 부여 법안을 작성해 국회에 상정했다. 그리고 공명당은 이후 1999년 10월 정권에 가담할 때 외국인 지방 참정권 부여를 포함한 정책 협정을 자민당과 체결했다. 또한, 이에 앞서 정권에 가담한 자유당도 외국인의 지방 참정권 부여에 적극적이었다.

이런 가운데 재일 외국인의 지방 참정권 획득에 대한 기대감은 고조됐다. 그러나 이에 대한 자민당 내부와 일부 보수파의 반발은 거셌다. 보수계 언론은 재일 외국인에게 참정권을 부여하게 되면 일본의 주권이 위협을 받는다는 선정(煽情)적인 기사를 게재했다. 또한 국회에서는 지방 자치 단체라고 하더라도 국가의 정책과 무관하지 않기 때문에 참정권 부여에 신중해야 한다는 반대 의견이 제기됐다.[38]

또한, 법안에 반대하는 일본인 시민 사회의 논리 중에는 참정권을 요구하기 위해 일본 국적을 취득해야 한다는 주장이 많았다. 일본에 오래 살면서 조국에 돌아갈 의사가 없는 사람은 일본 국적을 취득하면 된다는 의견은 재일코리안 개개인의 자기 결정권을 무시한 것이었지만, 그런 주장에 찬성하는 일본인 시민은 적지 않았다.

여기에 재일코리안 내부의 의견 불일치도 법안 성립을 가로막는 걸림돌로 작용했다. 법안은 조선적 재일코리안을 지방 참정권 부여 대상에서 제외한다는 취지의 조문을 담고 있었다. 이를 두고 일부 재일코리안은 '동포 사회의 분열을 초래한다'라고 주장했다.[39] 그리고 조선총련은 법안

38) 田中宏著·中村一成編, 『在日とともに歩んだ半世紀「共生」を求めて』, 解放出版社, 2019, 189~190쪽.
39) 2000년 2월 18일 자 『朝日新聞』에 게재된, 어느 재일코리안의 투서는 그 점을 지적했다. 거주지에서 매일 얼굴을 맞대는 사람들, 심지어 가족·친족 중에서도 국적이 다른(조선적도 한국적도 있다) 상황에서, 한국적 보유자에게만 참정권을 부여하는 경우 복잡한 심경

이 심의에 들어간다는 소문이 나돌자, '참정권은 재일조선인의 귀화, 동화를 촉진하여 국회 심의를 한다면 역사에 큰 오점을 남기게 될 것'이라며 법안에 대한 반대 의사를 표명했다.[40]

이처럼 재일 외국인에 대한 참정권 부여는 1999년부터 2000년에 걸친 국정의 주요 쟁점 중 하나였지만, 결국 법안은 성립되지 못했다. 이후에도 법안은 여러 차례 국회에 상정됐지만, 오늘날까지 통과되지 않고 있다.

4) 자문 의회와 주민 투표 참가

그러나 재일코리안의 정치 참가가 부정돼서는 안 되며 그들의 의사를 주민 자치에 반영해야 한다는 인식은 고양되고 있었다. 그리고 일부 정당은 재일 외국인의 입당을 인정했다.[41]

또한 외국적 주민이 위원으로 참여하는 자문 회의를 설치하고 그들의 의견을 지방 자치 단체의 정책에 반영하는 노력도 시작됐다. 1992년에는 오사카부에서 재일 외국인 문제 전문가 회의, 가와사키시에서 가와사키시 외국인 시민 대표자 회의가 각각 설치됐다.[42] 이들 회의는 이전까지 재일코리안의 권리 신장을 위해 활동했던 인사를 위원으로 임명했다.

1990년대에는 지방 자치 단체의 핵심 현안에 대한 민의를 확인하기 위해 주민 직접 투표를 하는 사례가 주목을 받았다. 이 과정에서도 재일 외국인을 참여시키는 움직임이 있었는데 일부 지자체는 주민 투표 조례를

을 갖는 자가 나올 것은 확실했다.

40) 『朝日新聞』 2000년 4월 25일.

41) 초기 사례로는 1994년 1월 '선구자 시마네'가 일본 국적이 아닌 사람의 입당을 인정했다(徐龍達編著, 『共生社会への地方参政権』, 日本評論社, 1995).

42) 徐龍達編著, 『共生社会への地方参政権』, 日本評論社, 1995.

마련하면서 투표 자격에 국적 조항을 두지 않고 일정 조건을 충족한 외국적 주민의 자격을 인정하는 조치 등에 나섰다.

5. 사회보장·전후보상의 평등 추구

1) 연금 지급을 요구하는 운동

앞서 설명한 것처럼 국민연금에 관한 국적 조항은 1982년 일본의 난민 조약 가입에 따라 철폐됐지만, 재일코리안의 연금을 둘러싼 문제는 1970년 대 후반부터 표면화하고 있었다.

1959년에 성립된 국민연금법에 따라 국민연금 보험료가 징수되기 시작 한 것은 1961년이었다. 이에 따라 20~60세 일본 국민은 모두 연금에 가입 하는 제도가 마련됐다. 제도명은 국민개연금, 법의 명칭은 국민연금이라 는 사실이 보여주듯이 그 대상은 어디까지나 일본 국적 보유자였다. 그 런데 국민연금 업무에 종사하는 관청의 일부 직원이 외국적자가 제외되 는 것을 이해하지 못한 채 재일코리안에게 연금 보험료를 징수한 사례가 발생했다. 개중에는 자신이 한국적 보유자라고 밝혔음에도 불구하고 일 본에 영주한다면 가입하는 편이 이득이라는 담당 직원의 권유에 따라 국 민연금 보험료를 계속 냈다는 사람도 있었다.

1910년에 태어나 도쿄도 아라카와구(荒川区)에 사는 한 재일코리안 1세 는 연금 수급 자격을 얻은 1976년, 구청을 방문해 연금을 신청했다.[43] 납 입 기간은 12년간이었다. 그런데 구청 측은 외국적이기 때문에 연금을

---

[43] 이 인물의 국민연금을 둘러싼 문제와 재판 등의 투쟁에 관해서는 田中宏, 『在日外国人 第3 版－法の壁、心の溝』, 岩波新書, 2013, 162~165쪽.

지급할 수 없다고 설명했고, 그동안 납입한 국민연금 보험료는 과실로 인해 징수했다며 해당 금액을 본인에게 환급했다.

아마도 비슷한 사례를 경험한 사람이 더 있었을 것으로 보이지만(사후 구제 사례는 80건에 이른다), 이 재일코리안은 연금 지급을 요구하면서 행정 불복 심사를 거쳐 법정 싸움에 돌입했다. 여기에는 도쿄도가 차별적인 언사로 대응했다는 문제가 있었다. 즉, 연금 수급 신청에 대해 도쿄도의 연금과장과 계장은 "남의 나라에 와서 장황하게 말하지 않는 게 좋다", "왜 전쟁이 끝났을 때 즉시 한국으로 돌아가지 않았느냐"라고 말한 것이다.

원고 측은 재판에서 연금 제도에서 외국인을 제외하는 것은 일본국 헌법이 보장하는 법 아래 평등에 위배된다는 점과 12년간 국민연금 보험료를 납부했기 때문에 '확약의 법리'(장래에 반드시 약속을 이행한다는 법리)에 따라 국가가 연금을 지급해야 한다고 주장했다. 같은 기간에 재일 한국·조선인의 국민연금을 요구하는 모임이 결성돼 해당 재판에는 세간의 이목이 쏠렸다.

그러나 도쿄 지방재판소는 1982년에 원고 패소 판결을 내렸다. 외국인에 대한 권리 보장을 제외한 것은 일본국 헌법에 어긋나지 않으며 연금 지급에서 제외한 조치는 위법이 아니라는 내용이었다. 이에 원고는 항소했고, 이듬해 도쿄 고등재판소의 판결에 의해 역전 승소했다. 재판소는 판결을 통해 '항소인과 행정 당국 사이에서 생긴 신뢰 관계를 행정 당국은 뒤집을 수 없다'라며 국가에 대해 연금 지급을 명령했고, 국가는 판결에 따라 연금을 지급하게 됐다. 게다가 '과오'로 인해 국민연금 보험료를 납부해 일본인과 동등하게 취급됐다면 마땅히 수급 자격을 갖게 될 외국적 보유자(80건에 달한 것으로 전해진다)에 대해서도 연금 지급 구제 조치가 이뤄졌다.

이런 가운데 1982년에 일본의 난민조약 가입이 발효되고, 국민연금 등 사회보장 제도는 내외인 평등을 원칙으로 삼게 됐다. 아울러 1985년 4월 법 개정에 따라 1986년 4월에 60세 미만 외국적자에게 수급 자격이 부여 됐다.[44]

그러나 이 같은 조치에도 불구하고 국민연금 제도에서 제외되는 사람 은 여전히 존재했다. 우선, 1986년 4월 현재 60세 이상이었던 외국적자는 노령연금을 수급할 수 없었다. 또한 국민연금 보험료 납입 기간이 짧아 수급 액수가 소액이라는 문제도 발생했다. 이와 더불어 장애인으로 인정 된 자에게 지급해야 하는 장애기초연금에 관해서도 제외된다는 문제가 남아 있었다.

그런데 국민연금 제도의 대상에서 제외된 자를 대상으로 사후에 일정 한 구제조치를 취한 적은 그전에도 있었다. 전후 오랫동안 미국 시정권 하(施政權下)에 있었던 오키나와에서는 국민연금법이 시행되지 않았지 만, 1972년 본토 복귀에 따른 경과 조치가 취해지면서 불가피하게 무연 금자(無年金者)가 생겨났다. 귀환의 혼란과 함께 중국에 머무를 수밖에 없어 국민연금 보험료를 내지 않았던 중국 잔류 일본인 귀국자도 연금을 수급할 수 있는 조치가 취해졌다. 재일코리안을 포함한 구식민지 출신자 등 외국적자와의 차이는 뚜렷했다. 또한 일본인 가운데 학생 등에 대해 국민연금이 임의였던 시기에 가입하지 않은 관계로 장애기초연금을 수 급할 수 없는 자도 문제였다. 이에 관해서도 추후 학생 등이 강제 가입 하도록 하는 법 개정이 이뤄졌다. 당시에는 아무런 구제 조치가 취해지 지 않았지만, 소송과 판결을 반영한 입법 조치에 따라 2004년에 구제의

---

44) 田中宏, 『在日外国人 第3版 —法の壁、心の溝』, 岩波新書, 2013, 174쪽. 이하, 국민연금 제도 나 재일코리안 무연금자(無年金者)의 차별 철폐를 요구하는 투쟁의 경위 등은 이 책에 따 른다. 또한, 연령 표기는 모두 만(滿) 연령이다.

길이 열렸다. 그러나 외국적자는 역시 구제 대상에서 제외됐다.

이처럼 국적을 이유로 한 차별은 연금제도에서도 사라지지 않았다. 이를 두고 재일코리안 무연금자는 2000년 이후 소송을 제기했지만, 모든 재판은 평등을 요구한 원고의 패소로 끝을 맺었다.

그러나 이 같은 움직임 속에서 일부 지방 자치 단체가 무연금 외국적 주민에게 급부금을 지급하는 제도가 마련됐다. 교토시는 재일코리안 무연금자에 대한 연금 지급을 주장한 시민운동 단체의 요구를 받아들여 1994년부터 외국적 사인 중도 장애인 특별 급부금(外国籍死因重度障害者特別給付金), 1999년부터 고령 외국적 시민 급부금을 각각 지급하고 있다. 또한 교토부도 2004년부터 교토부 재일 외국인 고령자·중증 장애인 특별 급부금 지급 요강을 제정하고 그에 기초해 대상자에게 급부금을 지급하기 시작했다. 기타 지방 자치 단체도 유사한 제도에 따라 무연금 외국인에게 특별 급부금을 지급하고 있다.

하지만 그런 특별 급부금은 역시 국민연금 제도를 통해 지급되는 금액보다 규모가 작다. 무연금 재일코리안의 존재는 UN 국제 인권 규약 등에 관한 심사 보고서에서도 문제로 지적되고 있지만,[45] 완전한 구제 조치는 취해지지 않고 있다.

2) 구일본 군인·군속 등에 대한 보상 실현

1982년 난민조약 가입 이후에도 계속해서 일본에 남아 있던 법 제도적 차별로는 바로 앞에서 살펴본 무연금자 문제 이외에도 전쟁에 동원된 자

---

[45] 2008년에 나온 자유권 규약 위원회의 총괄 소견에서는 일본에 대해 '외국인을 국민연금 제도에서 차별적으로 배제하지 않는 것을 확보하는 차원에서 국민연금의 연령 제한 규정에 의해 영향을 받은 외국인을 위해 경과 조치를 강구해야 한다'라는 문장이 들어 있다(在日外国人 第3版 —法の壁、心の溝」, 岩波新書, 2013, 177쪽).

를 둘러싼 문제가 있다. 일본제국은 전쟁 과정에서 조선인을 군인과 군속으로 동원했지만, 이들은 전후 원호 정책의 대상에 포함되지 않았다.

일본 정부는 샌프란시스코 강화조약 발효 이후 사망한 군인·군속의 유족에게 유족연금, 전쟁에 동원된 병상해자(病傷害者)에게 장애연금을 각각 지급하는 제도를 정비했다. 이를 위한 법률이 바로 1952년 6월 1일에 시행된 전상병자(戰傷病者) 전몰자 유족 등 원호법(원호법)이었다. 이 법률은 여러 차례 개정을 거쳐 유족연금 등의 지급 대상을 확대했지만, 처음부터 국적 조항을 두고 있었다. 즉, 샌프란시스코 강화조약 발효로 인해 일본 국적을 상실한 것으로 간주된 재일코리안 구일본군 군인·군속은 이 원호법의 시책에서 소외됐다.[46]

1962년에 후생성은 샌프란시스코 강화조약 발효에 따라 일본 국적을 상실한 구식민지 출신자에 대해서는 일본 국적을 취득하면 원호 대상으로 인정한다는 방침을 세웠다. 일본제국에 의해 동원된 뒤 본인의 의사와는 관계없이 국적을 잃은 자에게는 부적절한 대응이었다는 점과 일본 국적을 취득하는 데 여러 가지 제약이 있었던 점을 고려하면, 이 방침을 통해 문제가 해결될 가능성은 작아 보였다. 하지만 일부 대상자는 일본 국적을 취득해 원호를 받기로 했다.

그런데 후생성은 1966년에 새로운 통지를 발표하기에 이른다. 한일조약이 체결된 1965년 6월 22일 이후에 일본 국적을 취득한 자는 원호법 시책의 대상에서 제외한다는 내용이었다. 하지만 그와 같은 사실을 모른 채 일본 국적을 취득한 재일코리안 구일본군 군인·군속도 있었다. 한편

---

46) 일본 정부의 원호 시책과 거기서 제외된 재일코리안의 움직임에 관해서는 田中宏,『在日外国人』외, 国際高麗学会日本支部『在日コリアン辞典』編纂委員会編,『在日コリアン辞典』, 明石書店, 2010,「戦傷病者戦没者遺族等援護法」의 항; 小倉千鶴子,「同情ではなく権利を、差別ではなく平等を—旧植民地出身者元軍人・軍属支援の『在日の戦後補償を求める会』が求めたもの」(田中宏ほか,『未解決の戦後補償—問われる日本の過去と未来』, 創史社, 2012); 田中宏著・中村一成編,『「共生」を求めて 在日とともに歩んだ半世紀』, 解放出版社, 2019에 따른다.

한일조약에서는 전쟁 동원과 관련된 문제를 논의하여 청구권 협정이 체결됐지만, 재일코리안은 그 대상에 포함되지 않았다. 한국 정부는 한일조약을 체결한 뒤 일본제국에 동원된 군인·군속, 노무 동원 피해자 가운데 사망자 유족의 신고를 접수하고 보상했지만, 재일코리안이 신고해 보상받는 일은 없었다.

이처럼 과거 일본군 군인·군속이었던 재일코리안은 일본 정부로부터 국적을 이유로 차별을 당했으며, 한일조약에 의한 '청구권 문제 해결'과도 무관하게 취급되면서 무권리(無權利) 상태에 놓였다. 이들은 민족 차별을 비롯해 전쟁으로 인한 심신 장애 등을 겪으며 고통스러운 생활을 보내야 했다. 하지만 그런 와중에도 재일조선인 상병(傷病) 군인회(이후 재일본 대한민국인 태평양전쟁 상이자회)를 조직해 일본 정부와 유력 정치인에 대한 진정에 나섰고, 한국 정부에 대해서도 대처를 주문했다. 그러나 불합리를 시정하려는 정치인이나 관료는 적었다. 어쩌면 한국 정부는 구일본군 군인·군속이 일본의 침략 전쟁에 참여했다고 여겨 인권 침해의 피해자라고 인식하지 못했을 수도 있다.

1963년 8월 13일에는 일본의 저명한 영화감독인 오시마 나기사(大島渚)가 그들에게 초점을 맞춘 다큐멘터리가 방영됐다. '잊혀진 황군'이라는 제목의 이 작품은 실명하고 수족을 잃은 재일코리안 군인·군속 등의 억울한 심경과 빈곤에 허덕여야 했던 생활, 인권 구제를 요구하는 활동을 그려내면서 일본인 시민에게 책임을 묻고 있다. 전쟁의 기억이 희미해지고 있던 시기에 방영돼 이 다큐멘터리는 전후 부흥과 고도 깅세 성장을 거치면서 어느 정도 물질적 풍요로움을 누리게 된 일본인에게 곧바로 반향을 불러일으켰다.[47]

---

[47] 『読売新聞』 1963년 8월 21일 자에는 '잊혀진 황군(忘れられた皇軍)'에 관한 투서가 실려 있다. 거기에는, "일본에서도 한국에서도 구제의 손이 닿지 않는다는 그 호소에 놀라움과 함

그러나 이 문제에 지속적인 관심을 보이며 특별한 행동에 나선 일본인 시민은 거의 없었다. 1970년에는 전쟁에서 오른손을 잃은 구 일본군 군속 재일코리안이 차량에 탄 채 총리 관저로 난입해 직접 호소하려고 했다가 체포되는 사건도 발생했다. 하지만 소란스럽고 폐를 끼치는 행동으로 치부할 뿐, 조선인에 대한 전시 동원의 반성이나 보상 문제 해결과 연관 지어 보도하는 매체는 없었다.

그러나 그 후 해결되지 않은 전후 처리 문제가 많다는 사실이 부각되면서 사회적 관심을 끌게 됐다. 1974년에는 전쟁이 끝난 사실도 모른 채 인도네시아 모로타이섬에 잔류하던 대만인(원주민인 아미족) 출신 일본군인이 '발견'된 뒤 귀국했는데, 이를 계기로 대만인 구 군인·군속에 대한 조위금 지급을 요구하는 운동이 일어났다. 이 문제는 법정 싸움으로 번졌지만, 결국 인도적 입장에서 조위금 등의 지급에 관한 법률이 제정되는 방식으로 매듭을 지었다.48) 같은 시기에는 한국에 거주하는 피폭자의 건강 지원과 사할린 잔류 한국인의 귀환 문제 등 전쟁과 식민지 지배에 관련된 미해결 문제가 제기되고 재판도 진행 중이었다. 국외로 눈을 돌리면, 미국에서는 1980년대 초, 제2차 세계대전 당시 일본계 미국인을 강제 수용한 데 대해 사죄와 보상을 요구하는 움직임이 고조되고 있었다. 그리고 의회에 설치된 특별위원회의 권고를 거쳐 1988년에 사죄와 보상에 대한 조치를 담은 법안이 성립됐다. 한국 내에서도 1980년대 말 민주화가 실현되면서 일본의 전쟁 동원에 따른 피해 사실을 조사하고 보

계, 말할 수 없는 분노를 느꼈다," "우리는 지금까지 상병군인(傷病軍人)의 거지 같은 모습을 보며 보상금도 있을 텐데 왜 이러고 있냐고 생각했는데, 이것은 잘못된 것이었다"라고 적혀 있다.

48) 의원 입법으로 대만 주민인 전몰자의 유족 등에 대한 조위금 등에 관한 법률이 1987년에 성립, 시행됐다. 이 법률은 구 일본군의 군인·군속이었던 대만인 가운데 전상병자(戰傷病者)나 그 유족에게 조위금이나 위문금을 지급하기로 규정한 것이다.

상을 요구하는 시민의 움직임이 활발해졌다.

이처럼 미해결 전후 처리 문제의 해결을 원하는 분위기가 고조되던 1991년, 구 군속으로 오른손을 잃고 전후에 가와사키시에 거주하던 재일코리안이 장애연금을 신청했다. 그런데 행정 당국이 신청을 기각하면서 이듬해부터 이 문제는 법정으로 무대를 옮기게 됐다. 비슷한 시기 오사카시와 사이타마현에 거주하는 재일코리안으로 전쟁에 동원된 뒤 중증 장애를 얻은 사람의 재판도 시작됐다. 이들 재판을 지원하기 위해 재일코리안의 전후 보상을 지지하는 모임 등 시민 단체가 결성되고 여론 환기와 재판 방청 등의 활동도 펼쳐졌다. 앞서 소개한 '잊혀진 황군'의 오오시마 나기사 감독도 지원 모임과 재판 방청에 종종 모습을 드러냈고, 일부 재판에서는 '잊혀진 황군'이 상영되기도 했다.

하지만 재판에서는 전쟁 동원의 피해로 인해 장애를 얻은 재일코리안의 주장이 인정되지 않았다. 다만 판결에는 해당 문제의 해결을 위한 부언이 기록됐다. 1998년에 도쿄 고등재판소가 내린 판결의 부언은 재일코리안에게도 원호법 적용의 길을 열거나 동등한 행정상 특별조치를 취할 것을 강력히 요구하는 내용이었고, 1999년 오사카 고등재판소가 내린 판결의 부언에는 향후 시정 조치를 하지 않으면 입법 부작위(不作為)로 평가될 것이란 강한 주장이 담겼다.

이런 가운데 일본 정부도 문제 해결을 위한 입법 준비에 돌입했고, 법안 준비를 거쳐 2000년 6월에는 평화조약 국적 이탈자 등인 전몰자 유족 등에 대한 조위금 등에 관한 법률(조위금 등 지급법)이 제정됐다. 동법은 샌프란시스코 강화조약에 따라 일본 국적을 상실한 구 식민지 출신 구 일본군 군인·군속(한일조약 체결 이후 일본 국적을 취득했다는 이유로 원호법 대상에서 제외된 자를 포함) 전상병자(戰傷病者)에 대한 위로금과 그 유족에 대한 조위금을 지급하는 내용이었다. 위로금의 액수는

400만 엔, 조위금은 260만 엔이었다. 이에 따라 2001년 4월부터 3년간 신청을 받았고, 413건(조위금 390건, 위로금 24건, 조선적, 한국적 보유자에 대해서는, 조위금 306건, 위로금 22건, 일본 국적을 취득한 전 한국적 내지 조선적 보유자에 대해서는 조위금 80건)에 대한 지급이 실행됐다.

재일코리안 구 군인·군속에 대한 전후 보상은 이런 방식으로 현실화했지만 일본 국적을 보유한 채 원호법 제정 때부터 오랫동안 장애연금 등을 수급할 경우 받는 금액을 고려하면 일시금으로 지급되는 조위금과 위문금은 지나치게 적었다.[49] 그리고 법률에 기재된 지급 이유는 '인도적 정신에 입각'한 조치일 뿐, 식민지 지배와 전쟁 동원에 대한 사죄는 언급되지 않았다. 그리고 재일코리안 구 일본군 군인·군속에 대한 전후 보상을 요구한 재판의 원고 대다수는 위 법률이 제정되는 순간을 지켜보지 못한 채 사망했다.

한편, 2010년에는 소련군에 의한 전후 강제노동(이른바 시베리아 억류) 피해자에 대해 25~150만 엔의 특별 급부금을 지급하는 법률이 성립됐다(전후 강제 억류자에 관련된 문제에 관한 특별 조치법). 조선적·한국적 보유자 중에도 시베리아 억류 피해자는 있었지만, 이 법률도 국적 조항을 두었기 때문에 조선적·한국적 보유자는 대상에서 제외됐다.

3) 전 BC급 전범의 명예 회복과 보상 추구

앞서 설명한 전후 보상 재판이 전개되던 시기에는 일본군에 동원됐던 재일코리안의 소송도 진행되고 있었다. BC급 전범이 된 자들이 일본 국

---

[49] 1991年、右手を失った石成基が障害者年金として受けるべき金額として産出された額は、1億3,300万円であった。これは同様の境遇にあった日本人であれば受給できるべき金額を算出したものである(田中宏, 『在日外国人 第3版－法の壁、心の溝』, 岩波新書, 2013, 105頁)。

가에 사죄와 배상을 요구한 재판이었다.[50]

BC급 전범은 연합국에 의해 전쟁 범죄자로 기소된 사람들 가운데 통상의 전쟁 범죄로 기소 대상에 오른 자이다. 즉, '인도(人道)에 대한 죄'로 극동국제군사재판(도쿄 재판)에 회부된 정치 지도자 이외의 전범이었다. 이 가운데 조선인은 148명이었는데, 대부분 군속인 포로 감시원이었다.

일본군은 연합군 포로 감시원으로 식민지의 청년을 동원했다. 조선인과 대만인도 일본의 전쟁에 참여하고 있다고 선전하면서 연합국에 대한 일본의 우위를 식민지인에게 각인하는 데 효과를 발휘했기 때문이다. 조선인 포로 감시원은 태국, 말레이시아, 자바에 설치된 수용소에 배치됐다.

이렇게 포로 감시원으로 임무를 수행했던 자들이 전후에 포로 학대 혐의로 기소되는 경우가 다수 발생했다. 일본군은 포로를 대우할 때 국제법을 준수하겠다는 의식이 낮았다. 장교조차 충분한 국제법 지식을 갖고 있지 않았기 때문에 말단에서 포로를 대하는 포로 감시원도 국제법을 알지 못한 채 포로를 구타하기도 했다. 그리고 식량과 의약품 등이 부족한 가운데 일본군이 포로에게 중노동을 시킨 결과 적지 않은 포로가 사망했다. 전쟁이 끝난 뒤 풀려난 연합군 병사 등이 자신을 학대한 포로 감시원을 확인함에 따라 전범이 된 자가 체포돼 재판에 서게 된 것이다.

BC급 재판은 동남아시아 점령지 등에서 진행됐고, 일부는 그곳에서 사형됐다. 유기형(有期刑)을 받은 자는 이후 도쿄로 이송된 뒤 스가모(巢鴨) 형무소에 수감됐고, 스가모에서 샌프란시스코 강화조약이 발효된 1952년

---

50) 이 항(項)에서 진술하는 ＢＣ급 전범 문제에 대한 경위, 보상을 요구하는 운동의 전개에 관해서는 内海愛子, 『朝鮮人ＢＣ級戦犯の記録』, 勁草書房, 1982; 国際高麗学会日本支部『在日コリアン辞典』編纂委員会編, 『在日コリアン辞典』, 明石書店, 2010, 「朝鮮人ＢＣ級戦犯」의 항; 大山美佐子, 「『日本の戦犯』にされた朝鮮人たち―求められる朝鮮人ＢＣ級戦犯の人権救済」, 田中宏著, 『未解決の戦後補償』, 創史社, 2012에 따른다.

4월을 맞은 조선인 BC급 전범은 일본 국적을 상실했다. 이에 따라 그들
은 석방을 요구했지만 거부당했으며, 재판에서도 다퉈봤지만 인정받지
못한 채 그대로 스가모 형무소에 수감돼 있었다. 그리고 형 집행이 끝난
사람은 의탁할 곳도 없는 상태로 일본땅에 내던져졌다.

　이들 중 가족과 연락이 끊기는 등 귀국할 수 없었던 자는 일본에서 외
국인 등록을 한 뒤 재일코리안으로서 여생을 보내게 됐다. 상조 조직인
한국 출신 전범자 동진회(同進会)를 결성하고 일부 독지가의 도움을 받
으면서 일본 생활을 계속했다(다만 자살자도 있었다). 그런데 1950년대
당시 70명 수준이었던 전 BC급 전범 재일코리안은 일본 정부와 유력 정
치인에게 생활 보장과 국가 보상을 요구하면서 총리 관저 앞 등에서 투
쟁에 나섰다. 일본 정부는 주택 알선 등은 했지만 사죄나 보상 요구에는
응하지 않았다.

　1965년에 체결된 한일조약도 전 BC급 전범이 직면한 문제를 해결하는
데 영향을 미치지 못했다. 한국 정부는 원래 전 BC급 전범이 관련된 청
구권을 교섭에서 거론하지 않았다. 또한 당시 한국 사회에서는 이 문제
가 거의 알려지지 않은 상태였기 때문에 당사자의 가족과 친족이 활동하
는 데 어려움이 있었다. 상황상 어쩔 수 없었다고 하더라도 일본군에 협
력하여 전범이 된 사람은 '친일파'로 비판을 받을지언정 동정이 필요한
존재로는 여겨지지 않았기 때문이다.

　극심한 어려움 속에서도 동진회는 사형된 자의 유골 반환을 요구하는
활동을 계속했다. 그 후 1980년대로 접어들면서 우쓰미 아이코(内海愛子)
등이 조선인 BC급 전범을 다룬 저서를 출판하는 등[51] 여러 가지 노력에
힘입어 일본 사회에서도 조금씩 해당 문제가 알려지게 됐다. 그동안 일

---

[51] 内海愛子, 『朝鮮人ＢＣ級戦犯の記録』, 勁草書房, 1982. 또한, 이밖에 1981년에는 당시 일본
　 의 인기 텔레비전 프로그램 「11ＰＭ」에서 이 문제가 소개된 적이 있다.

본 사회에서는 전쟁 책임과 관련된 논의를 통해 일본인의 가해성도 조명되고 있었던 만큼 식민지인들이 BC급 전범으로 재판을 받은 사실을 알게 된 일본인은 문제의 복잡성과 심각성을 다시금 깨닫게 된 것으로 보인다.

이런 변화 속에 전후 보상 문제가 사회적인 관심을 얻기 시작한 가운데 1991년 11월 동진회의 회장 등 7명은 일본 정부를 상대로 소송을 제기했다. 원고 측은 일본 정부의 사죄와 보상(사형수의 유족에게 5,000만 엔, 유기형을 받고 수감된 사람에게는 구금 1일당 5,000엔)을 요구했다.

하지만, 지방재판소와 고등재판소는 모두 원고의 청구를 기각했고, 1999년 12월 최고재판소에서도 승소 판결을 받지는 못했다. 다만 최고재판소 판결에서는 입법부에 재량권을 맡긴다는 취지의 부언이 포함됐다. 이를 토대로 동진회와 지원자는 입법 조치에 의한 해결을 추진하기로 했으며, 시간이 흐르면서 회원이 사망하거나 고령화하는 어려움을 겪으면서도 여전히 운동을 계속하고 있다.

그런데 이 같은 노력은 한국인 BC급 전범 문제에 대한 이해도가 확산하는 성과를 낳았다. '친일파'로 단정하고 비판하는 단순한 시선이 사라진 것이다. 2006년 한국의 일제강점하강제동원피해진상규명위원회가 전범이 된 자를 포함하여 포로 감시원이었던 군속도 강제 동원 피해자로 인정한 것은 상징적인 움직임이라고 할 수 있다.

【보론】 재일코리안을 둘러싼 보상·인권 법안

(1) 민투련(民鬪連)의 활동과 법안 작성

이미 살펴본 것처럼 재일코리안의 민족 차별 반대 투쟁은 1970년대 이후 꾸준한 진전을 보였다. 그 중심은 기존의 민족 단체가 아니었다. 물론, 한국민단의 역할도 있었다. 한국민단은 1970년대 후반에 '차별백서'를 통해 문제점을 지적하면서[52] 지방 자치 단체 등을 상대로 국적 조항을 철폐하라고 촉구했으며, 산하의 청소년, 여성 단체는 지문 날인 거부 투쟁에 적극적으로 동참했다. 그러나 전체적으로 민족 차별 반대 투쟁은 차별을 당한 개인이 문제를 제기하고 그에 공감해 함께 싸우는 재일코리안과 일본인 시민의 활동이 기존 조직에 기대지 않는 인간관계 속에서 확대하는 형태로 전개됐다. 다시 말해 대형 조직의 통일적인 투쟁이 아닌, 개별적이고 시민의 자주적인 자연 발생적 활동의 성격을 짙게 띠고 있었다.

그런데 각지에서 활동하던 각 시민 단체나 개인이 민족 차별 반대 활동의 전진을 목표로 네트워크를 형성하는 움직임은 초기 단계부터 생겨났다. 히타치 취직 차별 반대 투쟁의 승리에 힘입어 1974년에 민족차별과 투쟁하는 연락협의회(민투련)가 결성된 것이다.[53]

민투련은 엄격한 강령과 규약, 회원 자격 등이 없는 관대한 모임이었다. 아래의 '삼원칙'에 동의하면 누구나 (당연히 국적, 민족을 불문하고) 참여할 수 있었다.

1. 재일 한국·조선인의 생활 현실을 고려하여 민족 차별과 투쟁하는 실천을 한다.
2. 재일 한국·조선인에 대한 민족 차별과 투쟁하는 각지의 실천을 강화하기 위하여 교류의 장을 보장한다.

[52] 민단은 1977년부터 1984년에 걸쳐 『差別白書』라는 제목의 책자를 간행했다. 제1집부터 제7집까지 정리되어 있으며, 민족 차별의 실태와 각지의 활동을 소개하고 있다.
[53] 민투련에 관해서는 国際高麗学会日本支部『在日コリアン辞典』編集委員会編, 『在日コリアン辞典』, 明石書店, 2010의 「民闘連(民族差別と闘う連絡協議会)」의 항 및 민족차별과 투쟁하는 연락협의회, 『在日韓国·朝鮮人の補償·人権法─在日旧植民地出身者に関する戦後補償および人権保障法制定をめざして』, 新幹社, 1989에 따른다.

   3. 재일 한국·조선인과 일본인이 함께 투쟁해 나갈 것.

  민투련은 1975년 이후 해마다 교류 집회를 개최했다. 이후 1989년까지 15차례에 걸쳐 교류 집회를 열고, 서로의 경험을 공유하며 더욱 진전된 운동의 청사진을 그렸다. 함께 모인 사람은 도쿄, 가나가와, 아이치, 오사카, 효고, 오카야마, 히로시마, 후쿠오카 등지에서 자행되는 민족 차별에 반대하며 재일코리안의 민족적 정체성을 보장하기 위한 활동에 종사하는 재일코리안과 일본인 시민이었다. 특히 재일코리안 2세 세대가 중심이었던 것으로 전해진다.

  그런 가운데 여러 개별 기업의 취직 차별에 반대하고 지방 자치 단체의 시책에서 국적 조항을 철폐하라고 요구하는 운동은 성과를 올렸지만, 민투련은 운동을 더욱 확장해야 한다는 필요성을 인식하게 됐다. 즉, 개별 과제에 대처하는 차원을 넘어 일본 사회 전체를 규정하는 대안을 제시해야 한다는 구상이 나온 것이다. 이는 1980년대 후반에 '91년 문제'와 전후 보상이 논의되면서 사회적으로 환기되는 시기에 있었던 일이다. 그리고 구체적으로는 정주 외국인에 대한 기본법안을 작성했는데, 3년간 검토한 뒤 1988년 10월에 '재일 구 식민지 출신자에 관한 전후 보상 및 인권 보장법(초안)'이 완성됐다.

  총 21조로 구성된 법안의 내용은 다음과 같다. 먼저, 제1조는 법률의 목적이 '일본에 거주하는 구 식민지 출신자에 대한 전후 보상 및 인권 보장을 할 것'이라고 강조하고 있고, 제2조는 '구 식민지 출신자'를 조선과 대만 출신자로 1952년 4월 28일, 즉 샌프란시스코 강화조약 발효 이전부터 일본에서 거주하고 있는 자와 그 자손으로 정의하고 있다. 제3조는 일본이 과거에 불법으로 식민지 지배를 한 데 사죄하며 식민지 지배의 결과 일본에 거주하고 있는 구 식민지 출신자에 대해 전후 보상 및 인권 보장을 한다고 명시하고 있다.

제4~7조는 전후 보상에 관한 언급이다. 전후 보상의 대상은 구 일본군 군인·군속, 일본 정부 및 기업에 의한 강제 연행·강제 노동 피해자, 관동대지진 때 등 식민지기의 학대 희생자, 피폭자, 민족 차별 피해자, 식민지기의 미지급 임금을 받지 못한 자로 규정돼 있다. 그리고, 전상병자(戰傷病者)와 그 유족에게 원호 조치를 할 것, 정부와 관계 기업이 기금을 조성하여 식민지 지배에 대한 기록을 수집, 공개하고 민족 차별을 없애기 위한 여러 시책을 강구할 것을 요구하고 있다.

제8~10조는 법적 지위에 관한 조문이다. 여기서는 구 식민지 출신자에게 조건 없이 특별 영주권을 부여하고 특별 영주권자는 외국인 등록이 아닌 일반 일본인과 동등하게 주민등록을 할 것, 강제퇴거 및 재입국 허가 제도의 대상에서 제외할 것, 지방 자치 단체의 참정권을 가질 것이 포함돼 있다.

제11~14조는 민족 교육과 사회적 권리의 보상에 관한 조문이다. 민족 교육을 받을 권리와 그를 위한 적극적 조치, 고용과 취로상의 민족 차별 감시 및 구제, 공적 기관의 취로 문호 개방, 사회보장의 완전 적용 및 과거에 발생한 불이익의 시정, 경제 활동에 관한 법령에서 국적 요건을 철폐할 것 등이 명시돼 있다.

제15~19조는 심의회와 조사, 계발에 대한 내용이다. 정부 내에 특별 영주권자 등에 관한 심의회를 설치하고, 특별 영주권자가 과반을 차지할 것, 5년마다 구 식민지 출신자에 대한 실태 조사를 할 것, 국회에 시책의 계획과 실시에 대해 보고할 것과 구 식민지 출신자 등에 대한 올바른 인식을 위한 계발 의무를 규정하고 있다.

제20조는 일본 국적을 취득한 자 및 일본인의 배우자와 그 자손에 대해서도 이 법을 준용할 것, 제21조는 특별 영주권자 이외의 정주 외국인

에 대해서도 5년 이상 일본에 거주하고 신청하면 특별 영주권이 부여되
도록 명시하고 있다.

(2) 법안의 의의와 남은 과제

위 법안은 1970년대 이후 재일코리안의 민족 차별 반대 투쟁이 쌓아
올린 성과를 바탕으로 일본 사회와 재일코리안의 바람직한 관계를 제시
한 것이었다. 민투련의 이인하(李仁夏) 대표는 이 법안을 해설한 책의 서
문에서 다음과 같이 밝히고 있다.

　　이 '법안'은 히타치 투쟁 이후의 민족 차별 철폐 투쟁을 총괄하는 차원에서
　나온 것임을 독자 여러분이 이해하기 바란다. 특히 지문 날인 투쟁 과정에서
　는 일본 국가가 가진 불합리한 민족 차별에 근거한 제도상의 문제점이 명확
　하게 드러났다. 국제 인권 규약 등을 비준한 일본국은 이제 그에 상응하는 국
　내법을 재정비할 필요가 있다. 그러나 민족 차별적인 법 제도를 규명하기 위
　해서는 잔재주를 부린 법 개정으로는 충분하지 않으며, 차별을 낳은 근본에
　있는 식민지 지배의 역사적 책임이 밝혀지지 않고는 말 그대로 인권 보장도
　있을 수 없다고 절실히 생각하기 때문에 굳이 이런 '법안' 형식을 취하여 운동
　을 전개하게 되었다.[54]

이 법안은 분명 당시의 재일코리안이 직면한 핵심 과제의 대부분을
반영한 것이었다. 재일코리안의 존재를 일본 시민에게도 인식시키고, 평
등한 권리를 가진 존재로서 사회 참여를 가능하게 하며, 과거 식민지 지
배로 인한 문제를 청산하기 위한 토대가 될 수 있는 것이었다.[55] 이 법

---

[54] 민족차별과 투쟁하는 연락협의회, 『在日韓国・朝鮮人の補償・人権法』, 新幹社, 1989, 9쪽.
[55] 물론, 이후 30년이 경과한 오늘날의 시점에서 보면, 충분하지 않다고 보이는 점도 없지 않
　　다. 이를테면 '위안부'의 보상, 이라는 문구가 없다. 1988년 시점에도 위안부에 관한 사실
　　은 알려져 있었지만, 그 피해자가 이름을 밝히고 나와 보상을 요구하는 일은 사실 상정되
　　지 않았다(한국에서 구 위안부 여성이 실명으로 기자회견을 한 것은 1991년이며, 재일코

안의 제언은 상당한 주목을 받았으며, '91년 문제'와 관련해 주요 신문 기사에서도 언급됐다.

민투련은 이후 법안 실현을 위한 활동을 계속했다. 그런데 1990년 이후 민투련의 관대한 네트워크가 작동하기 어려운 상황이 벌어진다. 1990년 전국 교류 집회의 논의 이후 내부의 운동 추진 방침을 두고 견해차가 표면화했기 때문이었다. 구체적으로는 한국민단과 조선총련과는 다른, 재일코리안의 독자적인 민족 단체를 조직하려는 그룹과, 일본인과 재일코리안의 공동 투쟁을 추구하는 방향성을 유지하려는 그룹으로 나뉜 것으로 전해진다. 이후 전국 교류 집회는 개최되지 않았으며, 민투련 차원에서 위 법안의 실현을 요구하는 활발한 운동은 전개되지 않았다.

부언하자면, 민투련이 '구 식민지 출신자'에게 초점을 맞추어 법안 제언을 정리했던 시기는, 때마침 이른바 뉴커머(식민지 시기에 조선과 대만에서 일본으로 건너온 사람이 아니라 '경제 대국'이자 국제적으로 임금 수준이 높았던 일본에 취업을 위해 온 외국인)가 증가하기 시작한 때였다. 그때부터 외국인의 인권에 대한 사회적 관심의 중심축은 뉴커머 쪽으로 옮겨졌다. 이런 가운데 민투련의 법안 제언은 주목을 받지 못하게 된 것으로 보인다. 해당 법안은 주요 정당과 유력 정치인에 의해 논의되지 않고 국회에 상정되지도 못한 채 잊혀 갔다.

다만 법안 내용의 일부는 실현됐다. 앞서 언급한 것처럼 '91년 문제'의 협의와 한일 외무장관 각서에 따라 재일코리안은 특별 영주자로서 강제 퇴거 대상에서 제외됐다. 또한 이후 법 개정을 통해 특별 영주자는 일본인과 마찬가지로 주민등록을 하게 됐다. 참고로 '특별 영주자'라는 용어는 일본 정부의 법안에 앞서 민투련이 구상한 위 법안에서 먼저 쓰였다.[56]

리안 구 위안부가 소송을 제기한 것은 그로부터 2년 뒤였다) 때문일 것이다.
[56] 이 점은 법안 초안을 검토할 때 중심적 역할을 한 다나카 히로시(田中宏)도 지적하고 있다

그리고 1991년의 법 개정에서는 강제 퇴거 요건이 매우 제한적으로 바뀌었고 민족 교육을 배려한다는 문구가 한일 외무장관 각서에 포함됐다. 민투련의 제언을 완전히 받아들인 것은 아니었지만, 일본 정부도 재일코리안의 요구를 어느 정도 수용하기에 이르렀음을 보여주는 대목이다.

그러나 1988년에 작성된 재일 구 식민지 출신자에 대한 전후 보상 및 인권 보장법(초안)을 보면, 여전히 일본 정부와 국내 여론이 수용하지 않으려는 요구가 포함된 점을 확인할 수 있다. 이를테면 앞서 검토한 지방 참정권은 국회에 법안이 상정될 때까지 운동이 진행됐지만, 반대 의견도 거셌다. 또한, 전후 보상 문제도 이후 외교 문제로 불거져 갈등이 심화한 데다, 21세기로 접어들면서 일본인 시민 사이에서는 도리어 그 필요성을 지적하는 목소리가 약해지고 있다. 그리고 식민지 지배에 대한 사죄를 요구하는 의식과 재일코리안이 식민지 지배로 인해 탄생한 존재이며, 그러므로 특별한 조치를 강구해야 한다는 인식은 널리 퍼지지 못하고 있다. 여기에 21세기가 시작되자 그동안 재일코리안이 쟁취해 온 여러 권리가 부당한 것인 양 주장하는 일본인 시민 단체까지 등장했다.

(田中宏著·中村一成編, 『「共生」を求めて在日とともに歩んだ半世紀』, 解放出版社, 2019, 133쪽). 그렇기는 하지만, 일본 정부 법무성의 담당자가 민투련의 제언을 참고로 했는지는 분명하지 않다.

제4장

사회변화와 새로운 운동의 전개

제4장
사회변화와 새로운 운동의 전개

1. 국제 사회·일본 사회의 변용 속에서

1) 재일코리안의 감소와 다양화

1980년대부터 1990년대에 걸쳐 일본 사회에서 민족적 정체성을 유지하며 살아가려는 재일코리안의 목소리가 확대하면서 그에 부응한 일본 행정 당국의 제도 개정과 일본인의 의식 변화도 착실하게 진행됐다. 21세기 이후의 상황을 보면 그런 성과를 바탕으로 재일코리안이 활약할 기회가 한층 많아진 것도 사실이다. 1980년대까지만 해도 극소수였던 변호사와 대학 연구자, 저널리스트, 대기업 경영자도 늘어났다. 야구 선수와 연예인도 민족명을 공개하고 활약하거나 자신의 민족적 뿌리를 소중히 여긴다고 공언하는 재일코리안도 두드러지기 시작했다. 개중에는 일본인이라면 누구나 이름을 알고 있는 인물도 있다. 일본 국적을 보유하지 않으면 국회나 지방 의회의 의원에 취임할 수 없지만, 조선·한국에 뿌

리를 두고 있다고 밝힌 의원도 등장했다.[1]

그러나 같은 시기 재일코리안에 대한 노골적인 차별과 배타주의가 일본 사회 속에서 분출했다. 이런 현상은 일본 사회의 내부 또는 일본 사회를 둘러싼 국제 환경의 변화, 특히 한일, 북일 관계의 변화가 영향을 미친 것으로 보인다. 아래에서 자세히 다루겠지만, 그 전에 이 시기의 재

〈표 4〉 재일 외국인수 및 한국·조선국적자, 특별 영주자의 추이(단위: 명)

연차	재류외국인총수	한국·조선국적		한국·조선국적의 특별 영주자
		총수	그중 조선국적	
2000	1,686,444	635,269		507,429
2001	1,778,462	632,405		495,986
2002	1,851,758	625,422		485,180
2003	1,915,030	613,791		471,756
2004	1,973,747	607,419		461,460
2005	2,011,555	598,687		447,805
2006	2,084,919	598,219		438,974
2007	2,152,973	593,489		426,207
2008	2,217,426	589,239		416,309
2009	2,186,121	578,495		405,571
2010	2,134,151	565,989		395,234
2011	2,078,508	545,401		385,232
2012	2,033,656	530,048		377,351
2013	2,066,445	519,740		369,249
2014	2,121,831	501,230		354,503
2015	2,232,189	491,711	33,939	344,744
2016	2,382,822	485,557	32,461	335,163
2017	2,561,848	481,522	30,859	326,069
2018	2,731,093	479,196	29,559	317,698

출전: 일본정부 법무성, 『登録外国人統計』 및 『在留外国人統計』 각년판.

---

[1] 2004년 이후 참의원 의원직(参議院議員)에 있는 백진훈(白真勲)은 원래 한국적이었다가 일본 국적을 취득하여 출마한 사실을 공언하고 있다.

일코리안 인구와 일본 사회에서 재일코리안이 차지하는 위치를 확인해 두고자 한다.

〈표 4〉에 따르면, 한국적·조선적을 보유한 특별 영주자는 20세기의 마지막 해에 50만 명 이상 있었지만, 2018년에는 31만 명으로 20만 명 가까이 감소했다. 재일코리안 인구는 해방 후 본국 귀환이 일단락되는 시기에 약 50만 명으로 추정되며, 1950년대부터 1990년대까지는 50~60만 명대를 유지했다. 그동안 일본 국적 취득자가 늘어나고 북한 집단 귀국 사업이 실시된 만큼 인구가 눈에 띄게 증가하지는 않았지만, 그렇다고 현저하게 감소했던 것도 아니다. 다만 21세기 이후 재일코리안 인구가 감소세를 지속하고 있는 것은 분명하다.

그 배경으로는 첫째, 해마다 일본 국적 취득='귀화'하는 사람이 일정하게 나타난다는 사실을 꼽을 수 있다. 법무성 민사(民事)국 통계에 따르면, 조선적·한국적자 중 '귀화' 허가자는 1990년께 매년 몇 천 명에 불과했지만, 이후 증가해 1990년대 후반에는 매년 1만 명 정도를 기록했다. 이 같은 추세는 2000년대 초반까지 이어졌다.

게다가, 한국적·조선적 보유자와 일본국적자 사이의 혼인이 늘어난 영향도 있었다. 1980년대 후반에는 이미 재일코리안의 신혼 인

〈표 5〉 한국·조선국적의 '귀화' 허가자수

연차	인원수
1999	10,059
2000	9,842
2001	10,295
2002	9,188
2003	11,778
2004	11,031
2005	9,689
2006	8,531
2007	8,546
2008	7,412
2009	7,637
2010	6,668
2011	5,656
2012	5,581
2013	4,331
2014	4,744
2015	5,247
2016	5,434

출전: 일본정부 법무성민사국 통계

구 가운데 동포 배우자를 선택하는 사례가 절반을 밑돌았다.[2] 그리고 1990년대 이후에는 오히려 동포 간 결혼은 드문 축에 속하는 상황으로 변했다. 일본 정부 후생성의 '인구 동태 통계'에 따르면, 2001년 현재 일본에서 신고한 조선적·한국적 보유자가 관계된 혼인 총수는 9,752건으로, 그중 '동포' 간 혼인은 1,019건이었다. 참고로 2010년에 집계된 총 6,454건 가운데 '동포' 간 혼인은 601건에 그치고 있다.[3] 그리고 1985년 이후 일본의 국적법 개정에 따라 부모 중 한쪽의 국적이 일본일 경우 자녀는 부모의 국적을 보유하다가 원칙상 22세까지 한쪽의 국적을 선택하게 됐다. 그런 사람이 일본 국적을 선택하는 행위는 한국적 내지 조선적을 포기하는 것을 의미했다.

다만 앞서 언급한 조선적·한국적 특별 영주자의 감소와 '재일코리안'의 감소의 상관관계를 같은 차원에서 단순화할 수도 없다. 식민지 조선에서 일본으로 건너온 사람과 그 자손 가운데 거의 계속 일본에 살았지만, 특별 영주자가 아닌 사람도 있는 데다[4] 조선에 뿌리를 둔 특별 영주자이면서도 한국적·조선적이 아닌 사람도 있으며[5] 일본 국적자이지만, 자신을 '재일코리안'의 일원 또는 코리아계 일본인으로 여기는 사람도 있기 때문이다.

1990년대에는 원래 민족의 이름을 유지하면서 일본 국적을 취득하는 사람도 증가한 것으로 보인다.[6] 또한, 뉴커머 한국인의 자식으로 태어나

---

2) 外村大, 『在日朝鮮人社會の歷史学的研究—形成·構造·変容—』, 綠蔭書房, 2004.

3) 이 수치는 주재원 등 특별 영주자 이외의 자격으로 일본에 체류하고 있는 한국적자가 관계된 혼인도 포함한다.

4) 어떤 사정으로 인해 전후 어느 시기에 일단 일본 이외의 국가로 출국한 뒤 다시 입국할 때 일반 외국인과 동등하게 취급돼 이후 일반 영주권을 취득한 사례를 들 수 있다.

5) 조선적 내지 한국적 재일코리안과 미합중국적자인 부모 사이에서 태어난 아이는 특별 영주자이지만, 미국적을 취득하는 경우도 있을 수 있다.

6) 저명인으로는 일본 축구 대표였던 이충성(李忠成)과 소프트뱅크 회장인 손정의(孫正義)가 있다.

일본에서 자란 탓에 재일코리안과 다르지 않은 의식을 가진 사람도 있고, 재일코리안 특별 영주권자이지만 생활의 터전이 일본이 아닌 경우도 있다. 이처럼 다양한 층위의 사람들을 '재일코리안'의 일원으로 볼 수 있다는 점을 고려한다면 재류 외국인에 관한 법무성의 통계만을 토대로 '재일코리안의 감소'를 논하는 것은 적절하지 않다.

2) 일본의 경제와 사회 상황의 변화

그간 일본 사회의 변화로는 먼저 세계화의 진전에 따라 외국인이 증가한 점을 들 수 있다. 이는 곧 재일코리안이 더는 재일 외국인 가운데 절대적인 위치를 차지하는 존재가 아님을 뜻한다.

전후 초기, 재일 외국인의 대다수는 재일코리안이었다. 이후 다양한 국적을 가진 사람이 일본에 와서 재류하게 됐지만, 1980년대만 하더라도 80만 명 가까운 전체 재일 외국인 가운데 60만 명은 재일코리안인 상태가 이어졌다. 하지만 버블 경제와 엔고(円高) 추세가 이어진 1980년대 말, 일본인이 꺼리는 토건업 등의 노동 현장 등에서 일본에 온 외국인이 일하는 현상이 나타났다. 뉴커머로 불리는 외국인 노동자는 당초 재류 기간을 초과하거나 자격 외 취로를 했다가 종종 적발된 뒤 강제 퇴거의 대상이 됐다. 한편 외국인 노동자가 두드러지기 시작할 무렵 '노동 쇄국'을 주장하는 논의도 있었다. 그러나 고용의 안전판이라고 할 수 있는 저임금 노동력의 필요성과 더불어 일본인이 기피하는 업종은 외국인 없이 존속하기 어려운 상황이어서 뉴커머는 날이 갈수록 늘어났다. 법 제도적 측면에서도 1993년 이후 기능실습제도를 창설해 사실상 외국인 노동자의 수용을 시작했다(또한 2019년 4월부터는 특정기능이라는 재류 자격을 신설해 외국인 노동자의 수용을 확대하고 있다). 이렇게 일본으로 건너온 뉴커머는 결국 가족을 초청하거나 일본에서 자녀를 낳아 정착했다. 재일 외국인은 1990년 현재 100만 명을 넘은 뒤 거의 지속적인 증가세를 이어가고 있으며, 2018년 통계에 따르면 273만 1,093명에 달한다. 이는 전체 일본 인구의 2%가량에 해당한다.

　한편, 앞서 언급한 것처럼 조선적·한국적 특별 영주자는 감소 추세에 있다. 또한 특별 영주자 이외의 영주권자, 비영주권자를 합한 한국·조선적 재일 외국인도 1991년 이후 감소 경향을 보인다. 이에 반해 중국과 동남아시아 국가, 브라질 등의 국적을 가진 재일 외국인은 증가했는데, 특히 중국인의 증가세가 두드러지며, 2007년에는 중국적이 한국·조선적을 제치고 1위에 등극했다.

　이런 변화 속에서 일본은 단일 민족 국가라는 주장이나 그것이 바람직하다는 담론이 일본 사회에서 회자되는 일은 거의 없었다. 그 대신에 일본 사회에서 생활하는 다양한 사람의 정체성과 문화를 존중해야 한다는 의미의 다문화 공생이라는 표현이 여러 곳에서 사용됐다.

　이는 일본=단일 민족 국가를 전제로 한 제도 설계와 민중 의식하에서 억압을 받아온 재일코리안에게 바람직한 변화였다. 하지만 다문화 공생을 외치는 주요 대상이 뉴커머인 경우가 많아 재일코리안이 간직하고 있는 식민지 시대의 역사를 배경으로 한 특수한 문제가 종종 잊히는 경향도 나타났다.

　이상과 같은 변화가 일어난 시기에 일본 사회에서는 경제 격차가 벌어졌다. 주지하듯이 고도 경제 성장에 힘입어 대다수 일본인은 경제적인 '중류'를 자인하게 됐다. 실제로는 빈부 격차가 존재했지만, 많은 사람은 그만큼 경제 격차를 의식하지 않았다고 볼 수 있다. 또한 역대 정권도 복지국가를 부정하려고 하지는 않았으며, 다양한 사정으로 인해 경제적인 어려움에 부닥친 사람을 위한 충실한 시책을 목표로 삼고 있었다.

하지만 1980년대 이후 재정 적자 해소 등의 이유로 공공 서비스의 민영화가 진행되면서 사회 복지 시책이 도외시되기 시작했다. 이 같은 시책은 냉전 종결 이후 신자유주의가 세계를 석권하는 가운데 더욱더 철저해지는 양상을 보였다. 동시에 노동법제상 규제가 완화하면서 비정규직 노동자가 증가했다. 경제 격차의 확대는 이런 상황을 배경으로 진행됐고, 고등 교육에 필요한 학비 등이 상승하는 가운데 저소득층 가정에서 태어난 자녀가 사회적으로 상승할 기회가 축소되면서 경제 격차의 세대 계승 경향도 나타나고 있다.

게다가 1990년대 초반 주가 및 지가의 하락=버블 붕괴가 명확해진 뒤 일본 경제는 장기 침체에 빠졌다. 이것은 버블 경제의 후유증이기도 하지만(금융 기관의 부실 채권 문제 등), 기타 요인의 영향도 컸다. 아시아 신흥 공업국의 추격 속에 일본 기업의 국제 경쟁력은 저하했고, 저출산 고령화에 따른 영향도 받았다. 생산 연령 인구는 1995년에 정점을 찍었고, 총인구도 2008년을 정점으로 감소세로 돌아선 뒤 비슷한 경향이 이어지고 있다. 이는 일본 국내 시장의 축소를 낳고 있다. 인구 감소의 선진지(先進地)인 지방 도시의 상가에서는 폐점한 점포가 늘어선 이른바 '셔터 거리'가 흔한 풍경으로 자리 잡았다. 버블 붕괴 이후 일본의 경제 성장률은 오랫동안 1% 미만을 유지하고 있다.

이밖에도 1990년대 말 이후의 변화로는 정보 통신 혁명을 통해 이전까지는 상상할 수 없었던 상황이 도래한 점을 들 수 있다. 이 시기부터 보급되기 시작한 인터넷을 통해 세계인들은 실시간 연락을 주고받으며 정보를 공유하게 됐다. 언어의 장벽은 존재하지만, 번역 기사를 접하거나 자동 번역기를 사용해 외국의 뉴스를 접할 기회도 늘었다. 이 같은 현상은 다른 나라에 사는 사람을 포함해 상호 우호와 이해를 촉진하는 기능을 내포한다.

하지만 인터넷을 사용하면 누구나 자신이 원하는 정보를 발신할 수 있다. 이 같은 도구적 특성은 허위 정보, 익명성이 요구되는 개인 정보 등을 언제든지 전 세계로 퍼뜨리는 행위를 가능하게 했다. 물론 인권 침해의 소지가 있을 때는 법률로 단속할 수 있지만 한계가 있다. 특정 사회 집단을 모욕하는 표현에 대한 처벌을 규정한 법은 없었다. 인터넷상에서 개인을 비방한 경우에는 발신자를 확인해 명예훼손 등의 죄를 물을 수는 있겠지만, 문제의 발신자를 특정하는 절차가 복잡하다는 이유 등에 따라 '불만은 많지만 하는 수 없이 단념'하는 사람이 대부분이었다. 결과적으로 인터넷에서는 가짜 뉴스와 타인에 대한 부당한 비판과 비방이 넘쳐나게 됐다.

3) 한일·북일 관계 변화의 영향

1990년대 이후에는 일본을 둘러싼 국제 환경을 비롯해 일본과 근린 국가 간 관계도 변했다. 소련을 위시한 사회주의 국가와 미국을 주축으로 한 자유주의 국가가 대립하는 가운데 동북아시아에서는 미일, 한미의 안보 협력 관계를 바탕으로 사회주의 국가와 대치하는 냉전기가 전개됐다. 이 구도는 1989년의 냉전 종결, 1991년의 소련 붕괴로 인해 바뀌었다.

소련의 후방 지원을 잃게 된 북한은 김일성·김정일의 지도하에 국내 체제를 유지하고 강화하면서 핵과 미사일 개발, 군사적 도발을 거듭했다. 그동안 관계국과의 협의를 진행하기도 했지만, 북한은 체제 유지를 위해 이후에도 계속 군사적 긴장을 조성해 나갔다. 또한, 1990년대 일본 사회에서는 북한 인권 침해의 심각성과 독재 체제의 문제성과 더불어 일본인 납치 사건의 피해를 거론하는 경우가 잦아졌다. 이를 통해 점점 많은 일본인이 북한을 안보 위협으로 인식하며 반감을 갖기 시작했다.

그런 가운데 2002년 9월에 평양을 방문한 고이즈미(小泉) 총리가 북일 국교 수립을 위한 평양 선언을 발표했다. 그런데 당시 북한의 최고 지도자인 김정일은 일본인 납치 사건에 대한 북한의 관여를 인정했고, 그 때문에 일본인 사이에서는 북한에 대한 비판 여론이 고조됐다. 나아가 핵 개발을 계속해 온 북한이 2005년 핵 보유를 선언한 뒤에도 미사일 실험을 되풀이하면서 일본 사회의 반북 감정은 더욱 악화했고, 그 상태는 여전히 이어지고 있다.

한편, 한국과 일본의 관계를 보면 정치, 경제 관계의 긴밀화 속에 시민 차원의 교류가 활발해졌다. 한국에서 일본의 대중문화를 개방하는 한편 2002년에는 월드컵 공동 개최를 이뤄냈으며, 드라마와 음악의 한류 붐을 타고 상대국에 친밀감을 느끼는 사람도 늘어났다.

그러나 한일 양국은 1990년대부터 간헐적으로 갈등 양상을 드러냈다. 이른바 역사 문제와 영토 문제가 영향을 미친 결과였다. 1990년대 초반 일본 사회에서는 식민지 지배에 대한 반성을 확립하고, 한국의 전쟁 동원 피해자에게 보상해야 한다는 주장도 영향력을 갖고 있었다. 그리고 1995년에는 식민지 지배에 대해 명확한 반성의 뜻을 밝힌 무라야마(村山) 담화가 발표돼 쟁점화하고 있었던 위안부 피해자에게도 평화를 위한 아시아 여성기금을 설립하고 보상 사업을 전개하게 됐다.

하지만, 일본 사회에서는 이에 반발하는 보수 세력의 반격이 시작됐다. 식민지와 침략 전쟁의 가해를 인정하지 않고, 일본 제국을 미화하는 식으로 왜곡된 역사를 선전하는 동시에 한국과 중국을 '반일'이라고 비판하기 시작한 것이다. 그런 세력은 점차 영향력을 확대하면서 21세기로 접어들면서 유력 정치인과 정권의 중추에도 영향을 미치고 있다.

이 같은 움직임은 역사 문제의 해결을 방해하는 한편 '역사의 반성을 보이지 않는 일본'이라는 인식이 한국에서 확산하는 계기로 작용했다.

또한 그런 한국의 상황은 한국=반일 국가의 이미지가 일본인 사이에서 강화되는 결과를 낳았다. 게다가 그런 일본인이 늘어난 데 맞춰 한국과 한국인을 비하하는 내용의 서적과 잡지 기사가 양산되면서 사회적으로 무시할 수 없는 영향력을 갖게 됐다.

복지 국가·총중류(總中流) 사회의 붕괴를 앞둔 가운데 사회로부터 소외됐다고 인식하면서 강한 고립감에 빠지거나 스스로에게 몰락의 위기를 느끼는 사람이 증가했다. 그런 이들이 궁지를 벗어나기 위한 출구 전략으로 소수자 집단이나 복지 시책의 대상자를 겨냥해 공격하는 주장이 일정한 지지 기반을 형성하게 됐고, 재일코리안이 그들의 공격 대상이 되는 사례가 증가했다.

게다가 아무런 부담 없이 누구나 익명으로 정보를 발신할 수 있는 인터넷에서는 앞서 지적한 것처럼 순식간에 허위 정보를 유포할 수 있게 됐다. 덧붙이자면 인터넷의 경우 알기 쉽고 과격한 주장일수록 관심을 받는 경향이 있다. 그런 가운데 인터넷 익명 게시판은 재일코리안을 범죄자 집단으로 몰거나 부당하게 우대받는 집단으로 규정하는 등 사실에 근거하지 않은 민족 차별적 정보로 넘쳐났다.

그리고 북일·한일 관계의 악화는 재일코리안과 무관하지 않았으며, 북한·한국과 관련해 재일코리안이 일본인의 괴롭힘을 받는 경우도 드물지 않다.

제도적인 인종 차별의 철폐가 진전된 1990년대 초반에는 재일코리안에 대한 차별이 사라지고 있다는 언설이 등장하는 순간도 있었다. 21세기 이후 그와 같은 낙관론은 사실상 모습을 감추고 있지만, 그런 와중에도 재일코리안의 민족 차별을 없애기 위한 노력은 계속되고 있다.

2. 민족 차별에 기초한 범죄와 헤이트 스피치

1) 심각해지는 헤이트 스피치

21세기가 도래하면서 인터넷 이용자가 증가하는 가운데 일본 사회를 구성하는 대다수는 인터넷에서 정보를 얻는 일상을 보내고 있다. 그리고 앞서 소개한 대로 일본어 인터넷 게시판에서는 재일코리안에 대한 허위 정보와 차별적인 댓글이 그대로 방치되고 있다. 그 내용은 '재일코리안은 세금을 면제받고 있다', '재일코리안은 전기난방수도 요금을 내지 않아도 된다', '강력 범죄의 대부분은 재일코리안이 저지른 것이다', '파칭코 점포가 소유한 토지는 재일코리안이 일본인을 몰아내고 손에 넣은 것이다', '생활보호 수급자 중 80%는 재일코리안이다'라는 식[7]으로, 약간의 상식만 있다면 근거가 없는 주장임을 곧바로 알 수 있지만, 일부 일본인은 그런 정보를 실제로 믿었다.

대다수 일본인은 당초 이 같은 인터넷 댓글 등을 심각하게 대처해야 할 문제로 여기지 않았다. 터무니없는 이야기인 만큼 사회적인 영향력을 갖는다고 생각한 사람이 없었기 때문일 것이다.

하지만 공공장소에서 그런 주장을 공공연하게 펼치며 민족 차별을 선동하는 집단이 등장하게 됐다. 특별 영주 자격이나 조선학교에 대한 보조금 교부, 생활보호 수급, 통명(通名) 사용 등을 재일코리안이 부당하게 받는 '특권'으로 규정하고 그것을 없애겠다는 목표를 내건 시민 단체가 조직되었고, 실제로 해당 단체는 재일코리안을 일본에서 몰아내라는 등

---

7) 安田浩一, 「ヘイト・スピーチを駆り立てる『在日特権』の正体―歪んだ『正義感』が作り上げた妄想―」, 韓国民団中央本部編, 『ヘイト・スピーチを許してはいけない』, 新幹社, 2014에 수록. 헤이트 스피치를 자행하는 단체나 그 활동에 관해서는 이 논문을 참고했다.

의 배외주의적인 주장을 펼치며 집회와 시위를 벌이게 됐다.[8] 이 같은 활동은 2007년쯤부터 시작됐으며, 현장 상황을 영상에 담아 인터넷상에 올리는 방식으로 지지자를 늘렸다. 사태가 심상치 않게 전개되자 일본인 사이에서도 재일코리안에 대한 유언비어 유포와 차별 선동의 심각성을 느끼는 사람이 나타났다.[9]

하지만 이런 움직임에 위기감을 품은 사람은 적었다. 배외주의를 선동하는 단체의 활동이 두드러지기 시작했을 때 언론 관계자는 심각한 문제로 받아들이지 않았고, 따라서 그런 동향이 기사화되는 일도 없었다.

그동안 민족 차별·배외주의를 선동하는 시민 단체는 회원을 늘려 나갔다. 또한 2013년 초부터는 한국 화장품 취급점, 음식점, 한류 스타와 관련된 상품을 판매하는 가게가 즐비한 도쿄 신오쿠보(新大久保)의 코리안타운이나 재일코리안 인구가 많은 오사카시 쓰루하시(鶴橋)역 일대, 가와사키시 사쿠라모토(桜本) 주변에서도 활동을 펼쳤다. 그들은 친구와 함께 한류 상품을 사러 온 사람이나 가족과 함께 극히 평범한 일상을 보내는 재일코리안이 있는 곳에서 "조선인은 범죄자 집단", "조선인은 일본에서 나가라"라는 식의 천박한 표현을 외쳐댔다.

이처럼 특정 민족이나 종교, 성별 등의 속성을 가진 사회 집단을 하나로 묶어 각 구성원을 의도적으로 헐뜯으며 차별을 선동하는 주장과 선전 활동은 '헤이트 스피치'(증오 표현, 차별 선동 표현)로 알려지게 됐다.[10]

8) 대표적으로는 '在日特権を許さない市民の会'(略称·在特会)를 자처하는 그룹 등이 있다. 단체에 관해서는 安田浩一, 『ネットと愛国 在特会の『闇』を追いかけて』, 講談社, 2012에서 자세하게 논하고 있다.

9) 말할 것도 없이 재일코리안 중에서는 더 이른 단계부터 문제의 심각성을 인식했던 사람이 많았던 것으로 보인다. 자신에 대한 부당한 공격과 허위 사실을 접한 재일코리안은 분명 정신적인 충격을 받았을 것이다.

10) 이 용어는 원래 영어로 영어권에서는 이미 인종 차별 문제 연구에서 사용되고 있었지만, 일본에서는 2013년에 많이 사용됐으며 이 해의 '유행어'로도 선정됐다(『朝日新聞』 2013년 12월 3일 자, 「流行語大賞」).

2) 민족 차별·배타주의 선동 단체와의 대항

그러나 이 같은 움직임을 심각하게 받아들이며 취재를 계속하던 일부 기자와 국회의원은 헤이트 스피치 문제를 지적하며 지속적인 활동을 펼쳤다. 또한, 코리안타운 등에서 자행되는 시위에 대해 위기감을 느끼는 시민도 민족 차별·배타주의 선동 단체의 활동을 무력화시키기 위한 자발적인 노력에 나섰다.[11]

먼저 도쿄에서는 민족 차별·배외주의를 선동하는 단체의 회원이 코리안타운에서 시위가 끝난 뒤에 손님을 향해 "조선인 가게에서 쇼핑하지 마"라며 욕설을 퍼부었는데, 이를 저지하는 활동이 펼쳐졌다. 또한 그들이 코리안타운을 순회하는 시위대에 대해 길가에서 항의의 뜻을 표시하는 동시에 주변에 있는 사람들에게 한국과 일본의 우호를 호소하는 글귀를 전달했다. 특히 후자의 경우 한일 양국의 언어로 '仲良くしようぜ, 친하게 지내자'라고 쓴 메시지 보드를 내걸거나, 'LOVE 신오쿠보'라는 메시지를 써넣은 풍선을 배포하는 등 창의성이 돋보였다. 이런 활동은 코리안타운을 찾은 쇼핑객과 상점을 경영자 등의 공감을 불러일으켰으며, 헤이트 스피치를 자행하는 시위에 대해 길가에서는 사전 발생적으로 '돌아가라'라는 지탄이 쏟아지기도 했다. 같은 시기 오사카와 가와사키에서도 헤이트 스피치에 대한 시민의 항의가 전개됐다.

하지만 민족 차별·배외주의를 선동하는 단체의 집회와 시위는 계속됐다. 이를 저지하기 위해 활동하던 시민들은 경찰에게 행정지도를 요구하기 위한 서명 활동에 나섰다. 또 5월에는 국회에서 야당 의원이 해당

---

11) 민족 차별·배외주의를 선동하는 단체에 대항하는 활동에 관해서는 金展克, 「2013年、新大久保で起きた出来事について」, 韓国民団中央本部, 『ヘイト・スピーチを許してはいけない』, 2014를 참조.

문제에 대한 일본 정부의 인식을 물었다. 일본 정부는 실효성 있는 조치를 취하겠다고 확언하지는 않았지만, 총리도 헤이트 스피치가 문제라는 인식을 밝혔다.

이와 더불어 민족 차별·배타주의를 선동하는 단체의 행동에 맞춰 대항하거나 항의하는 데 그치지 않고 더욱더 주체적이고 적극적으로 다양한 문화와 민족적 뿌리를 가진 사람이 함께 살아가는 사회를 구축하자고 호소하는 활동도 기획됐다. 7월 14일에는 '친하게 지내자 퍼레이드', 9월 22일에는 '차별 철폐 도쿄 대행진'이 열려 시민을 상대로 호소력 있는 주장을 펼쳤다. 이 같은 활동은 언론을 통해 소개되면서 공감대를 넓히는 동시에 많은 사람에게 헤이트 스피치 문제의 심각성을 알리는 데 일조했다.

이런 가운데 민족 차별·배외주의를 선동하는 단체의 집회와 시위 참가자는 감소했다. 신오쿠보의 코리안타운을 순회하는 시위는 2013년 9월 이후 모습을 감췄으며, 오사카시 쓰루하시와 가와사키시 사쿠라모토 등 재일코리안이 모여 사는 지역의 주변 등에서 자행되던 집단 활동도 비슷한 시기 이후 줄어들었다.

그러나 그 후에도 민족 차별·배외주의를 선동하는 단체는 존속했다. 인터넷상에서 허위 정보를 유포하고 차별을 조장하는 글은 여전히 방치됐으며, 그런 주장을 그대로 반영한 혐한(嫌韓) 서적도 활발히 출판됐다.

이런 상황에 대응하기 위한 항시적인 네트워크도 조직됐다. 2013년 9월, 민족 차별 반대 활동을 계속해 온 재일코리안, 아이누와 피차별 부락 및 오키나와인 활동가, 일본인 연구자, 정치인 등이 참여하는 '헤이트 스피치와 레이시즘을 극복하는 국제 네트워크'(약칭 노리코에네트)가 결성된 것이다. 노리코에네트는 헤이트 스피치를 일삼는 시위를 파악해 항의 활동 단체와 연대하는 한편 대중매체를 활용해 헤이트 스피치에 대한 항의, 경고, 고소에 나서는 동시에 차별에 관해 학습하는 공간을 마련해 정보 발신에 앞장서겠다고 천명했으며 지금도 활발한 활동을 이어가고 있다. 이밖에도 여러 지역에서 헤이트 스피치를 막기 위한 네트워크가 구축됐다.[12]

그리고 헤이트 스피치에 법적으로 대응하는 사례도 등장했다. 2014년 8월, 재일코리안 여성 저널리스트가 민족 차별·배타주의를 선동하는 단체와 그 대표를 상대로 소송을 제기했다. 그들은 가두선전 활동과 인터넷상의 기사를 통해 해당 재일코리안을 지목하고 '조선인 노인네', '불령선인(不逞鮮人)', '조선반도로 돌아가라'라는 막말을 던졌는데, 그에 대한 손해배상을 청구한 것이다. 또한, 이 재일코리안은 민족 차별·배타주의를 선동하는 단체의 대표와는 별도로 해당 댓글을 정리해 구축한 사이트(일명 '마토메 사이트')의 운영자에게도 손해배상 청구했다.[13]

민족 차별·배외주의를 선동하는 단체의 대표를 상대로 제기한 소송은 2017년 11월 최고재판소 판결에 의해 원고 승소로 끝났다. 그들의 댓글은 민족 차별인 동시에 여성 차별을 포함한 복합 차별이며 '사회 통념상 허용되는 한도를 초과한 모욕 행위에 해당한다'라는 점이 인정돼 일본이 가입한 인종 차별 철폐 조약(모든 형태의 인종 차별 철폐에 관한 국제 조약)의 취지에 반한다는 등의 이유로 손해배상 청구가 인정된 것이다.[14] 또한 차별적인 댓글을 취합하는 '마토메 사이트'의 운영자에 대한 재판도 최고재판소 판결을 통해 2018년 12월 원고 승소로 종결됐다.[15]

---

12) 가와사키시에서는 노동조합이나 그리스도교, 시의회 의원단 등 64개 단체가 '헤이트 스피치'를 용납하지 않는 가와사키시민 네트워크를 결성했다(『朝日新聞』 2016년 1월 19일 자, 「私たちを言葉で殴るな 川崎、反ヘイトの市民ネット結成」).

13) 이상에 관해서는 『朝日新聞』 2014년 8월 19일 자, 「在日のライター、在特会側を提訴」에 따랐다.

14) 『朝日新聞』 2017년 12월 1일 자, 「ヘイトスピーチ、在特会敗訴確定 最高裁、上告退ける」.

15) 『朝日新聞』 2018년 12월 13일 자, 「まとめサイト「保守速報」に賠償命令、確定」.

이 소송은 인터넷상의 차별에 관해 경종을 울렸다. 특히 무책임하고 차별적인 언동을 일삼는 '마토메 사이트'의 운영자에 대해 손해배상이 인정된 의의는 컸다.

그러나 이 소송은 '자기희생적'인 측면이 큰 활동이었다. 재판소에 제출할 문서를 준비하는 작업에 따른 피로로 상당했지만 정신적인 부담이 지나치게 컸다. 소송을 진행하고 있다는 사실이 알려지면서 인터넷상에서 원고에 대한 괴롭힘과 비방·중상이 나돌았기 때문이다.[16] 인터넷상에서 차별을 당해도 소송을 제기해 구제를 요구해야 하는 어려운 상황은 달라지지 않았다.

3) 헤이트 스피치에 대한 법적 규제

이런 가운데 만연하는 헤이트 스피치에 대한 포괄적인 단속을 가능하게 할 법률이 필요하다는 목소리가 높아지고 있었다. 일본도 1995년에 가입한 인종 차별 철폐 조약 제4조는 인종 차별 등의 선동 행위를 범죄로 규정하고 있으며, 그와 같은 활동을 하는 단체를 법률로 처벌해야 한다고 명시하고 있다. 하지만 일본은 해당 조문의 적용과 관련해 일본국 헌법이 정한 '집회, 결사 및 표현의 자유 기타 권리'의 보장과 저촉되지 않는 한도 내에서 규정에 따른 의무를 이행하겠다며 유보를 선언했다.

헤이트 스피치에 대한 법적 규제에 대해서도 언론의 자유가 관계되기 때문에 어렵다며 반대하는 일부 법조 관계자 등의 의견도 있었다. 정치가 사이에서도 모든 의원이 헤이트 스피치 규제의 입법화에 적극적인 것은 아니었다. 또한, 보수 정당 소속 일부 정치가는 민족차별·배외주의를 선

---

16) 「ヘイト被害の対策強化を 広告撤退と法的措置がサイト運営を打撃」, 『アエラ』 2019년 1월 28일 호.

동하는 단체의 관계자와 가까운 게 아니냐는 소문이 나돌 정도였다.[17]

그러나 그동안 헤이트 스피치 문제를 해결하기 위해 노력해 온 재일코리안과 일본인 시민은 국회의원을 상대로 한 활동을 강화하면서 헤이트 스피치 규제의 입법화를 추진했다. 또한, 일각에서는 지방 자치 단체 차원의 규제를 목표로 조례 제정에 착수했다.

이 같은 활동이 가장 먼저 열매를 맺은 곳은 오사카시였다. 2016년 1월, 헤이트 스피치 대처에 관한 조례가 제정된 것이다. 이 조례는 '특정 인종이나 민족에 속한 개인이나 집단을 사회에서 배제하는 행위, 증오, 차별의식을 부추길 목적으로 행해지는 표현 활동'을 헤이트 스피치로 정의한 뒤 그에 해당하는 행위 표현의 확산을 방지하는 조처를 할 것과 그것을 행한 자의 이름을 공개할 수도 있다고 명시했다. 또한, 헤이트 스피치 해당 여부는 학식 경험자 등으로 구성된 심사회가 판단하도록 했다.

한편 국회에서는 2015년 5월에 민주당·사회민주당 등에 소속된 의원들이 헤이트 스피치 대책 법안을 제출했지만, 성립 여부는 불투명했다. 그러나 법안 성립을 위한 일부 국회의원의 노력에 힘입어 2016년 3월 22일에는 헤이트 스피치 문제에 관심을 쏟아 온 재일코리안 등이 참의원 법무위원회에서 참고인으로 소환돼 법안 성립을 호소할 기회를 얻었다. 참고인으로 출석한 한 재일코리안은 다음과 같이 언급했다.

오늘은 귀한 시간을 내주셔서 감사합니다. 솔직히 무섭습니다. 굉장히 무섭습니다. 앞에 나서서 헤이트 스피치의 피해를 이야기하면, 반일 조선인이라고 비방·중상을 받습니다. 나는 오늘 결코 반일의 입장에서 진술하는 것이 아닙니다. 헤이트 스피치를 위법으로 하고, 인종 차별 철폐에 국가와 지방 공

---

17) 『週刊文春』 2014년 9월 25일 호는 자민당 의원이자 국가공안위원장을 맡고 있었던 야마타니 에리코(山谷えり子) 의원이 '在日特権を許さない市民の会'의 간부들과 함께 찍은 사진에 등장한다고 전하고 있다.

공 단체가 책임을 지는 법안을 꼭 성립시켜 주시기를 바라는, 법안에 찬성하는 입장에서 말씀을 드리겠습니다.

　… [2015년 11월 18일, 헤이트 스피치를 하는 집단이] 가와사키구 임해부(臨海部), 재일코리안 집주 지역을 향해 찾아왔습니다. 우리 마을, 사쿠라모토(桜本)는 일본인도 재일조선인도 필리핀 사람도 일본계도 모두 서로의 다름을 존중하고 다양성을 풍요로움으로 자랑하며 함께 살아온 마을입니다. 그렇게 더불어 사는 사람들의 삶의 터전에, 그런 마음을 흙 묻은 발로 짓밟는 듯 헤이트 데모가 벌어졌습니다. 가와사키에 사는 쓰레기, 구더기, 진드기를 제거하기 위해 데모를 한다며 출발지인 공원에서 마이크를 사용하여 선언하고 바퀴벌레 조선인을 내쫓으라며 헤이트 스피치를 하면서 우리 마을을 향해 왔습니다. 이 헤이트 데모에 대해 많은 사람이 항의한 결과, 사쿠라모토 마을에는 들어오지 않았습니다만, 주택가, 많은 사람이 사는 공생(共生)의 마을에 그 헤이트 데모는 흙 묻은 발로 쳐들어왔습니다. 분명히, 사쿠라모토 마을은, 그날은 보호를 지켜졌습니다. 그러나, 너무나 너무나 큰 상처를 남겼습니다. …

　재일조선인 1세 할머니, 할머니분들은 왜 자녀와 손자 대까지 돌아가라는 말을 들어야만 하느냐며 상처를 받고, 슬픔의 눈물을 흘리며, 헤이트 스피치를 하는 성인들에게 외국인도 일본인도 사이좋게 함께 살고 있다는 점을 이야기하면 이해해 줄 것이라고 믿고 길가에 나선 제 중학생 아이는, 너무 끔찍한 상황에 강한 충격을 받았습니다. 많은 경찰이 헤이트 데모 참가자의 심한 발언에 주의를 주기는커녕 보호하는 것처럼 에워싸고, 차별하는 사람들에게 차별을 그만두라고 전하고 싶어도 경찰에게 저리 가라는 말을 듣고, 데모 참가자들에게는 손가락질을 당하고 비웃음을 당하며, 왜 어른이 이런 끔찍한 일을 하느냐며 어른에 대한 강한 불신과 두려움을 가졌습니다. 만일 같은 엘리베이터에 탄 사람이 헤이트 스피치를 하는 사람이었다면 어떡하냐며, 엘리베이터를 타는 게 두려워졌다고 합니다. 저 자신도 11월 8일의 헤이트 데모 때 처음 항의 의사를 표시했습니다. 안타깝게도 함께 살아가자는 뜻이 전혀 전달되지 않는 것을 바라보며 무기력함에 시달렸습니다.

　그리고 1월 31일에 다시 헤이트 데모가 예고되었습니다. 집합 장소인 공원과 데모에 허가를 내주지 말아 달라고 행정 기관에 요청해도 불허할 근거법이 없어서 할 수 없다며 거절당했습니다. 우리의 사쿠라모토 지역의 중고등학생이나 젊은이는, 왜 여기에 사는 사람이 헤이트 데모하는 사람에게 오지 말아 달라고 하는데 오는 건지 모르겠다며 어른이 제대로 규칙을 만들어 우리 마을을 지켜 달라는 강한 분노와 슬픔을 드러냈지만, 여전히 공생(共生)을 향한 희망을 보여주며 우리 어른을 믿고 맡겨 주었습니다.

그리고, 1월 31일 헤이트 데모 당일, 제 중학생 자녀가 헤이트 데모를 하는 어른에게 차별을 그만두고 함께 살자고 전해도, 불행히도 그 마음은 닿지 않았고, 또다시 상처받고 절망에 빠질 것을 걱정해 그만두라고 하는 우리 부모에게, 헤이트 데모를 그만두었으면 하니까, 나는 어른을 믿고 있으니까 하며 강인한 의지를 갖고 길가에 나섰습니다. …

그날의 일을 이야기하는 것은 굉장히 어렵고 힘듭니다. 1월 31일은 지났습니다만, 아직 우리 거기에 사는 사람에게는 끝난 이야기가 아니라, 계속되고 있는 이야기이기 때문입니다. 또 오겠다면서 그날의 시위는 끝났습니다. 악몽같은 시간이었습니다. 우리 마을인 사쿠라모토 마을 입구에서 도와주세요, 도와주세요, 사쿠라모토에는 절대로 들어오지 못하게 해주세요. 부탁입니다. 부탁입니다. 사쿠라모토를 지켜 주십시오. 나는 어른을 믿고 있다고 울며 외치는 중학생 아이 옆에서 그를 보살펴야 한다고 생각했지만, 그때 내 마음도 죽임을 당했습니다.

헤이트 데모를 하는 사람들의 양심을 믿고, 차별을 그만두고 함께 살자고 러브콜을 보내왔지만, 많은 경찰의 보호를 받으면서 한 명도 빠짐없이 일본에서 나갈 때까지 서서히 골탕을 먹이겠다며 시위를 선동한 사람이 사쿠라모토 쪽으로 온다. 한국, 북한은 적국이다, 적국 사람에게 죽어라, 죽이라고 말하는 건 당연하다, 여러분 당당하게 말합시다, 조선인은 나가라, 바퀴벌레 조선인은 나가라, 조선인, 공기가 더러워지니까 공기를 흡입하지 말라고 외치는 사람들이 우리 마을에 경찰의 보호를 받으며 향해 왔다. 그때 내 마음은 죽임을 당한 것과 마찬가지입니다.

결국 민주당·사민당의 의원 등이 제출한 법안은 성립되지 않았지만, 이후 2016년 정기국회에서는 여당 의원이 헤이트 스피치 문제에 관한 법안(본국 외 출신자에 대한 부당한 차별적 언동의 해소를 위한 대책 추진에 관한 법률, 약칭 헤이트 스피치 대책법)을 제출했다. 법안은 '본국의 역외에 있는 국가 또는 지역 출신'으로 적법하게 거주하는 자와 그 자손 =본국 외 출신자에 대한 '우리나라의 지역 사회에서 배제하는 일을 선동하는 부당한 차별적 언동'에 대해 그 해소를 위한 노력에 대한 기본 이념을 수립하고, 기본 시책을 마련해 추진할 것을 강조하고 있다. 그리고 그런 차별 언동을 해소해야 하는 필요성에 대한 국민의 이해를 심화할 것, 정부가 그 해소를 위한 노력을 할 것, 지방 공공 단체의 활동에 대해 정부가 조언 등 필요한 조치를 강구할 것 등이 조문에 담겼다.

하지만, 이 법안은 차별적인 언동에 대한 벌칙 규정을 정하지 않았다. 또한, 본국 외 출신자라는 규정은 아이누 민족과 오키나와 출신자, 피차별 부락민에 대한 헤이트 스피치도 자행되고 있음을 고려하면 충분하지 않다는 비판도 일었다. 나아가 외국인에 대해 '적법하게 거주하고 있는 자'라는 제한을 둔 점도 합법적으로 체류하고 있지 않은 사람일지라도 인권은 보호돼야 한다는 관점에 따라 일부에서 문제로 지적됐다.

그러나 헤이트 스피치 문제를 해결하기 위해 노력해 온 시민 등은 법안 성립을 저지하는 데 총의를 모으기보다는 법 규제의 첫걸음으로써 일정한 평가를 하고 있었다. 한편 한국민단은 4월 27일, 참의원 의원 회관에서 긴급 집회를 개최했다. 한국민단의 단장은 이 자리에서 여당의 법안 제출에 감사해야 한다고 언급하면서도 '내용이 불충분'하다고 발언한 뒤 헤이트 스피치를 명확하게 위법으로 정하여 금지나 위법 문구를 조문에 넣어 실효성을 지닌 것으로 만들어야 한다는 내용의 성명서를 발표했다.[18]

이 같은 움직임 속에서 법안 심의가 진행돼 5월 24일에 법안이 성립됐

---

18)『朝日新聞』2016년 4월 28일 자, 「ヘイトスピーチ『禁止法制定を』在日韓国人ら集会」.

다. 법안 성립과 더불어 아이누 민족과 '불법 체류 외국인' 등에 대한 헤이트 스피치를 고려해 국제 조약의 정신에 비추어 적절히 대처할 것, 지방 자치 단체도 헤이트 스피치 해소를 위해 노력할 것을 명시한 부대(付帶) 결의도 추가됐다.

헤이트 스피치 대책 법률은 이런 과정을 거쳐 제정됐다. 그동안 헤이트 스피치 문제를 해결하기 위해 노력해 온 사람과 재일코리안 활동가는 환영의 뜻을 나타냈다. 벌칙 규정이 없는 법이어서 실효성은 충분하지 않지만, 사회적으로는 그런 행위를 허용하지 않는다는 규범이 확인됐다. 그리고 행정 당국도 이후 민족 차별·배외주의를 선동하는 단체에 공공 시설을 대여하지 않고 집회와 가두선전의 허가를 제한하는 등의 대응에 나섰다.

그렇지만 헤이트 스피치가 완전히 근절된 것은 아니다. 그리고 민족 차별·배외주의를 선동하는 그룹이 정당으로 활동하며 선거 활동 중에 헤이트 스피치를 퍼뜨리는 등의 문제가 발생하고 있다.

3. 조선학교 학생 등에 대한 박해와 무상(無償) 문제

1) 조선학교에 대한 공격과 학생에 대한 박해

20세기 말 이후 일본 사회와 국제 환경의 변화 속에서 가장 어려운 상황에 부닥친 존재는 조선적 재일코리안이었다. 어른이나 북한과 직결되어 활동하는 조선총련이 아닌 아동과 학생, 본디 정치 외교와는 분리해 생각해야 하는 교육기관이 공격에 노출돼 있었다.

조선총련계 교육 기관=조선학교는 설립 시점부터 '반일 교육'을 실시하고 있다는 일부 일본인의 비판을 받아왔다. 또한 우익적인 사상에 영향을 받은 일본인 학생이 조선학교 학생을 습격하는 등의 사건도 종종 발생했다. 1962년에는 일본인 학생의 폭행으로 인해 조선학교 학생이 사망하는 사건마저 발생했다. 그러나 경찰 당국은 민족 차별·배외주의를 배경으로 일어난 조선학교 학생에 대한 폭행에 대해서도 '불량 학생 간의 다툼'으로 취급하는 편이었다.[19] 이에 대해 언론과 변호사, 일부 시민이 우익적인 일본인 학생을 비판한 결과,[20] 1970년대에는 조선학교 습격 사건이 점차 진정되는 양상을 보였다.

그런데 북일 관계가 악화하면서 조선학교 학생이 괴롭힘을 당하는 사건이 다발했다. 대다수 피해자는 당시 조선학교 학생임을 특정할 수 있는 민족의상 차림의 여학생이었다. 해당 학생들은 등하교할 때 이용하는 전철이나 버스 안에서 폭언을 듣거나, 심지어 교복을 커터칼에 베이는 경험도 했다.[21] 이 같은 사례는 재일코리안 경영자가 많은 파칭코 업계의 정계 공작 등과 관련된 의혹이 보도된 1989년과 북한의 핵 개발이 보도된 1994년에 두드러졌다.[22] 이에 따라 조선학교는 1999년 이후 민족의상을 입고 통학하는 것을 중단하기로 했다.

그 후 2002년 9월 북일 회담에서 북한이 일본인 납치 사실을 인정하자, 다시금 조선학교 학생들에 대한 괴롭힘이 늘어났다. 이 문제에 관심을

19) 国際高麗学会日本支部『在日コリアン辞典』編纂委員会, 『在日コリアン辞典』, 明石書店, 2010, 「十条事件」의 항 및 梁英聖, 『日本型ヘイトスピーチとは何か』, 影書房, 2016.
20) 梁英聖, 『日本型ヘイトスピーチとは何か』, 影書房, 2016. 또한, 우익적인 학생을 배출한 고쿠시칸대학(国士館大学)에서도 고쿠시칸 민주화투쟁공투의회(国士館民主化闘争共闘会議)가 조직돼 조선고교생에 대한 폭행 사건을 비판하는 활동이 전개됐다(国士館民主化共闘会議事務局, 『国士館民主化闘争ニュース』 제4호, 1973.2.1).
21) 国際高麗学会日本支部『在日コリアン辞典』編集委員会編, 『在日コリアン辞典』, 明石書店, 2010, 「朝鮮学校生暴行事件」의 항.
22) 梁英聖, 『日本型ヘイトスピーチとは何か』, 影書房, 2016 및 国際高麗学会日本支部『在日コリアン辞典』編集委員会編, 『在日コリアン辞典』, 明石書店, 2010, 「朝鮮学校生暴行事件」 및 「パチンコ疑惑」의 항.

둔 변호사 등이 2002년 11월부터 관동지방의 조선학교에 다니는 학생을 대상으로 벌인 조사에 따르면, 학생 2,710명 가운데 폭언이나 폭행 등의 피해를 본 사람은 522명에 이르렀다.[23]

개인에게 가해지는 괴롭힘 이외에 조선학교 자체에 대한 제도적 차별도 남아 있었다. 조선학교의 수업 시간 수나 커리큘럼을 살펴보면, 일본의 공사립 초등학교, 중학교, 고등학교, 대학교와 비슷했지만(교실에서 사용하는 언어가 일본어가 아니고 한반도 조국의 문화와 역사 등을 가르친다는 점이 다르다고 해도) 일본 법률상 '각종 학교'로 분류돼 있었다(이에 비해 공사립 초등학교, 중학교, 고등학교, 대학교는 학교교육법 제1조에 따른 것으로 통칭 '일조교(一條校)'로 불린다). 그리고 각종 학교라는 이유로 일부 대중교통의 통학 정기권을 살 때 학생 할인이 적용되지 않거나 고등학교 수준의 조선학교=조선고급학교 졸업생은 일부 사립대학을 제외하고 수험 자격이 인정되지 않는 등의 문제가 있었다. 또한, 일본의 국·공립대학은 조선대학교 졸업생의 대학원 수험 자격도 인정하지 않았다.

이에 대해서도 조선학교 아동과 학생의 보호자, 재학생 등이 차별 철폐에 나서자 일본인 학교 관계자 등도 이를 지원했다. 그 결과, 우선 통학 정기권에 대해서는 JR 각사가 1994년에 조선학교를 포함한 각종 학교의 정기권에 대해 학생 할인을 적용하기로 하면서 문제가 해결됐다.[24] 그리고 국공립대의 수험 자격에 관해서도 1999년에 교토대학과 규슈대학 대학원이 먼저 조선대학교 졸업생의 수험을 인정하기로 했고 문부과학성도 이를 추인했다. 또한, 학부도 2003년 9월 각 대학의 개별 심사에

---

23) 国際高麗学会日本支部『在日コリアン辞典』編纂委員会, 『在日コリアン辞典』, 明石書店, 2010, 「チマ·チョゴリ切り裂き事件」의 항.

24) 国際高麗学会日本支部『在日コリアン辞典』編纂委員会, 『在日コリアン辞典』, 明石書店, 2010, 「JR定期券割引率差別問題」의 항.

의한 방식으로 수험 자격을 인정하게 됐다.[25]

2) 조선학교 부지를 둘러싼 재판

위와 같이 제도적 차별은 철폐되고 있었지만, 21세기 초반 이후 조선학교를 둘러싼 상황은 더욱 어려워지고 있었다. 도쿄도 고토구(江東区)의 동경 조선 제2초급학교(통칭 에다가와(枝川) 조선학교)가 학교 부지의 명도를 강요당하는 사태가 발생했다.

고토구의 에다가와는 전전(戰前)에 형성되기 시작한 재일코리안 집주지역이었다. 그 배경에는 1940년 도쿄 올림픽 개최가 결정돼(실제로는 중지), 도시 환경 개선 과정에서 당시 불량 주택지 등에 거주해야 했던 사람들의 집단 이전이 실행된 경위가 있다. 주변에는 당시 쓰레기 소각 처리장 등이 있었고 주거 환경은 열악했다. 거기에 살던 사람들이 해방 후 '국어 교습소'로 설치해 자력으로 본격적인 민족 교육을 하는 시설로 사용해 온 곳이 바로 에다가와 조선학교였다. 민족적 공동체 안에서 중요한 역할을 하는 공간이었던 것이다.[26]

다만 학교가 위치한 토지 일부는 도쿄도 소유였고, 대차 중이었다. 1972년 도쿄도는 역사적 경위를 고려해 1990년까지 무상 대여하기로 했다. 그리고 기간 만료 시 계속 사용할 필요가 있는 경우에는 협의해 선처한다는 약속도 계약에 적시했다.[27]

그런데 해당 계약이 만료된 뒤 계속 사용에 관한 계약이 이뤄지지 않

---

[25] 国際高麗学会日本支部『在日コリアン辞典』編纂委員会, 『在日コリアン辞典』, 明石書店, 2010, 「大学入学資格」의 항.

[26] 江東・在日朝鮮人の歴史を記録する会編, 『東京のコリアン・タウン 枝川物語』, 樹花舎, 1995.

[27] 『朝日新聞』 2006년 4월 26일~28일 자, 「枝川朝鮮学校」. 이하 재판의 경위 등은 이 기사에 따른다.

고 무상 대여 계약이 만료된 채 에다가와 조선학교는 도쿄도 소유지를 사용하는 상태가 되었다. 이를 두고 일부 시민이 에다가와 조선학교가 '불법 점거' 중이라며 문제시하는 운동을 시작했다. 조선학교의 존속을 위태롭게 하는 일본인 시민의 이 같은 활동은 2002년에 일본인 납치 사실을 인정한 북한에 대한 반감과 무관하지 않은 행보로 풀이된다.

그리고 주민 감사 청구가 나오는 등의 움직임 속에서 도쿄도는 2003년 조선학교 측에 대해 도가 소유한 땅의 명도와 학교 건물의 일부 철거, 무상 대여 기간 후의 지대에 상당하는 약 4억 엔의 지불을 요구하며 제소했다.

이에 대해 에다가와 조선학교를 지원하는 시민 네트워크가 구축됐다. 이 네트워크에서는 조선학교 출신자 및 아동학생의 부모는 물론 지문 날인 거부 투쟁과 전후 보상을 요구하는 재판을 계속 지원해 온 일본인 시민도 큰 역할을 했다.[28] 조선학교 측 변호인단은 일본인 변호사 이외에 조선학교 출신 재일코리안 변호사와 한국 민단과 깊은 관계를 맺고 있는 재일코리안 변호사로 구성됐다.

지원의 손길은 해외에서도 이어졌다. 해당 문제가 한국에 알려지면서 한국의 시민도 지원에 나서기 시작한 것이다. 2005년에는 서울에서 에다가와 조선학교 문제 대책 회의가 출범했고, 한국의 국회의원 등도 현지를 방문했다. 또한 한국 내 텔레비전 방송국이 조선학교의 동향을 다룬 다큐멘터리를 제작해 방영하는가 하면 성금 모금도 활발히 전개됐다.

저극적인 운동과 조선학교 측 변호인단의 노력에 힘입어 2007년 3월 도쿄도와 조선학교 측 사이에 화해가 이뤄졌다. 그 내용은 조선학교 측

---

28) 에다가와(枝川) 조선학교지원의 활동에 관해서는 『朝鮮学校物語』日本版編集委員会編, 『朝鮮学校物語 あなたのとなりの「もうひとつの学校」』, 花伝社, 2015 및 田中宏, 『「共生」を求めて 在日とともに歩んだ半世紀』, 解放出版社, 2019를 참조.

이 도쿄도의 땅을 매입하는 것 등으로 이뤄져 있었고 매입가는 시가의 10% 수준이었기 때문에 조선학교 측의 실질적인 승소였다.

이상과 같은 과정을 거쳐 에다가와 조선학교는 존속하게 됐다. 일본과 한국의 지원 속에 일궈낸 값진 성과였다. 또한, 그동안 한국에서 모인 성금 등을 활용해 에다가와 조선학교는 노후화한 건물을 새로 지었다. 준공된 새 건물의 정문 옆에는 따뜻한 남쪽 동포들의 민족애와 많은 일본 친구의 진심 어린 우정이 새 교사에 깃들어 있다고 밝힌 기념물이 설치됐다.

3) 교토 조선학교 습격 사건

이처럼 일본 사회 내부에는 재일코리안이 민족 교육을 받을 권리를 인정하고, 그것을 지키려는 사람이 분명히 존재했다. 그러나 일본 사회에서는 북한 때리기식 언론 보도가 유행하는 가운데 허위 정보까지 흘리면서 재일코리안을 차별하는 집단이 영향력을 확대하고 있었다. 그런 와중에 마침내 아동이 학습 중인 조선학교가 습격을 당하는 사태가 발생했다.

습격을 받은 곳은 교토시 미나미구에 있는 교토 조선 제1 초급학교였다. 2009년 12월, 민족 차별·배외주의를 선동하는 재특회 회원이 학교에 쳐들어온 것이다. 그들은 교원과 아동이 학교에 있는데도 확성기를 사용해 "스파이 양성 학교", "일본에서 나가라"라는 등의 차별적 폭언을 반복하며 학교 소유물을 파괴했다.[29] 교원들은 경찰에 신고하는 동시에 인권 침해를 저지하기 위해 그 자리에서 호소했지만, 경찰이 효과적인 대응에

---

[29] 교토 조선인 학교 습격 사건에 관해서는 安田浩一, 『ネットと愛国 在特会の「闇」を追いかけて』, 講談社, 2012 및 中村一成, 『ルポ 京都朝鮮学校襲撃事件〈ヘイトクライム〉に抗して』, 岩波書店, 2014에 따른다.

나서지 않으면서 그들의 범죄 행위는 1시간 넘게 계속됐다. 게다가 스스로 재특회라고 밝힌 집단은 2010년 1월과 3월에도 학교로 쳐들어와 차별적인 가두 행동을 벌였다.

학교 측은 학교 인근에서 벌어지는 가두 행동을 그만두도록 하기 위해 교토 지방 재판소에 가처분 신청을 했고 3월 28일에 신청이 받아들여지면서 이후 습격은 중단됐다. 그러나 조선학교에 다니는 아동과 보호자, 교원 등 관계자의 피해는 심각했다. 어른들은 소중히 지켜온 정체성이 부정될 뿐만 아니라 일본 사회에서는 최소한의 인권을 보호받지 못하는 것이냐며 무기력감과 절망감을 느끼고 있었다. 아이들은 공포감에 사로잡혀 통학을 주저하면서 가정에서도 겁에 질린 모습을 보이는가 하면 야뇨증에 걸리는 사례도 발생했다.

민족 차별·배외주의를 선동하는 집단의 명확한 범죄 행위에 대해 변호사회와 언론도 비판의 목소리를 높였지만, 그들은 반성하는 기색조차 보이지 않았다. 또한, 형사 사건으로서는 결국 위력 업무 방해 등의 혐의로 일부 참가자가 체포돼 2012년까지 집행유예를 포함한 유죄가 확정됐지만, 관계자가 받은 정신적 피해는 아무런 보상을 받지 못했다.

이런 가운데 조선학교 측은 2010년 6월, 습격 사건 실행자 등을 상대로 손해배상을 요구하는 민사 소송을 제기했다. 조선학교 측은 재판에서 그들의 행위가 인종 차별 철폐 조약이 금지하는 인종 차별에 해당하며, 평온한 교육 환경을 손상시켜 자신들의 말로 교육을 받는 '민족 교육 실시권'을 침해당했으며, 명예도 훼손됐다고 주장했다. 이에 대해 피고 측은 표현의 자유를 내세우며 자신들의 행위가 정당성을 가진다는 식의 언동을 반복했다. 하지만 1심과 2심 모두 원고가 승소했으며, 결국 2014년 12월 최고재판소는 피고의 상고를 기각하고 원고 승소 판결을 확정했다.

비록 판결에서 민족 교육 실시권을 인정하는 성과를 얻지는 못했지만,

그들이 자행한 행위는 인종 차별 철폐 조약 4조가 범죄로 단속돼야 한다
고 규정한 매우 악질적인 인종 차별 행위임이 밝혀졌다. 헤이트 스피치를
범죄로 규정한 획기적인 판단이었다. 손해배상액도 1,200만 엔에 이르는
고액이었다. 이는 헤이트 스피치를 자행한 집단에 큰 타격을 주었다.

하지만 관계자가 입은 정신적 상처는 엄청났다. 피고나 그 지지자 등
은 그 후에도 진지한 반성을 표시하기는커녕 헤이트 스피치를 거듭했다.
게다가 조선학교의 아동과 학생, 교원이 안심하고 배우며 가르칠 수 있
는 환경이 확립된 것도 아니었다.

4) 조선학교 지원과 무상화(無償化) 문제

2010년 이후 조선학교 관계자는 원래 국가 간의 외교 문제와는 구별해
보상돼야 하는 권리를 인정받지 못하는 차별에 직면하게 됐다. 일본 정
부가 시행하는 고교 무상화 정책의 대상에서 조선 고급학교만 제외된 것
이다.[30]

고교 무상화 정책은 고등학교 및 그에 준하는 수준의 전수(專修)학교
와 각종 학교에서 배울 권리를 보장하기 위해 민주당 정권이 실시한 것
이었다. 국가가 학교 설치자에게 재학생 수에 따라 일정 금액을 지급함
으로써 보호자는 실질적으로 비용을 들이지 않고 자녀를 학교에 보낼 수
있는 시책이었다. 대상 학교는 일본 학교 교육법 제1조의 규정에 의거,
국공립, 사립 고등학교를 비롯해 고등학교에 다니는 나이의 학생이 다니
는 전수학교, 각종 학교, 일부 외국인 학교였다.

---

[30] 조선학교와 무상화 정책의 관계와 그 적용을 요구하는 활동에 관해서는 『朝鮮学校物語』
日本版編集委員会編, 『朝鮮学校物語』, 花伝社, 2015; 田中宏, 『「共生」を求めて 在日とともに
歩んだ半世紀』, 解放出版社, 2019; 月刊イオ編集部, 『高校無償化裁判 たたかいの記録 Vol.2
大阪で歴史的勝訴』, 樹花舎, 2017에 따른다.

외국인 학교에 대해서는 문부과학성의 성령(省令)에서 (가) 본국의 고등학교에 상당하는 학교, (나) 국제적 교육 평가 기관이 인정한 국제 학교, (다) 기타에 관해 판단한 다음 지정하도록 정하고 있으며, 먼저 2010년 4월 30일에, 영어와 프랑스어로 교육하는 국제학교 이외에도 한국학원과 화교가 다니는 중화학교, 브라질인의 학교 등 31개교가 (가), (나)에 근거해 지정됐다.

그러나 조선 고급학교에 대해서는 민주당 정권 내부에서도 일본인 납치 문제를 이유로 제외해야 한다는 의견이 제기되면서 곧바로 정해지지는 않았다. 그리고 조선 고급학교는 (가)와 (나)에 해당하지 않고 (다)에 해당하는 것으로 간주돼,[31] 그에 대한 심사를 하게 됐다. 2010년 8월에 심사 기준이 공표되었고, 각지의 조선 고급학교 10곳이 심사를 신청했다.

그런데 2010년 11월 23일 북한이 연평도를 포격하는 사건이 발생했다. 이에 따라 일본 정부는 심사를 중단하는 조치를 단행했다. 이후 심사는 재개됐지만, 그동안 민주당 정권은 여러 실책으로 인해 지지를 잃었고 정국은 혼미에 빠졌다.

이와 관련 조선학교의 재학생과 보호자 등은 2010년 단계부터 조선학교기 무상화 대상에 포함되도록 하기 위해 노력하고 있었다. 재학생 등은 서명을 모아 문부과학성에 요청하기도 했다. 학생들은 '배움의 권리를 박탈하는 것은 인권 침해이자 차별입니다', '조선 적시(敵視), 민족 차별의 풍조 속에서 조선인으로 당당히 사는 것은 쉬운 일이 아닙니다. 우리는 자국의 역사와 문화를 배우고 싶은 것뿐인데, 왜…배울 권리는 국적과 인종을 불문하고 주어져야 합니다'라며 문부과학성에 호소했다. 교원 노조 관계자 등을 포함한 일본인 시민도, 같은 시기에 조선학교에 대한

---

[31] 조선 고급학교에 대해 북한의 고등학교에 상당하다고 본다면 (가)에 해당하지만, 북한의 고교 수준의 학교와는 수업 연한 등에서 차이가 있었다.

무상화 정책을 적용하라고 주장했다. 2010년 3월에 도쿄에서 열린 집회와 시위에서는 짧은 독려 기간에도 불구하고, 1,000명의 참가자가 목소리를 높였다. 이듬해인 2011년 2월에 열린 집회에서는 참가자가 2,000명을 넘어서며 운동은 확산했다. 2012년 3월 1일에도 도쿄를 비롯한 각지에서 조선학교에 무상화 정책을 적용하라고 요구하는 집회가 개최됐다.

하지만 결국 민주당 정권하에서는 조선학교 무상화 적용에 관한 판단이 내려지지 않았다. 그리고 2012년 12월 실시된 총선에서 민주당이 참패하고 자민당 정권=제2차 아베 내각이 출범했다. 제2차 아베 내각의 문부과학상은 애초에 무상화 정책의 대상에 조선 고급학교를 포함하는 데 반대했던 만큼 취임 직후부터 그런 방침을 천명했다. 그리고 이듬해 2월에 해당 방침을 그대로 실행에 옮겼으며, 위에서 소개한 성령 가운데 (다)를 제외하는 개정을 단행하는 동시에 조선 고급학교에 대해 무상화 대상으로 지정하지 않는다는 통지를 보냈다. 이는 북한에 의한 일본인 납치 문제와 조선학교와 북한과의 관계를 이유로 삼은 조치였다. 행정상의 절차에 따르면 인정돼야 마땅한 조치가 인정되지 않았고, 정치적 판단에 의해 조선학교는 배제됐다.

조선학교 관계자 등은 이 같은 조치에 항의했다. 또한, 유엔에 대표를 보내 국정여론에 부당성을 호소하는 활동도 벌였다. 그 결과, 2013년 4월에 열린 유엔 사회권 규약 위원회는 납치 문제가 조선 고급학교를 무상화 정책의 적용 대상에서 제외하는 이유가 되지 않으며 학생들의 권리를 보장해야 한다고 밝혔다. 나아가 위원회는 5월, 무상화 정책에서 조선 고급학교를 제외하는 것은 차별이며 조선 고급학교도 적용 대상에 포함해야 한다는 권고를 내렸다. 그러나 일본 정부는 해당 권고를 따를 의무가 없다는 태도를 고수하고 있다.

게다가 그때까지 조선학교에 대한 보조금을 지급해 온 여러 지방 자치 단체도 지급액을 삭감하거나 지급 자체를 중단했다. 재일코리안 인구가 많은 오사카부에서도 2011년부터 보조금 지급을 중단했으며, 도쿄도와 사이타마현도 이후 같은 조치를 했다. 그 배경에는 일본인 납치 문제에 더해 북한의 핵 개발, 미사일 발사 등으로 인해 일본 사회에서 반북 감정이 고조된 점이 자리하고 있었다.

이 같은 상황에서 고교 무상화 대상에서 조선 고급학교를 제외하는 차별을 둘러싼 다툼은 법정으로 옮겨졌다. 조선 고급학교의 운영 모체, 또는 재학생, 졸업생, 학부모 등이 원고가 되어 국가를 상대로 국가 배상 청구와 무상화 정책의 대상으로 지정할 것을 요구하는 재판이 시작된 것이다. 2013년 1월에 먼저 아이치(愛知) 조선 고급학교 학생 등이 국가 배상 청구 소송을 제기했으며, 같은 날 오사카 조선학원이 지정 의무화를 요구하는 행정 소송을 제기했다. 이후 히로시마, 도쿄, 후쿠오카에서도 재판이 진행됐다.

위 재판 가운데 오사카에서는 획기적인 승소를 끌어냈다. 2017년 7월 28일, 원고인 오사카 조선학원이 요구한 고교 무상화 제도의 적용을 의무화하는 판결이 내려진 것이다. 판결은 국가 측이 납치 문제 등 외교, 정치적 의견에 근거하여 조선 고급학교를 제외했다고 인정하고 해당 조치를 불법, 무효라고 지적했다. 그와 동시에 적정한 학교 운영이 이루어지고 있다는 확증을 얻을 수 없다는 국가 측 주장에 대해 오사카 조선학원에서는 재산 목록과 재무제표가 작성되고 있고 이사회도 개최되고 있으며 법령 위반을 이유로 한 행정 처분을 받지 않은 점을 들어 이를 기각했다. 또한, 조선총련과의 관계도 '역사적 사정에 비추면 적합성이 결여된 것은 아니'라며 부적정하다고 본 이유에 해당하지 않는다고 판단했다.

하지만 다른 재판에서는 1심부터 패소가 이어지고 있었다. 그리고 국가 측의 항소에 따라 진행된 오사카에서의 소송에서도 2018년 9월 원고역전 패소 판결이 내려졌다. 판결에서는 조선총련과 조선학교의 관계에 대해 조선총련이 학교를 지도하고 간부급 인사 교류가 이뤄지고 있는 점, 재정적인 지원을 받고 있는 점 등을 지적하며 '교육의 자주성을 왜곡할 수 있는 지배를 받고 있다는 합리적인 의심이 있다'라고 밝혔다. 따라서 국가가 조선 고급학교를 무상화 대상에서 제외한 처분은 적법하다고 판단했다.[32] 원고는 최고재판소에 상고하여 싸웠지만, 2019년 8월 최고재판소는 상고를 기각하고 원고 패소 판결을 확정했다.[33]

이처럼 무상화 정책 대상에서 조선 고급학교를 제외한 일본 정부의 조치를 정당화하는 사법 판단이 나오는 등 재일코리안의 권리를 둘러싼 어려운 상황이 존재한다는 점은 부정할 수 없다. 하지만 그동안 차별을 철폐하기 위해 쏟은 노력은 헛되지 않았으며, 미약하기는 하나 확실한 변화를 가져왔다.

한국에서는 조선학교를 지원하는 단체가 조직되는가 하면 다큐멘터리 영화를 제작하고 지원 콘서트 등을 개최하는 활동이 전개됐다. 이데올로기에 의한 분단을 넘어 민족적 권리의 중요성을 인식하고 활동에 힘을 보태는 사람들이 늘고 있다.

일본 각지에서는 일본인도 참가하는 서명 활동과 거리 홍보가 펼쳐졌다. 도쿄에서는 매주 금요일, 문부과학성 앞에서 조선 고급학교에 대한 무상화 정책 적용을 요구하는 활동이 벌어지고 있다. 고교 무상화 정책에서 조선학교를 배제하던 시기에 문부과학성의 간부를 지내며 차관에 오른 인물도 퇴임 후이기는 하나 본래 무상화 정책은 조선학교에도 적용해야 했고 그것을 실행하지 않는 일본 정부는 '관제 헤이트'를 실시하고

---

32) 『日本経済新聞』 2018년 9월 27일 자, 「高校無償化訴訟、朝鮮学校側が逆転敗訴 大阪高裁」.
33) 『日本経済新聞』 2019년 8월 30일 자, 「朝鮮学校側の敗訴確定 高校無償化、大阪訴訟」.

있다는 비판을 내놓았다.[34] 이 같은 활동을 통해 조선학교의 존재, 재일
코리안이 자기 민족의 언어와 역사, 문화를 배우는 것의 중요성, 그리고
그것을 보장하는 책임의 무게를 깨닫게 된 일본인과 한반도에 사는 한국
인은 적지 않을 것이다.

5) 민족 차별과의 투쟁과 장래

재일코리안이 100년 가까운 역사를 쌓아오는 동안 4, 5세가 활약하는
시대가 도래했다. 그동안 재일코리안의 역사에서는 시기와 세대를 가리
지 않고 민족 차별에 맞서는 것이 큰 과제였다. 재일코리안이 민족 차별
에 맞서지 않았다면 삶 자체를 유지하지 못했을 뿐만 아니라 역사 또한
단절됐을 것이다.

재일코리안의 저항과 대처 방식은 다양했다. 일단 민족 차별적 언동이
나 불합리한 대우를 당한 개인이 상대에게 항의하며 사죄와 시정을 요구
하는 방식을 꼽을 수 있다.

또한, 개인의 실력이 어느 정도 평가를 받는 환경에서는 일본인 이상
의 능력을 기르고, 그것을 인정하게 함으로써 지위를 확보하는 방법도
있었다. 또는 일본식 '통명'을 사용하여 거주지나 직장, 학교에서 민족 차
별을 피하며 일상생활을 보내는 한편 나름의 자기실현을 지향하며 가정
을 유지하거나 자녀를 키우는 행위 등도 어떤 의미에서는 민족 차별과의
투쟁이다.

다만 개인 차원에서 이뤄지는 민족 차별과의 투쟁이 사회 전체의 흐

---

[34] 전 문부과학 차관인 마에카와 기헤이(前川喜平)는 각지 강연회에서 이같이 발언하고 있다
(『神奈川新聞』 2019년 2월 16일 자, 「朝鮮学校補助打ち切り、前川元次官が批判『官製ヘイト』」
등).

름은 바꾸는 일은 흔하지 않다. 물론, 어느 특정 개인의 투쟁이 모두가 당연하다고 여겼던 차별의 벽을 무너뜨리는 계기가 되는 역할을 할 때가 종종 있지만, 그 또한 결국 당사자를 지원하는 사람들의 활동이 변혁에 기여하는 경우가 많다. 대부분 일정 수준의 조직적인 노력이 필요하다고 보는 이유가 여기에 있다. 특히 법 제도상의 차별을 철폐하기 위한 정책을 실현하는 과정은 더욱더 그러하다. 이때는 재일코리안뿐만 아니라 일본인 시민과 본국에 사는 사람도 활동에 참여하는 방식으로 국제 여론의 지지를 얻어낼 수 있다.

이 글에서는 그런 관점에서 어느 정도 조직적인 재일코리안의 민족 차별 반대 활동을 중점적으로 살펴보았다. 장기간에 걸친 그들의 역사를 다시 개관하자면 다음과 같이 정리할 수 있다.

먼저, 해방 전에는 '제국신민'으로 간주되어 '천황 아래 평등=차별은 없다'라는 명분이 있었다. 분명 일본에 거주하는 조선인에게도 참정권이 부여되는 식의 사례는 있었지만, 실제로는 직장과 학교에서 심한 차별이 횡행했다. 대다수 일본인은 한반도에서 온 사람을 같은 공동체의 일원으로 인정하지 않았고, 민족 차별에 의문을 품지도 않았다. 그리고 한반도와 일본 내지 간 왕래의 자유를 포함해 제도적인 차별도 존재했다.

그런 점과 관련해 당시 일본 내지에 살았던 조선인들도 불만과 차별 시정을 요구하는 목소리를 높이고 있었다. 그러나 정치적 자유가 제한됐던 만큼 민족 차별이 철폐되는 일은 거의 없었고, 일본 내지에 있는 조선인들이 자주적이고 조직적인 활동을 계속하는 것 자체가 쉬운 일이 아니었다.

그런데 8·15 해방을 계기로 그와 같은 상황은 변하기 시작한다. 일본 잔류를 지속한 50만 명 가까운 재일코리안은 민족 단체를 결성해 조직적인 활동을 전개하게 됐다. 그러나 '해방'이 긍정적인 결과만 가져온 것은

아니었다. 재일코리안의 법적 지위가 정해지지 않았던 연합군 일본 점령
기에 이미 참정권이 정지되고 외국인 등록의 대상이 됐고, 샌프란시스코
강화조약의 발효와 함께 일본 국적을 상실하게 된 재일코리안은 사회보
장 제도 등에서 배제됐다. 또한 냉전이라는 국제 정치의 틀이 한반도와
재일코리안에게 영향을 끼치면서 민족 단체는 이데올로기 대립의 소용
돌이 속에서 둘로 쪼개져 버렸다.

　하지만 재일코리안의 요구는 근본적으로 동일했다. 참정권 등에 관해
서는 논의가 있었지만, 대다수 재일코리안은 일본에서 안정된 재류 권리
를 보장받고, 일본인과 동등한 사회권이 인정되며, 민족 문화를 계승하
고 정체성을 유지한 채 일본 사회에 참여할 수 있어야 한다고 생각했다.

　다만 갈라진 민족 단체가 뜻을 모아 함께 노력하는 일은 없었다. 좌파
계 민족 단체는 해방 후 일본공산당과 함께 일본의 근본적인 민주 변혁
을 실현해 재일코리안의 권리가 인정되는 사회 실현을 꿈꿨다. 그러나
일본의 민주개혁 기도(企図)는 좌절됐으며, 좌파계 민족 단체는 1955년에
일본 정치에 대한 내정 불간섭을 선언하고 조선총련을 결성했다. 이후
조국=북한에 대한 기여를 중시하며 재일코리안의 권리문제에 관해서도
내정 불간섭과의 관계와 지나친 권리 요구 활동이 가져올 일본 사회의
반발을 우려한 결과 대대적인 민족 차별 반대 운동을 조직적으로 추진하
지 않게 됐다.

　한편, 우파계 민족 단체인 한국민단은 한일 간 정부 협상을 통해 재일
코리안의 법적 지위와 처우에 관한 자신들의 요구를 실현하려고 했다.
그러나 한일 간 정부 협상은 장기화했고, 1965년이 되어서야 겨우 타결
된 한일조약의 법적 지위 협정은 재일코리안의 요구를 충분히 반영한 것
이라고 보기 어려운 내용이었다.

　그리고 재일코리안의 권리 요구에 대한 일본 사회의 이해도 부족했다.

많은 일본인은 재일코리안을 결국 조국에 돌아가거나 일본에 '귀화'해야
할 존재로 인식했고, 그렇게 된다면 '성가신 소수민족 문제'는 해결되리
라 생각했다.

이 같은 상황에 변화가 찾아온 것은 1970년대 이후였다. 히타치 취직
차별 반대 투쟁의 전개와 승리에 힘입어 민족 차별 반대 운동은 활성화
하고 성과를 올렸다. 재일코리안을 채용하는 민간 기업이 증가하고, 공
기업 채용시험의 수험 자격과 공영 주택이나 아동수당 등 지방 자치 단
체의 사회복지 시책에서 국적 조항이 철폐되는 움직임이 가속했다. 그런
활동은 민족 단체가 주도한 것이 아니라 문제 해결을 요구하고 나선 재
일코리안 개인의 투쟁을 일본인을 포함한 시민이 함께 투쟁하는 형태로
이뤄졌다. 또한, 1970년대까지 민족 단체 사이에서는 민족 차별 반대 활
동이 재일코리안의 일본 동화를 촉진한다는 인식하에 조국과의 유대가
중요하다는 생각도 뿌리 깊었다.

1980년대 이후 민족 차별 반대 운동은 더욱 진전된다. 특히 외국인등
록법의 지문 날인 제도를 철폐하라고 요구한 지문 날인 거부 투쟁에는
다양한 입장 차를 초월해 많은 재일코리안이 참가했고 일본인 시민도 지
원하는 전국적인 운동으로 번지면서 유례없는 열기를 보였다. 이 운동을
통해 민족 정체성을 유지하며 차별당하지 않고 일본 사회에서 살아가겠
다는 재일코리안의 바람이 널리 알려지면서 공감을 얻게 됐다. 아울러
민족 차별 반대가 동화를 촉진한다는 민족 단체 내부의 기존 인식이 불
식됐다.

또한, 같은 시기를 전후해 지방 자치 단체의 공무원 채용도 늘어나면
서 지방 참정권 획득에 대한 논의도 활발해졌다. 이런 가운데 '91년 문제'
등을 협의해 온 한일 양국 정부는 1991년 한일 외무장관 각서를 발표했
다. 이는 재일코리안의 법적 지위와 처우 개선을 확인한 것이었다. 이를

바탕으로 법이 개정돼 조선적을 포함한 구 식민지 출신자 가운데 계속해서 일본에 거주하고 있는 자와 그 자손은 특별 영주 자격을 얻게 됐고 강제 퇴거의 요건은 크게 제한되었으며 지문 날인 의무도 사라졌다. 이밖에도 한일 외무장관 각서에는 지방 공무원 채용 기회 확대를 지도하기로 확인한 점과 한국 측이 지방 참정권을 요망했다는 표현이 포함됐다.

이에 따라 1990년대에는 지방 자치 단체의 직원 채용과 관련해 직종 제한이라는 한계를 남기면서도 수험 자격에서 국적 조항이 철폐됐다. 지방 참정권에 관해서도 그것을 인정하라고 요구하는 지방의회가 잇따랐고, 1990년대 말에는 유력 정당 내부에서도 법안을 준비해 국회에 상정하기에 이르렀다. 이밖에도 재일코리안 전 일본군 군인 및 군속 등에 대한 전후 보상도 일부 실현됐다.

그러나 21세기로 접어들면서 재일코리안의 민족 차별 반대 운동은 전진하고 있다고 평가하기 어려운 상황이 이어지고 있다. 이를테면 지방 참정권 획득에 대한 법안이 성립되지 않았을 뿐만 아니라 오히려 지방 의회에서는 지방 참정권 부여를 반대하는 결의가 늘었다. 게다가 2010년대 이후부터는 헤이트 스피치를 일삼으며 민족 차별·배외주의를 선동하는 집단의 활동이 두드러지기 시작했다. 장기 경제 침체와 총중류 사회의 붕괴, 그리고 북일, 한일 관계의 악화 속에서 폐색감과 소외감을 느끼게 된 일부 일본인이 재일코리안을 겨냥한 공격을 시작한 것이다. 그런 집단은 조선학교를 습격하는 사건마저 일으켰다. 또한, 일본 사회에 만연하는 반북 정서를 배경으로, 조선학교는 어려운 상황에 직면했다. 일본 정부는 고교 무상화 정책에서 조선학교를 배제하고, 보조금 지급을 중단하는 지방 자치 단체도 잇따르고 있다. 다만 이처럼 어려운 상황에서도 재일코리안의 민족 차별 반대 활동은 계속되고 있다.

위와 같은 궤적을 밟아온 재일코리안의 민족 차별 반대 운동을 역사적으로 돌이켜볼 때 전진을 가능하게 했거나 저해한 요인은 무엇일까? 민족 차별 반대 운동의 장래를 전망해 보기 위해 마지막으로 그 점에 관해 고찰하고자 한다.

먼저, 민족 차별이 성공적으로 철폐됐던 1970년대 이후의 운동 방식에 주목할 필요가 있다. 그것은 이데올로기 대립과는 무관한, 어디까지나 인권을 확립하기 위한 활동이었으며, 기존 민족 단체가 아니라 자발적으로 참여한 시민 한 사람 한 사람이 역량을 발휘했다. 기존의 한 민족 단체가 주도하는 활동은 다른 민족 단체의 비판에 부딪혔고, 결국 재일코리안 전체에 이득이 되는 성과를 쟁취하지 못한 사례가 실제로 있었다. 이에 반해 기존의 민족 단체가 주도하지 않은 활동은 오히려 많은 재일코리안의 참가를 가능하게 했고, 운동이 확산하는 결과로 이어졌다. 지문 날인 거부 투쟁의 고양은 그런 측면을 가장 잘 나타내는 사례이다.

그리고 그런 활동은 일본인 지원자와 이해자를 다수 확보하는 데 성공했다. 그것은 재일코리안의 민족 차별 반대 투쟁에 결정적으로 중요했으며, 어떻게 보면 필수 요소였다. 당연한 이야기지만, 재일코리안은 일본의 행정 및 입법, 사법에 참여하지 않기 때문에(공무원이 될 수는 있지만, 국가 의사의 형성에 참여하는 직종은 맡을 수 없다), 자기 권리에 관한 법 제도의 변화와 새로운 정책을 실현하는 것은 일본인 유권자의 결정에 달려 있다. 게다가 참정권이 없는 재일코리안의 문제를 일본의 정치인은 그다지 중시하지 않는다. 많은 일본인 시민의 이해를 얻지 못한다면 정치가와 관료가 재일코리안 문제에 관심을 쏟지 않는 엄연한 현실이 존재하고 있다.

재일조선인의 활동에 이해를 표시하거나 협력을 아끼지 않는 일본인 시민이 특정 정파나 이데올로기 집단이어서는 안 될 것이다. 그렇게 되면 해당 정파와 단체에 반대하는 일본인의 반발이 거세질 것이고 결국 그 화살이 재일코리안을 향할 가능성이 크기 때문이다. 그런 의미에서도 민족 차별 반대를 호소할 때는 그것이 어디까지나 인권 문제이며 특정 민족 단체만의 요구와 활동이 아니라는 점이 중요해진다.

본국과 일본과의 관계도 재일코리안의 민족 차별을 둘러싼 환경에 큰 영향을 미치고 있다. 그것이 악화하면 안타깝게도 일부 일본인 시민은 재일코리안을 향해 매서운 눈길을 보내는 경향이 있다. 그런 상황에서는 정치인이나 관료가 재일코리안의 권리 신장 등과 관련된 결정을 내리기 어렵다. 반대로 상대적으로 본국과 일본과의 관계가 양호하거나 큰 문제가 발생하지 않은 시기에는 재일코리안의 권리 개선을 위한 결정이 내려진 적이 있다. 이를테면 1991년의 한일 외무장관 각서는 양국의 긴밀한 관계 구축과 북일 수교(1990년에는 자민당 간사장과 사회당 부위원장이 북한을 방문해 김일성 주석과 회담하고 북일 국교 수립을 위한 공동성명을 발표했다)를 모색하던 시기에 발표됐다.

1970년대부터 1990년대에 걸친 민족 차별 반대 운동의 전진은, 이처럼 특정 정파나 민족 단체에 치우치지 않은 운동을 전개하며 일본인 시민의 이해와 협력, 본국과 일본과의 양호한 관계를 유지했다는 조건을 충족한 점과 결부된다. 21세기 이후 운동의 난항은 본국과 일본과의 관계 악화가 핵심 요인인 것이 분명해 보인다. 동시에 일본인 시민의 이해와 협력도 예전 상황과는 달리 변화 양상을 띠고 있다. 적어도 재일코리안의 권리 신장에 대한 반대 목소리를 무시할 수 없게 된 것만큼은 부인할 수 없다.

일본인 시민의 이 같은 의식 변화는 당연히 북일 관계, 한일 관계가 악화한 점과 관련돼 있다. 다만 민족 차별 반대 운동이 꾸준한 성과를 거둔 시기에 일본인 시민이 품었던 의식에 문제가 없었는지 검증하는 작업이 필요할 수도 있다.

당시의 사회보장 제도와 복지 시책, 기업 취직 등의 민족 차별을 철폐하는 데 대해 대다수 일본인은 반대하지 않았다. 또한, 일본=단일 민족 국가라는 의식으로 뭉친 일본인도(재일코리안의 활동뿐만 아니라 뉴커머 외국인의 증가도 영향을 끼쳤다) 점차 감소했다. 하지만, 그것이 재일코리안을 대등한 존재로 인정하고 일본인 중심주의를 극복하려는 의식에 기인한 결과였는지는 의문이다. 많은 일본인이 재일코리안에 대한 권리 부여를 인정한 것은 재일코리안이 더는 언어와 문화적인 측면에서 일본인과 다를 바 없는, 어차피 일본인이 될 존재라고 생각했기 때문이지 않을까?

또한, 재일코리안의 권리를 인정한 것, 다시 말해 사회보장과 복지 시책, 민간 기업 및 관리직 등을 제외한 공무원에 대한 차별을 철폐한 것도 일본인 우위의 사회를 뒤흔드는 일이 없다고 생각했기 때문일 수도 있다. 즉, 민족 차별 반대 투쟁에 대한 일본인 시민의 '지지'는 재일코리안이 민족적 정체성과 본국과의 유대를 유지하며 일본에서 활약하거나 자신들이 허용할 수 있는 범위를 넘어서는 권리를 주장하는 상황을 상정하지 않은 사람이 많았기 때문에 가능했을 것이라는 추론이 가능하다.

여기서 무시할 수 없는 요인은 바로 역사 문제이다. 일본 사회에서는 아직도 식민지 지배에 대한 반성이 충분히 확립돼 있다고 보기 어렵다. 그러나 재일코리안은 그야말로 식민지 지배의 결과로서 일본에 거주하게 된 존재다. 그들의 존재를 인정하고 양호한 관계를 구축하기 위해서는 일본인이 식민지 지배의 역사를 알고 반성하는 노력이 필요하다. 하지만, 그간 민족 차별을 철폐해 온 움직임은 재일코리안의 역사적 경위에 대한 인식과 궤를 한 것이 아니다. 사회보장 제도의 국적 조항 철폐는 1982년 난민조약 체결이라는, 재일코리안 문제와는 별개의 외부적 계기에 의한 결과이다. 1991년 한일 외무장관 각서 또한 '재일한국인이 갖는 역사적 경위 및 정주성을 고려하여'라는 표현은 포함하고 있지만, 식민지 지배를 반성하는 문구는 담고 있지 않다. 무엇보다 지금, 식민지 지배라는 가해의 역사를 말하는 데 대한 거부감이 일본인 시민 사이에서 확산하고 있다. 이는 재일코리안의 민족 차별 반대 투쟁에 대한 무관심과 거리로 이어지고 있는 지점이기도 하다.

결국 재일코리안의 민족 차별 반대 투쟁에는 어려움이 뒤따를 것으로 예상된다. 게다가 역사 문제의 갈등을 풀어내고 한일 관계를 개선하고 북일의 국교가 적대적인 현실을 벗어나는 시기가 언제 도래할지 불투명한 상황이다. 일본인 중심주의적 발상을 극복하고 식민지 지배라는 가해의 역사에 대한 반성이 일본 사회에 침투하는 상황도 쉽사리 실현될 것으로 보이지 않는다.

하지만 민족 차별에 저항하는 재일코리안의 운동은 앞으로 계속 전진할 것이며, 그것은 일본 사회에 큰 의미로 다가갈 것이다. 그간의 역사와 그 과정에서 기록된 재일코리안의 이야기가 증명하고 있기 때문이다. 재일코리안은 다양한 문화와 정체성을 존중하고 평등한 관계를 구축하며 살아가는 사회가 일본인에게 윤택함과 풍요로움을 가져준다는 점을 역설해 왔다. 아울러 본국은 물론 일본과 쌍방의 관계를 갖는 존재이기 때문에 평화를 기원하며, 그 점이 일본국 헌법의 정신과도 합치한다는 사실도 일본 사회에서 호소해 왔다. 그런 재일코리안의 주장은 분명 많은 사람의 공감을 얻어내고 부조리한 차별을 시정하려는 이들의 힘을 강화하고 사회 변혁에 이바지할 것이다.

1. 자료

(1) 신문
『朝日新聞』『解放新聞』『神奈川新聞』『韓国新聞』『日本経済新聞』『日本週報』『毎日新聞』『読売新聞』

(2) 잡지
『アエラ』『新しい朝鮮』『エコノミスト』『季刊 三千里』『季刊Sai』『国士館民主化闘争ニュース』『思想界』『週刊文春』『親和』『世界』『ソリ』『ちゃんそり』『中央公論』『民闘連ニュース』

(3) 통계
日本政府文部省, 『学校基本調査報告書』各年版
日本政府法務省, 『登録外国人統計』
日本政府法務省民事局統計
日本政府法務省入国管理局, 『在留外国人統計』各年版
総理府統計局, 『国勢調査報告』

(4) 웹페이지
一般社団法人中央調査社, 「耐久財の変容(インデックスでみる50年)」
　　　　　(http://www.crs.or.jp/backno/old/No614/6141.htm)
国会会議録検索システム(http://kokkai.ndl.go.jp/)

帝国議会議事録検索システム

　　　　(http://teikokugikai-i.ndl.go.jp/cgi-bin/TEIKOKU/swt_logout.cgi?SESSION=19271)
日本政府総務省統計局サイト，労働・賃金(http://www.stat.go.jp/data/chouki/19.htm)

(5) 기타

千葉県警察部特高課，『昭和二十年・内鮮報告書類編冊』，朴慶植編，『朝鮮問題資料叢書』
　　　　13，三一書房，1990.
仲原良二所蔵資料，「民闘連運動について」，2013.
水野直樹改題，「座談会『在日朝鮮人問題にに就て』」，『世界人権問題研究センター研究
　　　　紀要』10，2005年3月.

2. 단행본

江東・在日朝鮮人の歴史を記録する会編，『東京のコリアン・タウン　枝川物語』，樹花
　　　　舍，1995.
国際高麗学会日本支部『在日コリアン辞典』編集委員会編，『在日コリアン辞典』，明石書
　　　　店，2010.
権逸，『祖国への念願』，松沢書店，1959.
権逸，『権逸回顧録』，権逸回顧録刊行委員会，1987.
金賛汀，『祖国を知らない世代』，田畑書店，1977.
内海愛子，『朝鮮人BC級戦犯の記録』，勁草書房，1982.
大阪市社会部，『朝鮮人労働者問題』，1924.
東京・在日朝鮮人の人権を守る会，『在日朝鮮人の人権を守る会20年の歩み』，東京・在
　　　　日朝鮮人の人権を守る会，1983.
東大法共闘，『告発入管体制』，亜紀書房，1971.
民団50年史編纂委員会，『民団50年史』，在日本大韓民国民団，1997.
民団中央総本部，『在留同胞の当面問題(第1冊)法的地位に就て』，1949.
民族差別と闘う連絡協議会，『在日韓国・朝鮮人の補償・人権法──在日旧植民地出身者に
　　　　関する戦後補償および人権保障法制定をめざして』，新幹社，1989.

朴慶植，『解放後在日朝鮮人運動史』，三一書房，1989.

朴君を囲む会編，『民族差別─日立就職差別糾弾』，亜紀書房，1974.

朴正鎮，『日朝冷戦構造の誕生─1945-1965封印された外交史』，明石書店，2012.

森田芳夫，『在日朝鮮人処遇の推移と現状』，法務省法務研修所，1955.

森田芳夫，『数字が語る在日韓国・朝鮮人の歴史』，明石書店，1996.

西宮市立西宮西高等学校分会編，『在日朝鮮人就職差別電々公社受験拒否撤回闘争』，西
　　　宮市立西宮西高等学校分会，1978.

徐龍達編著，『共生社会への地方参政権』，日本評論社，1995.

宋斗会，「日本と日本人を告発する」，『序章』10，1973.

神奈川新聞社社会部編，『日本の中の外国人「人指し指の自由」を求めて』，神奈川新聞社，
　　　1985.

安田浩一，『ネットと愛国在特会の『闇』を追いかけて』，講談社，2012.

梁英聖，『日本型ヘイトスピーチとは何か』，影書房，2016.

良知会，『100人の在日コリアン』，三五館，1997.

梁泰昊，『プサン港に帰れない』，第三書館，1984.

外村大，『在日朝鮮人社会の歴史学的研究─形成・構造・変容─』，緑蔭書房，2004.

外村大，『朝鮮人強制連行』，岩波新書，2012.(도노무라 마사루，『조선인 강제연행』，뿌
　　　리와이파리，2018)

原後山治・田中宏編，『司法修習生・弁護士と国籍─金敬得問題資料─』，日本評論社，
　　　1977.

月刊イオ編集部，『高校無償化裁判たたかいの記録 Vol.2 大阪で歴史的勝訴』，樹花舎，
　　　2017.

李仁夏，『歴史の狭間を生きる』，日本キリスト教出版局，2006.

日本赤十字社，『在日朝鮮人帰国問題の真相』，1956.

日本版編集委員会編，『朝鮮学校物語あなたのとなりの「もうひとつの学校」』，花伝社，
　　　2015.

張明秀，『裏切られた楽土』，講談社，1991.

在日大韓基督教会指紋拒否実行委員会編，『日本社会へのラブコール─指紋押捺拒否者の
　　　証言』，明石書店，1986.

在日本大韓民国居留民団，『差別白書第1集』1977.

在日本大韓民国居留民団, 『民団四十年史』, 在日本大韓民国居留民団, 1987.

在日本大韓民国居留民団大阪府地方本部, 『民団大阪30年史』, 1980.

在日朝鮮人の人権を守る会編, 『在日朝鮮人の法的地位はく奪された基本的人権の実態』, 在日朝鮮人の人権を守る会, 1964.

在日韓国・朝鮮人大学教員懇談会等編, 『定住外国人と国公立大学―教員任用差別の撤廃を訴える―』, 僑文社, 1977.

田中宏, 『在日外国人 第3版－法の壁、心の溝』, 岩波新書, 2013.

田中宏著・中村一成編, 『「共生」を求めて在日とともに歩んだ半世紀』, 解放出版社, 2019.

鄭香均編著, 『正義なき国, 「当然の法理」を問いつづけて』, 明石書店, 2006.

佐藤勝巳, 『わが体験的朝鮮問題』, 東洋経済新報社, 1978.

佐藤勝巳, 『在日韓国・朝鮮人に問う』, 亜紀書房, 1991.

中村一成, 『ルポ 京都朝鮮学校襲撃事件〈ヘイトクライム〉に抗して』, 岩波書店, 2014.

崔昌華, 『金嬉老事件と少数民族』, 酒井書店, 1968.

崔昌華, 『国籍と人権』, 酒井書店, 1975.

崔昌華, 『名前と人権』, 酒井書店, 1979.

崔昌華, 『かちとる人権とは人間の尊厳を問う』, 新幹社, 1996.

統一朝鮮新聞社編, 『統一朝鮮年鑑1965-1966』, 統一朝鮮新聞社, 1965.

坂中英徳, 『在日韓国・朝鮮人政策論の展開』, 日本加除出版株式会社, 1999.

坪江汕二編, 『南鮮の解放十年李承晩独裁政権の実態』, 日刊労働通信社, 1956.

坪江(坪井豊吉), 『在日朝鮮人の概況』, 公安調査庁, 1953.

韓国大阪青年会議所編, 『韓国大坂青年会議所認准5周年記念誌』, 1976.

韓徳銖, 『主体的海外僑胞運動の思想と実践』, 未来社, 1986.

3. 논문

岡崎勝彦, 「外国人の公務就労権」, 『自治総研』, 1997年8月号.

姜晶薫, 「戦後初期の課税をめぐる在日朝鮮人社会の認識と対応」, 東京大学大学院総合文化研究科修士論文, 2016.

高成浩, 「日韓会談と朝鮮人強制追放」, 『朝鮮評論』, 1952年2月.

菊池嘉晃,「北朝鮮帰還事業『前史』の再検討─在日コリアンの帰国運動と北朝鮮の戦略を中心に─」,『現代韓国朝鮮研究』16, 2008.

金耿昊,「戦後日本における在日朝鮮人の生活困窮問題：民族団体による生活権擁護運動を中心に」, 東京大学大学院総合文化研究科博士学位請求論文, 2017.

金徳煥, 裵重度, 文京洙,「『在日』50年を語る」,『季刊 青丘』23, 1995.

金石範,「在日朝鮮人青年の人間宣言─帰化とアイデンティティ─」,『エコノミスト』, 1977年2月15日号.

金日成,「わが国の情勢と在日本朝鮮青年同盟の任務について」,『月刊朝鮮資料』, 1974年11月号.

金展克,「2013年, 新大久保で起きた出来事について」, 韓国民団中央本部編,『ヘイト・スピーチを許してはいけない』, 新幹社, 2014.

金熙明,「在日韓国人に関する諸問題」,『花郎』, 1953年4月.

大山美佐子,「『日本の戦犯』にされた朝鮮人たち─求められる朝鮮人BC級戦犯の人権救済」, 田中宏ほか著,『未解決の戦後補償─問われる日本の過去と未来』, 創史社, 2012.

李仁夏,「青丘社─民族差別と闘い, 人間主体の確立をめざして─」,『解放教育』135, 1981.

李熙洙,「在日朝鮮公民の生活上の権利にたいする日本当局の差別政策」,『月刊朝鮮資料』, 1974年1月号.

寺島俊穂,「指紋押捺拒否の思想と運動(2)」,『大阪府立大紀要(人文・社会科学)』44, 1996年3月.

小倉千鶴子,「同情ではなく権利を, 差別ではなく平等を─旧植民地出身者元軍人・軍属支援の『在日の戦後補償を求める会』が求めたもの」, 田中宏ほか著,『未解決の戦後補償─問われる日本の過去と未来』, 創史社, 2012.

水野直樹,「在日朝鮮人・台湾人の参政権を『停止』した2つの文書」,『青鶴』8, 1996.3.

安田浩一,「ヘイト・スピーチを駆り立てる『在日特権』の正体─歪んだ『正義感』が作り上げた妄想─」, 韓国民団中央本部編,『ヘイト・スピーチを許してはいけない』, 新幹社, 2014.

和田純編,「民族差別糾弾の記録─朴君を囲む会と日立製作所との闘い─」,『朝鮮研究』, 1974年8月号.

T.I,「在日朝鮮人に関する諸問題」,『内閣官房調査月報』, 1965年7月号.

「国公立大学外国人教員採用に至るまで」, 『季刊Sai』 56, 2006年冬・2007年春合併号.

「祖国の平和的統一・独立と民主的民族権利のために」, 『新朝鮮』, 1955年9月.

도노무라 마사루(外村 大)

도쿄대학교대학원 총합문화연구과 교수.

저서로는 『在日朝鮮人社の歷史学的研究』(綠蔭書房, 2002, 신유원·김인녘 공역),
『재일조선인 사회의 역사학적 연구』(논형, 2010), 『朝鮮人強制連行』(岩波書店,
2012, 김철역, 『조선인강제연행』, 뿌리와이파리, 2018), 『역사 화해를 위한 한일
대화-역사편』(공저, 동북아역사재단, 2020) 등이 있다. 논문으로는 「朝鮮民族に
とっての1938年・新協劇団『春香伝』」(『在日朝鮮人史研究』48호, 2018) 등이 있다.